普通高等教育工程管理专业"十二五"规划教材

工程项目管理

陈 勇　曲赜胜 主编
刘 坤　熊 辉 副主编

清华大学出版社
北京

内容简介

本书结合工程项目管理的最新理论和学科发展动态，参照相关最新国家标准及行业规范，系统地介绍了工程项目实施全过程的相关管理理论、方法。全书共计 12 章，内容包括工程项目管理概述、工程项目管理规划、工程项目组织、工程项目合同管理、工程项目采购管理、工程项目进度管理、工程项目质量管理、工程项目成本管理、工程项目 HSE 管理、建筑施工项目资源管理、工程项目信息管理、工程项目风险管理。

本书可用作高等院校工程管理类、土木工程类的专业教材，亦可供政府管理部门、建设单位、设计单位、工程管理咨询单位、科研单位和施工单位参考。

本书配有课件，下载地址：http://www.tupwk.com.cn。

本书封面贴有清华大学出版社防伪标签，无标签者不得销售。
版权所有，侵权必究。举报：010-62782989，beiqinquan@tup.tsinghua.edu.cn。

图书在版编目(CIP)数据

工程项目管理/陈勇，曲赜胜 主编. —北京：清华大学出版社，2016（2023.8 重印）
(普通高等教育工程管理专业"十二五"规划教材)
ISBN 978-7-302-43317-0

Ⅰ. ①工… Ⅱ. ①陈… ②曲… Ⅲ. ①工程项目管理—高等学校—教材 Ⅳ. ①F284

中国版本图书馆 CIP 数据核字(2016)第 051715 号

责任编辑：施 猛 马遥遥
封面设计：常雪影
版式设计：方加青
责任校对：曹 阳
责任印制：沈 露

出版发行：清华大学出版社
    网 址：http://www.tup.com.cn，http://www.wqbook.com
    地 址：北京清华大学学研大厦 A 座 邮 编：100084
    社 总 机：010-83470000 邮 购：010-62786544
    投稿与读者服务：010-62776969，c-service@tup.tsinghua.edu.cn
    质 量 反 馈：010-62772015，zhiliang@tup.tsinghua.edu.cn
    课 件 下 载：http://www.tup.com.cn，010-62781730
印 装 者：三河市龙大印装有限公司
经 销：全国新华书店
开 本：185mm×260mm 印 张：22.75 字 数：511 千字
版 次：2016 年 5 月第 1 版 印 次：2023 年 8 月第 9 次印刷
定 价：59.00 元

产品编号：051524-03

前　　言

　　建设工程项目是指为完成依法立项的新建、改建、扩建的各类工程(土木工程、建筑工程及安装工程等)而进行的，由具有起止日期、投资、安全以及质量要求的一组相互关联的受控活动组成的特定过程，包括策划、勘察、设计、采购、施工、试运行、竣工验收和移交等程序。工程项目管理是指从事建设工程项目管理的企业受业主委托，按照合同约定，代表业主对工程项目的实施进行全过程或部分阶段的管理和服务。工程项目以及工程项目管理涉及政治、经济、社会、科学等诸多领域。建设工程项目管理的管理主体包括政府相关部门、项目发起人、项目承包人以及项目监理方等。建设工程项目管理按自身特点可以具体分为新建工程项目管理、改/扩建项目管理以及工程加固管理等；按照项目分解结构又可以对工程项目管理的内容做进一步细化。

　　本书结合最新版《建设工程项目管理规范》(GB/T 50326—2006)以及《项目管理知识体系指南(PMBOK指南)(第5版)》相关内容，按照系统管理原则，以工程项目整个生命周期为主线，对工程项目管理的组织设计、前期策划、合同管理、采购管理、进度管理、质量管理、成本管理、施工项目资源管理、信息管理以及风险管理等相关内容进行了论述。力争使读者通过阅读本书，对建设工程项目管理形成系统的认识，掌握和熟悉常用的项目管理方法。

　　本书汲取了国内外先进的管理理论及成果，密切联系我国工程管理实际，不仅可以作为高等院校工程管理专业本科生的教材，也可作为相关专业及从事工程项目管理工作的有关人士学习和工作的参考书。

　　本书在编写过程中参阅了大量的相关中文文献，在此对相关作者表示由衷的感谢。由于编者能力有限，虽经努力审核，书中仍难免存在疏漏之处，恳请各界读者指正，不胜感激。反馈邮箱：wkservice@vip.163.com。

目 录

第1章 工程项目管理概述 ……1
1.1 项目与项目管理 …… 2
- 1.1.1 项目的内涵 …… 2
- 1.1.2 工程项目 …… 3
- 1.1.3 项目管理 …… 5

1.2 工程项目管理简介 …… 6
- 1.2.1 工程项目管理内容 …… 6
- 1.2.2 工程项目管理的类型 …… 10
- 1.2.3 工程项目管理的生命周期 …… 13

1.3 建设工程项目管理概述 …… 16
- 1.3.1 建设工程项目和建设工程项目管理 …… 16
- 1.3.2 建设项目的管理范围 …… 17
- 1.3.3 建设项目的管理任务 …… 17

第2章 工程项目管理规划 …… 19
2.1 工程项目前期策划 …… 20
- 2.1.1 工程项目前期策划的内容 …… 20
- 2.1.2 工程项目前期策划的作用 …… 21
- 2.1.3 工程项目前期策划的原则 …… 23

2.2 工程项目目标确定 …… 23
- 2.2.1 情况分析 …… 23
- 2.2.2 提出目标因素 …… 24
- 2.2.3 建立目标系统 …… 24

2.3 工程项目范围管理 …… 25
- 2.3.1 工程项目范围确定 …… 26
- 2.3.2 工程项目结构分析 …… 27
- 2.3.3 工程项目范围控制 …… 29

2.4 工程项目可行性研究 …… 30
- 2.4.1 工程项目可行性研究的主要作用 …… 30
- 2.4.2 工程项目可行性研究的阶段划分 …… 32
- 2.4.3 可行性研究报告的主要内容 …… 34

2.5 工程项目管理规划 …… 38
- 2.5.1 工程项目管理规划的作用 …… 39
- 2.5.2 工程项目管理规划的内容 …… 39
- 2.5.3 工程项目管理规划大纲 …… 41
- 2.5.4 工程项目管理实施规划 …… 43

第3章 工程项目组织 …… 49
3.1 工程项目组织概述 …… 50
- 3.1.1 组织、项目组织与工程项目组织 …… 50
- 3.1.2 工程项目组织的特点 …… 51
- 3.1.3 工程项目组织的基本形式 …… 52
- 3.1.4 项目组织的应用 …… 53

3.2 工程项目组织结构设计 …… 55
- 3.2.1 组织结构的构成因素 …… 55
- 3.2.2 项目组织结构活动的基本原理 …… 57
- 3.2.3 项目组织结构设计的程序 …… 58
- 3.2.4 组织结构设置原则 …… 59

3.3 常用基本组织结构模式 …… 60

  3.3.1 直线式组织结构 …………… 61
  3.3.2 职能式组织结构 …………… 62
  3.3.3 项目式组织结构 …………… 63
  3.3.4 矩阵式组织结构 …………… 64
  3.3.5 组织结构形式的选择 ……… 67
 3.4 组织分工和工作流程组织 ………… 68
  3.4.1 工作任务分工 ……………… 68
  3.4.2 管理职能分工 ……………… 70
  3.4.3 工作流程组织 ……………… 71
 3.5 工程项目人力资源管理 …………… 72
  3.5.1 人力资源管理的概念和内容 … 73
  3.5.2 人力资源管理的主要任务 … 73
 3.6 工程项目组织协调 ………………… 75
  3.6.1 组织协调的概念 …………… 75
  3.6.2 组织协调的范围和层次 …… 76
  3.6.3 项目组织内部关系的协调 … 77
  3.6.4 项目组织与近外层关系的
     协调 ………………………… 79
  3.6.5 项目组织与远外层关系的
     协调 ………………………… 82
 3.7 项目经理与建造师 ………………… 83
  3.7.1 项目经理 …………………… 83
  3.7.2 建造师执业资格制度 ……… 85
  3.7.3 建造师与项目经理的关系 … 87
 3.8 案例分析 …………………………… 89
  3.8.1 背景 ………………………… 89
  3.8.2 原因分析 …………………… 89

第4章 工程项目合同管理 …………………… 93
 4.1 工程项目合同管理概述 …………… 94
  4.1.1 合同在工程项目中的基本
     作用 ………………………… 94
  4.1.2 合同管理的重要性和复杂性 … 95
  4.1.3 工程项目中的主要合同关系 … 95
  4.1.4 合同的生命期 ……………… 97
  4.1.5 工程项目合同管理工作过程 … 97
 4.2 合同总体策划 ……………………… 98

  4.2.1 合同总体策划的基本概念 … 98
  4.2.2 合同总体策划的内容 ……… 98
  4.2.3 合同策划中应注意的其他
     问题 ………………………… 102
 4.3 合同实施控制 ……………………… 103
  4.3.1 合同分析和交底工作 ……… 103
  4.3.2 合同控制 …………………… 104
  4.3.3 索赔管理 …………………… 105
  4.3.4 合同后评价 ………………… 107

第5章 工程项目采购管理 …………………… 111
 5.1 工程项目采购管理概述 …………… 112
  5.1.1 项目采购 …………………… 112
  5.1.2 项目采购管理 ……………… 113
 5.2 工程项目采购程序 ………………… 114
  5.2.1 采购计划编制 ……………… 114
  5.2.2 询价计划编制 ……………… 116
  5.2.3 询价 ………………………… 117
  5.2.4 供方选择 …………………… 117
  5.2.5 合同管理 …………………… 118
  5.2.6 合同收尾 …………………… 118
 5.3 项目采购方式 ……………………… 119
  5.3.1 公开竞争性招标 …………… 119
  5.3.2 其他采购方式 ……………… 123
 5.4 工程项目招标投标 ………………… 125
  5.4.1 招标投标的基本目标 ……… 125
  5.4.2 招标投标的程序 …………… 126
  5.4.3 招标投标的主要工作 ……… 126
 5.5 工程项目采购管理模式 …………… 134
  5.5.1 设计-招标-建造模式 ……… 134
  5.5.2 建筑工程管理模式 ………… 135
  5.5.3 工程项目总承包 …………… 136
  5.5.4 委托项目管理模式 ………… 139
  5.5.5 工程代建制模式 …………… 140
  5.5.6 设计-管理模式 …………… 140
  5.5.7 PFI建设模式 ……………… 140
  5.5.8 BOT模式 …………………… 141

5.5.9　伙伴合同模式 …………… 141
　　5.5.10　合同计价方式 …………… 142

第6章　工程项目进度管理 …………… 147
6.1　工程项目计划系统 …………… 148
　　6.1.1　计划系统的概念 …………… 148
　　6.1.2　计划前的准备工作 …………… 148
　　6.1.3　计划工作流程 …………… 149
　　6.1.4　计划中的协调 …………… 149
　　6.1.5　计划编制的原则 …………… 150
　　6.1.6　计划编制的程序 …………… 151
6.2　项目进度管理概述 …………… 153
　　6.2.1　进度概念 …………… 153
　　6.2.2　项目进度管理的含义 …………… 155
　　6.2.3　进度管理的主要任务 …………… 156
6.3　工程项目进度计划 …………… 157
　　6.3.1　进度计划的含义 …………… 157
　　6.3.2　进度计划的类型 …………… 157
　　6.3.3　进度计划的编制依据 …………… 158
6.4　工程项目进度计划的编制程序与方法 …………… 159
　　6.4.1　横道图 …………… 159
　　6.4.2　网络计划图 …………… 160
　　6.4.3　关键路线法与计划评审技术 …………… 164
　　6.4.4　工程项目进度计划编制程序 …………… 165
6.5　工程项目进度控制 …………… 168
　　6.5.1　工程项目进度概述 …………… 168
　　6.5.2　工程项目进度的检查 …………… 170
　　6.5.3　工程项目进度拖后的解决办法 …………… 171
　　6.5.4　进度拖延原因分析及处理 …………… 171

第7章　工程项目质量管理 …………… 179
7.1　工程项目质量管理概述 …………… 180
　　7.1.1　质量与质量管理 …………… 180
　　7.1.2　质量管理发展历程 …………… 183
　　7.1.3　工程项目质量管理体系 …………… 185
　　7.1.4　质量管理工具与方法 …………… 186
　　7.1.5　质量管理的原则 …………… 191
7.2　项目质量策划 …………… 193
　　7.2.1　项目质量策划概述 …………… 193
　　7.2.2　项目质量策划工具 …………… 195
　　7.2.3　项目质量计划 …………… 196
7.3　工程项目质量控制 …………… 198
　　7.3.1　工程项目质量控制的基本程序 …………… 198
　　7.3.2　工程项目质量控制的原则和目标 …………… 199
　　7.3.3　项目各阶段质量控制工作 …… 200
　　7.3.4　项目质量控制结果 …………… 201
7.4　项目质量改进 …………… 202
　　7.4.1　项目质量改进的内涵 …………… 202
　　7.4.2　项目质量改进的意义 …………… 203
　　7.4.3　项目质量改进的原则和流程 …………… 203
　　7.4.4　项目质量改进计划 …………… 204
　　7.4.5　项目质量改进的工具与方法 …………… 206

第8章　工程项目成本管理 …………… 209
8.1　工程项目成本管理概述 …………… 210
　　8.1.1　成本 …………… 210
　　8.1.2　项目成本 …………… 211
　　8.1.3　项目成本管理 …………… 212
　　8.1.4　项目成本模型 …………… 214
8.2　项目资源计划 …………… 215
　　8.2.1　项目资源计划概述 …………… 215
　　8.2.2　项目资源计划编制依据 …………… 216
　　8.2.3　项目资源计划编制步骤 …………… 217
　　8.2.4　项目资源计划编制方法 …………… 218
　　8.2.5　项目资源计划编制工具 …………… 219
8.3　项目成本估算 …………… 221
　　8.3.1　项目成本估算概述 …………… 221

8.3.2 项目成本估算的依据……222
8.3.3 项目成本估算的技术路线……223
8.3.4 项目成本估算方法……225
8.4 项目成本预算……226
8.4.1 项目成本预算概述……226
8.4.2 项目成本预算的编制……228
8.4.3 项目成本计划……230
8.5 项目成本控制……232
8.5.1 项目成本控制概述……232
8.5.2 项目成本控制方法……234
8.5.3 不确定性成本控制……239
8.5.4 项目成本控制流程……240

第9章 工程项目HSE管理……243

9.1 工程项目HSE管理概述……244
9.1.1 HSE管理体系……244
9.1.2 HSE管理在现代工程项目管理中的地位……245
9.1.3 工程项目HSE管理要求……246
9.1.4 HSE与传统的三大目标之间的辩证关系……247
9.2 工程项目HSE管理体系……248
9.2.1 工程项目HSE管理体系概述……248
9.2.2 HSE管理体系的实施和运行……251
9.3 工程项目职业健康和安全管理……253
9.3.1 与职业健康和安全管理相关的概念……253
9.3.2 健康和安全管理对象……253
9.3.3 工程项目职业健康和安全管理责任和具体要求……254
9.4 工程项目环境管理……257
9.4.1 工程项目环境管理概述……257
9.4.2 我国工程项目环境评价制度…257
9.4.3 设计阶段的环境管理……258
9.4.4 施工阶段的环境管理……258
9.4.5 项目结束阶段的环境管理……260

第10章 建筑施工项目资源管理……261

10.1 建筑施工项目资源管理概述……262
10.1.1 施工项目资源管理的概念与意义……262
10.1.2 施工项目资源的内容……262
10.2 施工项目人力资源管理……264
10.2.1 施工项目劳动力需求分析及其配置……264
10.2.2 施工项目劳动力组织……265
10.2.3 劳动力生产率控制……266
10.2.4 制订劳动力经济激励计划…267
10.3 施工项目材料管理……268
10.3.1 我国施工材料的供应形式…268
10.3.2 建筑工程施工材料分类……269
10.3.3 建筑材料的供应过程……270
10.3.4 材料库存计划……272
10.3.5 施工项目现场材料管理……274
10.3.6 施工项目现场周转材料管理……276
10.4 施工项目施工机械设备管理……276
10.4.1 施工机械的选择……276
10.4.2 施工机械设备的获取……277
10.4.3 施工项目机械设备使用计划……277
10.4.4 机械操作人员的管理……278
10.5 施工项目技术管理……278
10.5.1 施工项目技术管理概述……278
10.5.2 建筑业企业技术管理基础工作及基本制度……279
10.5.3 施工项目准备阶段的技术管理……281
10.5.4 施工阶段技术管理……282
10.6 施工项目资金管理……284
10.6.1 施工项目资金的使用管理…284
10.6.2 施工项目资金计划……284

第11章 工程项目信息管理 291

11.1 工程项目信息管理概述 292
- 11.1.1 工程项目信息管理 292
- 11.1.2 项目中的信息 293
- 11.1.3 项目中的信息流 294

11.2 项目管理信息系统 296
- 11.2.1 项目管理信息系统概述 296
- 11.2.2 项目管理信息系统的建立过程 297
- 11.2.3 项目管理信息系统总体描述 299

11.3 工程项目报告系统 301
- 11.3.1 工程项目报告的种类 301
- 11.3.2 工程项目报告的作用 301
- 11.3.3 工程项目报告的要求 302
- 11.3.4 工程项目报告系统 302

11.4 工程项目文档管理 305
- 11.4.1 文档管理的任务和基本要求 305
- 11.4.2 项目文件资料的特点 306
- 11.4.3 文档系统的建立 307

11.5 项目管理中的软信息 308
- 11.5.1 软信息的概念 308
- 11.5.2 软信息的作用 309
- 11.5.3 软信息的特点 309
- 11.5.4 软信息的获取 310
- 11.5.5 目前要解决的问题 310

11.6 计算机在工程项目管理中的应用 310
- 11.6.1 项目管理软件分类 311
- 11.6.2 常用项目管理软件 311
- 11.6.3 项目管理软件选择 315

第12章 风险管理 317

12.1 风险管理概述 318
- 12.1.1 风险的定义 318
- 12.1.2 风险的基本属性 318
- 12.1.3 风险的特征 319
- 12.1.4 风险的构成要素 320
- 12.1.5 风险的分类 321

12.2 项目风险管理 322
- 12.2.1 项目风险管理内涵 322
- 12.2.2 工程项目风险管理的特点 323
- 12.2.3 项目风险管理程序 324

12.3 项目风险识别 324
- 12.3.1 项目风险识别的目的 324
- 12.3.2 项目风险识别的内容 325
- 12.3.3 项目风险识别的特点 327
- 12.3.4 项目风险识别的过程 329
- 12.3.5 项目风险识别的方法 331

12.4 项目风险评估 334
- 12.4.1 项目风险评估的内容 335
- 12.4.2 项目风险评估的方法 336
- 12.4.3 风险因素相关性评价 339
- 12.4.4 风险状态图分析 340
- 12.4.5 风险分析说明表 342

12.5 风险应对计划和风险控制 342
- 12.5.1 风险应对概述 342
- 12.5.2 风险的分配 343
- 12.5.3 风险应对措施 344
- 12.5.4 工程实施中的风险控制 347

参考文献 353

第1章
工程项目管理概述

1.1 项目与项目管理

1.1.1 项目的内涵

1. 项目的定义

关于项目的含义，比较有代表性的有以下几个。

(1) 较为传统的项目定义于1964年由Martino提出，他认为"项目是一个具有规定开始时间和结束时间的任务，它需要使用一种或多种资源，具有多个为完成该任务必须完成的相互独立、相互联系和相互依赖的活动"。

(2) 德国国家标准DIN 69910将项目定义为"在总体上符合如下条件的具有唯一性的任务：具有预定的目标；具有时间、财务、人力和其他限制条件；具有专门的组织"。

(3) 英国项目管理协会(Association of Project Management，APM)认为，项目是为了在规定的时间、费用和性能参数下满足特定目标而由个人或组织实施的具有规定的开始和结束日期、相互协调的、独特的活动集合。

(4) 世界银行在其《开发投资——世界银行的经验教训》《农业项目的经济分析》等著作中，对项目作了较多的界定，将其观点总结归纳起来包括：项目是一次性的投资方案或执行方案；项目是一个系统的有机整体；项目是一种规范化、系统的管理方法；项目有明确的起点和终点；项目有明确的目标。

(5) 美国项目管理协会(Project Management Institute，PMI)在其制定的项目管理知识指南(Project Management Body of Knowledge，PMBOK)中将项目定义为：具有独特的过程，有开始和结束日期，由一系列相互协调和受控的活动组成。过程的实施是为了达到规定的目标，包括满足时间、费用和资源等约束条件。

综合以上观点可以将项目定义为：项目是由一组有起止时间的、相互协调的受控活动组成的特定过程，该过程要达到符合规定要求的目标，包括时间、成本和资源的约束条件。

2. 项目的特征

通过对项目定义的了解，可将项目特征归纳为以下几个方面。

(1) 项目的唯一性。项目的唯一性也称做项目的单件性，是项目最主要的特征。项目所涉及的某些内容是以前没有做过的，也就是没有完全相同的项目任务，其区别体现在项目的内容、完成过程及最终成果上。项目的唯一性从客观上提示了项目总是互不相同、不断变化的，项目管理者不能用固定的组织方式和生产要素配置形式去管理项目，而必须根据项目任务的具体条件和特殊要求，采取针对性措施管理项目，以保证项目目标得以顺利实现。只有正确认识到项目的唯一性，才能更好地针对项目的特点与目标进行科学、有效的管理。

(2) 项目的时限性。项目的时限性是指项目都有其明确的开始和结束时间。当项目的所有目标都达到时，该项目也就宣告结束；或者项目在实施中，当目标不可能达成时，项目也将会终止。时限性的存在并不意味着项目的持续时间短，许多项目都会持续几年。但无论如何，项目持续的时间是确定的，是不具备连续性的。

(3) 项目的生命周期性。正如项目概念中提及的"项目具有规定开始和结束时间的任务",同其他有机体一样,任何项目都具有相应的生命周期,都有其产生时间、发展时间和结束时间,在不同的阶段有其特定的任务。虽然不同项目的寿命周期阶段划分不一致,但实现"时间—成本—绩效"的优化组合是项目生命周期不同阶段所追求的永恒目标。

(4) 项目的整体性。一个项目往往是由多个单体工程组成的,这些工程都围绕着一个总体目标,相互之间具有明确的组织联系。作为一个统一的整体,在按照目标要求进行资源配置时,必然会追求项目的整体效益,做到数量、质量和结构上的整体优化。正是由于项目是为特定目标实现而展开的多任务的集合,强调的是项目的整体性,因此要求在项目中重视过程和目标、时间和内容上的统一。项目的内外环境是变化的,所以管理和生产要素的配置是动态的。项目中的一切活动都是相关的,构成一个整体,缺少某些活动必将阻碍项目目标的实现,但多余的活动也是不必要的。

1.1.2 工程项目

项目原指各种活动的门类,按照不同的分类标准可以将项目划分成不同的种类,通常按照专业特征和最终成果可将其划分为:生产项目、开发项目、科研项目、咨询项目、体育项目、工程项目等。工程项目,也称做建筑工程项目或土木工程项目,作为最常见、最典型的项目类型,它是指通过特定的工作劳动,以建筑物或构筑物为最终目标产品的活动。

1. 工程项目的特征

工程项目一般具有以下基本特征。

(1) 唯一性。尽管同类产品或服务会有许多相似的工程项目,但由于工程项目建设的时间、地点、条件等会有若干差别,都涉及某些以前没有做过的事情,所以它总是唯一的。例如,尽管建造了成千上万座住宅楼,但每一座都是唯一的。两栋建筑即使按照相同的图纸建设也经常由于地质环境不同或者受到地区经济等影响而不同。

(2) 一次性。每个工程项目都有其确定的终点,所有工程项目的实施都将达到其终点,它不是一种持续不断的工作。从这个意义上来讲,它们都是一次性的。当一个工程项目的目标已经实现,或者已经明确知道该工程项目的目标不再被需要或不可能实现时,该工程项目即达到它的终点。一次性并不意味着时间短,实际上许多工程项目要经历若干年,例如三峡工程。

(3) 项目目标的明确性。工程项目具有明确的目标,用于某种特定的目的。工程项目的建设目标是项目分类的依据,同时也是确定项目范围、规模、界限的依据,一般可划分为宏观目标和微观目标。政府主管部门主要审核项目宏观目标的经济、社会、环境效果;企业则更加偏重于工程项目的盈利、树立企业形象等微观性目标。例如,政府修建一所希望小学以改善当地的教学条件。

(4) 实施条件的约束性。工程项目都是在一定的约束条件下实施的,如项目工期、项目产品或服务的质量、人财物等资源条件、法律法规、公众习惯等。这些约束条件既是评价工程项目的衡量标准,也是工程项目的实施依据。

(5) 管理的系统性和复杂性。现代工程项目一般具有规模大、范围广、投资高、周期性长等特点，在项目组织内，众多专业组成、参与单位以及人员、环境和建设地点的变化，加上项目管理组织作为临时性的组织等特点，都导致工程项目管理的复杂性。因此，如果要将项目建设好，就应当采用系统的力量和方法，根据具体的对象，把松散的组织、人员、单位组成有机的整体，在不同的限制条件下，圆满完成项目的建设目标。

除以上项目一般特征外，工程项目还具有不确定性因素多、整体性强、建设周期长、不可逆转性、固定性以及生产要素的流动性等特点。

2. 工程项目的分类

由于工程建设项目种类繁多，为了更好地进行科学管理，从不同层面反映项目的性质、行业结构及比例关系，可按不同的分类方法将项目分成不同的类别。

(1) 按照投资主体分类。工程项目按照主体进行划分，可分为国家政府投资工程项目、地方政府投资工程项目、企业投资工程项目、三资(国外独资、合资、合作)企业投资工程项目、私人投资工程项目、各类投资主体联合投资工程项目等。

(2) 按照管理主体分类。管理主体是指掌握企业管理权力，承担管理责任，决定管理方向和进程的有关组织和人员。管理者和管理机构是管理主体的两个有机组成部分。设计项目的管理主体是设计承包商，也就是设计单位，主要负责项目设计阶段的一系列工作。设计项目可能是一个单项工程，也可能是一个群体工程或建设项目。施工项目管理主体是施工承包商，即施工单位，主要负责项目施工阶段的一系列工作。施工项目可能是一个单位工程，也可能是一个建设项目或群体工程，还可能是一个单项工程。业主项目管理主体是设计承包商，也就是设计单位，主要负责项目建设的全过程。

(3) 按性质分类。工程项目按照性质可分为新建项目、扩建项目、改建项目、恢复项目和迁建项目。新建项目是指过去没有、现在开始建设的项目；或者是原有规模较小，现在进行扩建，其新增固定资产价值超过原有固定资产价值三倍以上的建设项目。扩建项目是指原有的企业为扩大原有产品的生产能力或增加效益，或增强新产品的生产能力，在原有资产的基础上，对主要车间、工程项目，行政事业单位等增加业务用房等项目。改建项目是指原有企事业单位为了改进产品质量或改变产品方向，对原有固定资产进行整体性技术改造的项目；此外，为了提高综合生产能力，增加一些附属辅助车间或非生产性工程，也属改建项目。恢复项目是指对因重大自然灾害或战争而遭受破坏的固定资产，按原来规模重新建设或在重建的同时进行扩建的项目。迁建项目是指为改变生产力布局或由于其他原因，将原有单位迁至异地重建的项目；异地建设，不论是否维持原来规模，都属于迁建项目。

(4) 按用途分类。工程项目按照用途可分为生产性项目和非生产性项目。生产性项目是指可直接用于物质生产或满足物质生产需要的建设项目，它包括工业、农业、林业、水利、气象、交通运输、邮电通信、商业和物资供应设施建设及地质资源勘探建设等；非生产性建设项目是指用于满足人们物质和文化生活需要的建设项目，包括住宅建设、文教卫生建设、公用事业设施建设，科学实验研究以及其他非生产性建设项目。

(5) 按建设规模分类。按照国家对建设规模的有关规定，项目一般可分为为大、中、小型项目。

(6) 按照建设阶段分类。按建设项目所处阶段的不同，工程项目可分为：筹建项目或预备项目，即投资前期项目；在建项目，也就是正在建设中的项目；投产项目，即已全部竣工并已投产或交付使用的项目；收尾项目，即基本全部投产只剩少量不影响正常生产或使用的辅助工程项目。

(7) 按照项目资金来源渠道分类。按照项目资金来源渠道的不同，可分为国家投资的建设项目、银行信用筹资的建设项目、自筹资金的建设项目、引进外资的建设项目和资金市场筹资的建设项目。

1.1.3 项目管理

1. 项目管理的含义

项目管理是指项目管理者在有限的资源约束前提下，运用系统的观点、方法和理论，对项目涉及的全部工作进行有效管理的过程。即对从项目的投资决策开始到项目结束的全过程进行计划、组织、指挥、协调、控制和评价，以实现项目的总体目标。

对于项目管理的概念，可以从以下几方面进行理解。

(1) 项目管理是一种管理方法体系。项目管理从诞生至今，始终作为一种管理项目的科学方法。项目管理不是任意一次管理项目的实践过程，是在长期研究和实践的基础上总结而成的管理方法。应用项目管理就必须按照项目管理的方法体系的基本要求去做。此外，项目管理作为一种方法体系，在不同国家和行业的不同发展阶段，其内容、技术、手段及结构都有一定的区别。

(2) 项目管理对象和目的。项目管理的对象是项目，也就是一系列临时的、唯一的任务。我们不能将项目管理与企业管理的对象混为一谈。项目仅仅是企业运作过程中的一部分，不能将企业管理的目的作为项目管理的目的。因为项目管理具有临时性特点，应将项目预定的目标具体化，保证企业众多项目目标的合力与企业发展的总目标一致。

(3) 项目管理的实施。项目管理是以项目经理负责制为基础的目标管理。一般来讲，项目管理是按任务(垂直结构)而不是按职能(平行结构)组织起来的。

(4) 项目管理的主要内容。项目管理主要包括项目的范围管理、时间管理、成本管理、质量管理、采购管理、风险管理、资源管理和沟通管理等方面。

2. 项目管理的特点

项目管理具有以下基本特点。

(1) 项目管理的复杂性。项目一般是由多个部分构成，工作跨越多个部门，需要运用多种学科的知识来解决问题；项目实施中存在许多不确定性因素与风险；项目工作中缺少或者没有可以借鉴的经验；项目团队的成员一般来自多个不同的组织，各自具有不同的工作背景与经验；项目开展与实施后，其目标是在成本、技术、进度等较为严格的约束条件下实现的；等等。以上因素决定了项目管理是项极具复杂性的活动，与具体的操作相比，更需要知识、技能、工具和技巧等基本条件。

(2) 项目管理的创造性。由于项目的一致性和单一性,使得项目管理必然要承担风险,需要项目管理者发挥创造力才能成功。这也是项目管理与一般重复性管理的主要区别。

(3) 项目管理的协调性与沟通性。随着范围的不同,项目复杂性的变化很大。项目规模越大越复杂,其所涉及的知识、技术、学科和技能等要求也随之提高。项目在进行过程中往往需要组织内外部多个部门互相配合,要求各部门、组织可以迅速做出反应。在这样的条件下,对项目经理的要求就更多地体现在人员沟通和资源协调上,因此,缺乏良好的协调与沟通能力的项目管理,根本不能取得成功。

(4) 项目管理的周期性。由于项目自身的特点,项目管理本身就是计划和控制一次性的工作,需要在规定的期限内完成预定的目标。一旦目标达成,项目也就失去了存在的意义,所以项目管理具有一种可预知的寿命周期,具体见表1-1。

表1-1 项目管理的生命周期示意图

启动	计划	执行	控制	收尾
项目批准;目标建立;资源估算;项目组建立	确定项目组织方法;制定基本预算和确定进度;为阶段执行做准备	项目实施(包括设计、建设、生产等)	通过定期监控和测量进度,确定与计划中存在的偏差,以便在必要的时候采取纠正措施,以保证项目目标的实现	完成项目或阶段的正式接收,并实现有序的结束

(5) 项目经理的重要性。项目经理的位置是由特殊需要形成的,项目经理除了要行使一般职能经理的职能外,还需要了解以及利用项目管理的专业知识、技能、工具以及技巧等去解决项目中的突发事件以及各种矛盾等。项目经理被许多学者认为是项目小组的核心与灵魂,是决定项目成败的关键性因素之一。

1.2 工程项目管理简介

1.2.1 工程项目管理内容

工程项目管理作为项目管理的一大类,管理对象主要是建设工程。工程项目管理指的是为了使项目取得成功,工程项目的管理主体按照客观经济规律有计划地对工程项目建设全过程进行计划、组织、控制、协调的系统性管理活动,主要从以下几方面进行理解。

工程项目管理的管理对象以工程项目为主,目的是实现项目目标,基础是工程项目管理体制,工程项目管理是在项目实施的全过程进行管理和控制的系统性方法。

工程项目管理的理论基础是现代管理理论和方法,在项目各阶段进行科学化管理。

工程项目管理是依照项目内在规律对项目建设活动进行组织的,自有一套与其相适应的劳动组织与管理体系作为保障。

根据建设工程项目各参与方的工作性质和组织特征的不同,项目可分为:业主的项目管理、项目方的项目管理、施工方的项目管理、供货方的项目管理、建设项目总承包的项目管理。其中,业主方是建设工程项目生产过程的总组织者,是项目管理的核心。

工程项目管理的三大基本目标是投资(成本)目标、质量目标、进度目标，它们之间是对立统一的关系。要提高质量，就必须增加投资，而赶工是不可能获得好的工程质量的；而且，要加快施工速度，也必须增加投入。工程项目管理的目的就是在保证质量的前提下，加快施工速度，降低工程造价。

工程项目管理的主要任务是：安全管理、投资(成本)控制、进度控制、质量控制、合同管理、信息管理、组织和协调。其中，安全管理是项目管理中最重要的任务，而投资(成本)控制、进度控制、质量控制和合同管理则主要涉及物质方面的利益。

1. 工程项目管理的特点

(1) 工程项目管理是一种一次性和独特性的管理。工程项目的一次性、独特性和不可逆性特征，决定了工程项目管理的一次性特征。由于工程项目的特殊性，没有完全相同的工程管理模式，管理过程中一旦出现失误，就会损失严重。因此，工程项目管理应严密组织、严格管理。

(2) 工程项目管理是一种全过程的综合性管理。工程项目管理是对项目生命周期全过程的综合管理。从建设程序的角度来说，对项目进行可行性研究、勘察设计、招标投标、施工、交付使用等各阶段全过程的管理，在每个阶段中又包含对进度、质量、投资、安全的管理。因此，工程项目管理是全过程的综合性管理。

(3) 工程项目管理是一种制约性强的控制管理。在建设资源节约型社会和追求效益最大化的条件下，每个工程项目都有严格的投资成本、质量和功能、时间和安全性等方面的限制。工程项目管理的重点是如何在不超越限制条件的前提下，充分调动各种资源、精密策划、充分利用各种现有资源，完成工程项目建设目标。

2. 工程项目管理的职能

(1) 策划职能。工程项目策划是把建设意图转换成定义明确、系统清晰、目标具体、活动科学、过程有效、富有战略性和策略性思路的、高智能的系统活动，是工程项目概念阶段的主要工作。策划的结果是其后各阶段活动的总纲。

(2) 决策职能。决策是指工程项目管理者在工程项目策划的基础上，通过调查研究、比较分析、论证评估等活动，得出结论性意见，并付诸实施的过程。一个工程项目，其中的每个阶段、每个过程均需要启动，只有做出正确决策以后的启动才有可能是成功的，否则就是盲目的、指导思想不明确的，极易导致损失。

(3) 计划职能。计划职能决定工程项目的实施步骤、搭接关系、起止时间、持续时间、中间目标、最终目标及措施。它是工程项目目标控制的依据和方向。计划职能可分为相互关联的四个阶段。

第一阶段：确定目标及其先后次序，即科学地确定工程项目的总目标和分目标及各个目标的先后次序，明确目标实现的时间和合理结构。

第二阶段：预测对实现目标可能产生影响的未来事态，通过预测决定计划期内的活动应能达到什么水平，能获得多少资源来支持计划的实施。

第三阶段：通过预算来实现计划。确定预算包括哪些资源，各项资源预算之间的内在关系以及采用什么预算方法等。

第四阶段：通过分析评价，提出指导实现预期目标的最优方案或准则。方案反映组织的基本目标，是整个组织开展活动的指导方针，是对如何实现目标的具体说明。为使方案有效，在制定方案时，要保证方案的灵活性、全面性、协调性和明确性。

项目系统综合上述四阶段的工作，就能制订出全面计划，用以引导工程项目的组织达到预期目标。

(4) 组织职能。组织的职能是划分建设单位、设计单位、施工单位、监理单位在各阶段的任务；对为达到目标所必需的各种业务活动进行分类组合；把监督每类业务活动所必需的职权授予主要人员；规定工程项目中各部门之间的协调关系；制定以责任制为中心的工作制度，以确保工程项目目标的实现。

(5) 控制职能。控制职能是指管理人员为保证实际工作按计划完成所采取的一切行动，即管理人员采取一系列纠正措施，把不符合要求的活动拉回到正常轨道上。控制职能在一定程度上可使管理工作成为一个闭路系统。

(6) 协调职能。协调就是连接、联合及调和所有的活动和力量。协调的目的是处理好项目内外的大量复杂关系，调动协作各方的积极性，使之协同一致、齐心协力，从而提高项目组织的运转效率，保证项目目标的实现。

(7) 指挥职能。指挥是管理的主要职能。计划、组织、控制、协调等都需要强有力的指挥。工程项目的顺利进行始终需要强有力的指挥，项目经理就是实现指挥职能的重要角色。指挥者需要将分散的信息集中起来变为指挥意图，用集中的意图统一管理者的步调，指导管理者的行动，集合管理者的力量。指挥职能是各类职能的动力和灵魂。

(8) 监督职能。工程项目的管理需要监督职能，以保证法规、制度、标准和宏观调控措施的实施。对工程项目的监督方式有：自我监督、相互监督、领导监督、权力部门监督、业主监督、司法监督、公众监督等。

总之，工程项目管理有众多职能。这些职能既是独立的，又是密切相关的，不能孤立地去看待它们。各种职能协调地发挥作用，才是管理有力的表现。

3. 工程项目管理的内容

工程项目管理的工作非常繁重，必须对工程项目进行全过程、多方面的管理，如成本、进度、质量、合同、组织、风险、竣工验收、事后评价等管理。归纳起来，就是通过组织协调和合同管理，实现项目的三大目标——质量目标、进度目标和费用目标。其中，以合同管理最为重要，它是工程项目管理的核心，它以契约形式规定了签约各方的权利和义务；质量控制、进度控制、费用控制是进行工程项目管理的基本手段，是完成合同规定的任务所必需的工作。

在进行工程项目管理时，具体的管理工作内容又与工程项目管理的主体和范围有关。从工程项目的组织建立、合同管理、质量控制、进度控制和费用控制几个方面来看，建设单位、设计单位和施工单位的工程项目管理内容各有不同。

1) 建设单位的工程项目管理

(1) 组织建立。主要是选择设计、施工、监理单位，制定工作、组织条例等。

(2) 合同管理。起草合同文件，参加合同谈判，签订各项合同，实施合同管理等。

(3) 质量控制。提出各项工作的质量要求，进行质量监督，处理质量问题等。

(4) 进度控制。提出工程的控制性进度要求，审批并监督进度计划的执行情况，处理进度计划执行过程中出现的问题等。

(5) 费用控制。进行投资估算，编制费用计划，审核支付申请，提出节省工程费用的方法等。

2) 设计单位的工程项目管理

(1) 组织建立。组建设计队伍，制定工作、组织条例，会签、审批、组织设计图纸供应等。

(2) 合同管理。与建设单位签订设计合同，与专业工程师签订设计协议或合同，监督各项合同的执行等。

(3) 质量控制。保证设计图纸能满足建设单位和施工单位的需要，并符合国家有关法律、政策和规定等。

(4) 进度控制。制订设计工作进度计划和出图进度计划，并监督执行等。

(5) 费用控制。按投资额确定设计内容和投资分配比例，按设计任务确定酬金，控制设计成本等。

3) 施工单位的工程项目管理

(1) 组织建立。选择项目经理、施工队伍的组织，以及材料、设备供应单位，协调劳动力资源等。

(2) 合同管理。签订承包合同以及分包合同，进行合同的日常管理等。

(3) 质量控制。依据设计图纸、施工及验收规范施工，预防质量问题的出现，处理质量事故等。

(4) 进度控制。编制并执行工程施工安装进度计划，对比、检查进度计划的执行情况，采取相应措施调整进度计划。

(5) 费用控制。编制施工图预算和施工预算，进行工程款的结算和决算以及日常财务管理等。

4. 工程项目管理的程序

项目管理的各种职能及各管理部门在项目过程中形成的关系，有工作过程的联系(工作流)，也有信息联系(信息流)，构成了一个项目管理的整体，这也是项目管理工作的基本逻辑关系。工程项目管理的程序有如下几个。

(1) 编制项目管理规划大纲；

(2) 编制投标书并进行投标；

(3) 签订施工合同；

(4) 选定项目经理；

(5) 项目经理接受企业法定代表人的委托组建项目经理部；

(6) 企业法定代表人与项目经理签订"项目管理目标责任书"；

(7) 项目经理部编制"项目管理实施规划"；

(8) 进行项目开工前的准备工作；

(9) 施工期间按"项目管理实施规划"进行管理；

(10) 在项目竣工验收阶段，进行竣工结算，清理各种债权债务，移交资料和工程；

(11) 进行经济分析，撰写项目管理总结报告并送企业管理层有关职能部门；

(12) 企业管理层组织考核委员会对项目管理工作进行考核评价并兑现"项目管理目标责任书"中的奖罚承诺；

(13) 项目经理部解体；

(14) 在保修期满前，企业管理层根据"工程质量保修书"和相关约定进行项目回访保修。

1.2.2 工程项目管理的类型

工程项目管理的类型可按照管理层次、管理范围和内涵、管理主体进行划分。

1. 按照管理层次划分

按项目管理层次的不同，可将项目管理分为宏观项目管理和微观项目管理。

宏观项目管理指政府作为主体对项目活动进行的管理，它以某一类或某一地区的项目为对象，而不是特指某一个具体项目；目标是追求国家或地区的整体利益，而不是某一具体项目的利益；管理手段是行政、法律和经济等手段并存，包括制定和贯彻相关的法律法规、政策，调控项目资源要素市场，制定与贯彻项目实施程序、规范和标准，监督项目实施过程和结果等。

微观项目管理是指项目的主要参与方对项目所进行的管理，包括业主对建设项目的管理、承包商对承包项目的管理、供应商对供应项目的管理等，是一般意义上的项目管理。管理对象是管理主体所承担的项目，例如，业主的管理对象是建设项目，施工单位的管理对象是施工项目，设计单位的管理对象是设计项目。它追求的是项目整体利益和项目相关方自身的利益；管理手段包括项目管理方法、工具与技术。

2. 按照管理范围和内涵划分

按照工程项目管理范围和内涵的不同，可将项目管理划分为广义的项目管理和狭义的项目管理。

广义的项目管理是指从项目投资意向、项目建议书、可行性研究、建设准备、设计、施工、竣工验收、项目后评价到项目运营的全过程管理，其实质是全生命周期管理。管理的主体是业主，所追求的是项目全生命周期最优，而不是一时一事的得失。

狭义的项目管理是指将项目全生命周期的某个阶段或若干阶段作为一个项目管理对象进行管理。管理主体是与项目管理对象所对应的相关方，追求的是项目阶段性目标。

3. 按照管理主体划分

一个工程项目的建设，一般涉及不同的管理主体，即项目业主、项目使用者、科研单位、设计单位、施工单位、生产厂商、监理单位等,各参与单位对同一工程项目承担着不同的任务和责任。因此,形成了不同相关方的项目管理:业主方项目管理、咨询方项目管理、承包方项目管理。

1) 业主方项目管理

业主方项目管理是指由项目业主或委托人对工程项目建设全过程所进行的管理,是指业主为实现项目目标,运用所有者权利组织或委托有关单位对项目进行策划、实施、组织、协调、控制等过程。

业主方项目管理的主体是业主或代表业主利益的咨询方,项目业主指的是项目的所有投资人,是从项目筹建到生产经营并承担投资风险的项目管理班子。

项目法人责任制是国家经过几年改革实践总结而来,根据《中华人民共和国公司法》(以下简称《公司法》)的规定,将原来的项目业主责任制改为法人责任制。法人责任制是根据《公司法》指定的,在投资责任约束机制方面较项目业主责任制得到了进一步加强,责、权、利在项目法人责任制下也更为明确,更重要的是项目管理制度全面纳入法制化、规范化的轨道。

业主方项目管理是为业主方利益服务的,同时也服务于其他相关方的利益。业主方对工程项目管理的根本目的在于实现项目的安全目标、投资目标、进度目标和质量目标,实现投资者的期望。

业主方项目管理主要具有以下特点:业主方对工程项目的管理体现了所有投资方对项目的要求。业主方是工程项目的投资方在工程项目上的最终代表;业主对工程项目的管理集中反映了各投资方对工程项目的利益要求;业主是工程项目管理的中心。业主既是项目的决策者又是项目决策的主持者,也是最终受益者,项目的成败与业主利益直接相关,所以业主是工程项目管理的中心;业主所采用的管理方式多为监控而非直接控制。业主通常采用委托的方式,将工程项目的各项任务委托给其他相关方,而业主的主要工作是协调、监督和控制。

业主方项目管理的主要任务,根据项目的不同阶段而有所差别,但总体上可归纳为"三控""三管""一协调"。具体来说:"三控"指投资控制、进度控制、质量控制;"三管"指安全管理、合同管理、信息管理;"一协调"指的是组织和协调。

2) 咨询方项目管理

咨询方项目管理指的是咨询单位接受委托,对工程项目的某一阶段或某一项内容进行管理。目前,我国工程领域的咨询单位主要是受业主的委托从事项目管理工作,咨询单位所从事的最主要的项目管理工作就是监理。

咨询方项目管理的目的是保障委托方实现工程项目的预期目标;按合同规定获得合法收入;创造良好的社会信誉。

咨询方项目管理的特点:①属于智力密集型的工作。咨询方进行项目管理依靠的是咨询工程师自身所具备的知识、经验、能力和素质,是集工程、经济、管理等各学科知识和项目管理经验于一体的管理活动。②管理内容与委托内容相一致。咨询方根据委托合同从事项目管理工作，管理的内容与委托内容相一致，不应超越委托范围从事无关的管理咨询活动。③咨询的本质是提供规范服务。咨询方一般不直接从事工程项目实体的建设工作，而只是提供阶段性或全过程的咨询服务，咨询方根据国家的有关规定和行业规则向委托方收取工程咨询费用。④执业的规范性。咨询方有其独立的行业管理组织，规范的市场准入、执业规则和道德准则，在执业过程中，受政府和有关管理组织的监督。

由于工程项目的一次性特征，使得咨询方的项目管理组织方式具有很大的局限性，首先在技术和管理方面缺乏配套的力量和项目管理经验，即使配套了项目管理班子，在无连续建设任务时，也是不经济的。因此，结合我国国情并参照国外工程项目管理方式，在全国范围内，提出工程项目建设监理制。建设工程监理是指监理单位受项目法人的委托，依据国家批准的工程项目建设标准实施监督管理。社会监理单位是依法成立的、独立的、智力密集型的经济实体，接受业主的委托，采取经济、技术、组织、合同等措施，对项目建设过程及参与各方的行为进行监督、协调和控制，以保证项目按规定的工期、投资、质量目标顺利建成。社会监理是对工程项目建设过程实施的监督管理，类似于国外的CM项目管理模式，属于咨询监理方的项目管理。

3) 承包方项目管理

承包方的项目管理是指承包商为完成业主委托的设计、施工或供货任务所进行的计划、组织、协调和控制的过程，其目的是实现承包项目的目标并使相关方满意。根据承包方式的不同，具体可划分为：设计项目管理、施工项目管理、供应项目管理和总承包项目管理。

(1) 设计项目管理。设计项目管理是设计单位受业主委托承担工程项目的设计任务，以设计合同所界定的工作目标及其责任义务作为该项工程设计管理的对象、内容和条件。设计项目管理是设计单位对履行工程设计合同和实现设计单位经营方针目标而进行的设计管理，主要目标包括设计项目的成本、进度、质量和安全目标，以及项目投资目标和相关方的满意度目标等。设计项目管理的主要任务包括与设计工作相关的安全管理、设计成本控制，和与设计工作有关的工程造价控制、设计进度控制、设计质量控制、设计合同管理、设计信息管理，以及与设计工作有关的组织协调，也就是"三控""三管""一协调"。

(2) 施工项目管理。施工项目管理是施工单位通过工程施工投标取得工程施工承包合同，并以施工合同所界定的工程范围组织并实施项目管理。施工项目管理主要是在施工阶段进行，主要目标是实现施工项目的成本、质量、安全和进度目标以及相关方的满意度目标等。施工项目管理所关注的是项目的整体利益和施工单位自身的利益，主要任务可以归纳为："四控""四管""一协调"。其中，"四控"是指施工中的安全控制、质量控制、成本控制、进度控制；"四管"是指施工中的信息管理、生产要素管理、合同管理、现场管理；"一协调"是指与施工有关的组织和协调。

(3) 供应项目管理。从建设项目管理的系统分析的角度看，建设物资供应工作也是工程项目实施的一个子系统，有明确的任务、约束条件，并且与工程项目实施系统具有紧密的内在联系。由于工程物资供应具有项目的所有要素，可以按项目进行管理。供应项目管理主要在施工阶段进行,其目标是实现供应中的安全、成本、进度、质量和相关满意度等目标。管理任务可归纳为"三控""三管""一协调"。具体来说,"三控"是指供应成本控制、进度控制、质量控制;"三管"是指供应安全管理、合同管理、信息管理;"一协调"是指与供应有关的组织和协调。

(4) 总承包项目管理。在设计施工总承包的情况下,业主在项目决策后,通过招标择优选定的总承包单位全面负责工程项目的实施过程,直至最终交付使用功能和质量标准符合合同文件规定的工程承包标的物。所以说,工程总承包项目管理是贯穿整个工程项目阶段的管理,即设计前准备阶段、设计阶段、施工阶段、使用前的准备阶段和保修期。它的实质和目的是全面履行工程总承包合同,以实现其企业承建工程的经营方针与目标,它是以取得预期经营效益为动力而进行的工程项目自主管理。总承包项目管理的目标是项目总投资目标、总承包项目的成本目标、进度目标、安全目标和质量目标,以及相关方的满意度目标等。主要任务是"四控""四管""一协调"具体来说,"四控"是安全控制、质量控制、成本控制、进度控制;"四管"是信息管理、生产要素管理、合同管理、现场管理;"一协调"是指与施工有关的组织和协调。

4. 不同工程管理类型之间的关系

各种类型的工程项目管理工作都是在特定的环境条件下,为实现项目的总体目标,从不同角度、不同利益方面,对项目实施过程进行管理的一个子系统。不同类型的项目管理在管理的主体、目标、方式、范围、内容、实际的时间范畴等方面都有所不同。各类型的项目管理是既相互制约又相互联系的一个工程项目管理的完整体系,其项目的总目标受不同类型项目管理目标的影响,只有各类型的项目管理目标得以实现,工程项目的总目标才可以达成,否则总目标就会受到影响。

1.2.3 工程项目管理的生命周期

任何建设项目都是由两个过程构成的:一是建设项目的实现过程;二是建设项目的管理过程,所以任何建设项目管理都特别强调过程性和阶段性。整个项目管理工作可视做一个完整的过程,并且可将各项目阶段的起始、计划、组织、控制和结束这5个具体管理工作视做建设项目管理的一个完整过程。现代建设项目管理要求在项目管理中,要根据具体建设项目的特性和项目过程的特定情况,将一个建设项目划分为若干个便于管理的项目阶段,并将这些不同的项目阶段整体视做一个建设项目的生命周期。现代建设项目管理的根本目标是管理好建设项目的生命周期,并且在生成建设项目产出物的过程中,通过开展项目管理来保障项目目标的实现。

1. 工程项目的生命周期

工程项目的生命周期指的是从设想、研究、决策、设计、建造、使用直至项目报废所经历的工程项目的全部时间,一般包括项目的决策、实施、使用(也称运营或运行)三个阶段,同时工程项目的三个阶段还可以进一步细分为更详细的阶段,这些阶段构成了工程项目的全生命周期。

2. 工程项目生命周期描述

一般的工程项目生命周期可分为4~5个阶段，大型工程项目则需要划分为更多的生命阶段。本书主要对一般的工程项目生命周期阶段划分进行说明。

(1) 工程项目的概念阶段。该阶段又称为项目的定义或决策阶段，是从项目构思到批准立项的过程。在这个阶段中，应提出工程项目提案，同时根据项目提案进行必要的需求与机遇分析和识别，根据情况提出具体的工程项目建议书。在项目建议书获得批准后，进一步开展不同程度的工程项目的可行性分析，通过工程项目可行性分析找出工程项目的各种可行的备选方案，然后分析和评价这些备选方案的收益和风险情况，最终做出工程项目方案的抉择和工程项目的决策。这一阶段的主要任务是提出项目、定义项目以及最终做出项目决策。

(2) 工程项目的开发阶段。该阶段始于项目的批准立项直至施工前，主要是对批准立项的项目进行计划和设计。在这一阶段中，人们首先要为已经做出决策并且要实施的工程项目编制各种各样的项目计划书，包括针对工程项目的范围计划、工期计划、成本计划、质量计划、资源计划和集成计划等。在开展这些工程项目计划工作的同时，还需开展必要的工程项目设计工作，从而全面设计和界定整个工程项目的范围、项目各阶段所需开展的工作和项目的产出物，包括工程项目涉及的技术、质量、数量和经济等各个方面。实际上这一工程项目阶段的主要任务是对工程项目的产出物和工程项目的相关工作做出全面的设计和规定。

(3) 工程项目的实施阶段。在完成工程项目的计划和设计工作以后，就进入工程项目的实施阶段，主要指施工阶段。在工程项目实施的过程中，人们还需要开展相应的各种项目控制工作，以保证工程项目实施结果与设计和计划要求相一致。其中，工程项目的实施工作还需要进一步划分成一系列的具体实施工作的阶段，而工程项目控制工作也需要进一步划分成工程项目的范围、工期、成本和质量等方面。

(4) 工程项目的完工与交付、运营阶段。工程项目实施阶段的结束并不意味着整个工程项目工作的结束，项目还需要经过一个完工与交付的工作阶段才能够真正结束整个项目。在工程项目完工与交付阶段，人们需要对照工程项目定义和决策阶段提出的项目目标和工程项目开发阶段提出的各种计划要求，先由项目团队检验项目的产出物及项目工作，然后由项目团队向项目业主(客户)进行验收和移交工作，直至项目的业主(客户)最终接受工程项目的整个工作结果和项目最终的交付物，一个工程项目才能算作最终完成或结束。然后，进入项目的生产运营阶段(物业管理)。

3. 工程项目全生命周期管理意义

工程项目全生命周期管理不仅扩大了项目管理的时间跨度和内涵，而且带来了如下好处。

(1) 从工程项目的整体出发，反映项目全生命周期的要求，更加保证了项目目标的完备性和一致性。

(2) 在工程项目全生命周期中能够形成连续、系统的管理组织责任体系，以保证项目管理的连续性和系统性，从而极大地提高项目管理的效率，改善项目的运行状况。

(3) 形成新的工程项目全生命周期管理理念,有利于提升项目管理的目标体系、项目管理者的伦理道德、项目管理者对历史和对社会的使命感。与企业管理理念一样,工程项目全生命周期的管理理念更能反映项目的组织文化和品位,反映项目管理者良好的管理理念、思维方式、价值观、伦理道德和管理哲学。

(4) 促进项目管理的理论和方法的改进,如项目的全生命周期评价理论和方法、项目的可持续发展理论和方法、项目的集成化管理方法等。

(5) 能够改进项目的组织文化,促进项目组织的内、外部交流。工程项目的所有参加者应就项目全生命周期的目标达成共识。虽然,他们在不同的阶段承担不同的项目任务,各有各的目标,但他们都应有工程项目全生命周期的理念,有为工程项目全生命周期负责的精神。

4. 工程项目的相关单位

图1-1中的建设项目的生命周期描述,不但给出了建设项目的阶段划分,而且给出了参与建设的各个建设方的生命周期。

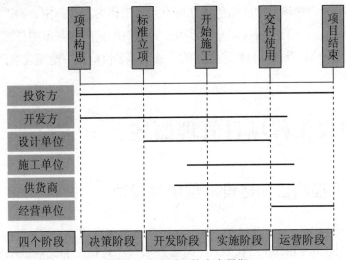

图1-1　建设项目的生命周期

(1) 投资方。他们参与项目全生命周期的管理,从项目的构思、前期策划、决策到项目交付使用,进入运营阶段,直至投资合同结束。他们的目的不仅仅是工程建设,更重要的是收回投资和获得预期的效益。虽然,投资方参与项目全生命周期的管理,但他们的工作重点是决策阶段和运营阶段。

(2) 开发方。他们主要参与项目决策阶段、开发阶段和实施阶段,代替投资方对建设项目进行策划、可行性研究和对建设过程进行专业化的管理,往往又被称为建设方、甲方或业主方。他们为投资方提供项目策划和建设的专业化服务,但一般不参与运营阶段的管理。

(3) 设计单位。在项目被批准立项后,经过设计招标或委托,设计单位进入项目。它的任务是,按照项目的设计任务书完成项目的设计工作,并参与主要材料和设备的选型,在施工过程中提供技术服务。

(4) 施工单位。一般在项目设计完成后,施工单位(承包商)通过投标取得工程承包资格，按照施工承包合同要求完成工程施工任务，交付使用，并完成工程保修义务。它在项目的全生命周期中主要参与实施阶段。

(5) 供货商。一般在开发阶段的后期，根据业主和设计要求的主要材料和设备的选型，通过投标或商务谈判取得主要材料或设备供应权，按照供货合同要求在实施阶段提供项目所需的、质量可靠的材料和设备。供货商在项目的全生命周期中主要参与开发阶段的后期和实施阶段。

(6) 经营单位。一般由投资方组建或由其委托的经营单位进行项目运营阶段的管理。通过运营管理可为投资方收回投资和获得预期的效益。经营单位在项目的生命周期主要从项目建设竣工验收、交付使用开始，到投资合同结束或项目消亡为止。

(7) 监理(咨询)公司。监理(咨询)公司需面对不同的项目、不同的业主，它在生命周期内承担不同的任务。根据它与业主通过投标或委托签订的合同，可能承担项目的策划任务，或可行性研究，或设计阶段的项目管理，或施工阶段的项目管理；也可能承担上述阶段中的两个以上任务，甚至其生命周期与开发方相同。

上述项目的参与者在项目中的角色和立场不同，工作内容、范围、侧重点也不相同。但它们都必须围绕着同一个工程项目，开展"项目管理"所采用的基本项目管理理论和方法是相同的；且它们进行项目管理的目标是相同的，就是"多快好省"地完成项目的建设任务。

1.3 建设工程项目管理概述

1.3.1 建设工程项目和建设工程项目管理

1. 建设工程项目

建设工程项目(Construction Project)，简称为项目，是指由为完成依法立项的新建、扩建、改建等各类工程而进行的、有起止日期的、达到规定要求的一组相互关联的受控活动组成的特定过程，包括策划、勘察、设计、采购、施工、试运行、竣工验收和考核评价等，并在一定的投资、约束条件下，以形成固定资产为明确目标的一次性事业。

2. 建设工程项目管理

建设工程项目管理(Construction Project Management)，简称为项目管理，是指运用系统的理论和方法，以建设项目为对象，对建设工程项目进行的计划、组织、指挥、协调和控制等专业化活动。

1) 建设工程项目管理的特征

建设工程项目管理的特征主要表现在以下几个方面。

(1) 管理任务。取得符合要求的、能发挥应有效益的固定资产。

(2) 管理内容。涉及资金周转和建设全过程的管理。

(3) 管理范围。由可行性报告确定的所有工程，是一个建设项目。

(4) 管理主体。建设单位或其委托的咨询监理单位。

2) 建设工程项目管理的类型

按照建设项目各参与方的工作性质和组织特征的不同,可将其划分为如下几种类型。

(1) 业主方的项目管理。如投资方和开发方的项目管理,或者由工程管理咨询公司提供的代表业主方利益的项目管理服务。

(2) 设计方的项目管理。

(3) 施工方的项目管理。如施工总承包方、施工总承包管理方和分包方的项目管理。

(4) 建设物资供货方的项目管理。如材料和设备供应方的项目管理。

(5) 建设项目总承包(建设项目工程总承包)方的项目管理。如设计和施工任务综合的承包,或者设计、采购和施工任务综合的承包(简称EPC承包)的项目管理等。

1.3.2 建设项目的管理范围

我国建设项目管理范围的确定应以完成项目目标为根本目的,并且要明确各项目的参与方的职责,以确保建设项目的顺利进行。

在建设项目实施前,项目主管部门应当明确界定项目的范围,并且提出有关项目范围说明的文件,以作为今后项目设计、计划、实施和评价的依据。主要依据以下资料确定项目范围。

(1) 项目目标的定义或范围说明文件。

(2) 环境条件调查资料。

(3) 项目的限制条件和制约因素。

(4) 同类项目的相关资料。

同时,在建设项目的计划文件、设计文件和招投标文件中都应包含对工程项目范围的说明。

1.3.3 建设项目的管理任务

近些年来,建设领域在逐步宣传和推广工程项目管理理念。提到工程项目管理或者建设工程管理,首先想到的就是项目的目标控制,包括费用、进度和质量控制。建设工程管理工作是一项增值性工作,其核心任务是使工程的建设和使用增值。

1. 业主方项目管理的目标和任务

业主方的项目管理主要服务于业主的利益,其项目管理目标包括项目的投资、进度、质量三方面的目标。业主方的项目管理工作涉及项目实施阶段的全过程,即设计前的准备阶段、设计阶段、施工阶段、动工前的准备阶段和保修期,应分别开展如下工作。

(1) 安全管理。

(2) 投资控制。

(3) 进度控制。

(4) 质量控制。

(5) 合同管理。

(6) 信息管理。

(7) 组织和协调。

2. 设计方项目管理的目标和任务

设计方作为项目建设的一个参与方,其项目管理主要服务于项目的整体利益和设计方本身的利益。由于项目的投资目标能否实现与设计工作密切相关,因此设计方项目管理的目标包括设计的成本目标、设计的进度目标和设计的质量目标,以及项目的投资目标。

设计方的项目管理工作主要在设计阶段进行,但是也涉及设计前的准备、施工阶段,以及动工前准备阶段和保修期。设计方项目管理的任务包括以下几方面。

(1) 与设计工作有关的安全管理。

(2) 设计成本控制和与设计工作有关的工程造价控制。

(3) 设计进度控制。

(4) 设计质量控制。

(5) 设计合同管理。

(6) 设计信息管理。

(7) 与设计工作有关的组织和协调。

3. 供货方项目管理的目标和任务

供货方作为项目建设的一个参与方,其项目管理主要服务于项目整体利益和供货方本身的利益,其项目管理的目标包括供货方的成本目标、供货方的进度目标和供货方的质量目标。

供货方的项目管理工作主要在施工阶段进行,但它也涉及设计准备阶段、设计阶段、动工前准备阶段和保修期。供货方项目管理的主要任务包括以下几方面。

(1) 供货方的安全管理。

(2) 供货方的成本控制。

(3) 供货方的进度控制。

(4) 供货方的质量控制。

(5) 供货方合同管理。

(6) 供货方信息管理。

(7) 与供货方有关的组织和协调。

复习思考题

1. 简述工程项目管理的内涵。
2. 何谓项目,有何特征?
3. 工程项目管理具有哪些职能?
4. 何谓工程项目生命周期?为何要强调对项目进行全生命周期管理?
5. 建设工程项目的管理内容有哪些?

第2章
工程项目管理规划

2.1 工程项目前期策划

工程项目策划是项目管理的一个重要组成部分,是指在项目建设前期和实施过程中,通过调查研究和收集资料,在充分占有信息的基础上,针对项目进行决策和实施,进行组织、管理、经济和技术等方面的科学分析和论证,以明确项目建设的目标和方向,为项目建设的前期开发和实施提供一系列谋划和决策活动。工程项目策划的好坏,直接关系投资商能否把握投资计划、规避投资风险、取得理想的投资效果。

工程项目的前期策划是指工程项目从机会选择、项目构思到项目立项、实施投资前的策划工作。它是指以工程项目投资方案为核心的全面的、综合的调查研究、项目构思、计划编制、技术经济分析与评价工作。由于工程项目的投资期长、资金占用量大、涉及面广、技术复杂、风险大,工程项目前期策划必须按系统的工作方法,有计划、有步骤地进行。工程项目的前期策划直接关系项目投资方案和投资计划的编制,影响项目投资的结果,历来都是投资者关注的重要环节。

2.1.1 工程项目前期策划的内容

项目策划是一个系统的、有步骤的过程,只有做出条理清晰、简明易懂的策划方案,才能更好地指导项目的实施过程,主要包括以下几个方面的内容。

1. 投资机会研究

投资机会研究是项目投资构思的基础,是指为寻找有价值的投资机会而进行的准备性调查研究,其任务就在于发现合适的项目和投资机会,为项目的投资方向提供建议。开展项目投资机会研究时,首先应确定项目地区,以便相关部门以当地资源条件和市场预测为基础进行项目选择,寻找最有利的投资机会。

2. 项目构思和选择

项目构思是项目策划的关键环节和首要步骤,是一种极具创造性的探索过程,其实质在于挖掘企业可能捕捉的市场机会。工程项目构思是指从现实经验中得出项目策划的系列前提和假设,以此对未来项目的目标、功能、范围以及项目涉及的各主要因素和大体轮廓进行设想与初步界定。项目构思的好坏,不仅直接影响整个项目策划的成败,而且关系项目策划过程的繁简、工作量的大小等。因此,项目构思产生后,应进行调查研究,收集资料,并对构思方案进行反复论证,管理者需要根据项目情况和组织状况,择优选取方案。

3. 项目目标设计

在进行项目选择后,需要对项目进行全面、系统的资料收集、调查研究,确定项目的目标因素,构成项目目标系统。项目目标设计是整个项目前期策划活动解决问题、取得效果的必要前提。

4. 项目定义

明确项目目标后,需要规划项目的构成和界限,对项目进行定义。项目定义就是以项目目标体系为依据,针对项目性质、用途、范围、构成和基本内容的描述,对项目目标所做的详细说明。

5. 项目建议书

项目建议书是对项目总体目标、项目情况和问题、项目环境条件、项目定义和总体方案等的说明和细化,是后续工作的指导和依据。它将项目目标转化成具体详细的任务工作。

6. 可行性研究

可行性研究是从市场、经济、生产、法律等角度对项目进行全面策划和论证的过程。实际上,可行性研究贯穿工程项目前期策划的所有环节,是项目决策的重要依据。

7. 项目评价与决策

在可行性研究报告的基础上,对项目进行财务、国民经济和环境等方面的评价,并根据评价结果,对项目做出最后决策。

由于项目的前期策划是按步骤有规律地进行的,因此,项目策划的内容就是其策划过程。如图2-1所示,项目环境与市场调查贯穿于工程项目前期策划的全过程。策划者必须深入研究市场信息和环境条件,有针对性地进行方案设计。工程项目前期策划的实质是一个反复论证、不断优化的动态过程,是将项目构思不断细化、投资方案不断优化的过程。

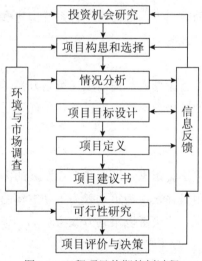

图2-1 工程项目前期策划过程

2.1.2 工程项目前期策划的作用

工程项目前期策划的作用主要体现在以下几个方面。

1. 项目系统框架的定位

工程项目前期策划的首要任务是通过投资机会研究进行项目的构思、目标设计和项目定义,形成一个全面的待建项目。项目构思和目标设计可以解决项目的方向性问题。如图2-2所示为项目累计投入与影响对比图,表明项目的投资主要在施工建设阶段,而前期投入费用较少；但项目的前期策划对项目全生命周期的影响最大，不能有所失误，否则将会产生无法预估的损失；而建设施工对项目生命周期的影响较小。工程项目的目标决定项目的任务，进而决定项目技术和实施方案，进行项目工程建设活动，从而形成完整的项目技术体系和项目管理系统。

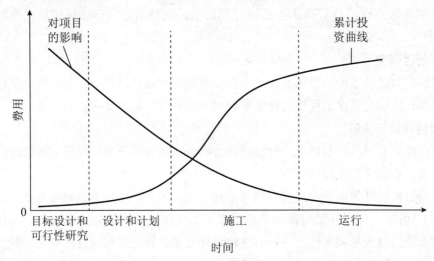

图2-2　项目累计投入与影响对比图

在项目构思和项目定义的前提下，可提出项目系统构建框架，分析项目系统的组成结构，进而形成完整配套的项目方案。

2. 建立项目的竞争优势

在市场经济条件下，由项目策划人员提出项目策划方案，保证项目建设的顺利进行，并确保项目建成后在市场上的竞争力，形成项目的竞争优势。所以说，项目策划是项目竞争的重要手段。

3. 保证决策的科学性

一个工程项目的建立必须满足国家、地方和企业发展的需求，提供社会产品和服务。项目前期策划的决策保证作用具体表现为策划者为策划主体的决策进行科学缜密的项目谋划、探索，设计多种备选方案。决策者以策划方案为基础，进行选择和决断，从而保证决策的程序化和科学化。

4. 提高项目策划预测的合理性

根据市场环境和项目业主需求，策划者要针对项目全生命周期内的社会环境和市场进行超前研究，预测未来发展趋势，思考项目发展的长远问题，提高项目策划主体对未来的适应性和创造未来的主动性。

5. 增强项目策划管理的创新性

项目策划本身就是一种创新活动。策划管理的创新性是指策划者遵循科学的策划程序，用创造性思维考虑问题，结合项目的整体特征，对项目的功能、技术和管理系统进行创新，深入构成项目系统的各个层面，提出具有可操作性的全面构想。一个好的项目策划方案本身就是各个项目管理创新方案的集合。

2.1.3 工程项目前期策划的原则

在进行工程项目的前期策划时，需要对项目进行系统分析，需要综合运用多种策划方法，才能做出完整、准确、可靠的策划方案，其策划过程应遵循以下原则。

1. 以科学为依据

项目的前期策划需要收集大量的相关资料，并对其进行整理、归类，使其系统化、科学化，策划人员需要将对不同项目的针对性和特殊性的认识上升到对项目的共性认识。策划人员可以通过系统分析、分类比较、归纳演绎和数理统计等方法，解决项目存在的问题，认识项目的发展规律和方向，从而充分了解项目的本质，制定合理的策划方案。

2. 以经验为手段

策划人员的经验或专家的经验知识也具有超高的价值。它建立在对许多类似项目进行总结和概括的基础上，参考个人的合理判断，从而对项目的未来规划做出准确的预测。

3. 以规范为标准

工程建设项目都有其需要遵守的法律法规和规范标准。这些都是行业多年的经验总结，具有高度的普遍性和适用性。因此，在进行项目策划时，必须严格遵守项目规范要求，最大限度保证项目策划的可靠性和准确性。

4. 建立系统的体系

项目策划是一个庞大复杂的过程体系，不同的项目具有不同的特性，策划时需要做到具体问题具体分析，综合运用多种方法，不断检验、不断纠正，寻求最优方案，以保证项目后续工作的顺利进行和项目的圆满完成。

2.2 工程项目目标确定

工程项目的目标是对预期结果的描述。要取得项目的成功，必须有明确的目标。目标确定是一项复杂的系统工程，具体包括情况分析、提出目标因素和建立目标系统等步骤。

2.2.1 情况分析

工程项目的情况分析是项目目标确立的基础，是指在项目构思的前提下对项目内外部环境进行调查研究并做出合理的评价分析。

通过情况分析，可以深入评价项目构思，建立实用的、理性的目标概念，满足上层系统的需求；可进行项目目标定义，确定项目的目标因素；可确定项目的边界条件；为项目设计、项目定义、可行性研究及详细设计提供准确信息；并可进行项目不确定因素的风险分析，提出预防措施。

情况分析的内容主要包括：拟建工程所提供的服务或产品的市场现状和趋向的分析；上层系统的组织形式、企业的发展战略、状况及能力、上层系统运行存在的问题；企业所有者或业主的状况；项目合作者的状况；政治环境和法律环境；社会经济、文化和技术环境；自然环境及制约因素等。

情况分析的方法很多，包括调查表法、现场观察法、ABC分类法、专家咨询法、敏感性分析法、决策表法、价值分析法、回归分析法、企业比较法、趋势分析法和对过去项目的比较分析法等。情况分析是系统的，应尽可能用数据进行定量分析，对未来状况进行合理预测和初步评价。

2.2.2 提出目标因素

在情况分析后，对项目问题进行定义，还需要在建立目标系统前确定项目的目标因素。目标因素需以工程项目的定位为指导，在问题定义的基础上加以确定。常见的分类包括：工程项目本身的目标因素，如项目规模、时间目标、质量目标及经济目标等；针对项目问题解决程度的目标因素，如项目建成后实现的功能，解决居住、交通、绿化、服务等问题；与工程相关的其他目标因素，如工程项目对自然环境、企业形象、工程安全的影响等因素。

目标因素的确定是用时间、成本、数量和特性指标来明确表示的，需要进一步地定量分析、对比评价，从而进行目标因素间的相容性分析，形成一个协调的目标系统。其中应注意以下几点问题：①目标因素的确定要建立在情况分析和问题定义的基础上，真实反映上层系统需求；②要切合实际情况，不可过于保守或夸大目标；③因素的指标要有弹性和可改变性；④项目目标应尽量达到各方满意；⑤目标因素是动态的，具有时效性。

目标因素的确定可以采用相似情况比较法、头脑风暴法、指标计算法、费用/效益分析法和价值工程法等，根据具体情况加以确定。

2.2.3 建立目标系统

目标系统的建立是指在提出目标因素后，对其做进一步的结构化和评价分析，使工程目标协调一致，形成目标系统。

1. 工程项目目标系统的分类

1) 按结构层次分类

目标系统按其结构层次可分为以下几个。

(1) 系统目标。它是项目的总目标，是由项目的上层系统决定的，具有较强的适用性，其中包括功能目标、经济目标、技术目标、社会目标和生态目标。

(2) 子目标。它通常是由系统目标加以细化或自行成立，或是对系统目标的补充，或是受边界条件的约束而形成的，是对项目子系统的限制。

(3) 操作性目标。它是对子目标的进一步分解和细化，一般是在可行性研究及技术设计和计划中形成、量化、扩展而成的相关任务。

2) 按性质分类

工程目标按其性质可分为如下两个。

(1) 强制性目标。一般是指必须与法律法规和规范标准等相关规定相符合的目标，如项目的质量目标必须满足工程项目的质量验收标准规范。

(2) 期望性目标。它是指尽可能满足的，在一定范围内可弹性变化的、可优化的目标。

此外，工程目标按其控制内容可分为：投资目标、工期目标和质量目标，这是项目实施阶段的三大目标。

2. 目标系统建立时应注意的问题

在工程项目目标系统建立过程中，应注意以下几个问题。

(1) 满足不同群体的利益。目标系统的因素都是由项目利益相关人提出的，应充分考虑不同群体的利益追求。项目的投资者和客户是最重要的群体，应优先考虑，当投资者参与项目时，其行为受自身集团利益的影响，应进行充分预测；而项目的客户在与其他相关群体产生矛盾时，也应将客户的利益和需求放在首位。不同群体的目标和利益在项目前期多是不明确的或是盲目的，所以应进行充分的调查研究，界定利益相关者的需求，并随时跟踪其变化。在实际操作中，上层系统部门人员在参与项目前期策划时，多会将各自部门的利益和期望加入目标设计中，导致子目标与总目标相背离，因此应提前预防不同部门的利益冲突造成的目标因素的冲突。

(2) 考虑参与人员的多样性。目标系统的设计是一项复杂的项目管理工作，需要不同专业和学科的工作人员参与。相关的工作小组应由具有广泛代表性的、专业工种齐全的人员组成；同时，吸引上层系统的工作人员形成外围圈子，广泛接收外部意见和信息。工作项目参与人员多包含目标系统设计的组织和管理人员、市场调研分析人员、项目开发和技术人员以及法律、财务、销售、企业管理、现场、人事、后勤等人员。

(3) 符合市场需求的变化。在确定项目的功能目标时，工程经济生产规模与预测的市场需求之间极易出现差异与矛盾，常造成不合社会实际情况的项目落成。所以，前期的市场调研分析至关重要。

对于一个有前景的风险型项目，特别是投资回收期很长的项目，最好分阶段实施。但是，在分阶段实施工程项目的前期，应进行总体的目标系统设计，考虑扩建改建、自动化的可能性等，使长期目标与近期目标协调一致。当然，分阶段实施工程项目会带来管理上的困难和项目建设成本的增加。

2.3 工程项目范围管理

项目范围是指项目组织为了成功达到项目目标，所必须完成的最终可交付工程的工作总和。项目范围界定了项目的工作界限，工作范围既不能超出也不能小于生成既定项目可交付成果和实现项目目标。

工程项目范围管理是指对项目的全生命周期所涉及的项目工作范围进行管理和控制的过程，目的是确定并完成项目的既定目标，通过明确项目各方的职责界限，保证项目管理工作的充分性和有效性。范围管理是项目管理工作的基础，贯穿项目全过程，属于动态管理。工程项目范围管理主要包括：项目范围确定；项目结构分析；项目范围控制。

2.3.1 工程项目范围确定

1. 工程项目范围分析

根据项目自身的特点，在项目组织决定启动项目后，应确定项目的范围，即明确项目的目标和可交付成果的内容，提出项目的总体系统范围并形成说明文件，作为项目设计、计划、实施和评价的重要依据，也是项目进度管理、费用管理、合同管理、质量管理和资源管理的依据。一般来说，项目的范围确定应进行如下分析。

(1) 项目目标分析；

(2) 项目环境调查和限制条件分析；

(3) 项目交付成果的范围和项目范围确定；

(4) 项目工作结构分解；

(5) 项目单元定义。

2. 工程项目范围确定过程

1) 提出项目目标的定义或范围说明文件

项目目标是影响项目成果的关键因素，没有量化的目标就会引发较高的风险。范围说明文件是用于项目各个阶段的规定性基础文件，主要包括：项目满足客户需求的论证；项目简要概括；项目可交付成果；项目成功完成所需的定量标准，如进度、费用和质量等目标，以及不可量化目标，如客户满意度。根据项目技术系统划分，项目范围说明文件包括：项目决策阶段的项目建议书、可行性研究报告、项目评估决策报告等；设计阶段的许可证、勘测设计文件；招投标阶段的招标文件、投标文件、中标通知书和施工合同书；施工阶段的项目合同等；竣工验收阶段的工程档案、竣工结算等文件。

2) 调查环境条件

工程项目的环境条件调查主要包括以下两点。

(1) 社会环境调查，包括政治环境、经济环境、法律环境和自然环境的调查。其中，政治环境调查是指国家或地方的政局稳定环境，包含与项目有关的相关政策及政府可提供的最大限度的环境支持等；经济环境调查包括地区的经济发展水平、国家财政状况、社会资金的供应能力和条件，以及当地市场需求、"人材机"的价格水平等；法律环境调查是指对项目地区的各种法律法规、部门规章、技术标准规范等的调查；自然人文环境调查包括项目相关自然资源的储备情况、气候状况及地质条件，以及当地的人文、风俗等。

(2) 项目关系人情况调查，主要是对项目参与各方的企业状况、发展目标、经营管理水平、技术水平和竞争对手等情况的调查。

开展环境调查时，要注意对各种资料以及前沿信息的收集，强调准确性、客观性及全面性，并进行详细的归档处理。项目环境调查分析表如表2-1所示。

表2-1 项目环境调查分析表

编码	内容	对象	结果简述	结果评价	文档号	备注	负责人	日期

3) 分析项目限制条件和制约因素

环境条件调查后，需要分析影响项目管理组织正常运作的相关限制条件和制约因素，如有限的资金或劳动力资源，各种假设因素或替代者等。这些都需要以附加说明的形式记录下来。

4) 收集同类项目资料

同类项目资料包括同类工程的工期、成本、效率、存在问题、经验、教训等方面。

项目范围确定后，需制订项目范围管理计划，描述项目范围管理过程及变更情况。在此之前还应确定选择标准，建立一个完善的指标体系，相关指标包括投资收益率、市场占有率、用户满意度等。

2.3.2 工程项目结构分析

对项目范围内的工作进行研究和分解，即项目的结构分析。

项目的结构分析在国外被称为WBS(Work Breakdown Structure)，是指把工作对象(工程、项目、管理等过程)作为一个系统，将它们分解为相互独立、相互影响(制约)和相互联系的活动。通过结构分析，有助于项目管理人员更精确地把握工程项目的系统组成，并为建立项目组织、进行项目管理目标的分解、安排各种职能管理工作提供依据。在工程施工和实施项目管理(包括编制计划、计算造价、工程结算等)以及施工项目目标管理之前，都必须进行项目结构分析。编制施工项目管理规划的前提就是项目结构分析。

1. 工程项目结构分析的内容

(1) 项目目标任务的研究。为了准确地对工程项目结构进行分解，需要对项目的总目标和总任务进行全面研究，以规划项目的范围，保证项目的构成和系统单元之间的联系。

(2) 项目结构分解。项目结构分解是从系统分析的角度对项目目标和任务进行分解，得到不同层次的项目工作单元。项目结构分解是项目系统分析最重要的工作，需要按照一定的规则由粗到细、由总体到具体、由上而下地进行。

(3) 项目单元的定义。项目单元的定义是指将项目目标和任务分解到具体的工作单元中，从技术要求、工作质量、实施责任人、费用限制、工期限制等各个方面对其进行详细的说明和定义，这应与项目的技术设计、计划和组织安全同步进行。

(4) 工作界面分析。工作界面分析包含界限的划分与定义、项目逻辑关系的分析，以及建设实施顺序的安排。工作界面分析是进行工程组织设计和网络分析的基础。

项目结构分析是项目管理的基础工作和有力工具，应随着项目目标设计、规划、详细设计和工作计划的开展而逐渐细化，是一个渐进的过程。

实践证明，对于一个大型的、复杂的项目，没有科学的项目系统结构分析，或项目结构分析的结果得不到很好的利用，则不可能有高水平的项目管理，因为项目的设计、计划、控制，不可能仅以整个笼统的项目为对象，而必须考虑各个部分，各个细节，考虑具体的工程活动。所以在定义项目的总目标和总任务之后，需要进行详细的、周密的项目结构分析，系统地剖析整个项目。

2. 工程项目结构分解的过程

不同的建设项目，在工程种类、性质、规模等方面都存在巨大的差异，其结构分解的思路和方法也存在较大的区别，但分解过程类似，一般包括以下几个步骤。

(1) 将项目分解成能够单独定义且范围明确的子项目；

(2) 研究并确定每个子项目的特点和结构规则，它的实施结果以及完成它所需的活动，以做进一步的分解；

(3) 将各层次结构单元列于检查表上，评价各层次的分解结果；

(4) 按系统规则将项目单元分组，构成系统结构图和子结构图；

(5) 分析并讨论分解的完整性；

(6) 由决策者决定结构图，并制作相应的文件；

(7) 建立项目的编码规则，对分解结果进行编码。

目前，项目结构分解工作主要由管理人员承担，但是所有项目单元都是由实施者完成的，所以在结构分解过程中，需要相关部门的专家、项目相关任务的承担者集体参加，并听取他们的意见，这样才能保证分解的科学性和实用性以及整个计划的科学性。

3. 工程项目结构分解的方法

工程项目结构分解是项目计划前一项重要又十分困难的工作，主要依靠项目管理者的经验和技能，分解结果的优劣只能在项目设计、计划和实施控制中体现出来。常见的工程项目的结构分解方法包括对技术系统的结构分解和按照实施过程的结构分解两类。

1) 对技术系统的结构分解

(1) 按功能区间进行分解。功能是工程建成后应具有的作用，它与工程的用途有关，不同区位具有不同的作用。项目的运行是工程所属的各个功能的综合作用的结果。功能的分析、分解、综合、说明是项目策划、技术设计、计划的重要工作。通常在项目设计前将项目总功能目标分解成各个局部功能目标，再作功能目标目录，详细地说明功能的特征，如面积、建筑、结构、装备、采光、通风要求等。例如，一个新建的大型工厂，可分为多个分区和办公区，而彼此之间的建筑有过道相连。其中，办公区分办公室、展示厅、会议室、停车场等，分区功能又分为生产和服务功能；而办公室也可分为多个科室，如财务科、人事处等。又比如，对在整个工程中起作用的，或属于多功能面上的要素常常可以作为独立的功能对待。例如，系统工程，如控制系统、通信系统、闭路电视系统等；统一的供排设施，如给排水系统、通风系统等。

(2) 按专业要素进行分解。一个功能面又可分为各个专业要素。要素一般不能独立存在，它们必须通过有机组合构成功能。要素具有明显的专业特征，例如，一个车间的结构可分为厂房结构、吊车设施、设备基础和框架等；厂房结构可分解为基础、柱、墙体、屋项及饰面等。在现代工程中，软件工程可分为工程中的自动控制系统、智能化大厦的人工智能系统、工程的运行管理系统。

我国对工程技术系统的结构分解过程为：一个工程分解为许多单项工程，单项工程分解为单位工程，单位工程又分解为分部工程，分部工程再分解为分项工程。这样不仅有利于进度安排、成本控制、质量保证，还有利于精确地进行项目控制。

2) 按实施过程分解

工程项目、功能区间及专业要素都作为相对独立的存在，必须经过项目的实施过程方能实现。因此，可按项目的实施过程进行分解得到项目的实施活动。如常见的建设工程项目可分为设计和计划、招投标、实施准备、施工、竣工验收、投产保修和运行等阶段。而从承包商或分包商的角度来看，实施过程的范围应由相应的合同内容分解。某建设工程项目的分解结构图如图2-3所示。

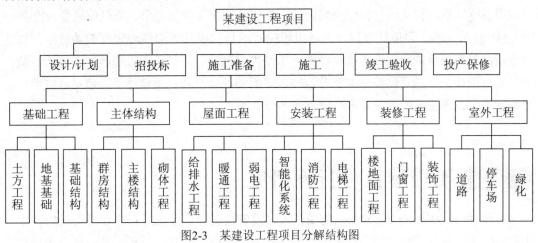

图2-3 某建设工程项目分解结构图

2.3.3 工程项目范围控制

工程项目范围控制是指在确定的项目范围内保证建设项目的实施，有效控制项目变更，保证项目系统的完备性和合理性。项目范围控制需要项目组织严格按照项目的范围和结构分析文件进行。

1. 工程项目范围控制的内容

工程项目在实施过程中会遇到许多不确定因素，从而造成项目范围的变更。项目范围的变更会导致项目工期、成本、质量等各种项目目标的变更，对建设项目的影响是十分巨大的，因此，必须重视对项目范围的控制。项目范围控制的主要内容包括以下几个方面。

(1) 对潜在的造成项目范围变动的条件和因素进行识别、分析和评价。

(2) 采用合理的技术方法，采取有效的控制措施，争取在最优成本下实现最佳控制。

(3) 参考原有标准，合理判断项目范围的变动情况，分析对项目目标、实施工作造成的影响。

(4) 在项目范围发生变更时，要对变动进行合理的管控、采取纠正措施，保证项目顺利进行。

项目范围控制并不是一个孤立的单元,需要运用整体管理的思想,全面考虑不同因素的控制影响,特别是对项目的三大目标——工期、成本和质量的控制。

2. 工程项目范围控制的程序

(1) 检查和记录。在项目实施过程中,应经常跟踪检查和记录项目的实施情况并建立档案,以便判断项目任务范围、标准和工作内容的变化。检查内容包括:检查实施工作和检验工作成果等。

(2) 变更管理。在项目范围发生变化时,应及时进行范围的变更控制和影响程度的分析,及时对项目目标、设计、实施过程做出变更,以了解项目费用、工期和组织责任的改变情况,及时规避计划调整、索赔和合同纠纷等问题。

(3) 审查与核实。在工程项目竣工完成阶段,交付项目最终成果前,应对项目的可交付成果进行审查,核实项目范围内规定的工作或活动是否全部完成、交付成果是否完备。

(4) 总结经验。项目结束后,项目组织应对项目范围管理的经验进行归纳总结,以便对今后的类似项目的范围管理提供经验。总结内容包括:项目范围管理程序和方法经验;项目在范围确定、项目结构分解和范围控制方面的准确性和科学性经验;项目范围确定、界面划分、范围变更管理及范围控制方面的经验教训。

2.4 工程项目可行性研究

可行性研究(Feasibility Study)是指在项目投资决策前,通过对拟建项目有关的技术、工程、经济、环境、社会等方面的情况和条件进行调查、研究与分析,并对项目建成后可能取得的财务、经济效益及社会环境影响进行预测和评价,为项目决策提供科学依据的综合论证方法。

可行性研究的目的是按照国民经济长期规划和地区规划、行业规划的要求,对拟建项目进行投资方案规划、工程技术论证、社会与经济效果预测和组织机构分析,对提出的投资建议、工程项目建设方案或研究课题的所有方面,尽可能详细地调查研究和做出鉴定,并对下一阶段是否终止或继续进行研究提出必要的论证。或者说它的目的是对新建或改建工程项目的主要问题,从技术、经济两个方面进行全面系统的研究、分析,并对投产后的经济效果进行预测,在既定的范围内进行方案论证的选择,以便最合理地利用资源,达到预期的社会效益和经济效益。因此,项目可行性研究是保证建设项目以最少的投资耗费取得最佳经济效果的科学手段,也是实现建设项目在技术上先进、经济上合理和建设上可行的科学方法。

2.4.1 工程项目可行性研究的主要作用

工程项目可行性研究的主要作用是作为项目投资决策的科学依据,防止和减少决策失误造成的浪费，提高投资效益。可行性研究在投资项目建设中有着特别重要的地位和作用，主要体现在以下几个方面。

1. 作为建设项目投资决策和编制可行性研究报告的依据

一项投资项目能否成功，受到社会诸多因素的影响，包括政治、经济、技术、法律、管理以及自然因素等。如何对这些因素进行科学的调查与预测、分析与计算、比较与评价，是一项重要又复杂的系统性工作，可行性研究为这些工作的开展提供了科学的方法和理论。通过对项目进行深入的可行性研究，可为项目决策提供科学的信息，使决策者有据可依，避免主观判断；同时分析各种合理的投资方案，便于投资者在此基础上进行比较和选择，从而降低投资风险，提高投资收益。

2. 作为项目建设单位进行项目融资的重要依据

一般情况下，项目运行离不开金融贷款，可行性研究报告详细预测了项目的财务效益、经济效益和贷款偿还能力。世界银行等国际金融组织均把可行性研究报告作为申请项目投资贷款的前提条件。我国的建设银行、国家开发银行和投资银行等也把可行性研究报告作为审批建设项目投资贷款的依据。通过对贷款项目进行全面、细致的分析评估，银行等金融机构只有在确认项目具有偿还贷款的能力、不承担过大的风险的情况下，才会同意贷款。

3. 作为项目主管部门与其他单位商谈合同、签订协议的依据

可行性研究报告通过之后，项目就进入落实实施阶段，要进行多方面的谈判，才能签订协议。可行性研究报告的许多内容和信息可以作为直接或间接的依据，建设项目主管部门可同有关部门签订项目所需原材料、能源资源和基础设施等方面的协议和合同，以及同国外厂商就引进新技术和设备正式签约。

4. 作为项目进行规划设计及组织实施的依据

项目可行性研究的基本任务之一就是构造多种可能的投资方案，甚至可以认为项目可行性研究本身就是关于拟建项目的总体性方案，其中包括项目的目标、规模、地点、融资、功能、技术方案等，这相当于一个项目的总体规划和设计。同时，可行性研究关于投资条件和实施等方面的构思或各种因素分析，可作为组织实施的重要依据，对于项目实施中遇到的一些问题，完全可以参考一些可行性研究中的内容。

5. 作为项目拟采用的新技术、新设备的研制和进行地形、地质及工业性试验工作的依据

项目拟采用新技术、新设备，必须经过技术经济论证，如果认为可行，方能拟定研制计划。同时，项目场址地形以及地质条件直接决定项目建设的可能性及建设难度，对项目的总投资有重大影响，应根据可行性研究的成果，进行针对性分析和论证，做出具体的实施方案。

6. 作为环保部门审查项目对环境影响的依据，也作为向项目建设所在地政府与规划部门申请施工许可证的依据

项目在建设中和投产后对市政建设、环境及生态都有影响，因此项目开工建设须得到当地市政、规划和环保部门的许可。可行性研究报告对选址、总图布置、环境及生态保护方案等方面进行了论证,为申请和批准施工许可证提供了依据。

7. 作为项目考核和后评价的重要依据

一个建设项目在项目后评价中,可行性研究的资料和成果,大多数都要用来与运营效果进行对比分析,将项目的预期效果与实际效果进行对比考核,从而对项目的运行情况进行全面的评价。

2.4.2 工程项目可行性研究的阶段划分

广义的可行性研究,按研究深度可分为投资机会研究、初步可行性研究和详细可行性研究(也称为可行性研究)三个阶段。

1. 投资机会研究

投资机会研究(Opportunity Study),也称为投资机会鉴别,是指根据市场需求,预测资金的可得性及其他各种约束条件(如国家政策法规)等,以寻求和识别有利的投资机会。这是进行可行性研究的第一阶段,主要任务是为工程项目投资方向提出建议,即在一定的地区和部门内,以自然资源和市场调查预测为基础,寻找最有利的投资机会。

在此阶段,调查、分析的内容包括如下几个方面。

(1) 有关方面的宏观经济规划、建设方针及投资政策。

(2) 特定部门、区域的现状、环境和条件。

(3) 项目的资产在国内外市场的需求量与发展前景。

(4) 项目的产品的进出口情况、替代进口产品的可能性及出口产品的国际竞争力。

(5) 现有企业的潜力,如资金条件、技术改造、改扩建和发展多种经营、达到合理经济规模的可行性。

(6) 项目的经济因素和财务因素的初步研究。

(7) 完善建设布局,填补国家产业门类、地区经济空白的可能性。

机会研究又分为一般机会研究和特定项目的机会研究。一般机会研究包括:地区研究、部门研究和资源研究。而特定项目机会研究,即在确定项目发展方向或领域后,做进一步的调查研究,经方案筛选,将项目发展方向或投资领域转变为概括的项目提案或建议。

机会研究的工作比较粗略,投资与成本的数据一般是通过与现有可比项目的对比得来的,因而数据的精度误差可在30%以内,所需费用占投资总额的0.2%~0.3%。

如果机会研究证明投资项目是可行的,就可以进行下一阶段的研究。

2. 初步可行性研究

初步可行性研究(Pre-feasibility Study),也称为"预可行性研究"或"前可行性研究",是在机会研究的基础上,对项目方案进行初步的技术、财务、经济分析,和初步的社会、环境评价,对项目是否可行做出初步判断。研究解决的主要问题是判断项目是否有前途,项目中是否有关键性的技术或项目问题需要解决,是否值得投入更多的人力和资金进行可行性研究和辅助研究,并据此做出是否进行投资的初步决定。

初步可行性研究是介于投资机会研究和详细可行性研究之间的一个研究阶段，研究的内容和结构方面与详细可行性研究基本相同，主要区别是获取的资料的详尽程度不同，研究的深度和详细程度有所区别，精确和准确程度略有差别。

初步可行性研究阶段主要的工作目标是分析投资机会研究的结论，并在现有详细资料的基础上做出初步投资估价；确定对某些关键性问题进行专题辅助研究，对各类技术方案进行筛选，选择效益最佳方案；鉴定项目的选择依据和标准，确定项目的初步可行性。

初步可行性研究阶段更注重对以下内容的研究。

(1) 市场和生产能力。进行市场需求分析预测，渠道与摊销分析，初步的销售量和销售价格预测；依据市场销售量做出初步生产规划。

(2) 物料投入分析。物料投入分析包括从建设到经营的所有物料的投入分析。

(3) 地点及厂址的选择。

(4) 项目设计。项目设计是指项目总体规划、工艺设备计划和土建工程规划等。

(5) 项目进度安排。

(6) 企业管理费用。

(7) 财务经济分析。

(8) 社会经济效益分析。

初步可行性研究阶段投资估算的精度误差可在20%以内，所需费用占总投资额的0.25%～1.5%。

经过初步可行性研究，可形成初步可行性研究报告，对项目进行全面的、粗略的描述、分析、论证，所以初步可行性研究报告可以作为正式的文件以供参考；也可依据初步可行性研究报告形成项目建议书，通过审查项目建议书决定项目的取舍，即项目"立项"决策。需要指出的是，不是所有项目都必须进行初步可行性研究，小型项目或者简单的技术改造项目在选定投资机会后，可以直接进行可行性研究。

3. 详细可行性研究

初步可行性研究是为判定投资项目是否实施提供科学依据，详细可行性研究是为如何实施投资项目以及分析建成后的经济效益提供科学依据。

详细可行性研究(Feasibility Study)即通常所说的可行性研究，是建设项目投资前期阶段最重要的工作。详细可行性研究是在项目决策前对项目有关的工程、技术、经济等各方面条件和情况进行详尽、系统、全面的调查、研究和分析，对各种可能的建设方案和技术方案进行详细的比较论证，并对项目建成后的经济效益、国民经济和社会效益进行预测和评价的一种科学分析过程和方法，作为建设项目投资决策的基础，它是项目进行技术、经济、社会和财务方面评估和决策的依据，是项目具体实施的科学依据。因此，这个阶段是进行详细深入的技术经济分析的论证阶段。

详细可行性研究的主要目标是深入研究有关产品方案、生产流程、资源效应、厂址选择、工艺技术、设备选型、工程实施进度计划、资金筹措计划以及组织管理机构和定员等各种可能选择的技术方案，进行全面深入的技术经济分析和比较选择工作，并推荐一个可行的投资建设方案；着重对投资总体建设方案进行企业财务效益、国民经济效益和社会效益的分析与评价，对投资方案进行多方案比较选择；确定项目投资的最终可行性和选择依据标准。可行性研究后，要将技术上可行与否和经济上合理与否的情况形成结论，写成报告，即可行性研究报告。可行性研究报告是该阶段的重要成果，也是项目审批、贷款申请、项目实施的重要依据。

可行性研究的内容比较详尽，所花费的时间和精力都比较多。在这一阶段中，投资额和成本都要根据项目的实际情况进行认真调查、预测和详细计算，其计算精度应控制在10%以内。大型项目的可行性研究工作所花费的时间为8～12个月，所需费用占投资总额的0.8%～1%；中小型项目的可行性研究工作所花费的时间为4～6个月，所需费用占投资总额的1%～3%。

将投资机会研究、初步可行性研究和详细可行性研究等的内容进行比较，如表2-2所示，以便对投资前期各阶段工作有一个较直观的认识。

表2-2 投资前期各阶段研究内容比较

研究阶段 项目	投资机会研究	初步可行性研究	详细可行性研究
研究性质	项目设想	项目初步选择	项目拟定
目的和内容	鉴别投资方向 寻找投资机会 确定初步可行性研究范围 确定辅助研究的关键方面	鉴定项目的选择标准 确定项目暂定的可行性 评价是否应当开始可行性研究 辅助研究	确定项目选择标准 进行深入技术经济论证和效益分析 多方案比较 详细调查研究 确定可行性
工作成果及作用	编制项目建议书 提供初步可行性研究依据	编制初步可行性研究报告 为可行性研究提供依据	编制可行性研究报告 设计任务书，为项目决策提供依据
估算精度	±30%	±20%	±10%
费用占总投资的百分比/%	0.2～1.0	0.25～1.25	中小项目1.0～3.0 大项目0.8～1.0
需要时间/月	1～3	4～6	4～12

可行性研究的工作步骤如图2-4所示。

2.4.3 可行性研究报告的主要内容

工程项目可行性研究报告的内容，因项目的性质不同、行业特点不同而有所差别。可行性研究是围绕项目诸多关联要素展开的，这些要素主要包括市场需求、资源条件、技术条件、资金可得性、环境状况、外部协作、盈利能力等。通常来说，工程项目可行性研究报告一般包括以下几项内容。

1. 总论

总论是从总体上对项目进行简明扼要的概述。它包括：项目的名称、主办单位；项目的背景、投资的必要性和社会经济意义；投资环境、提出项目调查研究的主要依据、工作范围和要求；可行性研究的主要结论概要，指出主要的研究结论；说明项目存在的问题并提出建议。

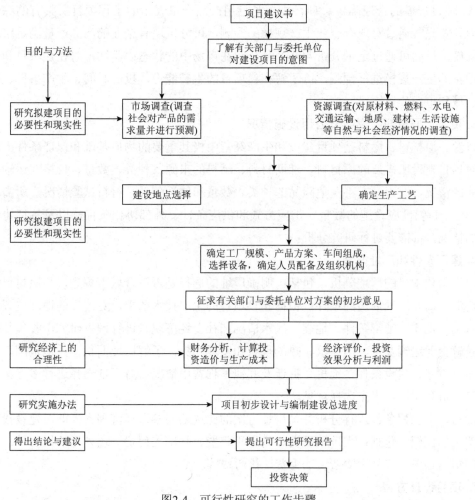

图2-4 可行性研究的工作步骤

2. 市场研究和拟建规模

市场是企业一切活动的出发点，因此市场研究是最基础的工作。任何项目的提出，主要以市场需求为依据。获利是项目建设的目的，而项目效益主要取决于项目生产能力即拟建规模。拟建规模的大小，首先取决于对市场的研究，主要包括以下几点。

(1) 产品国内外市场供需预测。产品供需预测主要利用市场调查所获得的资料，将市场细分为几个不同部分，制定相应的产品价格、销售渠道和促销策略等，以适应不同市场的特点。

(2) 销售价格预测。产品价格是测算项目投产后的销售收入、生产成本和经济效益的基础，产品定价过高或过低都不利于产品长远的发展。

(3) 市场竞争力分析。竞争力分析是指研究项目在国内外市场的竞争地位和竞争对手的情况。

(4) 市场风险分析。在对产品供需、价格变动、市场竞争能力等常规因素达到深度了解的情况下，对未来国内外市场中某些不确定性因素发生的可能性及其对项目可能造成的损失程度进行分析。

(5) 项目规模的合理确定。项目规模是指用产品产量表示的工程项目所具有的综合生产能力。首先，通过对现有企业生产规模的预测，可分析现有企业的产品产量满足市场需求的程度，进而可通过定量分析判断产品目前在市场中的状态；其次，对在建项目和规划建设项目的生产规模进行预测，可了解在建项目的生产能力、投产时间、生产条件、产品销售区域和市场分布情况。

3. 资源、原材料、燃料及公用设施情况

资源、原材料、燃料是项目建设和生产经营中极其重要的物质基础和保证条件。所以说，对项目建设所需要的原材料、辅助材料、燃料的来源、种类、数量、价格及运输供应等方面的情况，有毒、有害及危险品的种类、数量和储运条件，材料试验情况，所需动力(水、电、气等)供应设施的数量、供应方式和供应条件、外部协作条件，以及签订协议和合同的情况，都需要进行研究分析。

4. 建厂条件和厂址方案

对于新建项目的厂址分析，包括：明确厂址的选择是否符合城市规划，与原材料产地和市场的距离，厂址周边的条件；根据建设项目的生产技术要求，对建厂的地理位置、气象、水文、地质、地形条件、地震、洪水情况和社会经济现状进行调查研究，收集基础资料；了解交通运输及水、电、气、热的现状和发展趋势；了解厂址面积、占地范围、厂区总体布置方案、建设条件、地价、拆迁及其他工程费用情况；对厂址选择进行多方案的技术经济分析和比选，提出选择意见。

除对以上工程条件进行分析外，厂址方案的比选还要参考经济因素，即对建设投资和运营费用的比较，包括：土地购置费、场地平整费、基础工程费、场外运输投资等；原材料与燃料运输费、产品运输费、动力费、排污费等。

5. 项目设计方案

项目设计方案主要是指在选定的建设地点内进行总图和交通运输路线的设计，进行多方案比选，确定项目的构成范围、主要单项工程的组成，对主体工程和公用辅助工程的方案进行比较论证；项目土建工程总量估算；土建工程布置方案的选择，包括场地平整、主要建筑和构筑物与厂外工程的策划；对项目的工厂布置、生产技术、工艺流程、设备选型、设备来源与数量、技术参数以及生产和操作工艺的自动化和机械化等方面进行研究、分析和评价。

6. 环境保护与劳动安全

对于环境方面的研究，主要是对建厂地区环境现状的调研，包括拟建项目"三废"种类、成分和数量，对环境影响的预测；治理方案的选择和回收利用的情况；对环境影响的预评价；劳动保护与安全卫生；城市规划、防震、防洪、文物保护等要求以及相应的措施方案。

7. 组织机构、人力资源配置

明确项目法人组建方案，给出组织系统表，说明人力资源配置情况。如全厂生产管理体制、机构的设置，方案的选择论证；工程技术和管理人员的素质和数量的要求；劳动定员的配备方案；人员培训的规划和费用估算。

8. 项目实施计划和进度要求

按照勘察设计、设备制造、工程施工、安装、试生产所需的时间和进度要求，选择整个工程项目实施方案和制定总进度，主要包括建设工期、项目实施进度安排、项目实施进度等，并用线条图和网络图来表述最佳实施计划方案。

9. 投资估算和资金筹措规划

投资估算包括项目总投资估算，主体工程及辅助、配套工程的估算，以及流动资金的估算；资金筹措主要是说明资金来源、资金投入的时间、偿还方式，可依据实施进度所确定的建设期各阶段的具体安排来筹措资金，并确定资金投入的时间。

10. 项目的经济评价和社会评价

项目的经济评价主要是指项目的财务评价和国民经济评价，在评价结论中给出满意方案，并提出有关建议、附表和附图，供决策者参考。经济技术评价是可行性研究中最重要的组成部分。财务评价是根据国家现行财税制度和现行价格，分析、测算项目直接发生的财务效益的费用，考察项目的获利能力、清偿能力以及外汇平衡能力，据以判别项目的财务可行性。采用的指标和参数为市场实际价格和基准收益率，主要以企业自身为系统，追求的是企业自身的经济效益。国民经济评价是从国家整体的角度考察项目的效益和费用，用货物的影子价格、影子工资、影子汇率和社会折现率等经济参数计算、分析项目对国民经济带来的净贡献，也就是按照资源配置的原则评价项目在经济上的合理性。国民经济评价以整个国家为系统，追求的目标是社会最终产品和劳务的价值。

项目的社会评价就是评价项目对社会的影响。分析项目的实施可能给社会带来的益处和负面影响，使项目的内容和设计符合项目所在地区的社会发展目标，如减轻或消除贫困、促进社会平等、维护社会稳定、促进经济与社会的协调发展。

11. 结论和建议

结论和建议的内容包括：建设方案的综合分析评价与方案选择；运用各项数据，从技术、经济、社会、财务等方面综合论述项目的可行性，如效益情况、主要优缺点、存在的问题等；项目基本方案描述，说明主要争论与分歧意见；给出项目可行性研究的基本结论以及有利于项目发展的建设性意见。

12. 附件和附图

1) 附件

凡属于项目可行性研究范围，但在研究报告以外单独成册的文件，均须列为可行性研究报告的附件，所列附件应注明名称、日期、编号。附件包括以下几类。

(1) 项目建议书(初步可行性报告)。

(2) 项目立项批文。

(3) 厂址选择报告书。

(4) 资源勘探报告。

(5) 贷款意向书。

(6) 环境影响报告。

(7) 需单独进行可行性研究的单项或配套工程的可行性研究报告。

(8) 需要的市场调查报告。

(9) 引进技术项目的考察报告。

(10) 引用外资的各类协议文件。

(11) 其他主要对比方案说明。

(12) 其他。

2) 附图

附图主要包括以下几类。

(1) 厂址地形或位置图(设有等高线)。

(2) 总平面布置方案图(设有标高)。

(3) 工艺流程图。

(4) 主要车间布置方案简图。

(5) 其他。

以上内容主要是针对新建项目而言的。若对于改建或扩建项目进行可行性研究，应该增加对原有固定资产的利用和企业现有概况的说明和分析等内容。从以上内容可以看出，建设项目可行性研究的范围是十分广泛而全面的。其中，可行性研究报告的内容大致可以概括为三大部分。首先是市场预测，这是项目可行性研究的前提和基础，主要解决项目的"必要性"问题；其次是生产条件与技术条件研究，这是项目可行性研究的技术基础，主要解决项目在技术上的"可行性"问题；最后是经济评价，即经济效益的分析和评价，这是项目可行性研究的核心部分，主要解决项目在经济上的"合理性"问题。这三部分共同构成项目可行性研究的三大支柱。

2.5 工程项目管理规划

按照管理学对规划的定义，规划实质上就是计划，但与传统的计划不同的是，规划的范围更大、综合性更强。规划是指一个综合的、完整的、全面的总体计划，它包含目标、政策、程序、任务的分配、采取的步骤、使用的资源以及为完成既定行动所需要的其他因素。

项目管理规划是在项目管理目标的实现和管理的全过程中，对建筑工程项目管理的全过程中的各种管理职能、各种管理过程以及各种管理要素进行综合的、完整的、全面的总体计划，是指导项目管理工作的纲领性文件。项目管理规划包括两类文件：项目管理规划大纲和项目管理实施规划。项目管理规划大纲是由企业管理层在投标之前编制的，旨在作为投标的依据，以中标和经济效益为目标，带有规划性的，满足招标文件要求及签订合同要求的文件；项目管理实施规划是在开工之前由项目经理主持编制的，旨在指导自施工准备、开工、施工直至竣工验收的全过程，以提高施工效率和效益的，带有作业性的项目管理的文件。项目管理规划大纲和项目管理实施规划之间关系密切，前者是后者的编制依据，而后者贯彻前者的相关精神，对前者确定的目标和决策，做出更具体的安排，以指导实施阶段的项目管理。它们的服务范围及主要特征见表2-3。

表2-3 两类项目管理规划文件的区别

种类	编制者	编制时间	服务范围	主要特征	主要目标
项目管理规划大纲	经营管理层	投标书编制前	投标与签约	规划性	中标和经济效益
规划管理实施计划	项目管理层	签约后开工前	施工准备至验收	作业性	施工效率和效益

2.5.1　工程项目管理规划的作用

工程项目管理规划就是在项目管理目标的实现和管理的全过程中，对项目管理的全过程事先所做的安排和规划。它的作用主要有以下几方面。

(1) 研究和制定项目管理目标，项目目标确定后，论证和分析目标能否实现以及对项目的工期、所需费用、功能要求进行规划，以达到综合平衡。

(2) 项目管理规划是对整个项目总目标进行分解的过程。规划结果是那些更细、更具体的目标组合，是各个组织在各个阶段承担的责任及其进行中间决策的依据。

(3) 项目管理规划是项目实施的管理规范，也是对相应项目实施控制的依据。通过项目管理规划，可以对整个项目管理的实施过程进行监督和诊断，以及评价和检验项目管理实施的成果。项目管理规划也是考核各层次项目管理人员业绩的依据。

(4) 项目管理规划可为业主和项目的其他方面(如投资者)提供需要了解和能够利用的项目管理规划信息。

在现代工程项目中，没有周密的项目管理规划，或项目管理规划得不到贯彻和保证，就不可能取得项目的成功。

2.5.2　工程项目管理规划的内容

在一个工程项目建设中，不同的人(单位)负责不同内容、范围、层次和对象的项目管理工作，所以不同人(单位)的项目管理规划的内容会有一定的差别。但项目管理规划都是针对项目管理工作过程的，所以在主要内容方面有许多共同点，在性质上是一致的，都应该包括相应的建设工程项目管理的目标、项目实施的策略、管理组织策略、项目管理模式、项目管理的组织规划和实施项目范围内的工作涉及的各个方面的问题。

1. 项目管理目标的分析

项目管理目标分析的目的是确定适合建设项目特点和要求的项目目标体系。项目管理规划是为了保证项目管理目标的实现，所以目标是项目管理规划的灵魂。

项目立项后，项目的总目标已经确定。通过对总目标的研究和分解即可确定阶段性的项目管理目标。在这个阶段，还应确定编制项目管理规划的指导思想或策略，使各方面的人员在计划的编制和执行过程中有总的指导方针作为依据。

2. 项目实施环境分析

项目实施环境分析是项目管理规划的基础性工作。在规划工作中，掌握相应的项目环境信息，是开展各项工作的前提和重要依据。通过环境调查，确定项目管理规划的环境因素和制约条件，收集影响项目实施和项目管理规划执行的宏观和微观的环境因素的资料，特别要注意尽可能利用以前同类工程项目的总结和反馈信息。

3. 项目范围的划定和工作结构分解

(1) 根据项目管理目标分析划定的范围。

(2) 对项目范围内的工作进行研究和分解，即项目的系统结构分解。

工作结构分解在国外称为WBS，是指把工作对象(工程、项目、管理等过程)作为一个系统，将它们分解为相互独立、相互影响(制约)和相互联系的活动(或过程)。通过分解，有助于项目管理人员更精确地把握工程项目的系统组成，并为建立项目组织、进行项目管理目标的分解、安排各种职能管理工作提供依据。

在进行工程施工和项目管理(包括编制计划、计算造价、工程结算等)时，应进行工作结构分解，进行施工项目目标管理，也必须进行工作结构分解。编制施工项目管理规划的前提就是项目结构分解。

4. 项目实施方针和组织策略的制定

项目实施方针和组织策略的制定就是确定项目实施和管理模式总的指导思想和总体安排，具体内容包括以下几方面。

(1) 确定如何实施该项目，业主如何管理项目，控制到什么程度。

(2) 确定采用的发包方式、材料和设备供应方式。

(3) 确定由组织内部完成的管理工作，由承包商或委托管理公司完成的管理工作，以及准备投入的管理力量。

5. 工程项目实施总规划

工程项目实施总规划包括以下几方面。

(1) 工程项目总体的时间安排，重要的里程碑事件安排。

(2) 工程项目总体的实施顺序。

(3) 工程项目总体的实施方案，如施工工艺、设备、模板方案和给排水方案等；各种安全和质量的保证措施；采购方案；现场运输和平面布置方案；各种组织措施等。

6. 工程项目组织设计

工程项目组织设计的主要内容是确定项目的管理模式和项目实施的组织模式，建立建设期项目组织的基本架构，明确责权利关系的基本思路。

(1) 项目实施组织策略。包括：采用的分标方式、采用的工程承包方式、项目可采用的管理模式。

(2) 项目分标策划。即对项目结构分解得到的项目活动进行分类、打包和发包，考虑哪些工作由项目管理组织内部完成，哪些工作需要委托出去。

(3) 招标和合同策划工作。这里包括两方面的工作，即招标策划和合同策划两部分。

(4) 项目管理模式的确定。即业主所采用的项目管理模式，如设计管理模式、施工管理模式是否采用监理制度等。

(5) 项目管理组织设置。主要包括以下几方面。

① 按照项目管理的组织策略、分标方式、管理模式等构建项目管理组织体系。

② 部门设置。管理组织中的部门，是指承担一定管理职能的组织单位，是由某些具有紧密联系的管理工作和人员所组成的集合，它分布在项目管理组织的各个层次。部门设置的过程，实质上就是管理工作的组合过程，即按照一定的方式，遵循一定的策略和原则，将项目管理组织的各种管理工作加以科学的分类、合理组合，进而设置相应的部门来承担，同时授予该部门从事这些管理业务所必需的各种职权。

③ 部门职责分工。绘制项目管理责任矩阵，针对项目组织中某个管理部门，规定其基本职责、工作范围、拥有权限、协调关系等，并配备具有相应能力的人员适应项目管理的需要。

④ 管理规范的设计。为了保证项目组织结构能够按照设计要求正常地运行，需要设计项目管理规范，这是项目组织设计制度化和规范化的过程。管理规范包含内容较多，在大型建设项目管理规划阶段，管理规范设计主要着眼于项目管理组织中各部门的责任分工以及项目管理主要工作的流程设计。

⑤ 主要管理工作的流程设计。项目中的工作流程，按照其涉及的范围大小可以划分为不同层次。在项目管理规划中，主要研究部门之间在具体管理活动中的流程关系。

⑥ 项目管理信息系统的规划。对于新的、大型的项目，必须对项目管理信息系统做出总体规划。

⑦ 其他。根据需要，项目管理规划还包括许多内容，因对象不同而有所差异。

需注意的是，建设工程项目管理规划的各种基础资料和规划结果应形成文件，并具有可追溯性，以便沟通。

2.5.3 工程项目管理规划大纲

1. 工程项目管理规划大纲的特点

项目管理规划大纲是项目管理工作中具有战略性、全局性和宏观性的指导文件。它的主要特点包括以下几个。

(1) 为投标签约提供依据。建设工程施工企业为了取得项目，在投标之前，应根据工程项目管理规划大纲认真规划投标方案。根据项目管理规划大纲编制投标文件，既可使投标文件具有竞争力，又可满足招标文件对施工组织设计的要求，还可为签订合同进行谈判提前做好筹划并提供资料。

(2) 内容具有纲领性。工程项目管理规划大纲实际上是投标之前对项目管理的全过程所进行的规划。这既是准备中标后实现对发包人承诺的管理纲领,又是预期未来项目管理可实现的计划目标,影响建设工程项目管理的全生命周期。因为是在中标之前规划的,所以只能是纲领性的。

(3) 追求经济效益。工程项目管理规划大纲首先有利于中标,其次有利于全过程的项目管理,所以它是一份经营性文件,追求的是经济效益。主导这份文件的主线是投标报价和工程成本,是企业通过承揽该项目所期望获得的经济成果。

2. 工程项目管理规划大纲的内容

(1) 项目概况。包括项目基本情况描述和承包范围描述。其中,基本情况可用一些数据指标来描述,承包范围描述包括承包人的主要合同责任、承包工程范围的主要数据指标、主要工程量等。在建设工程项目管理规划大纲的编制阶段,可以作一个粗略的施工项目工作分解结构图,并进行相应说明。

(2) 项目实施条件分析。涉及发包人条件,相关市场条件,自然条件,政治、法律和社会条件,现场条件,招标条件等方面。主要应针对招标文件的要求分析上述条件对竞争及项目管理的影响。

(3) 项目投标活动及签订施工合同的策略。

(4) 项目管理目标。它是指项目实施过程中预期达到的成果或效果。工程项目管理目标是多方面、多层次的,它是由许多个目标构成的一个完整的目标体系,同时又是企业目标体系的重要组成部分。项目管理目标包括:合同要求的目标,如合同规定的使用功能要求,合同工期、造价、质量标准,合同或法律规定的环境保护标准和安全标准;企业对施工项目的要求,如成本目标、企业形象、对合同目标的调整要求等。

(5) 项目组织结构。从管理学的定义来理解,组织结构描述的是组织框架体系。在一个项目开始之前,企业必须先确定采取何种组织结构,以便能将该项目与其企业的经营活动紧密联系起来。项目管理组织的人员来源于企业本身,项目管理组织解体后,其人员仍回原企业。工程项目的组织结构形式与企业的组织结构形式有关,而且要根据各种项目的具体特点来选定项目组织结构形式。一般常见的工程项目组织形式有:混合工作队制、部门控制式、矩阵制和事业部制。

(6) 质量目标和施工总进度计划。质量目标包括:招标文件(或发包人)要求的总体质量目标,分解质量目标,保证质量目标实现的技术组织措施。施工总进度计划是施工现场各项施工活动在时间上的体现。施工总进度计划是根据施工部署的要求,合理确定工程项目施工的先后顺序、开工和竣工日期、施工期限和它们之间的搭接关系。据此,可确定劳动力、材料、成品、半成品、机具等的需求量及其供应计划;各附属企业的生产能力;临时房屋和仓库的面积;临时供水、供电、供热、供气的要求等。

(7) 质量目标和施工方案。施工方案描述包括施工程序,重点单位工程或重点分部工程施工方案,保证质量目标实现的主要技术组织措施,拟采用的新技术和新工艺,拟选用的主要施工机械设备等。

(8) 成本目标。包括项目的总成本目标，成本目标分解，保证成本目标实现的技术组织措施等。

(9) 项目风险预测和安全目标。包括主要风险因素预测，风险对策；总体安全目标责任，施工中的主要不安全因素，保证安全的主要技术组织措施等。

(10) 项目现场管理和施工平面图。包括施工现场的情况和特点，施工现场平面布置的原则；现场管理目标，现场管理原则；施工总平面图及其说明；施工现场管理的主要技术组织措施等。

(11) 投标和签订施工合同。

(12) 文明施工及环境保护。包括文明施工和环境保护特点、组织体系、内容及其技术组织措施等。

2.5.4　工程项目管理实施规划

工程项目管理实施规划与项目管理规划大纲不同，它是在项目实施前编制，旨在指导项目的顺利实施。因此，项目管理实施规划是项目管理规划大纲的细化，具有操作性。它以项目管理规划大纲的总体构想和决策意图为指导，具体规定各项管理业务的目标要求、职责分工和管理方法，为履行合同和项目管理目标责任书的任务做出精细的安排。它可以以整个项目为对象，也可以以某一阶段或某一部分为对象。项目管理实施规划是项目管理的执行规划，也是项目管理的规范。

1. 工程项目管理实施规划的特点

(1) 工程项目管理实施规划是项目实施过程的管理依据。工程项目管理实施规划在签订合同之后编制，指导从施工准备到竣工验收全过程的项目管理。它既为这个过程提出管理目标，又为实现目标做出管理规划，是项目实施过程的管理依据，对项目管理取得成功具有决定性作用。

(2) 工程项目管理实施规划的内容具有实施性。实施性是指它可以作为实施阶段项目管理实际操作的依据和工作目标。因为它是由项目经理组织或参与编制的，是依据项目情况、现实具体情况编制而成的，所以具有实施性。

(3) 追求管理效率和良好效果。工程项目管理实施规划可以起到提高管理效率的作用。在管理过程中，事先有策划、过程中有办法及制度、目标明确、安排得当、措施得力，必然会产生效率，取得理想的效果。

2. 工程项目管理实施规划的内容

工程项目管理实施规划的主要内容包括以下几个。

1) 工程概况

工程概况主要包括以下几个方面。

(1) 工程特点。主要反映工程建设概况、建筑设计概况、结构设计特点、设备安装设计特点和工程施工特点，并结合调查资料，进行分析研究，找出关键性问题加以说明，对于新材料、新技术、新结构、新工艺及施工的难点应着重说明。

(2) 建设地点及环境特征。主要反映拟建工程的位置、地形、地质(不同深度的土质分析、结冰期及冰层厚度)、地下水位、水质、气温、冬雨期时间、主导风向、风力和地震烈度等特征。

(3) 施工条件。主要说明：水、电、气、道路及场地平整的"三通一平"情况，施工现场及周围环境情况，当地的交通运输条件，构件生产及供应情况，施工单位机械、设备、劳动力的落实情况，内部承包方式，劳动组织形式及施工管理水平，现场临时设施、供水供电问题的解决等。

(4) 项目管理特点及总体要求。

2) 施工部署

施工部署是对整个建设项目从全局上做出的统筹规划和全面安排，它主要解决影响建设项目全局的重大战略问题。施工部署的内容和侧重点根据建设项目的性质、规模和客观条件不同而有所不同，主要包括以下几个方面。

(1) 项目的质量、进度、成本及安全目标。

(2) 拟投入的最高人数和平均人数。

(3) 分包计划，劳动力使用计划，材料供应计划，机械设备供应计划。

(4) 施工程序，即单位工程中各分部工程或施工阶段的先后顺序及其制约关系，主要是解决时间搭接上的问题。

(5) 项目管理总体安排。

3) 施工方案

施工方案的选择与确定是施工组织设计中的核心。拟定施工方案时，需对几种可能采取的方案进行分析比较，确定最适宜的方案作为安排施工进度计划和设计施工平面图的依据。施工方案包括下列内容。

(1) 施工流向和施工顺序。施工流向是指单位工程在平面或空间上的流动方向。一般来说，单层建筑需按工段、跨间分区确定平面上的施工流向；多层建筑除了确定每层平面上的施工流向外，还要确定其层间或单元空间上的施工流向。施工顺序是指单位工程内部各施工工序之间的相互联系和先后顺序。施工顺序的确定不仅有技术和工艺方面的要求，也有组织安排和资源调配方面的考虑。

(2) 施工阶段划分。

(3) 施工方法和施工机械选择。正确选择施工方法和施工机械是制定施工方案的关键。在单位工程各主要施工过程中，一般有几种不同的施工方法和施工机械可供选择。这时，应根据建筑结构特点，平面形状、尺寸和高度，工程量大小及工期长短，劳动力及资源供应情况，气候及地质情况，现场及周围环境，施工单位技术、管理水平和施工习惯等，进行综合分析，选择合理的、切实可行的施工方法和施工机械。

(4) 安全施工设计。

(5) 环境保护内容及方法。

4) 施工进度计划

施工进度计划是施工组织设计的重要内容，是在确定的施工方案和施工方法的基础上，根据规定工期和技术物资供应条件，遵循工程的施工顺序，用图表形式表示各施工项目(各分部分项工程)搭接关系及工程开竣工时间的一种计划安排。一般可用横道图或网络图表示，前者具有直观、简单、方便等特点；后者具有逻辑严密、便于科学地统筹规划，并可通过时间参数的计算找出关键路线等特点。施工进度计划应包括施工总进度计划及工程施工进度计划。

5) 资源供应计划

施工进度计划确定之后，可根据各工序及持续期间所需资源编制材料、劳动力、构件、半成品，施工机具等资源需要量计划，作为有关职能部门按计划调配的依据，以利于及时组织劳动力和物资的供应，确定工地临时设施，以保证施工顺利地进行。资源供应计划应包括以下内容。

(1) 劳动力需求计划。将各施工过程所需要的主要工种劳动力，根据施工进度的安排进行统计，就可编制出主要工种劳动力需要计划，如表2-4所示。它的作用是为施工现场的劳动力调配提供依据。

表2-4 劳动力需求量计划

序号	工种名称	总劳动量/工日	每月需求量/工日					
			1	2	3	4	5	6

(2) 主要材料和周转材料需求计划。主要材料需求计划主要用于组织备料、确定仓库或堆场面积及组织运输，其编制方法是将施工预算中工料分析表或进度表中的各项过程所需用材料，按材料名称、规格、使用时间并考虑各种材料消耗进行计算汇总，如表2-5所示。周转材料需求计划主要指建筑结构构件、配件和其他加工半成品的需要计划，主要用于落实加工订货单位，并按照所需规格、数量、时间，组织加工、运输和确定仓库或堆场，可根据施工图和施工进度计划编制，其表格形式如表2-6所示。

表2-5 主要材料需求计划

序号	材料名称	规格	需求量		供应时间	备注
			单位	数量		

表2-6 周转材料需求计划

序号	周转材料名称	规格	图号	需求量		使用部位	加工单位	供应日期	备注
				单位	数量				

(3) 机械设备需求计划。机械设备需求计划是指根据施工方案和施工进度计划确定施工机械的类型、数量、进场时间，其编制方法是将施工进度计划表中的每个施工过程、每天所需的机械类型及数量和施工工期进行汇总，如表2-7所示。

表2-7 机械设备需求计划

序号	机械名称	类型、型号	需求量		货源	使用起止时间	备注
			单位	数量			

(4) 预制品订货和需求计划。

(5) 大型工具、器具需求计划。

6) 施工准备工作计划

施工准备工作既是单位工程开工的条件，也是施工中的一项重要内容，开工之前必须为开工创造条件，开工后必须为作业创造条件，因此，它贯穿于施工过程的始终。所以，在施工组织设计中必须进行规划，且应在施工进度计划编制完成后进行。施工准备工作计划应包括下列内容。

(1) 施工准备工作组织及时间安排。

(2) 技术准备及编制质量计划。

(3) 施工现场准备。

(4) 作业队伍和管理人员的准备。

(5) 物质准备。

(6) 资产准备。

7) 施工平面图

施工平面图应按现行制图标准和制度要求进行绘制，主要包括下列内容。

(1) 施工平面图说明。

(2) 施工平面图详图。

(3) 施工平面图管理计划。

8) 技术组织措施计划

技术组织措施计划是施工企业为了更好地完成施工任务，加快施工进度，提高工程质量，节约原材料，改善劳动条件和组织革新技术手段，提高机械化程度和机械使用率，保证安全施工等方面，在技术上、组织上采取和确定各种有效方法和措施，使其能在施工中有效地应用而制订的计划。施工技术组织措施计划包括下列内容。

(1) 保证进度目标的措施。

(2) 保证质量目标的措施。

(3) 保证安全目标的措施。

(4) 保证成本目标的措施。

(5) 保证季节施工的措施。

(6) 保证环境的措施。

(7) 文明施工的措施。

9) 项目风险管理

项目风险管理是指识别和度量项目风险因素，确定风险的重点，制定、选择和管理风险处理方案的过程。风险管理的目的是使造价、工期、质量、安全目标得到控制。项目风险管理规划应包括以下内容。

(1) 风险因素识别一览表。

(2) 风险可能出现的概率及损失值估计。

(3) 风险管理重点。

(4) 风险防范对策。

(5) 风险管理责任。

10) 信息管理

信息管理是指对信息的收集、整理、处理、存储、传递与运用等一系列工作的总称。风险管理包括以下内容。

(1) 与项目组织相适应的信息流通系统。

(2) 项目中心的建立规划。

(3) 项目管理软件的选择与使用规划。

(4) 信息管理实施规划。

11) 技术经济指标分析

技术经济指标的计算与分析应包括如下内容。

(1) 规划的指标。包括总工期、质量标准、成本指标、资源消耗指标、其他指标(如施工的机械化水平)等。

(2) 规划指标水平高低的分析和评价。

(3) 实施难点和对策。

复习思考题

1. 简述工程项目前期规划的内容和主要作用。
2. 列举工程实例，说明工程项目目标的确定程序。
3. 何谓工程项目可行性研究？工程项目可行性研究对工程项目有哪些重要作用？
4. 如何进行工程项目结构分析？分析结果对工程项目管理有何作用？
5. 简述工程项目管理规划的内容。

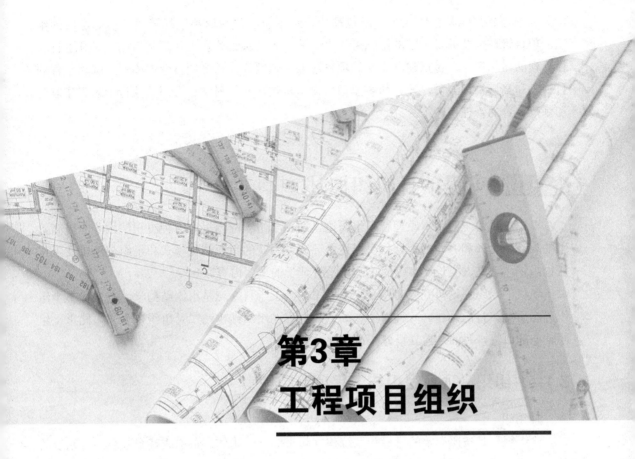

第3章
工程项目组织

工程项目组织是指由业主、承包商、设计单位、供应商和项目管理公司等组成的组织。项目管理需要通过一定的组织机构来实施。为使项目管理工作顺利启动，必须进行项目管理的组织工作，包括建立完善的项目法人治理结构，选择项目管理模式，选聘工程项目管理和高层管理人员，设计和组建项目管理机构，制定科学、合理的项目管理工作制度和规范完善的管理程序等。

3.1 工程项目组织概述

工程项目组织的基本原理就是组织论，即关于组织应当采取何种组织结构才能提高效率的观点、见解和方法的集合。组织论主要研究系统的组织结构模式和组织分工以及工作流程组织，它是人类长期实践的总结，是管理学的重要内容。

现代的组织理论研究分为两个相互联系的分支学科，一是组织结构学，主要侧重于组织静态研究，目的是建立一种精干、高效和合理的组织结构；二是组织行为学，侧重于组织动态的研究，目的是建立良好的组织关系。

3.1.1 组织、项目组织与工程项目组织

1. 组织

"组织"是按照一定的目标和系统建立起来的一个团体，是构成整个社会经济系统的基本单位。组织一词具有名词和动词两种词性。组织作为名词时，是指组织机构，原为生物学中的概念，是指机体中构成器官的单位，是由许多形态和功能相同的细胞按一定的方式结合而成的。引申到社会政治或经济体系中，是指按一定的领导体制、部门设置、层次划分、职责分工、规章制度和信息系统等构成的有机整体，是若干人的集合体，可以完成一定的任务，并为此处理人和人、人和事以及人和物的关系。我们日常工作中的组织正是这种意义上的组织，它们是构成整个社会政治或经济系统的基本单位。组织作为动词时，是指组织行为，即通过一定的权力和影响力，为达到某些目标，对所需要的资源进行合理配置，处理人和人、人和事及人和物关系的行为，使分散的人或事具有一定的系统性和整体性。

在组织过程中，体现了人类对自然的改造，上述两种含义的有机结合形成了管理学中的组织职能。

2. 项目组织

按照ISO10006的定义，项目组织是指从事项目具体工作的组织，是由项目的行为主体构成的，为完成特定的项目任务而成立的一次性的临时组织。

项目组织的设计与建立，是指经过筹划、设计，建成一个可以完成项目管理任务的组织机构，建立必要的规章制度，划分并明确岗位、层次、部门的责权利，建立和形成管理信息系统及责任分工系统，并通过一定岗位和部门内人员的规范化活动和信息流通实现组

织目标。组织运行是指在组织系统形成后，按照组织要求，由各岗位和部门实施组织行为的过程。组织调整是指在组织运行过程中，对照组织目标，检验组织系统的各个环节，并对不适合组织运行和发展的各方面进行改进和完善。

3. 工程项目组织

工程项目组织是指为完成整个工程项目分解结构图中的各项工作的个人、部门、单位等按一定的规则或规律构成的群体，通常包括：业主、施工单位、项目管理单位以及设计和供应单位等，有时还包括投资者和为项目提供服务的部门等。

工程项目组织中的某一个参与者从事项目的一部分工作，如勘察工作、设计工作、施工工作、监理工作、供应工作等，这些工作同样符合项目的定义，也需要建立相应的项目组织。如勘察单位承担了工程勘察的工作，其组织即为"勘察项目组织"；施工承包单位承担了施工的工作，其组织即为"工程施工项目组织"等。

3.1.2　工程项目组织的特点

工程项目组织不同于其他方面的组织，它具有自身的特殊性，而这些特殊性都是由项目的特点决定的，同时它又决定了项目组织设置和运行的原则，在很大程度上决定了人们在项目组织中的组织行为，决定了项目沟通、协调以及信息的管理。

1. 工程项目组织具有目的性

工程项目的总目标和总任务是决定项目组织结构和运行的重要因素。

2. 工程项目组织中任务明确

工程项目的组织设置应能完成项目范围内的所有工作任务，即通过项目结构分解得到的所有单元，都应该落实具体的承担者。因此，项目结构分解方式对项目组织结构具有很大的影响，它决定组织结构的基本形态和组织工作的基本分工。每个项目参与者在项目组织中的地位仅由他所承担的任务决定，与其所属企业的规模、级别等无关。项目组织应力求结构简单，因为设置过多不必要的结构不仅会增加管理费用，而且会降低组织运行效率。

3. 工程项目组织具有一次性和临时性

每一个工程项目都是一次性的、临时性的，项目组织成员在完成它所承担的项目任务后就退出项目组织，整个项目结束后，项目组织就会解散或重新构建其他项目新的组织。

工程项目组织的一次性和临时性，是它区别于其他企业组织的一大特点，它对项目组织的运行、参加者的组织行为、团队建设和沟通管理具有深远的影响。

4. 工程项目组织与企业组织之间关系复杂

这里所说的"企业组织"不仅包括投资方和业主，而且包括设计单位、承建企业、监理公司等。多数情况下，项目组织是企业组建的，是企业组织的组成部分。企业组织对项目组织影响巨大，从企业的经营目标、企业文化到企业资源、利益的分配都会影响项目组织效率。从管理方面来看，企业是项目组织的外部环境，项目管理人员来自企业，项目组织解体后，其人员返回企业。对于多企业合作进行的项目，虽然项目组织不是由一个企组建的,但其依附于企业,受到企业的影响。

3.1.3 工程项目组织的基本形式

工程项目是由目标产生工作任务,由工作任务决定承担者,由承担者形成组织。根据工程项目的管理范围和系统结构分解,在工程项目中有以下两种性质的工作任务。

1. 为完成项目对象所必需的专业性工作任务

项目的专业性工作任务包括工程设计、工程施工、安装、设备和材料的供应、技术鉴定等。这些工作一般由设计单位、工程承包公司、供应商、技术咨询和服务单位承担,它们构成项目的实施层,其主要任务和责任是按合同规定的工期,保质保量地完成各方承担的项目任务。

2. 管理工作任务

在工程项目全过程中,相关的管理工作可分为以下4个层次(见图3-1)。

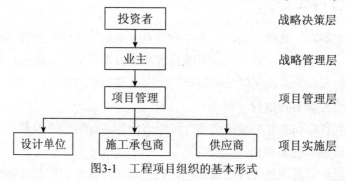

图3-1 工程项目组织的基本形式

1) 战略决策层

战略决策层是项目的投资者,它居于项目组织的最高层,在项目的前期策划和实施过程中开展战略决策和宏观控制工作。它的组成由项目的资本结构决定,但由于它通常不参与项目的具体实施和管理工作,所以一般不出现在项目组织中。

2) 战略管理层

投资者通常委托一个项目主持人或建设负责人作为业主,以项目所有者的身份开展项目全过程的总体管理工作,具体包括以下内容。

(1) 工程项目重大的技术方案和实施方案的选择和批准。

(2) 批准项目的设计文件、实施计划和它们的重大修改。

(3) 确定项目组织策略,选择承发包模式、管理模式,委托项目任务,并以项目所有者的身份与项目管理单位和项目实施者(承包商、设计单位、供应单位等)签订合同。

(4) 审定和选择工程项目所用材料、设备和工艺流程等,提供项目实施的物质条件,负责与环境的协调,取得官方的批准。

(5) 对项目进行宏观控制,给项目管理单位以持续的支持。

(6) 按照合同规定向项目实施者支付工程款和接收已完工程等。

3) 项目管理层

通常由业主委托项目管理公司或咨询公司在项目实施过程中承担计划、协调、监督、控制等一系列具体的项目管理工作,在项目组织中是一个由项目经理领导的项目经理部,为业主提供有效的、独立的项目管理服务,主要责任是实现业主的投资目的,包括业主利益,保证项目整体目标的实现。

4) 项目实施层

工程设计、施工、供应等单位,为完成各自的项目任务,分别开展相应的项目管理工作,如质量管理、安全管理、成本管理、进度管理、信息管理等。这些管理工作由相应的项目经理部承担。

3.1.4 项目组织的应用

1. 传统企业组织的不足

传统的企业组织建立在所有权的基础上,被所有者拥有、控制,靠命令与控制运行,旨在长久维持,企业运作和经营是持续的、周期性的。传统的组织结构以职能、地理、生产或经营过程作为划分组织单元的依据。通常情况下,研究、开发、生产过程作为企业内的行为,以企业内的组织和资源为主体,仅销售部门面向顾客(见图3-2)。

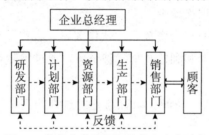

图3-2 传统企业的组织结构和生产过程

传统的企业组织适应标准化的、连续的生产过程。这种生产过程是刚性的,产品单一、生产转向困难、反馈慢,工作人员从事重复的、枯燥乏味的工作,生产积极性和创造性很难提高。对于这种传统的企业管理,是由企业高层领导制定战略,明确目标及其优先级,然后指挥下级开展工作。组织中成员间相互关系复杂、摩擦大、玩弄权术、效率低下,容易僵化和官僚化。

2. 项目组织的应用

现代社会的需求日益多样化,科学技术飞速发展,新科学、新工艺、新产品在不断涌现,造成产品生命周期在不断缩短,产品更新换代越来越快。大量的业务对象是一次性的,有一个独立的过程,需要综合的、全过程的、持续的服务。

项目组织作为一种新型运作模式,能较好地适应这种变化(见图3-3(a))。项目组织适用于有一种专门的最终产品的事业,能够对环境和内部资源的改变做出迅速的反应。当从事的工作任务非常复杂(过程交叉,各种技术相互依存),需要各部门和各学科之间的综合,且存在多个目标因素时,则项目组织和管理方法的应用是十分有效的。

项目组织是对项目的最终成果负责的组织,它打破了传统的组织界限。如图3-3所示,生产过程任务可以由不同部门甚至不同企业承担,形成一个新的独立于职能部门的项目管理部门(见图3-3(b)),通过综合、协调、激励,共同完成目标。

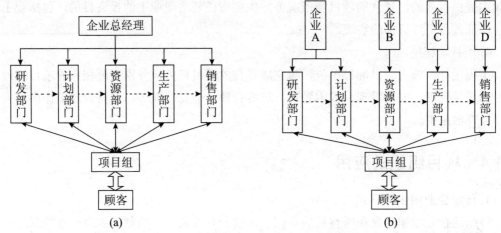

图3-3　项目型组织结构和生产过程简图

项目组织强调"目标—任务—工作过程—人员"这种过程化的管理,组织不再认为是由静止的结构和角色所组成,而应看做一系列活动的过程流。经过这样的转变,能使公司活力增强、人员精简、组织层次减少。

项目组织关系是同盟关系、合资关系、伙伴关系、合作关系、合同关系。这种关系立足于共同的目标、共同的信念和利益共享,甚至可以通过国际合资或合作等形式构建。

3. 项目组织的优点

(1) 实现市场与生产过程、资源、研究与开发过程的高度综合,具有极强的活力和竞争力。

(2) 能够形成以任务为中心的管理模式,增加工作透明度,更注重结果。

(3) 能够迅速改进最终产品的质量和可靠性,缩短产品开发时间和降低开发费用。

(4) 能迅速反映市场和用户要求,与用户保持良好关系。

(5) 整个过程的协调和控制比较方便,信息的传输过程富有效率。

(6) 位于项目组织中下层的人员掌握更多的权力,承担更多的责任,更能够激发他们的积极性、创造性和创新精神,能够形成以人为中心的创新模式。员工有机会把自己的思想直接在项目中实现或提供给高层管理部门,能够进行面对面的交流。

(7) 项目管理的思想处处反映了创新的要求,而项目管理的方法是富有成效和高效率的。

(8) 传统的权威已大大削弱,人们必须通过沟通、加强信任和理解来实现目标。在传统的企业组织当中,信息的传递是由下至上再由上至下的,而项目组织中的信息流主要是横向水平的。这种面向对象式的管理方法有利于高质量地完成工作任务。

4. 项目组织存在的问题

项目组织的应用也存在一些问题,这些问题主要是由项目的特点引起的,常见的问题包括如下几个。

(1) 由于项目是一次性的,它的计划、控制和组织无继承性和可用的参照系,难以评价任务承担者的最终成果,所以容易导致不平衡和低效率。

(2) 每个项目都是一个新的组织,而组织间摩擦大,雇佣的人员效率低下,组织内部及与环境之间沟通困难。

(3) 为使项目参与者讲究诚信,需要完备的规章制度和明确的责权分配,但往往难以实现。

(4) 项目需要高层领导的持续支持,需要各部门的积极配合。

3.2 工程项目组织结构设计

组织结构即组织的实体,是指表现组织内部各部门及各层级排列顺序、空间位置、聚集状态、联系方式以及各要素之间的相互关系的一种模式,即组织各要素相互作用的方式或形式,是执行管理任务的体制,一般以组织系统图来表示。组织系统图的基本表现形式有:组织结构图、职位描述、工作流程图等,具体内容如下所述。

(1) 组织的正式关系与职责的形式——组织结构图和职位描述。组织结构图是组织结构简化后的抽象模型,它通过组织的正式职位系统和联系网络的图示来表现组织结构;职位描述说明各职位的任务以及职位之间的关系。

(2) 向组织各个部门或个人分派任务和各种活动的方式。

(3) 协调各个分离的活动和任务的方式。

(4) 组织中的权利、地位和等级关系,即组织结构中的职权系统。

3.2.1 组织结构的构成因素

组织结构由管理层次、管理跨度、管理部门、管理职责4个因素组成,这些因素相互联系、相互制约。进行组织结构设计时,应考虑这些因素之间的平衡与衔接。

1. 管理层次

管理层次是从最高管理者到最低层操作者之间的等级层次的数量。合理的管理层次结构是形成合理的权力结构的基础,也是合理分工的重要方面。管理层次多,信息传递速度慢,并且容易失真;层次越多,所需要的人员和设备就越多,协调的难度也就越大。

2. 管理跨度

管理跨度也称管理幅度,是指一个上级管理者能够直接管理的下属的人数。跨度加大,管理的人员及接触关系的数量增多,处理人与人之间关系的数量随之增大,管理者所承担的工作量也随之增大。法国管理顾问格兰丘纳斯在1933年首先提出了通过计算一个管理者直接涉及的工作关系数来计算他所承担的工作量的模型,用公式表示为

$$C = N(2^{N-1} + N - 1) \qquad 3\text{-}1$$

式中：C——可能存在的工作关系数；

N——管理跨度。

通过这个模型，我们可以发现，管理者管理的下属人数按算术级数增加时，该管理者直接涉及的工作关系数则呈几何级数增加。例如，当$N=2$时，$C=6$；而当$N=8$时，$C=1080$。所以跨度太大时，管理者所涉及的关系数太多，所承担的工作量过大，难以进行有效的管理。

管理跨度与管理层次相互联系、相互制约，两者成反比例关系，即管理跨度越大，则管理层次越少；反之，管理跨度越小，则管理层次越多。合理地确定管理跨度，对正确设置组织等级层次结构具有重要的意义。确定管理跨度的最基本原则是最终使管理人员能有效地领导、协调其下属的活动。确定管理跨度应考虑以下几个影响因素。

(1) 管理者所处的层次。一般处于较高管理层次的管理者，应有较小的管理跨度；而处于较低管理层次的管理者，可以有较大的管理跨度。

(2) 被管理者的素质。下属的素质越高，处理上下级关系所需的时间和次数就越少。具有高度责任感、受训良好的下属不但能少占用上级管理者的时间，而且接触的次数也少，可以设置较宽的管理跨度。

(3) 工作性质。工作性质复杂，就应设置较窄的管理跨度；相反，完成简单的工作，则可以设置较宽的管理跨度。因为面对复杂的工作，管理者需要与其下属之间保持经常的接触和联系，一起探讨完成工作的方法和措施，所以只能设置较窄的管理跨度。

(4) 管理者的意识。对于授权意识较强的管理者，可以设置较宽的管理跨度，这样可以充分激发下属的积极性，使他们能从工作中得到满足。

(5) 组织群体的凝聚力。对于具有较强的群体凝聚力的组织，即使设置较宽的管理跨度，也可以满足管理和协调的需要；而对于群体凝聚力较弱的组织，则应设置较窄的管理跨度。

此外，确定管理跨度还应考虑空间大小、组织环境、管理现代化程度以及组织信息传递方式等因素的影响。

3. 管理部门

项目的总目标需经任务分解划分成一定数量的具体任务，然后把性质相似或具有密切关系的具体工作合并归类，并建立起负责各类工作的相应管理部门，并将一定的职责和权限赋予相应的单位或部门，这些部门称为管理部门。组织中各部门的合理划分对发挥组织效能非常重要。如果划分不合理，就会造成控制、协调困难，浪费人力、物力、财力。部门的划分应满足专业分工与协作的要求，目前有多种划分方法，如按职能划分、按产品划分、按地区划分、按顾客划分、按市场渠道划分等。项目管理组织常用的是按职能划分和按产品划分两种。

(1) 按职能划分。按职能划分就是按照为实现组织目标所需要做的各项工作的性质和作用，把性质相同或相似的具体工作归并为一个专门的单位负责，如建立计划、财务、技术、劳务、机械设备、材料、合同等部门。按职能划分是一种合乎逻辑并经过时间考验的方法，最能体现专业化分工的原则，因而有利于提高人力的利用效率。但是，按这种方法划分的部门，由于具有相对独立性，容易造成各部门之间的不协调，各部门往往只强调本部门的目标的重要性而忽视组织的整体目标。而且由于协调功能较差，当组织环境变化时，应变能力较差。

(2) 按产品划分。按产品划分就是以某种产品为中心，将为实现管理目标所需做的一切工作，按是否与该产品有关进行分类，与同一产品或服务有关的工作都归为一个部门。在这些产品部门下，还可以按职能进一步划分职能部门。这种划分方法的优点是：有利于使用专用设备，部门内部的协调比较容易，管理绩效评价也比较容易，有助于激发各个部门的主动性和创造性。缺点是：由于机构重叠会造成管理资源的浪费；由于部门独立性较强，难以实现统一指挥。

4. 管理职责

职责是组成责、权、利系统的核心。职责的确定应目标明确，有利于提高效率，而且应便于考核。为了达到这个目标，在明确职责时应坚持专业化的原则，这样有利于提高管理效率和质量。同时应授予与职责相对应的权力和利益，以保证和激励部门完成其职责。

3.2.2 项目组织结构活动的基本原理

1. 要素有用性原理

一个组织系统中的基本要素有人力、财力、物力、信息和时间等，这些要素都是有用的，但每个要素的作用大小不一样，而且随着时间、场合的变化而变化。所以在组织活动过程中，应根据各要素在不同情况下的不同作用进行合理安排、组合和使用，做到人尽其才、财尽其利、物尽其用，尽最大可能提高各要素的利用率。

一切要素都有用，这是要素的共性。然而要素除了有共性外，还有个性。比如，同样是工程师，由于专业、知识、经验、能力不同，所起的作用就不同。所以，管理者要具体分析各个要素的特殊性，以便充分发挥每一个要素的作用。

2. 动态相关性原理

组织系统内部各要素之间既相互联系，又相互制约；既相互依存，又相互排斥。这种相互作用的因子叫做相关因子，充分发挥相关因子的作用，是提高组织管理效率的有效途径。事物在组合过程中，由于相关因子的作用，可以发生质变。一加一可以等于二，也可以大于二，还可以小于二。整体效应不等于各局部效应的简单相加，这就是动态相关性原理。组织管理者的重要任务就是使组织机构活动的整体效应大于各局部效应之和。否则，组织就失去了存在的意义。

3. 主观能动性原理

人是生产力中最活跃的因素，因为人是有生命的、有感情的和有创造力的。人会制造工具，会使用工具劳动并在劳动中改造世界，同时也在改造自己。组织管理者应该努力把人的主观能动性发挥出来，只有当主观能动性发挥出来时才会取得最佳效果。

4. 规律效应性原理

规律就是客观事物内部的、本质的和必然的联系。一个成功的管理者应懂得,只有努力揭示和掌握管理过程中的客观规律,按规律办事,才能取得好的效应。

3.2.3 项目组织结构设计的程序

在设计组织结构时,可按图3-4所示的程序进行。

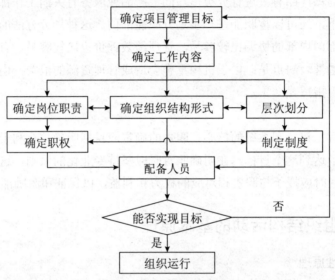

图3-4 组织结构设置程序图

1. 确定项目管理目标

项目管理目标是项目组织设立的前提,明确组织目标是组织设计和组织运行的重要环节之一。项目管理目标取决于项目目标,主要集中在工期、质量、成本三大目标上。这些目标应分阶段根据项目特点进行划分和分解。

2. 确定工作内容

根据管理目标确定为实现目标所必须完成的工作,并对这些工作进行分类和组合。在进行分类和组合时,应以便于目标实现为目的,考虑项目的规模、性质、复杂程度以及组织人员的技术业务水平、组织管理水平等因素。

3. 确定组织结构形式,确定岗位职责、职权

根据项目的性质、规模、建设阶段的不同,可以选择不同的组织结构形式以适应项目管理的需要。组织结构形式的选择应有利于项目目标的实现,有利于决策和执行,有利于信息的沟通。根据组织结构形式和例行性工作确定部门和岗位及其职责,并根据责、权、利一致的原则确定其职权。

4. 设计组织运行程序和信息沟通方式

以规范化、程序化的要求确定各部门的工作程序,规定它们之间的协作关系和信息沟通方式,即制定一系列管理制度。

5. 配备人员

按岗位职务的要求和组织原则，选配合适的管理人员，关键是各级部门的主管人员。人员配备是否合理直接关系组织能否有效运行、组织目标能否实现。最后应根据授权原理将职权授予相应的人员。

3.2.4 组织结构设置原则

设置项目组织机构的目的是进一步发挥项目管理功能，提高项目整体管理效率，以达到项目管理的最终目标。因此，企业在推行项目管理的过程中合理设置项目管理组织机构是一个至关重要的问题。一般来说，工程项目组织机构的设置要遵循以下原则。

1. 目的性原则

设置项目组织机构的根本目的是产生组织功能，实现项目管理的总目标。从这一根本目的出发，就会因目标设事，因事设机构、定编制，按编制设岗位、定人员，以职责定制度、授权力。这是组织结构设计应遵循的客观规律，违背这一规律或偏离项目目标，就会导致组织的低效或失败。

2. 精干高效原则

项目组织结构设计应以实现项目目标要求的任务为原则，必须将精干高效原则放在重要的位置。组织结构中的每个部门、每个人和其他的组织要素为了一个统一的目标，组合成最适宜的结构形式，实行最有效的内部协调，使决策和执行简捷而正确，有效减少重复和扯皮现象，从而提高组织效率。在保证必要职能履行的前提下，应尽量简化机构，这也是提高效率的要求。在人员配置方面，要从严控制二三线人员，力求一专多能、一人多职。同时还要增加项目管理班子人员的知识含量，着眼于使用和学习锻炼相结合，以提高人员素质。

3. 业务系统化管理原则

该项原则是由项目的系统性决定的。由于项目是一个开放的系统，是由众多子系统组成的有机整体，各子系统之间，子系统内部各单位工程之间，不同组织、工种、工序之间，存在着大量结合部，这就要求项目组织也必须是一个完整的组织结构系统，并确保恰当分层和设置部门，以便在结合部上能形成一个相互制约、相互联系的有机整体，防止产生职能分工、权限划分和信息沟通上相互矛盾或重叠的现象。这一原则要求在设计组织机构时以业务工作系统化原则作指导，周密考虑层间关系、分层与跨度关系、部门划分、授权范围、人员配备及信息沟通等，使组织机构自身成为一个严密的、封闭的组织系统，从而为完成项目管理总目标实行合理分工及协作。

4. 弹性结构原则

现代组织理论特别强调组织结构应具有弹性，以适应环境的变化。所谓的弹性结构，是指一个组织的部门结构、人员职责和工作职位都是可以变动的，应保证组织结构能进行动态的调整，以适应组织内外部环境的变化。工程项目是一个开放的复杂系统，项目以及它所处的环境的变化往往较大，所以弹性结构原则在项目组织结构设计中的意义很重大，项目组织结构应能满足由于项目以及项目环境的变化而进行动态调整的要求。工程建设项目的单件性、阶段性、露天性和流动性是其生产活动的主要特点，必然带来生产对象数量、质量和地点以及资源配置品种和数量的变化，管理工作和组织机构必然随之进行调整，以适应任务的变化。因此，高效率的组织体系和组织机构的建立是项目管理成功的组织保证。

5. 管理跨度和层次划分适当原则

适当的管理跨度加上适当的层次划分和适当的授权，是建立高效率组织的基本条件。在建立项目组织时，每一级领导都要保持适当的管理跨度，以便集中精力在职责的范围内实施有效的领导。跨度大，管理人员的接触关系增多，协调各种关系的数量随之增大；反之，则减少。跨度大小还与分层多少有关，层次多，跨度会小；层次少，跨度会大。对于跨度和层次的划分，需要根据管理者的能力和工程项目的规模综合确定。对施工项目管理层来说，管理跨度应尽量小些，以集中精力进行施工管理。

6. 集权与分权相统一原则

集权是指把权力集中在上级领导的手中；而分权是指经过领导的授权，将部分权力分派给下级。在一个健全的组织中，不存在绝对的集权，绝对的集权意味着没有下属主管；也不存在绝对的分权，绝对的分权意味着上级领导职位的消失，也就不存在组织了。合理的分权既可以保证指挥的统一，又可以保证下级有相应的权力来完成自己的职责，能发挥下级的主动性和创造性。为了保证项目组织的集权与分权的统一，授权过程应包括：确定预期的成果，委派任务，授予实现这些任务所需的职权，行使职责使下属完成这些任务。

7. 责、权、利平衡原则

在项目组织设置过程中，应明确项目投资者、业主、项目其他参与者及其他利益相关者之间的经济关系、职责和权限，并通过合同、计划、组织规则等文件定义。这些关系错综复杂，形成一个严密的体系，它们应符合责、权、利平衡的原则。参与项目各方的权力和责任是互为前提的，各方有其各自的分工并承担相应的责任，必须保证同等岗位赋予同等的权力并享受同等待遇，参与者各项权益、责任需通过合同、管理规范、奖惩政策等进行约定。在进行组织结构设计时，必须注重责、权、利平衡原则，否则会严重影响工作效率和组织成员的积极性。

3.3 常用基本组织结构模式

组织结构模式又称组织结构形式，是组织各要素相互连接的框架形式。项目组织结构可按组织结构分类或按项目组织与企业组织的联系方式分类。按组织的结构分类，可将其分为直线制、职能制、直线职能制、矩阵制、事业部制等；按项目组织与企业组织的联系方式分类，可将项目组织结构分为直线式、职能式(部门控制式)、矩阵式、项目式等。组织结构模式反映了一个组织系统中各子系统之间或各元素之间的指令关系；而组织分工则反映了一个组织系统中各子系统或各元素的任务分工和管理职能的分工。组织结构模式和组织分工都是一种相对静态的组织关系。

3.3.1 直线式组织结构

直线式组织结构是早期被广泛应用的一种项目管理形式，来自军事组织系统。在直线式组织结构中，每一个工作部门只能对其直接下属部门下达工作指令，不能越级指挥，每一个工作部门也只有一个直接上级部门。因此，直线式组织结构的特点是每一个工作部门只有一个指令源，避免了由于矛盾的指令而影响组织系统的运行。

直线式组织结构模式是工程项目管理组织系统的一种常用模式。一个工程项目的参与单位很多，在项目实施过程中，矛盾的指令会给工程项目目标的实现造成很大的影响，而直线式组织结构模式可确保工作指令的唯一性。但在一个较大的组织系统中，由于直线式组织结构模式的指令路径很长，有可能会造成组织系统中一定程度的运行困难。该模式的特点是权利系统自上而下形成直线控制，权责分明，如图3-5所示。

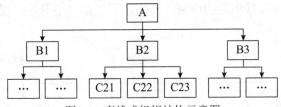

图3-5 直线式组织结构示意图

在图3-5所示的直线式组织结构中，A可以对其下属部门B1、B2、B3下达指令；同样，B1、B2、B3亦可对其各自下属部门下达指令；但B1虽和B2处同级，却不能向C21、C22、C23下达指令，因其不是C21、C22、C23的直接上级部门，不允许其对C21、C22、C23下达指令。

通常独立的项目和单个中小型工程项目都采用直线式组织形式。这种组织结构与项目的结构分解图有较好的对应性，如一般中小型的建设工程项目组织多采用此种。

1. 直线式项目组织的优点

(1) 保证单头领导，每个组织单元仅向一个上级负责，一个上级对下级直接行使管理和监督的权力，即直线职权，一般不能越级下达指令。项目参与者的工作任务、责任、权力明确，指令唯一，这样可以减少扯皮和纠纷，协调方便。

(2) 具有独立组织的优点，项目经理能直接控制资源，向客户负责。

(3) 信息流通快，决策迅速，项目容易控制。

(4) 项目任务分配明确，责权利关系清楚。

2. 直线式项目组织的缺点

(1) 当项目规模较大时，需将项目划分成若干子项目；或者当项目数量较多时，每个项目(子项目)均应对应一个独立完整的组织结构，使企业资源不能得到合理利用。

(2) 项目经理责任较大，一切决策信息都集中于他处，对其决策能力、知识体系、经验等要求较高，易造成决策困难、缓慢，甚至出错。

(3) 由于权力争执会使单位之间合作困难，不能保证项目参与单位之间信息流通的速度和质量。

(4) 企业各项目间缺乏信息交流，项目之间的协调、企业实施计划和控制比较困难。

(5) 在直线式组织中，如果专业化分工太细，会造成多级分包，进而造成组织层次的增加。

3.3.2 职能式组织结构

职能式组织结构是在泰勒的管理思想的基础上发展起来的一种项目组织形式，是一种传统的组织结构模式，特别强调职能的专业分工，因此组织系统是以职能为划分部门的基础，把管理的职能授权给不同的管理部门。职能式组织结构也称部门控制式组织结构，是指按职能原则建立的项目组织，通常指项目任务以企业中现有的职能部门作为承担任务的主体组织完成项目。一个项目可能由某一个职能部门负责完成，也可能由多个职能部门共同完成，各职能部门与项目相关的协调工作需在职能部门主管这一层次上进行。职能式组织结构如图3-6所示。

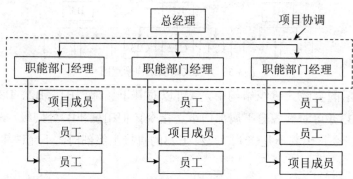

图3-6 职能式组织结构示意图

在职能式组织结构中，将项目任务分配给相应的职能部门，职能部门经理对分配到本部门的项目任务负责。职能式组织结构适用于任务相对比较稳定、明确的项目工作，但不同的部门经理对项目在各个职能部门的优先级有不同的观点，所以分配到某些部门的工作可能由于缺乏其他部门的协作而被迫推迟。

1. 职能式项目组织形式的优点

(1) 由于部门是按职能来划分的，因此各职能部门的工作具有很强的针对性，可以最大限度地发挥人员的专业才能。

(2) 如果各职能部门能相互协作，将对整个项目的完成起到事半功倍的效果。

2. 职能式项目组织形式的缺点

(1) 项目信息传递途径不畅。

(2) 容易形成多头领导，工作部门可能会接到来自不同职能部门的互相矛盾的指令。

(3) 当不同职能部门之间有意见分歧、难以统一时，互相协调存在一定的困难。

(4) 职能部门直接对工作部门下达工作指令，导致项目经理对工程项目的控制能力在一定程度上被弱化。

3.3.3 项目式组织结构

项目式组织结构也称工作队式组织结构，是指公司首先任命项目经理，由项目经理负责从企业内部招聘或抽调人员组成项目组织。所有项目组织成员在项目建设期间，中断与原部门组织的联系，原单位负责人只负责业务指导及考察，不得随意干预其工作或调回人员。项目结束后项目组织被撤销，所有人员仍回原部门和岗位。项目式组织结构如图3-7所示。项目式组织结构适用于大型项目、工期要求紧迫的项目、要求多工种多部门密切配合的项目。

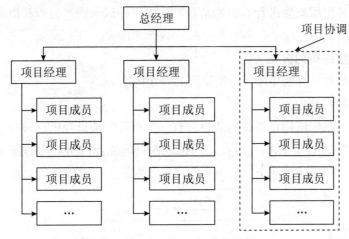

图3-7 项目式组织结构示意图

1. 项目式组织结构的优点

(1) 项目经理权力集中，可以及时决策，指挥方便，有利于提高工作效率。

(2) 项目经理从各个部门抽调或招聘的是项目所需要的各类专家，他们在项目管理中可以相互配合、相互学习、取长补短，有利于培养一专多能的人才并充分发挥作用。

(3) 各种专业人才集中在一起，减少了等待或扯皮的时间，解决问题快，办事效率高。

(4) 由于减少了项目组织与企业职能部门的结合部分，减少了协调关系的时间，同时弱化了项目组织与企业组织部门的关系，减少或避免了本位主义和行政干预，有利于项目经理顺利地开展工作。

2. 项目式组织结构的缺点

(1) 各类人员来自不同的部门，具有不同的专业背景，缺乏合作经验，难免配合不当。

(2) 各类人员集聚在一起，但在同一时期内他们的工作量可能有很大的差别，因此很容易造成忙闲不均，从而导致人员的浪费。对于专业人才，企业难以在企业内进行调剂，往往导致企业整体工作效率的降低。

(3) 项目管理人员长期离开原单位,离开他们所熟悉的工作环境,容易产生临时观念和不满情绪,影响积极性的发挥。

(4) 专业职能部门的优势无法发挥,由于同一专业人员分散在不同的项目上,相互交流困难,职能部门无法对他们进行有效的培训和指导,影响各部门的数据、经验和技术积累,难以形成专业优势。

3.3.4 矩阵式组织结构

矩阵式组织结构是现代大型工程项目广泛应用的一种新型组织形式。它把职能原则和对象原则结合起来,既发挥了职能部门的纵向优势,又发挥了项目组织的横向优势,形成了独特的组织形式。从组织职能上看,以实施企业目标为宗旨的企业组织要求专业化分工并且长期稳定,而一次性项目组织则具有较强的综合性和临时性。矩阵式组织形式能将企业组织职能与项目组织职能进行有机的结合,形成一种纵向职能机构和横向项目机构相互交叉的"矩阵"形式。

1. 矩阵式组织结构的分类

矩阵式组织结构又有弱矩阵、平衡矩阵和强矩阵之分。

1) 弱矩阵式组织结构

通常弱矩阵式组织结构在项目团队中没有一个明确的项目经理,只有一个协调员负责协调工作,如图3-8所示。团队各成员之间按照各自职能部门所对应的任务,相互协调开展工作。实际上,在这种模式下,相当多的项目经理的职能由部门负责人分担。

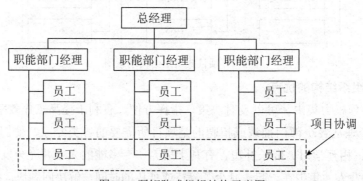

图3-8 弱矩阵式组织结构示意图

该组织形式偏向于职能式组织结构,所以其优缺点和适用条件与职能式组织结构相似。

2) 平衡矩阵式组织结构

平衡矩阵式组织结构是介于强矩阵式组织结构与弱矩阵式组织结构之间的一种形式,如图3-9所示。主要特点是项目经理由一个职能部门中的成员担任,除负责项目的管理工作外,还可能负责本部门承担的相应项目中的任务,此时的项目经理与上级的沟通不得不在其职能部门的负责人与公司领导之间做出平衡与调整。

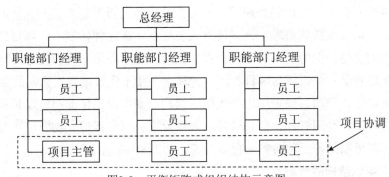

图3-9 平衡矩阵式组织结构示意图

3) 强矩阵式组织结构

强矩阵式组织结构配置专职的项目经理负责项目的管理与运行，项目经理来自公司的专门项目管理部门，如图3-10所示。项目经理与上级沟通往往是通过其所在的项目管理部门负责人进行的。项目经理向项目经理的主管负责，项目经理主管同时管理着多个项目，项目中的人员根据需要分别来自各职能部门，他们全职或兼职地为项目工作。项目经理决定任务分配，职能部门经理则决定人员配置及技术支持安排。与此同时，职能部门一直在进行着它们各自的工作。

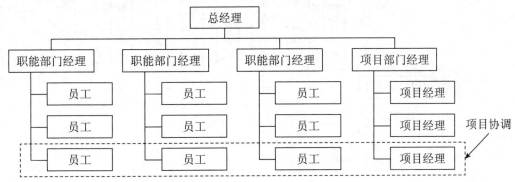

图3-10 强矩阵式组织结构示意图

强矩阵式组织结构的特点是，项目经理独立于企业职能部门之外，项目团队成员来自相关职能部门，项目完成后再回到原职能部门。

在矩阵式组织形式中，永久性的专业职能部门和临时性的项目组织同时交互起作用。纵向表示不同的职能部门是永久性的，横向表示不同的项目是临时性的。职能部门的负责人对本部门参与项目组织的人员有组织调配、业务指导和管理审核的责任。项目经理将参加本项目的各种专业人员按项目实施的要求有效地组织协调在一起，为实现项目目标共同配合工作，并对他们负有领导责任。矩阵式组织中的每个成员，都应接受原职能部门负责人和项目经理的双重领导，他们参加项目从某种意义上说只是"借"到项目中，既接受项目经理的领导又接受原职能部门负责人的领导。在一般情况下，部门负责人的控制力大于项目经理的控制力。部门负责人有权根据不同项目的需要和工作强度，将本部门专业人员在项目之间进行适当调配，使专业人员可以同时为几个项目服务，避免出现某种专业人才在一个项目上闲置而在另一个项目上又奇缺的现象，大大提高了人才的利用率。项目经理对参加本项目的专业人员有控制和使用的权力,当感到人力不足或某些成员不得力时,他可以向职能部门请求支持或要求调换,没有人员包袱。在这种体制下,项目经理可以得到多个职能部门的支持,但为了实现这些合作和支持,要求在纵向和横向有良好的沟通与协调配合,从而对整个企业组织和项目组织的管理水平和工作效率提出更高的要求。

一个大型建设工程项目如采用矩阵式组织结构,则纵向工作部门可以是投资控制、进度控制、质量控制、合同管理、信息管理、人事管理、财务管理、物资管理等职能部门,而横向工作部门可以是各子项目的项目管理部,如图3-11所示。

2. 矩阵式组织结构的优缺点

1) 矩阵式组织结构的主要优点

(1) 兼有职能式和项目式两种组织结构的优点。它把职能原则和对象原则有机地结合起来,既发挥了纵向职能部门的优势,又发挥了横向项目组织的优势,解决了传统组织模式中企业组织和项目组织相互矛盾的难题,增强了企业长期例行性管理和项目一次性管理的统一性。

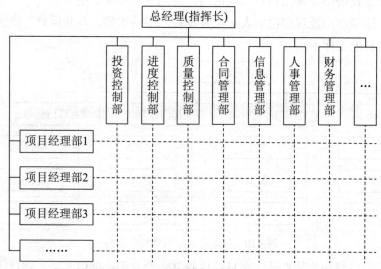

图3-11 大型建设工程项目采用矩阵式组织结构示意图

(2) 能有效地利用人力资源。它可以通过职能部门的协调,将一些项目上闲置的人才及时调配到急需的项目上去,实现以尽可能少的人力实施多个项目管理的高效率,使有限的人力资源得到最佳的利用。

(3) 有利于人才的全面培养。它既可以使不同知识背景的人在项目组织的合作中相互取长补短,在实践中拓宽知识面,有利于培养人才的一专多能,又可以充分发挥纵向专业职能集中的优势,为人才的成长奠定深厚的专业训练基础。

2) 矩阵式组织结构的主要缺点

(1) 双重领导。矩阵式组织中的成员要接受来自横向、纵向领导的双重指令。当双方目标不一致或有矛盾时,会使当事人无所适从;当出现问题时,往往会出现相互推诿、无人负责的现象。

(2) 管理要求高,协调较困难。矩阵式组织结构对企业管理和项目管理的水平、领导者的素质、组织机构的办事效率、信息沟通渠道的畅通均有较高的要求。由于矩阵式组织的复杂性和项目结合部分的增加,往往导致信息沟通量的膨胀和沟通渠道的复杂化,致使信息梗阻和信息失真情况增加,这就使组织关系的协调更加困难。

(3) 经常出现项目经理的责任与权力不统一的现象。在一般情况下,职能部门对项目组织成员的控制力大于项目经理的控制力,导致项目经理的责任大于权力,工作难以开展。项目组织成员受到职能部门的控制,所以凝聚在项目上的力量减弱,使项目组织的作用发挥受到影响。同时,管理人员同时身兼多职地管理多个项目,难以确定管理项目的前后顺序,有时会顾此失彼。

3. 矩阵式组织结构的适用范围

(1) 大型、复杂的施工项目,需要多部门、多技术、多工种配合施工,在不同施工阶段,对不同人员有不同的数量和搭配需求,宜采用矩阵式组织结构。

(2) 同时承担多个施工项目时,各项目对专业技术人才和管理人员都有需求。在矩阵式组织结构下,职能部门可根据需要和可能将有关人员派到一个或多个项目上去工作,充分利用有限的人才对多个项目进行管理。

3.3.5 组织结构形式的选择

前面介绍的职能式、项目式和矩阵式项目组织,各具优点和缺点,主要的优缺点见表3-1。其实这三种组织结构形式有着内在的联系,它们可以表示为一个变化的系列,职能式结构在一端,项目式结构在另一端,而矩阵式结构是介于职能式和项目式之间的一种结构形式。

表3-1 三种组织结构形式的比较

组织结构形式	优点	缺点
职能式	没有重复的活动,职能优异	涉及面狭窄、不全面,反应缓慢,不注重实际客户
项目式	能控制资源,向客户负责	技术复杂,项目之间缺乏知识信息交流
矩阵式	有效利用资源,所有专业知识可供所有项目使用,促进学习、知识交流,沟通良好,注重客户	双层汇报关系,需要平衡权力

在具体的项目实践中,究竟选择何种组织结构形式没有一个可循的公式。一般在充分考虑各种组织结构特点、企业特点、项目特点和项目所处环境等因素的条件下,才能做出较为恰当的选择。表3-2列出了选择项目组织结构形式应考虑的一些因素。

表3-2 影响项目组织结构形式选择的关键因素

影响因素	组织结构 职能式	矩阵式	项目式
不确定性	低	高	高
所用技术	标准	复杂	新

(续表)

影响因素 \ 组织结构	职能式	矩阵式	项目式
复杂程度	低	中等	高
持续时间	短	中等	长
规模	小	中等	大
重要性	低	中等	高
客户类型	各种各样	中等	单一
对内部依赖性	弱	中等	强
对外部依赖性	强	中等	强
时间限制性	弱	中等	强

一般来说，职能式组织结构比较适用于规模较小、偏重于技术的项目，而不适用于环境变化较大的项目。因为，应对环境的变化需要各职能部门间的紧密合作，而职能部门本身的存在，以及责权的界定成为部门间密切配合不可逾越的障碍。当一个公司中包括许多项目或项目的规模较大、技术复杂时，则应选择项目式组织结构。同职能式组织结构相比，在对付不稳定的环境时，项目组织结构显示出潜在的长处，这来自项目团队的整体性和各类人才的紧密合作。同前两种组织结构相比，矩阵式组织结构无疑在充分利用组织资源上显示出巨大的优越性，由于其融合了两种结构的优点，这种组织结构在管理技术复杂、规模巨大的项目时呈现出明显的优势。

3.4 组织分工和工作流程组织

3.4.1 工作任务分工

在组织结构确定后，应对各个部门或个体的主要职责进行分配。项目工作任务分工就是对项目组织结构的说明和补充，是对组织结构中各个单位部门或个体的职责所做的细化和扩展。工作任务分工是建立在工作分解结构(WBS)的基础之上的，工作分解结构是以可交付成果为导向对项目要素进行分组，它归纳和定义了项目的整个工作范围，每下降一层代表项目工作更详细的定义。项目管理任务分工体现了组织结构中各个单位或个体的职责任务范围，从而为各单位部门或个体指出工作的方向，将多方向的参与力量整合到同一个有利于项目开展的合力方向。

每一个项目都应编制项目管理任务分工表。在编制项目管理任务分工表之前，应结合项目特点，对项目实施的各阶段的费用(投资或成本)控制、进度控制、质量控制、合同管理、信息管理和组织与协调等管理任务进行详细的分解。在项目管理任务分解的基础上，明确项目经理和费用(投资或成本)控制、进度控制、质量控制、合同管理、信息管理和组织与协调等主管部门或主管人员的工作任务,据此编制工作任务分工表。表3-3和表3-4分别为某项目设计阶段管理任务分解表和工作任务分工表。

表3-3 某项目设计阶段管理任务分解表

3.设计阶段项目管理的任务		
3.1		设计阶段的投资控制
	3101	在可行性研究的基础上,进一步分析、论证项目总投资目标
	3102	根据方案设计,审核项目总投资估算,供委托方作为确定投资目标的参考,并基于优化方案协助委托方对投资估算做出调整
	3103	编制项目总投资切块、分解规划,并在设计过程中控制执行情况;在设计过程中若有必要,及时提出调整总投资切块、分解规划的建议
	3104	审核项目总投资概算,在设计深化过程中将设计概算严格控制在总概算所确定的投资计划值中,对设计概算作出评价报告和建议
	3105	根据工程概算和工程进度表,编制设计阶段资金使用计划,并控制其执行,必要时对上述计划提出调整建议
	3106	从设计、施工、材料和设备等多方面做必要的市场调查分析和技术经济比较论证,并提出咨询报告,如发现设计可能突破投资目标,则协助设计人员提出解决办法,供业主参考
	3107	审核施工图预算,调整总投资计划
	3108	采用价值工程方法,在充分满足项目功能的条件下考虑进一步挖掘节约投资的潜力
	3109	进行投资机会值和实际值的动态跟踪比较,并提交各种投资控制报表和报告
3.2		设计阶段的进度控制
	3201	参与编制项目总进度计划,有关施工进度与监理单位协商讨论
	3202	审核设计方提出的详细的设计进度计划和出图计划,并控制其执行,避免发生因设计单位推迟进度而造成施工单位要求索赔的情况
	3203	协助起草主要甲供材料和设备的采购计划,审核甲供材料和设备清单
	3204	协助业主确定施工分包合同结构及招标方式
	3205	督促业主对设计文件尽快做出决策和审定
	3206	在项目实施过程中进行计划值和实际值的比较,并提交各种进度控制报表和报告
	3207	协调室内装修设计、专业设备设计与主设计的关系,使专业设计进度能满足施工进度的要求
3.3		设计阶段的质量控制
	3301	协助业主确定项目质量的要求和标准,满足设计质监部门质量评定标准要求,并作为质量控制目标值,参与分析和评价建筑物使用功能、面积分配、建筑设计标准等,根据业主的要求,编制详细的设计要求文件,作为方案设计优化任务书的一部分
	3302	研究图纸、技术说明和计算书等设计文件,分析问题,及时向设计单位提出;对设计变更进行技术合理性分析,并按照规定的程序办理设计变更手续,凡对投资和进度带来影响的变更,需会同业主核签
	3303	审核各设计阶段的图纸、技术说明和计算书等设计文件是否符合国家有关设计规范、有关设计质量要求和标准,并根据需要提出修改意见,确保设计质量获得有关部门的审查通过

表3-4　某项目工作任务分工表

序号	工作项目	经理室	技术委员会	专家顾问组	办公室	总工程师室	综合部	财务部	计划部	工程部	设备部	运营部	物业开发部
1	人事	☆					△						
2	重大技术审查决策	☆	△	O	O	△	O	O	O	O	O	O	O
3	设计管理			O		☆			O	△	△		
4	技术管理			O		☆				△	△		
5	科研管理			O		☆		O	O	O			
6	行政管理				☆	O	O						
7	外事管理				O	☆	O						
8	档案管理												
9	资金管理						O	☆	O				
10	财务管理							☆					
11	审计						☆	O	O				
12	计划管理						O	O	☆	△	△	O	
13	合同管理						O	O	☆	△	△		
14	招投标管理			O		O			☆	△	△		
15	工程筹划			O						☆			
16	土建工程项目管理			O		O				☆			
17	工程前期工作			O				O	O	☆			O
18	质量管理			O		△				☆	△		
19	安全管理					O	O			☆	△		
20	设备选型			△		O					☆	O	
21	设备材料采购							O	O	△	△		☆
22	安装工程项目管理			O					O	☆	O		
23	运营准备			O		O					△	☆	
24	开通、测试、验收			O		△				△	☆	△	
25	系统交接			O	O	O				☆	☆	☆	
26	物业开发						O	O	O	O	O	O	☆

注：☆——主办；△——协办；O——配合。

3.4.2　管理职能分工

管理职能分工与工作任务分工一样也是组织结构的补充和说明，体现为组织中各任务承担者对于一项工作任务管理职能的分工。

管理职能分工表用于反映项目管理班子内部的项目经理、各工作部门和各工作岗位对各项工作任务的项目管理职能分工。如表3-5所示，为某项目的管理职能分工表。

表3-5 某项目的管理职能分工表

序号	任务		业主方	项目管理方	监理方
		设计阶段			
1	审批	获得政府有关部门的各项审批	E		
2		确定投资、进度、质量目标	DC	PC	PE
3	发包与合同管理	确定设计发包模式	D	PE	
4		选择总包设计单位	DE	P	
5		选择分包设计单位	DC	PEC	PC
6		确定施工发包模式	D	PE	PE
7	进度	设计进度目标规划	DC	PE	
8		设计进度目标控制	DC	PEC	
9	投资	投资目标分解	DC	PE	
10		设计阶段投资控制	DC	PE	
11	质量	设计质量控制	DC	PE	
12		设计认可与批准	DE	PC	
		招标阶段			
13	发包	招标、评标	DC	PE	PE
14		选择施工总包单位	DE	PE	PE
15		选择施工分包单位	D	PE	PEC
16		合同签订	DE	P	P
17	进度	施工进度目标规划	DC	PC	PE
18		项目采购进度规划	DC	PC	PE
19		项目采购进度控制	DC	PEC	PEC
20	投资	招标阶段投资控制	DC	PEC	
21	质量	制定材料设备质量标准	D	PC	PEC

注：P——筹划；D——决策；E——执行；C——检查。

3.4.3 工作流程组织

项目管理涉及众多工作，其中必然产生数量庞大的工作流程。工作流程组织是在工作任务分解后，用图表表达这些工作在时间上和空间上的先后开展顺序。如图3-12所示为设计变更工作流程图。工作流程组织一般包括如下几个。

(1) 管理工作流程组织。如投资控制、进度控制、合同管理、付款和设计变更等流程组织。

(2) 信息处理工作流程组织。如与生成月度进度报告有关的数据处理流程组织。

(3) 物质流程组织。如钢结构深化设计工作流程组织、弱电工作物资采购工作流程组织、外立面施工工作流程组织等。

每一个工程项目应根据其特点,从多个备选的工作流程方案中确定以下几个主要的工作流程进行组织。

(1) 设计准备工作的流程。

(2) 设计工作的流程。

(3) 施工招标工作的流程。

(4) 物资采购工作的流程。

(5) 施工作业的流程。

(6) 各项管理工作(投资控制、进度控制、质量控制、合同管理和信息管理等)的流程。

(7) 与工程管理有关的信息处理流程。

工作流程应视需要逐层细化,如投资控制工作流程可细化为初步设计阶段投资控制工作流程、施工图设计阶段投资控制工作流程和施工阶段投资控制工作流程等。

项目参与方不同,工作流程组织的任务也不同,业主方和项目各参与方都有各自的工作流程组织任务。

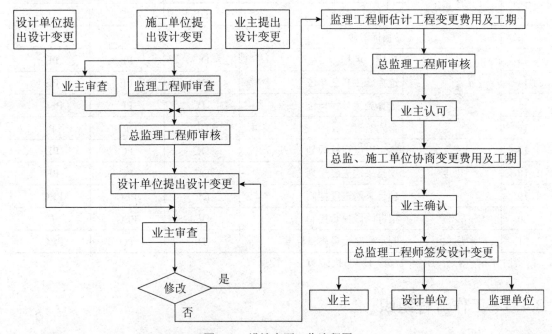

图3-12 设计变更工作流程图

3.5 工程项目人力资源管理

人力资源管理是随着人类社会的进步、经济的发展而逐渐发展和完善起来的。人力资源管理形成于20世纪初,迄今为止已有100多年的历史。

3.5.1 人力资源管理的概念和内容

人力资源管理是指企业的一系列人力资源政策以及相应的管理活动。这些活动主要包括：企业人力资源战略的制定，员工的招募与选拔、培训与开发，绩效管理，薪酬管理，员工流动管理，员工关系管理，员工安全与健康管理等。人力资源管理是企业运用现代管理方法，对人力资源的获取(选人)、开发(育人)、保持(留人)和利用(用人)等方面进行计划、组织、指挥、控制和协调等一系列活动，最终实现企业发展目标的一种管理行为。

同其他类型的组织一样，项目组织也需要进行人力资源管理。对项目组织而言，人力资源就是指项目组织成员所具有的劳动能力。项目人力资源管理包括有效地使用涉及项目的人员所需要的过程。项目人力资源管理的目的是调动所有项目干系人的积极性，在项目组织的内部和外部建立有效的工作机制，以实现项目目标。

项目人力资源管理的主体是项目经理。项目人力资源管理同项目范围、时间、费用、质量、采购和沟通等方面的管理一样，同为项目经理必不可少的管理职能。项目经理在进行本项目人力资源管理时，往往必须同项目母体组织的人事部门紧密配合。项目组织通常是一个临时性的组织，在项目开始时成立，在项目结束后解散。在项目目标实现的过程中，各阶段任务变化大，人员变化也大。例如：在设计阶段，项目的主要任务是控制设计的质量和进度、控制设计的概算和预算，需要较多的项目管理人员以及较少的现场管理人员；项目进行到施工阶段以后，又需要补充和加强施工现场管理人员。项目人力资源管理的主要内容是根据项目目标，不断地获得项目所需人员，并将其整合到项目班子中，使之与项目组织融为一体。在项目目标实现的过程中，激励并保持他们对项目的忠诚与献身精神，对他们工作的好坏、优点和缺点进行评价，必要时对他们进行培训，以保证最大限度地挖掘其潜能，高效率地实现项目目标。

项目人力资源管理在管理的一般原则，管理的目标、任务、内容等方面与一般的人力资源管理相同。项目人力资源管理也包括对项目组织成员数量和质量两方面的管理。一方面，要根据项目活动的变化，配备或调整人员，满足项目对人力资源的实际需要，做到匹配。要做到这一点，就要同项目管理的其他方面，如与项目时间管理紧密配合起来，根据项目进度安排，为其任务的完成配备、培训相应的人员。另一方面，要使项目组织成员人尽其才，为他们创造良好的工作环境，让他们在工作中感到身心愉快，对工作过程和结果感到满意，在实现项目目标的同时也能实现个人目标。

3.5.2 人力资源管理的主要任务

项目人力资源管理的主要任务包括：组织和人力资源规划、人员的招聘和选择、管理项目成员的工作及项目团队建设。

1. 组织和人力资源规划

人力资源规划是指根据项目对人力资源的需要和供给状况的分析及估计，对职务编制、人员配置、教育培训、人力资源管理政策、招聘和选择等内容进行的人力资源部门的职能性计划。组织和人力资源规划是识别、确定和分派项目角色、职责和报告关系的过程。人力资源规划只有充分地考虑了项目内外环境的变化，才能适应需要，真正做到为项目目标服务。内部变化主要指项目本身的变化，如员工的流动变化等；外部变化指政府有关人力资源政策的变化、人才市场的变化等。为了更好地适应这些变化，在人力资源计划中应该对可能出现的情况做出预测和风险评估，最好能有面对风险的应对策略。然后建立项目组织结构，组建和优化队伍，并确定项目角色、组织结构、职责和报告关系，最终形成文档。

2. 人员的招聘和选择

项目队伍的人员一般可通过外部招聘的方式获得，也可以通过对项目组织内的成员进行重新分配的方式来获得。项目组织人员的招聘和选择可以按以下三个原则进行：一是公开原则。公开原则可以表述为要获得高质量的人才，就应鼓励公开竞争。按照这一原则，项目人员的招聘和选择工作应尽量公开，将需要招聘的职务数量、要求等信息向一切适合人群传播，使大家机会均等，对所有申请者一视同仁，这样才能保证招聘到优秀的人才。二是用人之长原则。人无完人，每个人都有其优点和缺点、长处和短处，要根据职务的要求，知人善任，扬长避短。只有当他处在最能发挥长处的职位上，他才能干得最好。按照这一原则，项目组织人员的招聘和选择工作也应根据职务要求，考虑每个申请人的专长，使其长处与职位相匹配。三是择优原则。根据考核结果，择优录用。择优是广觅人才，选贤任能，为各岗位选择一流人才的核心。按照这一原则，项目组织人员的招聘和选择工作应采用适当的甄选手段，对每个申请人进行认真的考核，并根据考核结果择优录用。另外，有时还可以通过招标、签订服务合同等方式，来获取特定的个人和团体，承担项目的一部分或大部分工作。选择合适的获取人员的政策、方法、技术和工具，有助于项目组织在适当的时候获得所需的高素质的并且能互相合作的人员。

3. 管理项目成员的工作

管理项目成员的工作包括：明确每个项目成员的职责、权限和个人绩效考评标准，以确保项目成员对工作的正确理解，作为评估的基础；按照绩效考评方法考评个人业绩，提倡员工采取主动行动以弥补业绩中的不足，鼓励员工在事业上取得更大的成绩；严格管理项目成员工作，以提高工作效率。

4. 项目团队建设

团队可以定义为两个或两个以上相互依赖的个体，为了实现某一特定的目标而组成的协作团体。项目团队是一组个体为了实现项目目标而协同工作的集合体。一个项目团队包括项目经理及项目组成员。项目团队的宗旨和使命是在项目经理的直接领导下，为实现项目目标，完成具体项目所需完成的各项任务而共同协作努力。项目经理是项目团队的领导者，他的核心工作就是建设一个高效团队。项目团队建设涉及很多方面的工作，包括：形成合适的团队机制，以提高成员乃至项目的工作效率；分析影响项目成员、团队业绩和士气的因素，并采取措施调动积极因素，降低消极影响；建立项目成员之间进行沟通和解决冲突的渠道，建立良好的人际关系，营造良好的工作氛围。比如，在矩阵式组织机构中，项目成员要接受项目经理和职能部门经理的双重领导。在这种情况下，应在组织层次、职责、权限、利益等方面处理好项目经理和职能部门经理之间的关系，使项目团队能够有效地开展工作。

优秀团队的建设并非一蹴而就，需要项目经理和项目成员多方面的努力。在建设团队的过程中，采用一些必要的团队建设方法非常重要，以下是一些常用的方法。

(1) 挑选骨干。"一个好汉三个帮"，如果没有几个骨干成员，一个项目经理难以管理众多人员。骨干成员与基本成员的重要区别是：基本成员要求合理的物质回报和良好的文化氛围，而骨干成员往往能认识到机会的重要性，认为成功比金钱更重要。

(2) 沟通渠道。一个团队不仅需要工作上的沟通，还需要一些"生活"上的沟通，这样可以帮助大家建立信任和友情，对工作的顺利开展起到促进作用。可以采用的方法包括：每天与不同的人吃工作午餐；在周末组织大家一起吃晚餐，逐步营造开诚布公的良好文化氛围。

(3) 团队会议。团队会议不同于工作会议，主要有两种情况：一种是讨论团队工作中存在哪些问题以及如何改进，项目经理不是下结论的人，而是寻求答案的人；另一种是帮助某个成员进行改进。第二种会议可以先让被讨论的对象回避，自己写评语，同时大家写对他的评语。然后对比双方的差异，找出问题所在以求不断改进。

(4) 评价成员。一个团队成员在完成委派的任务后都非常期待组织对他们的评价。评价可以是正面的也可以是负面的，可以表扬、提醒，也可以批评、处罚。表扬和批评最好公开、公正，否则达不到鼓励先进、鞭策后进的作用。对工作中出现的过失或因事先没有约定造成的问题，应该考虑先提醒。提醒要隐蔽，让成员知道错误和后果，并承诺不再犯错。处罚是万不得已的措施，处罚不是惩罚，惩罚是报复性措施，有感情色彩和"摆平"的意思；而处罚是中性处理措施，不涉及人身攻击，且被处罚的人事先知道这是自己过失行为的结果。

(5) 解决冲突。冲突管理是一门控制冲突的艺术，它为解决或缓解冲突提供了必要的手段。在巨大的工作压力下，冲突在所难免。冲突可能危及项目目标的实现，但通过适当的方法进行解决或缓解也可能提高项目的效率。冲突的益处是暴露问题，激起讨论，澄清思想或寻求新的方案；害处是控制不好就会破坏沟通、破坏团结、降低信任。要想正确解决冲突，要营造氛围，控制情绪，建立友善信任的环境；要正视问题，换位思考，愿意倾听别人的意见；要积极沟通，交换意见，消除分歧；要肯放弃原来的观点并重新考虑问题；要力争达成一致，尽力得到最好和最全面的方案。

3.6 工程项目组织协调

3.6.1 组织协调的概念

项目在运行的过程中会涉及很多方面的关系，为了处理好这些关系，保证项目目标的实现，需要做好协调工作。所谓协调，就是以一定的组织形式、手段和方法，对项目中产生的不畅关系进行疏通，对产生的干扰和障碍予以排除的活动。协调的目的是力求得到各方面协助，促使各方协同一致，齐心协力，实现自己的预定目标。项目的协调其实就是一种沟通，沟通提供了一个重要的在人、思想和信息之间进行联络的方式。项目沟通管理能确保通过正式的结构和步骤，及时和适当地对项目信息进行收集、分发、储存和处理，并对非正式的沟通网络进行必要的控制，以利于项目目标的实现。

项目系统是一个由人员、物质、信息等构成的人为组织系统，是由若干相互联系而又相互制约的要素有组织、有秩序地组成的具有特定功能和目标的统一体。项目的协调关系一般可以分为三大类：一是"人员/人员界面"；二是"系统/系统界面"；三是"系统/环境界面"。

项目组织是人的组织，是由各类人员组成的。人的差别是客观存在的，由于每个人的经历、心理、性格、习惯、能力、任务和作用不同，在一起工作，必定存在潜在的人员矛盾或危机。这种人和人之间的间隔，就是所谓的"人员/人员界面"。

如果把项目系统看作一个大系统，则可以认为它实际上是由若干个子系统组成的一个完整体系。各子系统的功能不同，目标不同，内部工作人员的利益不同，容易产生各自为政的趋势和相互推脱的现象。这种子系统和子系统之间的间隔，就是所谓的"系统/系统界面"。

项目系统在运作过程中，必须和周围环境相适应。所以项目系统必然是一个开放的系统，它能主动地从外部世界取得必要的能量、物质和信息。在这个过程中，存在许多障碍和阻力。这种系统与环境之间的间隔，就是所谓的"系统/环境界面"。

工程项目建设协调管理就是指在"人员/人员界面""系统/系统界面"和"系统/环境界面"之间，对所有的活动及力量进行联结、联合和调和。

由动态相关性原理可知，总体的作用规模要比各子系统的作用规模之和大，因而要把系统作为一个整体来研究和处理。为了顺利实现工程项目建设系统目标，必须重视协调管理，发挥系统整体功能。要保证项目的各参与方围绕项目开展工作，组织协调很重要，只有通过积极的组织协调才能使项目目标顺利实现。

3.6.2 组织协调的范围和层次

一般认为，协调的范围可以分为系统内部的协调和对系统外层的协调。系统内部的协调包括项目经理部内部协调、项目经理部与企业的协调以及项目经理部与作业层的协调。从项目组织与外部世界的联系程度看，工程项目外层协调又可以分为近外层协调和远外层协调。近外层和远外层的主要区别是，工程项目与近外层关联单位一般有合同关系，包括直接的和间接的合同关系，如与业主、监理人、设计单位、供货商、分包商和保险人等的关系；工程项目和远外层关联单位一般没有合同关系，但有着法律、法规和社会公德等约束关系，如与政府、项目周边居民社区组织、环保、交通、环卫、绿化、文物、消防和公安等单位的关系。

工程项目协调的范围与层次如图3-13所示。

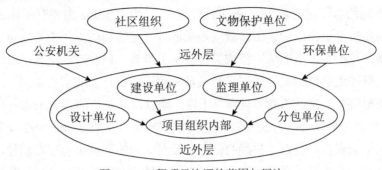

图3-13 工程项目协调的范围与层次

3.6.3 项目组织内部关系的协调

1. 项目组织内部关系协调的内容

项目组织内部关系有多种,项目组织内部关系的协调也有多方面的内容,主要包括项目组织内部人际关系的协调、项目组织内部组织关系的协调、项目组织内部需求关系的协调等。

1)项目组织内部人际关系的协调

人是项目组织中最重要、最活跃的要素,组织的运行效率,在很大程度上取决于人际关系的协调程度。为了顺利地完成工程项目目标,项目经理应该十分注意项目组织内部人际关系的协调。

项目组织内部人际关系协调的内容多而复杂,因此协调的方法也是多种多样,为了做好项目组织内部人际关系的协调工作,应该注意以下几方面工作。

(1)正确对待员工,重视人的能力建设。正确对待员工是协调项目人际关系的基础。项目管理者要以新的管理理念来协调项目内部的人际关系,不要把人只看成项目管理的基本要素之一,这种以"经济人"假设为基础和前提的物本管理,见物不见人,强调的是对人进行经济和物质鼓励,把协调工作简单化。在项目管理实践中,应该既要把人看成"社会人",以人为本,以行为科学的理论指导协调工作,又要把人看成"能力人",以能力为本,大力开发人力资源,营造一个能发挥创造能力的环境,充分调动人的创造能力和智力,从而为实现项目目标服务。

(2)重视沟通工作。沟通是协调各个个体、各个要素的关系,使项目成为一个整体的凝聚剂。每个工程项目组织都由许多人组成,项目每天的活动也由许许多多的具体工作构成,由于各个个体的地位、利益和能力不同,他们对项目目标的理解、所掌握的信息也不同,这就使得各个个体的目标有可能偏离项目目标,甚至完全背离。因此,个体之间需要相互交流意见,统一思想认识,自觉地协调自己的工作,以保证项目目标的实现。没有沟通就没有协调,也就不可能完成项目目标。

(3) 做好激励工作。激励是协调工作的重要内容，在项目中每个员工都有自己的特性，他们的需求、期望、目标等都各不相同。项目管理者应根据激励理论，针对部下的不同特点采用不同的方法进行激励。在项目管理中，常用的方法主要有工作激励、成果激励、批评激励和教育培训激励。工作激励是指通过分配恰当的工作来激发员工的内在工作热情；成果激励是指在正确评估工作成果的基础上给员工以合理的奖惩，以保证员工行为的良性循环；批评激励是指通过批评来激发员工改造错误行为的信心和决心；教育培训激励是指采用思想教育、建设和能力培训等手段，通过提高员工的素质来激发其工作热情。

(4) 及时处理各种冲突。冲突是指由于某种差异而引发的抵触、争执或争斗的对立状态。不同员工由于利益、观点、掌握的信息以及对事物的理解可能存在差异，极易引起冲突。这种冲突在很多情况下会有一个发展过程，项目管理者要及时处理好各种冲突，以减少由于冲突所造成的损失。

2) 项目组织内部组织关系的协调

项目组织是由若干个子系统组成的系统。每个子系统都有自己的目标和任务，并按规定和自定的方式运行。组织内部关系协调的目的是，使各个子系统都能从项目组织整体目标出发，理解和履行自己的职责，相互协作和支持，使整个组织系统处于协调有序的状态，以保证组织的运行效率。因此，项目经理应当付出较多的精力进行组织关系的协调。

组织关系协调的工作很多，但主要是解决项目组织内部的分工与协作问题，可以从以下几个方面入手。

(1) 合理设置组织机构和岗位。根据组织设计原则和组织目标，合理设置组织机构和岗位，既要避免机构重叠、人浮于事，又要防止机构不全、缺人少物的情况出现。

(2) 明确每个机构和岗位的目标职责，进行合理授权，建立合理的责权利系统，根据项目组织目标和工作任务来确定机构和岗位的目标职责，并根据职责授权，建立执行、检查、考核和奖惩制度。

(3) 建立规章制度，明确各机构在工作中的相互关系，通过制度明确各个机构和人员的工作关系，规范工作程序和考核标准。

(4) 建立信息沟通制度。信息沟通是消除不协调、实现相互配合的前提，项目组织应该通过组织关系建立正常的信息沟通制度，使项目的信息沟通得到基本保证。项目组织内部信息沟通的方式灵活多样，项目组织既要注意基于制度的正式的信息沟通，又要注意各种非正式的信息沟通，倡导相互主动沟通信息。

(5) 建立良好的组织文化。组织文化是组织全体成员共同接受的价值观念、行为准则、团队意识、思维方式、工作作风、心理预期和团体归属感等群体意识。良好的组织文化鼓励创新、鼓励竞争、鼓励开拓，要求在企业与企业之间、员工与员工之间营造一种合作、协调、沟通、互助的氛围，通过团队精神的开发和利用，充分发挥企业人、财、物的资源优势，达到"1+1>2"的目的；良好的组织文化还在企业文化中提倡一种严谨的工作作风。

(6) 及时消除工作中的不协调现象。项目系统比较复杂，影响因素多，各种利益关系复杂，在实施过程中不可避免地存在各种不协调现象。这些不协调的现象可能随着项目的进一步展开，诱发各种严重的矛盾或冲突，导致组织的无序。因此，项目经理应该注意及时消除各种不协调现象，防止产生严重的后果。

3) 项目组织内部需求关系的协调

在工程项目实施过程中，组织内部的各个部门为了完成任务，在不同的阶段，需要各种不同的资源，如对人员的需求、材料的需求、设备的需求、能源动力的需求、配合力量的需求等。工程项目始终是在有限资源的约束条件下实施的，因此搞好项目组织内部需求关系，既可以合理使用各种资源，保证工程项目建设的需要，又可以充分提高组织内部各部门的积极性，保证组织的运行效率。

2. 大型项目组织关系协调

大型项目的需求关系复杂，协调工作量大，在实际工作中需要注意以下几个重点环节。

(1) 计划环节。项目内部需求关系协调的目的是解决各种资源的供求平衡和配置均衡问题，而搞好供求平衡和配置均衡的关键在于计划环节。在工程项目的不同实施阶段，组织内部的各个部门对资源的需求不同，为了搞好需求关系的协调，首先应该在项目总体目标和资源约束条件下，编制各种资源的需求计划，并严格按计划来供应各种资源。各种资源供应计划既是资源的供应依据，也是供求关系是否平衡的评价标准。抓计划环节，要注意计划在期限上的及时性、规格上的明确性、数量上的准确性、质量上的规定性，以充分发挥计划的指导性作用。

(2) 瓶颈环节。工程项目在实施过程中，项目的内部环境和外部环境千变万化，这些变化会导致某些环节受到人力、材料、设备、技术等资源的限制或受到人为因素的影响，从而成为影响整个项目实施的瓶颈环节。这些环节是主要矛盾，是对项目全局产生较大影响的关键性环节，协调这些环节可以为整个项目的需求平衡创造条件。因此，在协调中抓瓶颈环节，就是抓重点和关键。

(3) 调度环节。工程项目的顺利实施需要土建、机械化施工、机电安装、材料供应等各个专业工种的交替或配合。为了保证各工种能合理衔接、密切配合，应该做好调度工作。通过调度，使各种配合力量及时到位，以保证项目的顺利实施。

3.6.4 项目组织与近外层关系的协调

不同类型的项目管理，其项目组织与近外层关系协调的工作内容不同，但协调的原理和方法是相似的。下面以承包商的项目组织为例说明项目组织与近外层关系的协调。施工承包商的项目组织的近外层关系的协调的工作主要包括：与本公司关系的协调、与业主关系的协调、与监理单位的协调、与设计单位的协调、与供应单位的协调和与分包单位的协调等。

1. 项目组织与本公司关系的协调

项目组织是项目经理受公司的委派，为了完成项目目标而建立的工作体系。从管理的角度看，项目组织是公司内部的一个管理层次，要接受公司的检查、指导、监督、控制；

从合同关系的角度看，项目组织往往和公司签订内部承包合同，是平等的合同关系。项目组织与本公司关系的协调主要包括如下工作内容。

(1) 经济核算关系的协调。项目成本核算是项目管理的基本内容之一。项目组织作为公司内一个相对独立的核算单位，应根据公司的核算制度、方法、资金有偿使用制度，负责整个工程项目的财务收支和成本核算工作，核算的结果应真实反映项目组织的经营成果。

(2) 材料供应关系的协调。公司与项目的材料供应关系有三种常见的方式：一是统一供应。工程项目所需的建筑材料、钢木门窗及构配件、机电设备，由项目经理部按工程用料计划与公司材料供应部门签订供需合同，材料供应部门根据合同向项目经理部派出管理机构，提供加工、采购、运输、管理一体化服务。二是项目组织单独供应。由项目组织的材料采购部门根据项目材料需用计划、材料采购计划与材料供应商签订供需合同，由材料供应商直接供应。三是混合供应。项目需要的材料部分由公司供应，部分由项目组织直接从市场采购。

(3) 周转料具供应关系的协调。工程项目所需的机械设备及周转性材料，主要由公司供应部门供应，部分机械设备及周转性材料由项目组织向物资租赁市场租赁。设备进入项目施工现场后由项目组织统一管理使用。

(4) 预决算关系协调。工程项目的预算和决算是公司与项目组织应该密切配合、认真做好的一项重要工作。项目组织的预算人员要和公司预算管理部门分工合作，及时做好预算和决算工作。

(5) 技术、质量、安全、测试等工作关系的协调。公司对项目组织的管理方式不同，这些工作的协调关系也不同，一般是由公司通过业务管理系统，对项目实施的全过程进行监控、检查、考核、评比，以实现严格的管理。

(6) 计划统计关系的协调。项目组织的计划统计工作应该纳入公司的计划统计工作体系，项目组织应该根据公司规定，向公司报送项目的各种统计报表和计划，并接受公司计划统计部门的指导、检查。

2. 项目组织与业主关系的协调

项目组织和业主对工程承包负有共同履约的责任。项目组织与业主关系的协调，不仅会影响项目的顺利实施，而且会影响公司与业主的长期合作关系。在项目实施过程中，项目组织和业主之间会发生多种业务关系，实施阶段不同，这些业务关系的内容也不同，因此项目组织与业主的协调工作内容也不同。

1) 施工准备阶段的协调

项目经理作为公司在项目上的代表人，应参与工程承包合同的洽谈和签订，熟悉各种洽谈记录和签订过程。在承包合同中，应明确相互的权、责、利，业主要保证落实资金、材料、设计、建设场地和外部水、电、路，而项目组织负责落实施工必需的劳动力、材料、机具、技术及场地准备等。此外，项目组织负责编制施工组织设计，并参加业主的施工组织设计审核会，开工条件落实后应及时提交开工报告。

2) 施工阶段的协调

施工阶段的协调工作主要有以下几方面。

(1) 材料、设备的交验。项目组织负责提出根据合同规定应由业主提供的材料、设备的供应计划,并根据有关规定对业主提供的材料、设备进行交接验收。供应到现场的各类物资必须在项目组织调配下统一设库、统一保管、统一发料、统一加工,并按规定结算。

(2) 进度控制。项目组织和业主都希望工程项目能按计划进度实施。双方应密切合作,创造条件保证项目的顺利进行。项目组织应及时向业主提供施工进度计划表、月份施工作业计划、月份施工统计表等,并接受业主的检查、监督。

(3) 质量控制。项目组织在进行质量控制时应注意尊重业主对质量的监督权,对重要的隐蔽工程和关键工序,如地槽及基础的质量检查,应请业主代表参加认证并签字,确认合格后方可进入下道工序。项目组织应及时向业主或业主代表提交材料报验单、进场设备报验单、施工放样报验单、隐蔽工程验收通知、工程质量事故报告等材料,以便业主或业主代表进行分析、监督和控制。

(4) 合同关系。承包商和业主是平等的合同关系,双方都应真心实意共同履约。项目经理作为承包商在项目上的代表,应注意协调与业主的合同关系。如出现合同纠纷,首先应协商解决,协商不成再向合同管理机构申请调解、仲裁或向法院申请审判解决。施工期间,对于一般合同问题切忌诉讼,如遇到非常棘手的合同问题,不妨暂时回避,等待时机,另谋良策。只有当对方严重违约而使自己的利益受到重大损失时才可采用诉讼手段。

(5) 签证问题。在项目的施工过程中,出现工程变更和项目增减的现象往往是不可避免的。对于较大规模的设计变更和材料代用,应经原设计部门签证,合同双方再根据签证文件办理工程增减手续,调整施工预算;对于国家规定的材料、设备价格的调整等,可请业主或业主代表签证,作为工程结算的依据。

(6) 收付进度款。项目组织应根据已完成的工程量及收费标准,计算已完工程价值,编制"工程价款结算单"和"已完工程月报表"等送交业主代表办理签证结算。

3) 交工验收阶段的协调

当全部工程项目或单项工程完工后,双方应按规定及时办理交工验收手续。项目组织应按交工资料清单整理有关交工资料,验收后交业主保管。

3. 项目组织与监理单位关系的协调

监理单位与承包商都具备企业的性质,都是平等的主体。在工程项目建设中,它们之间没有合同关系。监理单位之所以对工程项目建设行为具有监理的身份,一是因为业主的授权,二是因为承包商在承包合同中也事前予以承认。同时,国家建设监理法规也赋予监理单位监督建设法规、技术标准实施的职责。监理单位接受业主的委托,对项目组织在施工质量、建设工期和建设资金使用等方面,代表业主实施监督。项目组织必须接受监理单位的监理,并为其开展工作提供方便,按照要求提供完整的原始记录、检测记录、技术及经济资料。

4. 项目组织与设计单位关系的协调

项目组织与设计单位都是具有承包商性质的单位,它们均与业主签订承包合同,但它们之间没有合同关系。虽然它们没有合同关系,但它们具有图纸供应关系、设计与施工关系,需要密切配合。为了协调两者关系,可采用密切接触、相互信任、相互尊重、友好协商的方法,有时也可以利用业主或监理单位的中介作用,做好协调工作。

5. 与供应单位的协调

建筑产品所需要的材料供应商的种类和数量比较多,建筑产品具有独特性和非重复性特点,使得建筑企业每次为工程建设采购时,所选择的材料供应商均有差异。建筑材料供应商需要适量、适时地配合建筑项目的进度供应所需材料,由于施工现场的材料堆场限制条件较多,因此供应商必须紧跟项目进度,根据建筑企业安排供应材料。由于材料供应商众多,建筑企业的管理资源有限,与所有供应商都建立紧密关系势必造成资源浪费,因此必须对供应商关系进行分类,这是建筑企业材料供应商关系管理的基础。目前,在供应商管理方面,建筑企业在实际中最常用的一种管理思路是根据采购材料的种类将供应商进行分类,然后针对不同的供应商进行管理。

6. 项目组织与分包商关系的协调

项目组织在处理与分包商的关系时,应注意做好以下几方面工作。第一是选好分包商。为了顺利实施项目目标,应选择具有相应资质条件的分包商,最好是选择实力较强、信誉好、曾经有过良好合作关系的分包单位。除了总包合同约定的分包外,所选择的分包商,必须经过业主的认可。第二是明确总承包单位与分包单位的责任。总承包单位与分包单位应通过分包合同的形式,明确双方的责任、义务和权利。总包单位按照总承包合同的约定对业主负责,分包单位按照分包合同的约定对总承包单位负责,总承包单位和分包单位就分包工程对业主承担连带责任。第三是处理好总承包单位与分包单位的经济利益关系。第四是及时解决总分包单位之间的纠纷。对在项目实施过程中所发生的总分包单位之间的纠纷应及时解决,双方应本着相互理解的原则依据合同条款协商解决;协商解决不了时,应提请主管部门调解;调解不成,可向合同仲裁机关申请仲裁或提出诉讼。

3.6.5 项目组织与远外层关系的协调

项目组织与远外层关系是指项目组织与项目间接参与者和相关单位的关系,一般是非合同关系。有些处于远外层的单位对项目的实施具有一定的甚至是决定性的控制、监督、支持或帮助作用。项目组织与远外层关系协调的目的是得到批准、许可、支持或帮助。协调的方法主要是请示、报告、汇报、送审、取证、宣传、沟通和说明等。项目组织与远外层关系的协调主要包括与政府部门、金融组织、社会团体、新闻单位、社会服务单位等单位的协调。协调这些关系没有固定的模式,协调的内容也不相同,项目组织应按有关法规、公共关系准则、经济联系规定来处理。

3.7 项目经理与建造师

3.7.1 项目经理

1. 项目经理的定义

项目经理是指由项目管理单位法定代表人书面授权,全面负责项目管理合同的履行,主持项目管理机构工作,并具有相应执业资格的专业技术人员。工程项目管理实行项目经理负责制。项目经理不得同时在两个及以上工程项目中从事项目管理工作。

建设工程项目经理是指企业为建立以建设工程项目管理为核心的质量、安全、进度和成本的责任保证体系,全面提高工程项目管理水平而设立的重要管理岗位,是企业法定代表人在工程项目上的委托授权代理人。自从1995年建设部在全国推行建设工程施工项目经理负责制以来,我国已经在工程项目施工过程中建立了以项目经理为首的生产经营管理系统,确立了项目经理在工程项目施工中的中心地位。可以说,项目经理岗位是保证工程项目建设质量、安全、工期的重要岗位。

2. 项目经理的地位

项目经理是企业法定代表人在项目上的一次性授权代理人,是全面负责项目管理实施阶段的管理者,在整个施工活动中占有举足轻重的地位,明确施工项目经理的地位是搞好施工项目管理的关键。

(1) 项目经理是企业法定代表人在施工项目上负责管理和合同履约的一次性授权代理人,是项目管理的第一责任人。从企业内部看,项目经理是施工项目实施过程中所有工作的总负责人;从对外方面看,项目经理代表企业法定代表人在授权范围内对建设单位直接负责。因此,项目经理是项目目标的全面实现者,既要对建设单位的成果性目标负责,又要对企业效益性目标负责。

(2) 项目经理是协调各方关系,使之相互紧密协作配合的桥梁和纽带。项目经理对项目管理目标的实现承担全部责任,要组织和领导各方共同承担履行合同的责任,有权处理合同纠纷,受法律的约束和保护。

(3) 项目经理对项目实施进行控制,是各种信息的集散中心,通过各方的信息收集和运用达到控制的目的,使项目取得成功。在对项目进行控制的过程中,各种信息通过各种渠道汇集到项目经理处,项目经理又通过各种方式对上反馈信息,对下发布信息。施工项目经理是协调各方面关系的桥梁和纽带。在项目实施过程中,必须和与项目有关的各个方面的组织进行协调,比如,建设单位、监理单位和设计单位等,有时还必须和政府部门、各种新闻媒体等组织进行协调。项目经理在协调与各方面关系的工作中,起着不可替代的桥梁和纽带作用。

(4) 项目经理是施工项目责、权、利的主体。项目经理是项目总体的组织管理者,即项目所有生产要素的组织管理人。首先,项目经理必须是项目实施阶段的责任主体,是项目目标的最高责任者，责任构成了项目经理的压力，也是确定项目经理权力和利益的依据；其次，项目经理必须是项目权力的主体，权力是确保项目经理能够承担起责任的条件与手段，如果没有权力，项目经理就无法对工作负责；最后，项目经理还应是项目利益的主体，利益是项目经理工作的动力，项目经理负有相应的责任就应得到相应的报酬，如果没有一定的利益，项目经理就难以处理各方的利益关系，也就不会使用相应的权力做好项目管理工作。

3. 项目经理应具备的能力和素质

1) 项目经理应具备的能力

(1) 项目经理应具备承担项目管理任务的专业技术以及管理、经济、法律和法规知识，一定的专业技术能力是项目经理的基本要求。项目经理是项目目标完成的领导者，一个对项目技术一无所知的人是无法在日常工作中做出正确决策的，更无法在出现突发事件时采取适宜的应变对策。项目经理要有一定的技术能力，但并不一定是技术权威。在项目团队中往往会有一些技术专家专门负责有关技术问题，因此对于项目经理往往不一定要求其技术能力特别强，但必须有一定的技术基础。

在工程项目建设过程中，除了技术问题外，还涉及大量的经济、管理问题，因此项目经理还应具备相关的经济、管理方面的知识。同时项目经理还要懂法，掌握与工程建设相关的法律法规知识，如《中华人民共和国合同法》《中华人民共和国招标投标法》《中华人民共和国建筑法》等，这样在工作当中才能得心应手。

(2) 管理能力。这里所说的管理能力包括决策能力、领导能力和组织协调能力。

① 在项目经理的工作中，决策是重要的一环，许多事情必须当机立断，即刻做出决策，没有足够的时间进行讨论、征求意见，也不可能再去请示上级决策者。因此，较好的决策能力是项目经理人所必须具备的。

② 领导能力主要表现在组织、指挥、协调、监督、激励等方面，项目经理是整个团队的负责人，需要独立领导团队完成项目任务。项目的计划、组织、实施、检查和调整等都由项目经理领导完成，团队成员的积极性也需要项目经理来调动。因此，项目经理必须具备良好的领导能力。

③ 项目经理的工作绝大部分是和人打交道，需要指挥下属工作，也需要向上级汇报项目执行的情况，同时还要和业主、监理单位以及其他参与单位进行沟通、协调。因此，良好的组织协调能力是项目经理必须具备的能力。

(3) 社交与谈判能力。项目工作不可能是完全封闭在项目团队内部的，或多或少要与团队外部甚至是公司外部发生各种业务上的联系，包括接触、谈判、合作等。所以，一定的社交与谈判能力也是项目经理所应该具备的。但对于不同的项目，对社交与谈判能力的要求会有所不同。对于开放程度大、社会合作性强的项目，对项目经理的社交与谈判能力的要求可能就高一些；反之，可能就低一些，要视项目具体情况而定。

(4) 应变能力。项目运作中的情况是不断变化的，虽然事先制订了比较细致、周密的计划，但可能由于外部环境、内部情况等因素发生变化，而要求对计划与方案随时进行调整。此外，有些突发事件的出现，也可能在没有备选方案的情况下要求项目经理立即做出应对。所有这些都要求项目经理必须具备较强的应变能力。

(5) 学习能力。项目经理不可能对项目所涉及的所有知识都有比较好的知识储备，相当一部分知识需要在项目工作中学习掌握，因此项目经理必须善于学习，包括从书本中学习、向团队成员学习，以及向相关参与单位学习。

(6) 项目管理经验。项目经理除了要具备以上各项能力外，还应具有相应的项目管理经验，因为有些能力是不能通过书本学习的，只有通过实践才能掌握。比如，如何应对突发事件，如何与各种人员沟通等。因此，在考核项目经理时，相应的项目管理经验是其中重要的一项内容。

2) 项目经理应具备的素质

(1) 良好的社会道德。项目经理是社会成员之一，具备良好的社会道德既是对项目经理的基本要求，也是项目经理的职业要求。项目经理所完成的项目大都是以社会公众为最终消费对象的，没有良好的社会道德作为基础，很难在利益面前做出正确的选择。2001年，国际咨询工程师联合会出版了《工程咨询业的廉洁管理指南》，提出了廉洁管理的原则和工程咨询公司的廉洁管理框架，包括道德规范、政策宣示、检查表格等可操作的管理工具。如何设计并应用一套公开、公平、公正及高度透明的工程项目管理制度，以避免腐败问题的发生，也越来越受到工程项目管理者的重视。

(2) 高尚的职业道德。项目经理是在一定时期和范围内掌握一定权力的岗位，这种权力的行使将会对项目的成败产生关键性的影响。项目所涉及的资金少则几百万、几千万，多则几十亿、几百亿，甚至上千亿元，因此要求项目经理必须正直、诚实，勇于负责，心胸坦荡，有较强的敬业精神和高尚的职业道德。

(3) 良好的心理素质。工程项目建设过程中存在诸多不确定性因素，所以项目经理在工作中经常会碰到技术上的、组织协调上的意外事件和风险。当面对这些事件时，项目经理必须处乱不惊，能够迅速找到解决的办法，能游刃有余地处理突发事件，而不能遇到事情后手足无措，因此要求项目经理必须具备良好的心理素质。

3.7.2 建造师执业资格制度

建造师执业资格制度源于英国，迄今已有150余年的历史。世界上许多发达国家已经建立了该项制度，具有执业资格的建造师已有国际性的组织——国际建造师协会，已有11个国家成为该协会会员。建造师是工程管理领域最重要的注册工程师。为了加强建设工程项目总承包与施工管理，保证工程质量和施工安全，2002年12月5日，中华人民共和国人事部(以下简称人事部)、中华人民共和国建设部(以下简称建设部)决定对建设工程项目总承包及施工管理的专业技术人员实行建造师执业资格制度，下达了"关于印发《建造师执业资格制度暂行规定》的通知"(人发〔2002〕111号)，同时，印发了《建造师执业资格制度暂行规定》；为解决建筑业企业项目经理资质管理制度向建造师执业资格制度过渡的有关问题，2003年4月23日，建设部下达《关于建筑业企业项目经理资质管理制度向建造师执业资格制度过渡有关问题的通知》，关于建立建造师执业资格制度的各项工作也同时展开。

在我国，建造师分为一级建造师(Constructor)和二级建造师(Associate Constructor)，一级建造师执业资格实行统一大纲、统一命题、统一组织的考试制度，由人事部、建设部共同组织实施，原则上每年举行一次考试。《建造师执业资格制度暂行规定》规定，凡遵守国家法律、法规，具备下列条件之一者，可以申请参加一级建造师执业资格考试。

(1) 取得工程类或工程经济类大学专科学历，工作满6年，从事建设工程项目施工管理工作满4年。

(2) 取得工程类或工程经济类大学本科学历，工作满4年，从事建设工程项目施工管理工作满3年。

(3) 取得工程类或工程经济类双学士学位或研究生班毕业，工作满3年，从事建设工程项目施工管理工作满2年。

(4) 取得工程类或工程经济类硕士学位，工作满2年，从事建设工程项目施工管理工作满1年。

(5) 取得工程类或工程经济类博士学位，从事建设工程项目施工管理工作满1年。

一级建造师执业资格考试分综合知识与能力和专业知识与能力两个部分。其中，专业知识与能力部分的考试，按照建设工程的专业要求进行，具体来说，划分为以下14个专业：房屋建筑工程、公路工程、铁路工程、民航机场工程、港口与航道工程、水利水电工程、电力工程、矿山工程、冶炼工程、石油化工工程、市政公用与城市轨道工程、通信与广电工程、机电安装工程和装饰装修工程。注册建造师应在相应的专业岗位上执业。参加一级建造师执业资格考试合格的，由各省、自治区、直辖市人事部门颁发人事部统一印制，人事部、建设部加印的《中华人民共和国一级建造师执业资格证书》，该证书在全国范围内有效。

凡遵纪守法并具备工程类或工程经济类中等专科以上学历并从事建设工程项目施工管理工作满2年的，可报名参加二级建造师执业资格考试。

取得建造师执业资格证书的人员，必须经过登记、注册方可以建造师名义执业。建设部或其授权的机构为一级建造师执业资格的注册管理机构。省、自治区、直辖市建设行政主管部门或其授权的机构为二级建造师执业资格的注册管理机构。

一级建造师执业资格注册，由本人提出申请，由各省、自治区、直辖市建设行政主管部门或其授权的机构初审合格后，报建设部或其授权的机构注册。准予注册的申请人，由建设部或其授权的注册管理机构发放由建设部统一印制的《中华人民共和国一级建造师注册证》。

二级建造师执业资格的注册办法，由省、自治区、直辖市建设行政主管部门制定，颁发辖区内有效的《中华人民共和国二级建造师注册证》，并报建设部或其授权的注册管理机构备案。

建造师执业资格注册有效期一般为3年，有效期满前3个月，持证者应到原注册管理机构办理再次注册手续。在注册有效期内，变更执业单位者，应当及时办理变更手续。

建造师经注册后，有权以建造师的名义担任建设工程项目施工的项目经理及从事其他施工活动的管理。

3.7.3 建造师与项目经理的关系

建造师的执业范围很广，《建造师执业资格制度暂行规定》第二十六条规定，建造师的执业范围包括以下三个方面。

(1) 担任建设工程项目施工的项目经理。
(2) 从事其他施工活动的管理工作。
(3) 法律、行政法规或国务院建设行政主管部门规定的其他业务。

按照建设部颁布的《建筑业企业资质等级标准》，一级建造师可以担任特级、一级建筑业企业资质的建设工程项目施工的项目经理；二级建造师可以担任二级及以下建筑业企业资质的建设工程项目施工的项目经理。

建设部在《关于建筑业企业项目经理资质管理制度向建造师执业资格制度过渡有关问题的通知》中明确规定，建筑业企业项目经理资质管理制度向建造师执业资格制度过渡的时间定为5年，即从国发〔2003〕5号文印发之日(即2003年2月27日)起至2008年2月27日止。在过渡期内，原项目经理资质证书继续有效。对于具有建筑业企业项目经理资质证书的人员，在取得建造师注册证书后，其项目经理资质证书应缴回原发证机关。过渡期满后，项目经理资质证书停止使用。过渡期内，大、中型工程项目的项目经理的补充，由获取建造师执业资格的渠道实现；小型工程项目的项目经理的补充，可由企业依据原三级项目经理的资质条件考核合格后聘用。过渡期内，凡持有项目经理资质证书或者建造师注册证书的人员，经其所在企业聘用后均可担任工程项目施工的项目经理。过渡期满后，大、中型工程项目施工的项目经理必须由取得建造师注册证书的人员担任；但取得建造师注册证书的人员是否担任工程项目施工的项目经理，由企业自主决定。

2005年3月1日，中国建筑业协会发布《建设工程项目经理岗位职业资格管理导则》(以下简称《导则》)，其中规定，建设工程项目经理的岗位职业资格等级分为A、B、C、D共4个等级，A级为建设工程总承包项目经理；B级为大型建设工程项目经理；C级为中型建设工程项目的施工项目经理；D级为小型建设工程项目的施工项目经理。相关标准及必须具备的条件分别如下所述。

1. A级项目经理标准及必须具备的条件

(1) 具有大学本科以上文化程度、工程项目管理经历8年以上，或具有大专以上文化程度、工程项目管理经历10年以上。
(2) 具有国家一级注册建造师(或注册结构工程师、建筑师、监理工程师、造价工程师)执业资格，并参加过国际(工程)项目管理专业资质认证或工程总承包项目经理岗位职业标准的培训。

(3) 具有大型工程项目管理经验,至少承担过两个投资在1亿元以上的建设工程项目的主要管理任务。

(4) 根据工程项目特点,能够带领项目经理部中所有管理人员熟练运用项目管理方法,圆满地完成建设工程项目各项任务。

(5) 具备一定的外语水平,能够阅读或识别外文图纸和相关文件。

2. B级项目经理标准及必须具备的条件

(1) 具有大学本科文化程度、工程项目管理经历6年以上,或具有大专以上文化程度、工程项目管理经历8年以上。

(2) 具有国家一级注册建造师(或注册结构工程师、建筑师、监理工程师、造价工程师)执业资格。

(3) 具有大型工程项目管理经验,至少承担过一个投资在1亿元以上的工程项目的主要管理任务。

(4) 具有一定的外语知识。

3. C级项目经理标准及必须具备的条件

(1) 具有大专以上文化程度、施工管理经历4年以上,或具有中专以上文化程度、施工管理经历6年以上。

(2) 具有二级注册建造师及相应专业的执业资格。

(3) 具有中型以上工程项目管理经验,至少承担过一个投资在3000万元以上的工程项目的主要管理任务。

4. D级项目经理标准及必须具备的条件

(1) 具有大专以上文化程度、施工管理经历2年以上,或具有中专及以上文化程度、施工管理经历3年以上。

(2) 经过项目经理岗位职业资格标准培训,并取得岗位职业资格证书。

(3) 具有小型工程项目管理经验。

该《导则》特别强调对拟任项目经理的培训与考核,规定各级拟任项目经理由企业按照导则中的岗位职业等级标准和要求,向所在省、自治区、直辖市或有关行业建设协会指定的机构申请,各省、自治区、直辖市或有关行业建设协会指定的机构进行审核后,颁发《建设工程项目经理岗位职业资格证书》。企业依照项目经理岗位职业等级标准和工程项目的规模及实际情况,从取得《建设工程项目经理岗位职业资格证书》的人员中,选择聘任具有相应资格的项目经理。

建造师与项目经理定位不同,但所从事的都是建设工程的管理。建造师执业的覆盖面较大,可涉及工程建设项目管理的许多方面,担任项目经理只是建造师执业中的一项;项目经理则限于企业内某一特定工程的项目管理。建造师选择工作的权力相对自主,可在社会市场上有序流动,有较大的活动空间;项目经理岗位则是企业设定的,项目经理是企业法人代表授权或聘用的、一次性的工程项目施工管理者。

项目经理责任制是我国施工管理体制上一个重大的改革,对加强工程项目管理,提高工程质量起到了很好的作用。建造师执业资格制度建立以后,项目经理责任制仍然要继续坚持,国发〔2003〕5号文取消的是项目经理资质的行政审批,而不是取消项目经理。项目经理仍然是施工企业某一具体工程项目施工的主要负责人,他的职责是根据企业法定代表人的授权,对工程项目自开工准备至竣工验收,实施全面的组织管理。有变化的是,大中型工程项目的项目经理必须由取得建造师执业资格的建造师担任。注册建造师资格是担任大中型工程项目经理的一项必要性条件,是国家的强制性要求。但选聘哪位建造师担任项目经理,则由企业决定,那是企业行为。小型工程项目的项目经理可以由不是建造师的人员担任。所以,要充分发挥有关行业协会的作用,加强项目经理培训,不断提高项目经理队伍素质。

3.8 案例分析

3.8.1 背景

某工程项目位于某省会城市的繁华区域,中标合同额6710万元,建筑面积为65 000m^2,共计18栋单体工程,其中多层5栋(6层),小高层5栋(12层),高层1栋(25层),单层商业网点7栋。因工程单体多、面积广而散且具有一定的施工难度,工程计划于2009年3月底全部交付业主,除其中1栋高层、1个商业网点于2009年10月竣工交付业主外,其余单体均在2008年12月底竣工验收。

项目结算工作于2010年3月底完成,进场前预计利润率为合同额的10%,即671万元;然而,项目最终结算亏损280万元,偏差之大,发人深省。

项目部自2007年8月组建开始运行至2010年1月撤销,存在时间达到了两年半。该项目为此集团分公司在该省会成立以来第一次完成承接、施工、竣工交房及办理完结算的项目,对其在该省未来发展之重要意义不言而喻。因此有必要进行反思,总结项目失败的经验和教训。

3.8.2 原因分析

从项目组织层次的角度分析,该项目部的组织管理,可谓漏洞百出。

1. 项目管理班子成员变动频繁,管理思想混乱

该项目管理部自组建以来,项目组成员变动频繁,一开始由王某运营(林某负责、赵某主政、公司领导蹲点三个时期),到后期由叶某组织工程扫尾工作;期间以生产经理变动最为频繁,从开工到竣工,历经四任变迁;技术负责人历经彭某、马某两任;安装经理虽未变更,但也经历安装分公司体制变革影响;材料主管一职,也历经田某、吴某两任。人员的频繁更替,管理理念无法统一,管理思想难以延续,对项目的管理产生了不良影响。

2. 项目管理命令链条断裂，上命不能下行

项目组织执行力差，在2009年以前，管理滞后现象尤为突出，项目部没有形成良好的沟通环境、畅通的执行流程和危机应急响应渠道。项目经理与项目副职互不通气，普通管理人员与项目班子成员互不买账，劳务队、分包商不听从项目管理人员的指令等，这些使得管理命令链条断裂，上命难以下达，下声无从听取，更妄谈执行，进而形成"三军不动，累死主帅"的局面。项目中经常出现项目经理为一件小事亲自去劳务队进行协商的情况。2009年底，项目班子重组以后，项目内部管理体系虽已理清，但为时已晚。因积习难改，管理层与劳务层之间的摩擦仍时有发生。

3. 策(计)划成为一纸空文，制度无从落实

"项目施工，策划先行"是美国公司近年来大力推行的项目管理制度。在该项目部，项目策划书虽有成文，但在实际工作中并未按策划执行，项目运行情况发生变化时也没有及时调整策划书。项目部的管理制度虽然健全，但落实的甚少，明知故犯屡见不鲜，组织混乱，严重影响项目部声誉。

4. 四种关系处理不当，劳务管理混乱

能否正确处理公与私、言与行、是与非、苦与乐这4种关系，也是影响项目组织管理成败的主要因素。在该项目部的运作过程中，普遍存在公私不分、言行不一、是非不清、苦乐不均的情况。对内失和，对外失信，使项目部常常陷入举步维艰的局面。在前期，由于公私不分，存在项目经理的四位亲属分别插手项目材料供应、项目劳务及其他的分包工程承包的现象。这种任人唯亲的乱象，对项目班子其他成员及项目管理人员产生了错误的引导，使得项目管理难见成效。

劳务是项目生产的主力军，材料占了项目成本的60%～70%，因此，劳务和材料管理成功与否，直接决定了一个项目的成败。本项目的劳务主体采用两支清包队伍，砌体抹灰捆绑发包，装饰工程按工种分包，每类队伍都采用两支以上。施工队伍偏多，各类劳务队伍加分包商近40家，导致管理跨度增大，项目部驾驭分包的难度增加。

5. 施工队伍虽经招标，但分层转包现象严重

队伍进场之前，虽经招投过程，但实际施工人员与投标不一致，如劳务队名为颜某负责实为李某转包；抹灰队伍名为余某施工，实为李某的队伍操作。施工队伍不按项目部要求施工，随意性大，质量较差，进度滞后，窝工严重，人心涣散，进一步形成管理及质量上的恶性循环。劳务签证量大，仅抹灰工程一家劳务队涉及签证就多达20项。劳务不服从项目部普通管理人员管理，常形成拒绝管理的局面，甚至出现劳务队罢工退场的情况。劳务分层转包过多，如其中一支负责支模板的劳务队伍，签订合同人为马某，承包人实为刘某，实际施工的却是徐某。

从工程项目管理组织的角度来分析，可以发现此项目的组织管理存在着极大的问题。管理层次、管理跨度、管理部门、管理职能等组织构成因素不清晰且关系不明；组织结构设计也没有考虑其基本原则，导致命令链断裂、失去执行力；组织机构活动也未能遵循其基本原理；同时，工程项目组织协调工作也未能引起重视。由于以上种种问题的存在，导致组织运行效率极其低下，因而经济效益不尽如人意也就不足为奇了。

当然，导致该项目失败的原因除存在管理问题外，还存在其他问题，在此不做深究。

复习思考题

1. 简述组织设计的主要内容。
2. 简述项目组织结构的构成要素和设计原则。
3. 什么是线性组织机构？线性组织机构有哪些优缺点？
4. 什么是职能式组织机构？职能式组织机构有哪些优缺点？
5. 什么是项目式组织机构？项目式组织机构有哪些优缺点？
6. 什么是矩阵式组织机构？矩阵式组织机构有哪些优缺点？
7. 简述项目团队建设的基本过程。
8. 为什么说项目经理是项目管理的核心？项目经理应具备哪些能力和素质？
9. 工程项目组织涉及哪些协调工作？

第4章
工程项目合同管理

4.1 工程项目合同管理概述

4.1.1 合同在工程项目中的基本作用

在工程项目中,合同具有特殊的作用,对整个项目的设计、计划和实施过程有着决定性影响。

(1) 合同分配着工程任务。项目目标和计划的落实是通过合同来实现的,它详细地、具体地定义了与工程任务相关的各种问题,常见的有以下几个。

① 责任人,即由谁来完成任务并对最终成果负责;
② 工程任务的规模、范围、质量、工作量及各种功能要求;
③ 工期,即对时间的要求;
④ 价格,包括工程总价格、各分项工程的单价和合价及付款方式等;
⑤ 不能完成合同任务的责任等。

(2) 合同确定了项目的组织关系和运作规则。合同规定了项目参加者各方面的责权利关系,确定项目的各种管理职能和程序,所以它直接影响整个项目组织和管理组织的形态和运作。

(3) 合同作为项目任务委托和承接的法律依据,是工程实施过程中相关方的最高行为准则。工程实施过程中的一切活动都是为了履行合同,都必须按合同办事,各方面行为主要靠合同来约束。合同具有法律效力,受到法律的保护和制约。订立合同是法律行为。合同一经签订,只要合同合法,双方必须全面完成合同规定的责任和义务。如果不能履行自己的责任和义务,甚至单方面撕毁合同,则必须接受经济上的甚至法律上的处罚。除了有特殊情况(如不可抗力等)使合同不能实施外,合同当事人即使亏本甚至破产也不能摆脱这种法律约束力。因此,合同是工程施工与管理的要求与保证,同时又是工程项目强有力的控制手段。

(4) 合同用于协调项目参与方的行为。合同将工程中所涉及的生产、材料和设备供应、运输、各专业设计和施工的分工协作关系联系起来,协调并统一项目各个参与者的行为。如果没有合同和合同的法律约束力,就不能保证项目各个参与者在项目实施的各个环节上都能按时、按质、按量地完成各自的义务,就不会有正常的工程施工秩序,就不可能顺利地实现工程总目标。

(5) 合同是工程实施过程中用于解决争执的依据。由于项目组织成员在经济利益方面的不一致,在工程项目中会经常发生争执。项目组织争执常常起因于经济利益冲突,常常具体表现为双方对合同理解的不一致,合同实施环境的变化,以及有一方违反合同或未能正确履行合同等。

合同对争执的解决具有以下两个决定性作用。

① 争执的判定以合同作为法律依据。即以合同条文判定争执的性质,谁对争执负

责，应负什么样的责任等。

② 争执的解决方法和解决程序由合同规定。

4.1.2 合同管理的重要性和复杂性

由于合同在现代工程项目中的重要作用，合同管理越来越受到人们的重视，已成为与进度管理、质量管理、成本(投资)管理和信息管理等并列的一大管理职能，具体原因如下所述。

1. 在现代工程项目中合同管理越来越复杂

工程项目合同管理的复杂性主要体现在如下几个方面。

(1) 合同标的物——工程的实施过程是十分复杂的，合同实施中要求较高的技术水平和管理水平。

(2) 工程合同复杂。在工程中相关的合同很多，一般都有几十份、几百份，甚至几千份合同，它们之间有复杂的关系。

(3) 工程合同的文件很多，包括合同条件、协议书、投标书、图纸、规范、工程量表等，且合同条款越来越多。

(4) 合同生命期长，实施过程十分复杂。由于工程项目持续时间长，这使得相关的合同，特别是工程承包合同生命期长，一般至少2年，甚至可达5年或更长的时间。合同管理必须与工程项目的实施过程同步地、连续地、不间断地进行。

(5) 合同是在工程实施前签订的，常常很难说得清楚。在合同实施过程中，环境具有多变性，干扰事件多，造成合同变更多、争执多、索赔多。

2. 合同管理在工程项目管理中处于核心地位

因为合同中包括项目的整体目标，所以在工程项目管理中合同管理居于核心地位，对进度控制、质量管理和成本管理有总控制和总协调作用，作为一条主线贯穿始终。

3. 合同管理对工程经济效益影响大

由于工程价值量大，合同价格高，合同管理对工程经济效益影响很大。实践证明，合同管理得好，就能更好地平衡各方面的利益，促进项目的成功。

4. 严格的合同管理是现代国际工程惯例

严格的工程招标投标制度、建设工程监理制度和国际通用的FIDIC合同条件等，都与合同管理有关。

4.1.3 工程项目中的主要合同关系

在现代社会化大生产的背景下，分工日趋专业化，一个规模较大的工程项目，其相关的合同就有几十份、几百份甚至几千份。这些合同都是为了完成项目目标，定义项目的活动，它们之间存在复杂的关系，形成项目的合同体系。在这个体系中，业主和承包商是两个最重要的节点。

1. 业主的主要合同关系

业主必须将经过项目结构分解所确定的各种工程活动和任务通过合同委托出去,由专门的单位来完成。与业主签订的合同通常被称为主合同。根据工程承发包模式的不同,业主可能订立许多份合同,例如将各专业工程分别甚至分段委托,或将材料和设备供应分别委托;也可能将上述委托以各种形式进行合并,只签订几份甚至一份主合同。所以针对一个具体的工程项目订立合同的数量变化很大,一份合同的工程(工作)范围的差别也很大。通常业主必须签订咨询(监理)合同、勘察设计合同、供应合同(业主负责的材料和设备供应)、工程施工合同、贷款合同等。

2. 承包商的主要合同关系

承包商要承担合同所规定的责任,包括工程量表中所确定的工程范围的施工、竣工及保修,并为完成这些责任提供劳动力、施工设备、建筑材料、管理人员、临时设施,有时还需承担设计工作。当然任何承包商不可能也不必具备所有专业工程的施工能力和材料、设备供应能力,他可以将一些专业工程和工作委托出去。所以围绕着承包商常常会有复杂的合同关系,他必须签订工程分包合同、设备和材料供应合同、运输合同、加工合同、租赁合同以及劳务合同等。

3. 其他方面的合同关系

(1) 分包商有时也可把其工作再分包出去,形成多级分包合同;

(2) 设计单位、供应单位也可能有分包;

(3) 承包商有时承担部分工程的设计任务,他也需要委托设计单位;

(4) 如果工程的付款条件苛刻,承包商需带资承包,他也必须订立贷款合同;

(5) 在许多大型工程中,特别是EPC总承包工程中,承包商往往是几个企业的联营体,则这些企业之间必须订立联营承包合同。

因此,在工程中,特别是在大型工程中合同关系是极为复杂的。

4. 工程项目合同体系

上述合同便构成了工程项目的合同体系。如图4-1所示,在该体系中,有不同层次的合同,按层级可分为主合同(监理合同、勘察设计合同等)、分合同(分包合同、运输合同等)和二级合同(分包合同、劳务合同等)。

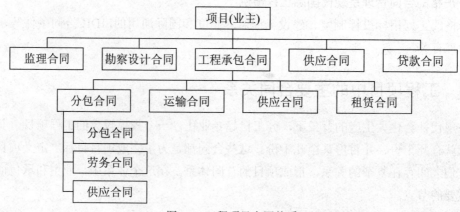

图4-1 工程项目合同体系

4.1.4 合同的生命期

不同种类的合同有不同的委托和履行方式,经过不同的过程,就有不同的生命期。在项目的合同体系中比较典型的且最为复杂的是工程承包合同,它经历了以下两个阶段。

1. 合同形成阶段

合同一般通过招标投标来形成,它通常从起草招标文件开始直到合同签订为止。

2. 合同的执行阶段

这个阶段从签订合同开始,承包商按合同规定完成工程,直至保修期结束为止。

工程承包合同的生命期可用图4-2表示。

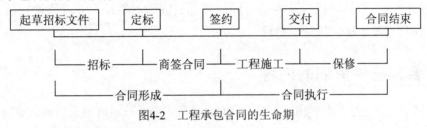

图4-2 工程承包合同的生命期

4.1.5 工程项目合同管理工作过程

合同管理是通过工程合同策划、招标、商签、实施监督来保证项目总目标实现的过程。作为项目管理工作的一部分,合同管理贯穿项目运作的全过程。工程项目合同管理过程如图4-3所示。

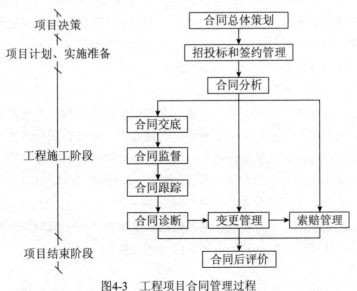

图4-3 工程项目合同管理过程

4.2 合同总体策划

4.2.1 合同总体策划的基本概念

合同总体策划的目的是通过合同保证工程项目目标和项目实施战略的实现,它属于组织策划的一部分。它主要用于确定对整个工程项目的实施有重大影响的合同问题,包括确立合同体系、独立合同数及各合同范围、合同种类及条件、合同委托方式;确定合同中一些重要条件,实现对项目的全面严格控制。正确的合同策划不仅有利于签订一个完备的、有利的合同,而且可以保证各份合同能够得到圆满的履行,并可协调它们之间的关系,从而顺利实现工程项目的总目标。

4.2.2 合同总体策划的内容

在项目中,业主处于主导地位,其合同总体策划对整个项目有很大影响。承包商必须按照业主的要求投标报价,确定方案并完成工程。业主通常必须就如下合同问题做出决策。

1. 工程项目的合同体系策划

根据项目的承包模式和管理模式对项目的WBS中的工程活动进行分解或整合,以形成若干份合同,并确定每份合同的工程(工作)范围,由此形成工程项目的合同体系。

2. 合同种类的选择

在实际工程中,合同的计价方式有近20种。不同种类的合同,有不同的应用条件、不同的权利和责任分配、不同的付款方式,对合同双方有不同的风险,应按照具体情况选择适用的合同类型。有时在一份工程承包合同中,不同工程分项采用不同的计价方式。最典型的合同类型有如下几个。

1) 单价合同

单价合同的特点是单价优先,业主在招标文件中给出的工程量表通常是按照规定的工程量清单编制方法编制的。但其中的工程量是参考数字,实际合同价款按实际完成的工程量和承包商所报的单价计算。单价合同又分为固定单价和可调单价等形式。

单价合同是最常见的合同类型,适用范围广,FIDIC施工合同和我国的建设工程施工合同都属于该类合同。承包商仅按合同规定承担报价的风险,即对报价(主要为单价)的正确性和适宜性承担责任,而工程量变化的风险由业主承担。由于风险分配比较合理,能够适应大多数工程,能调动承包商和业主双方的管理积极性。

2) 固定总价合同

固定总价合同是指承包商完成合同约定范围内的工程量以及为完成该工程量而实施的全部工作的总价款一经确定,除发生重大设计变更外,一般不允许调整合同价格的合同。所以在固定总价合同中承包商承担了工作量和价格的全部风险。在现代工程中,特别是在合资项目中,业主喜欢采用该合同形式,因为这种合同形式使得结算较为简单、省事,且承包商的索赔机会较少(但不可能根除索赔)。在正常情况下，可以免除业主由于要追加合同价款、追加投资带来的需请上级(如董事会、股东大会)审批的麻烦。

但是，由于承包商承担了全部风险，报价中不可预见风险费用较高。承包商报价时必须考虑施工期间的物价变化以及工程量变化带来的影响。

在以前的很长一段时间中，固定总价合同的应用范围很小，通常用于工程范围清晰明确、工程量小、工期短且宽裕、合同条件完备等情形。但是，目前在国内外的工程中，固定总价合同的使用范围有扩大的趋势，甚至一些大型、特大型的工业工程项目和基础设施建设项目，既采用EPC总承包模式也使用固定总价合同。这对承包商来说，风险是非常大的。

3) 成本加酬金合同

这是与固定总价合同截然相反的合同类型。工程最终合同价格按照承包商的实际成本加上一定比率的酬金(间接费)来计算。在合同签订时，不能确定一个具体的合同价格，只能确定酬金的比率。因为合同价格按承包商的实际成本结算，在这类合同中，业主承担了全部工作量和价格风险，所以承包商在工程中没有成本控制的积极性，常常不仅不愿意压缩成本，反而期望提高成本以提高自己的工程经济效益，这会损害工程的整体效益。因此，这类合同的使用应受到严格限制，通常用于以下情形。

(1) 投标阶段依据不准，工程范围无法界定，无法准确估价，缺少工程的详细说明。

(2) 工程特别复杂，工程技术、结构方案不能预先确定。例如一些具备研究、开发性质的工程项目。

(3) 时间特别紧急，要求尽快开工。如抢救、抢险工程，人们无法详细计划和商谈。

为了克服成本加酬金合同的缺点，扩大它的使用范围，人们对该种合同又做了许多改进，以调动承包商控制成本的积极性，常见的改进措施有以下几种。

(1) 事先确定目标成本范围，实际成本在目标成本范围内按比例支付酬金，如果超过目标成本高限，酬金不再增加；如果低于目标成本低限，酬金也不再减少。

(2) 如果实际成本低于目标成本，除支付合同规定的酬金外，另给承包商一定比例的奖励。

(3) 成本加固定额度的酬金，即酬金是定值，不随实际成本数量的变化而变化等。

在这种合同中，合同条款应十分严格。业主应加强对工程的控制，参与工程方案(如施工方案、采购、分包等)的选择和决策，否则容易造成损失。同时，合同中应明确规定成本的开支范围，规定业主有权对成本开支作决策、监督和审查。

4) 目标合同

目标合同是固定总价合同和成本加酬金合同相结合并加以改进的合同形式。

目标合同也有许多种形式。通常合同规定承包商对工程建成后的生产能力(或使用功能)、工程总成本(或总价格)和工期目标承担责任。如果达到生产能力(或使用功能)，而实际总成本低于预定总成本，则节约的部分按预定的比例给承包商奖励；反之，超支的部分由承包商按比例承担。如果工程投产后在一定时间内达不到预定的生产能力，则按一定的比例扣减合同价格;如果工期拖延,则承包商承担工期拖延违约金。如果承包商提出的合理化建议被业主认可,该建议方案使实际成本减少,则合同目标价款总额不予减少,这样成本节约的部分业主与承包商分成。

目标合同能够最大限度地发挥承包商进行工程管理的积极性,适用于工程范围没有完全界定或项目风险较大的情况。在一些发达国家,目标合同广泛应用于工业项目、研究和开发项目、军事工程项目中。在这些项目中,承包商在项目可行性研究阶段甚至在目标设计阶段就介入工程,并以全包的形式承包工程。

3. 合同条件的选择

合同协议书和合同条件是合同文件中最重要的部分。在实际工程中,业主可以按照需要自己(通常委托咨询公司)起草合同条件,也可以选择标准的合同条件。在具体应用时,可以根据自己的需要通过特殊条款对标准的文本作修改、限定或补充。

对于一个工程,有时会有几个同类型的合同条件可供选择,在国际工程中更是如此。对合同条件的选择应注意以下问题。

(1) 合同条件应该与双方的管理水平相配套。大家从主观上都希望使用严密的、完备的合同条件,但合同条件应该与双方的管理水平相配套。如果双方的管理水平很低,而使用十分完备、周密,同时规定又十分严格的合同条件,则这种合同条件没有可执行性。

(2) 最好选用双方都熟悉的、标准的合同条件。选用双方都熟悉的、标准的合同条件,有利于合同顺利执行。如果双方来自不同的国家,因为承包商是工程合同的具体实施者,所以选用合同条件时应更多地考虑承包商的因素,使用承包商熟悉的合同条件,而不能仅从业主自身的角度来考虑。

在实际工程中,许多业主都希望选择自己熟悉的合同条件,以保证自己在工程管理中处于有利的地位,掌握主动权,但这可能会导致工程不能顺利进行。

(3) 合同条件的使用应注意其他方面的制约。我国工程估价有一整套定额和取费标准,这是与所采用的施工合同文本相配套的。如果在我国工程中使用FIDIC合同条件,或在使用我国标准施工合同文本时,业主要求对合同双方的责权利关系做重大的调整,则必须让承包商自由报价,不能使用定额和规定的取费标准。

4. 招标方式的确定

针对工程招标投标有专门的法律规定。目前,工程招标方式主要有公开招标、有限招标(选择性竞争招标)等,各种方式有其特点及适用范围。一般要根据法律规定、承包模式、合同类型、业主所拥有的招标时间(工程紧迫程度)等决定。

(1) 公开招标。业主选择范围大,投标人之间充分地平等竞争,有利于降低报价,提高工程质量,缩短工期。但招标期较长,业主有大量的管理工作,如准备许多资格预审文件和招标文件。资格预审、评标、澄清会议工作量大。在这个过程中,严格的资格预审是十分重要的,可防止不合格投标人混入。

在实践中,不限对象的公开招标会导致许多无效投标,导致社会资源的浪费。众多承包商竞争一个标,除中标的一家外,其他各家的努力都是徒劳的。这会导致承包商经营费用的增加，最终导致整个市场工程成本的提高。

(2) 选择性竞争招标，即邀请招标。业主根据工程的特点，有目标、有条件地选择邀请3个以上(含3个)投标人参加工程的投标竞争，这是国内外经常采用的招标方式。采用该招标方式，减少了业主的事务性管理工作，缩短了招标所用的时间，降低了成本，同时业主可以获得一个比较合理的价格。

国际工程经验证明，如果技术设计比较完备，信息齐全，签订工程承包合同最可靠的方法是采用选择性竞争招标。

(3) 议标。即业主直接与一个承包商进行合同谈判，一般适用于以下情况。

① 业主对承包商十分信任，可能是老主顾，承包商资信很好。

② 工程具有特殊性，如军事工程、保密工程、特殊专业工程和仅由一家承包商控制的专利技术工程等。

③ 部分采用成本加酬金合同的工程。

④ 在一些国际工程中，承包商帮助业主进行项目前期策划，做可行性研究，甚至做项目的初步设计。当业主决定上马这个项目后，一般都采用全包的形式委托工程，采用议标形式签订合同。

采用议标方式时，双方直接进行合同谈判，业主无须准备大量的招标文件，无须处理复杂的管理工作，时间又很短，能大大缩短工期，甚至许多项目可以一边议标一边开工。但由于缺乏竞争，承包商报价较高，工程合同价格自然较高。

5. 重要的合同条款的确定

任何工程合同都包含一些对合同的起草、执行以及工程的实施有重要影响的条款，主要包括以下方面。

(1) 适用于合同关系的法律，以及合同争执仲裁的地点、程序等。

(2) 付款方式。如采用进度付款、分期付款、预付款或由承包商垫资承包。这是由业主的资金来源保证情况等因素决定的。让承包商在工程中过多地垫资，会对承包商的风险、财务状况、报价和履约积极性有直接影响。当然如果业主超过实际进度预付工程款，又会加大业主的融资压力和融资成本，还会给业主带来风险。

(3) 合同价格的调整条件、调整范围、调整方法，特别是由于物价上涨、汇率变化、法律变化、关税变化等对合同价格调整的规定。

(4) 合同双方对风险的分担，即将工程风险在业主和承包商之间合理分配。基本原则是，通过风险分配激励承包商努力控制三大目标(进度、成本和质量)、控制风险，实现最好的工程经济效益。

(5) 对承包商的激励措施。恰当地采用奖励措施可以鼓励承包商缩短工期、提高质量、降低成本，提高管理积极性。各种合同中都可以订立奖励条款，通常包括以下几种。

① 提前竣工的奖励。这是最常见的激励措施，通常合同明文规定工期提前一天业主给承包商奖励的金额，或者将项目提前投产实现的利润在合同双方之间按一定比例分成。甚至对工期要求特别紧的工程，只要承包商按期竣工就能得到一定额度的奖励。

② 承包商如果能提出新的设计方案、新技术，帮助业主节约投资，则按一定比例分成。

③ 质量奖。如工程质量达到预定标准，业主另外支付一笔奖励金，这在我国应用较多。

(6) 设计合同条款，通过合同保证对工程的控制权力，并形成一个完整的控制体系。

① 控制内容。明确规定业主及其项目经理对工期、成本(投资)、质量及工程变更等各方面的控制权力。

② 控制过程。各种控制必须有一个严密的体系，形成一个前后相继的过程，例如：工期控制过程，包括开工令，对详细进度计划的审批(同意)权，工程中出现拖延时的指令加速的权力，拖延工期的违约金条款等；质量控制过程，包括质量管理体系的审查权，图纸的审批程序及权力，方案的审批(或同意)权，材料、工艺、工程的认可权、检查权和验收权等；成本(投资)控制，包括工作量量方程序、付款期、账单的审查过程及权力、付款的控制、竣工结算和最终决策、索赔的处理、决定价格的权力等。

③ 对问题或特殊状态的处置权力，例如：材料、工艺、工程质量不符合要求的处置权，暂停工程的权力，在极端状态下中止合同的权力等，如在承包商严重违约的情况下，业主可以将承包商逐出现场，而不解除他的合同责任，让其他承包商来完成合同，费用由违约的承包商承担。

以上内容都有了具体的、详细的规定，才能形成对工程施工过程控制的合同保证。

(7) 为了保证双方诚实守信，必须采取相应的合同措施，常见的有以下几项。

① 工程中的保函、保留金和其他担保措施的规定。

② 承包商的材料和设备进入施工现场，即作为业主的财产，没有业主(或工程师)的同意不得移离现场。

③ 合同中对违约行为的处罚规定和仲裁条款。

4.2.3 合同策划中应注意的其他问题

1. 做好工程各相关合同的协调工作

为了一个工程的建设，业主和承包商要签订许多合同，如设计合同、施工合同、供应合同等。这些合同中存在十分复杂的关系，工程合同体系的协调就是指各个合同所确定的工期、质量、技术要求、成本和管理机制等之间应有较好的相容性和一致性，必须反映项目的目标系统，技术设计和计划(如成本计划、工期计划)等内容。

2. 建立合同计划体系

由于各合同不在同一个时间签订，容易引起失调，所以必须将它们纳入一个统一的、完整的计划体系中，做到统筹兼顾。

3. 明确合同管理责任

在许多企业及工程项目中，不同的合同由不同的职能部门(或人员)管理，如采购合同归材料科管,承包合同和分包合同归经营科管,贷款合同归财务科管,因此应在管理程序上注意各部门之间的协调。例如,提出采购条件时要符合承包合同的技术要求,供应计划应符合项目的工期安排,与财务部门一起商讨付款方式;签订采购合同后要报财务部门备案,安排资金,并就运输等工作做出安排(签订运输合同)。这样才能形成一个完整的项目管理过程。

4.3 合同实施控制

工程项目的实施过程实质上是与项目相关的各个合同的履行过程。要保证项目正常、按计划、高效率地实施,必须正确地执行各个合同。按照法律和工程惯例,业主的项目经理负责各个相关合同的管理和协调,并承担由于协调失误而造成的损失责任。例如,土建承包商、安装承包商、供应商都与业主签订了主合同,如果供应商不能及时交付设备,造成土建和安装工程的推迟,这时安装和土建承包商将直接向业主索赔。因此,在工程现场需委托专人来负责各个合同的协调和控制,通常监理工程师的职责之一就是合同管理。

4.3.1 合同分析和交底工作

在合同实施前,必须对相关合同进行分析和交底,包括以下工作内容。

1. 合同履行分析

合同履行分析主要是对合同的执行问题进行研究,分析合同要求和对合同条款进行解释,并将合同中的有关规定落实到项目实施的具体问题和各工程活动中,使合同成为一份可执行的文件。它主要分析以下内容。

(1) 承包商的主要合同责任、工程范围和权利。
(2) 业主的主要责任和权利,工程师的权利和职责。
(3) 工期、工期管理程序和工期补偿条件。
(4) 工程质量管理程序、工程的验收方法。
(5) 合同价格、计价方法、工程款支付程序、价格补偿条件。
(6) 工程中一些问题的处理方法和过程,如履约保函、预付款程序、工程变更、保险等。
(7) 双方的违约责任和争执的解决程序。
(8) 合同履行时应注意的问题和风险。

2. 合同交底

对项目管理班子、相关的工程负责人宣讲合同精神,落实合同责任,使参与项目的各个实施者都了解相关合同的内容,并能熟练地掌握它。并将合同和合同分析文件下达落实到具体的责任人,例如各职能人员、相关的工程负责人和分包商等。

4.3.2 合同控制

1. 合同工程师

在施工现场,项目管理组织中必须配备专职的合同工程师,他起着"漏洞工程师"的作用。合同工程师并不是寻求与其他方面的对抗,因为任何对抗只会导致项目实施的困难,而是以积极合作的精神,协助各个方面完成各个合同,防止合同执行中出现争执,减少索赔事件的发生。

(1) 实施前寻找合同和计划中的漏洞,以防止对工程实施造成干扰,对工程实施起预警作用,使计划、工作安排做得更周密。

(2) 及时寻找和发现自己在合同执行中出现的漏洞、失误,确保自己不违约。在发出一个指令、做出一个决策时要考虑是否会违反合同,是否会产生索赔事件。

(3) 监督对方正确履行合同,寻找对方合同执行中的漏洞,及时提出警告或索赔要求。

(4) 寻找各个合同协调过程中的漏洞。

2. 合同实施控制的主要工作

(1) 为项目经理、各职能人员、所属承(分)包商在合同关系上提供帮助,解释合同,开展工作指导,对来往信件、会议纪要和指令等进行合同和法律方面的审查。

(2) 协助项目经理正确行使合同规定的各项权利,防止产生违约行为,及时向各层次管理人员提供合同实施情况的报告,并对合同的实施提出建议、意见甚至警告。

(3) 协调工程项目的各个合同关系,确保正常执行。

(4) 做好合同相关文件(包括招标文件、合同文件、工程记录、函件、报告、通知、会议纪要、规范、图纸资料及相关法规等)的整理、分类、归档、保管或移交工作,执行合同文件的管理制度,以满足项目相关者的要求。

(5) 对合同实施过程进行监督,对照合同监督各工程小组和各承包商的施工,做好组织协调工作,定期检查,以确保业主、承包商和项目管理单位都能正确履行合同。

(6) 处理合同变更,对变更请求进行审查和批准,对变更过程进行控制。

(7) 处理索赔与反索赔事件,处理合同争端,包括各个合同争执以及合同之间界面的争执。

(8) 合同结束前,参与工程的竣工验收和移交,验证工程是否符合合同规定的条件和要求。

3. 合同控制的注意点

(1) 由于工期、成本、质量、HSE(健康、安全和环境)等为合同所定义的目标,因此,合同控制必须与进度控制、成本(投资)控制、质量控制和HSE管理等协调一致地进行。

(2) 利用合同控制手段对参与项目各方进行严格管理,最大限度地利用合同赋予的权力,如指令权、审批权、检查权等来控制工期、成本和质量。

(3) 在对工程实施进行跟踪诊断时,要利用合同分析产生工程问题的原因,并落实责任。

(4) 在对工程实施进行调整时,首先要考虑应用合同措施来解决问题,要充分利用合同将对方的要求(如赔偿要求)最小化。

4.3.3 索赔管理

1. 索赔的起因

项目各参加者属于不同的单位,其经济利益不一致,而且合同是在工程实施前签订的,合同规定的工期和价格是基于对环境和工程实施状况的预测,同时又假设了合同各方都能正确地履行合同所规定的责任,但在工程项目中经常会发生以下现象。

(1) 业主(包括项目管理者)未能正确履行合同义务。例如,未及时交付场地、提供图纸,未及时交付业主负责提供的材料和设备,下达错误的指令或提供错误的图纸、招标文件,以及超出合同规定干预承包商的施工过程等。

(2) 业主因行使合同规定的权利而增加了承包商的费用或延长了工期,按合同规定应该给予补偿。例如,业主指令增加工程量、附加工程;或要求承包商做合同中未规定的检查,而检查结果表明承包商的工程(或材料)完全符合合同要求等。

(3) 业主委托的某个单位不能承担合同责任而造成连锁反应。例如,由于设计单位未及时交付图纸,造成土建、安装工程中断或推迟,土建和安装承包商可向业主提出索赔。

(4) 环境变化。例如,如遭遇战争、动乱、物价上涨、法律变化、反常的气候条件、异常的地质条件等,则按照合同规定应该延长工期,调整相应的合同价格。

(5) 承包商未能按照合同要求施工,造成工期拖延、工程质量缺陷进而造成业主费用增加,或造成业主在缺陷通知期不能按照预定的要求使用工程,业主可以向承包商提出费用和缺陷通知期延长的索赔。

2. 索赔管理

由于工程的特殊性和环境的复杂性,索赔是不可能完全避免的。业主与承包商、承包商与分包商、业主与供应商、承包商与其供应商之间以及业主(或承包商)与保险公司之间都可能发生索赔。在现代工程中,索赔金额往往很大。在国际工程中,超过合同价100%的索赔要求也不罕见,因此项目各个参与方都应重视索赔管理。

索赔管理包括索赔和反索赔两种。

1) 索赔

索赔是对自己已经受到的损失进行追索,包括以下工作内容。

(1) 在日常的合同实施过程中预测索赔机会,即对引起索赔的干扰事件作预测。

(2) 在合同实施中寻找和发现索赔机会。

(3) 处理索赔事件,及时提出索赔要求,妥善解决争端。

2) 反索赔

反索赔着眼于防止和减少损失的发生,通常包括两方面工作。

(1) 反驳对方(合同伙伴)不合理的索赔要求,即反驳索赔报告,推卸自己对已发生的干扰事件的责任,否定或部分否定对方的索赔要求。

(2) 防止对方提出索赔,通过有效的合同管理,使自己不违约,处于不能被索赔的地位。

3. 索赔管理工作过程

在工程实施中，承包商向业主提出索赔是最为常见的，处理起来也最困难。涉及这方面的索赔工作包括两个层次。

(1) 合同双方索赔的提出和解决过程。它一般由合同规定，如果未按合同规定的程序提出，常常会导致索赔无效。

(2) 承包商内部的索赔(或反索赔)管理工作。

总体上，按照国际惯例(例如FIDIC合同)，索赔工作过程如下所述。

(1) 索赔意向通知。在引起索赔的干扰事件发生后，承包商必须迅速做出反应，在一定时间内(FIDIC规定为28天)，向业主(或监理工程师)发出书面索赔意向通知，声明要对干扰事件提出索赔。

(2) 起草并提交索赔报告。在引起索赔的干扰事件发生后的一定时间内(FIDIC规定为42天)，承包商必须提交正规的索赔资料(包括索赔报告、账单以及各种书面证据)。在该阶段，承包商需要做好大量的管理工作，具体见图4-4。

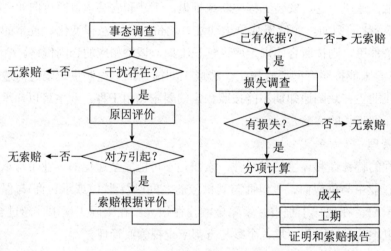

图4-4　索赔管理工作过程

① 事态调查。即对干扰事件的起因、过程、状况进行调查。这样可以了解干扰事件的前因后果，只有存在干扰事件，才可能提出索赔。

② 干扰事件的原因分析。即干扰事件由谁引起的，是谁的责任。只有属于对方或其他方的责任才能提出索赔。

③ 索赔根据分析和评价。索赔要求必须符合合同规定，必须有合同的支持，即按合同条款规定进行赔偿。在此常常要做全面的合同分析。

④ 损失调查。索赔以赔偿实际损失为原则，如果没有损失，则不存在索赔。这主要是通过对干扰事件的影响分析和对关键线路和工程成本的分析得到的。

⑤ 收集证据。没有证据，索赔要求是不能成立的。这里的证据包括极其广泛的内容，主要为反映干扰事件发生及其影响的各种工程文件，支持其索赔理由的各种合同文件、分析文件等。

⑥ 起草索赔报告。索赔报告是上述工作的总结。
⑦ 提交索赔报告。

(3) 解决索赔。从递交索赔报告到最终获得(或支付)赔偿是索赔的解决过程。从项目管理的角度来说，索赔应得到合理解决，无论是不符合实际情况的超额赔偿，还是强词夺理、对合理的索赔要求置之不理，都不是索赔的合理解决方法。

由于合同双方的利益不一致，在索赔解决过程中会有许多争执，通常可通过协商、调解和仲裁等手段加以解决。

4.3.4 合同后评价

按照项目全过程管理的要求，在合同执行后必须进行合同后评价。总结合同签订和执行过程中的利弊得失、经验教训，提出分析报告，作为以后工程合同管理的借鉴。

由于合同管理工作比较偏重于经验，只有不断总结经验教训，才能不断提高管理水平，也才能培养出高素质的合同管理者。因此，合同后评价工作是十分重要的，但现在人们对此还不够重视，或尚未有意识、有组织地做好这项工作。合同后评价包括如下内容。

1. 合同签订情况评价
(1) 预定的合同战略和策划是否正确？是否已经顺利实现？
(2) 招标文件分析和合同风险分析的准确程度。
(3) 该合同在环境调查、实施方案、工程预算以及报价方面的问题及经验教训。
(4) 合同谈判中的问题及经验教训，以后签订同类合同的注意事项。
(5) 各个相关合同之间的协调问题。

2. 合同执行情况评价
(1) 本合同执行战略是否正确？是否符合实际？是否达到预期效果？
(2) 在本合同执行中出现了哪些特殊情况？应采取什么措施防止、避免或减少损失？
(3) 合同风险控制的利弊得失。
(4) 各个相关合同在执行中的协调问题。

3. 合同管理工作评价
(1) 合同管理工作对工程项目的总体贡献或影响。
(2) 合同分析的准确程度。
(3) 在招标投标和工程实施中，合同管理子系统与其他职能的协调问题，以及需要改进之处。
(4) 索赔处理和纠纷处理的经验教训。

4. 合同条款分析
(1) 本合同的具体条款，特别是对本工程有重大影响的合同条款的表达和执行过程中的利弊得失；
(2) 本合同签订和执行过程中所遇到的特殊问题的分析结果。
(3) 对于具体的合同条款，如何表达更为有利？

【案例】FIDIC合同国际工程索赔

在非洲某国112km道路升级项目中，业主为该国国家公路局，出资方为非洲发展银行(ADF)，由法国BCEOM公司担任咨询工程师，我国某对外工程承包公司以1713万美元的投标价格第一标中标。该项目旨在将该国两个城市之间的112km道路由砾石路面升级为行车道宽6.5m、两侧路肩各1.5m的标准双车道沥青公路。项目工期为33个月，其中前3个月为动员期。项目采用1987年版的FIDIC合同条件作为通用合同条件，并在专用合同条件中对某些细节进行了适当修改和补充规定，项目合同管理相当规范。在工程实施过程中发生了若干件索赔事件，由于承包商熟悉国际工程承包业务，紧扣合同条款，准备充足，证据充分，索赔工作取得了成功。下面介绍和分析在整个施工期间发生的5类典型索赔事件。

1. 放线数据错误

按合同规定，工程师应在6月15日向承包商提供有关放线数据，但由于种种原因，工程师几次提供的数据均被承包商证实是错误的，直到8月10日才向承包商提供了正确的放线数据，据此承包商于8月18日发出索赔通知，要求延长工期3个月。工程师在收到索赔通知后，以承包商"施工设备不配套，实验设备也未到场，不具备主体工程开工条件"为由，试图对承包商的索赔要求予以否定。对此，承包商进行了反驳，提出：在有多个原因导致工期延误时，首先要分清哪个原因是最先发生的，即找出初始延误，在初始延误作用期间，其他并发的延误不承担延误的责任。而业主提供的放线数据错误是造成前期工程无法按期开工的初始延误。在多次谈判中，承包商根据合同第6.4款图纸误期和误期费用的规定"如因工程师未曾或不能在合理时间内发出承包商按第6.3款发出的通知书中已说明了的任何图纸或指示，而使承包商蒙受误期和(或)招致费用增加时，给予承包商延长工期的权利"，以及第17.1款和第44.1款的相关规定据理力争，此项索赔最终给予承包商延长69天的工期。

2. 设计变更和图纸延误

按照合同谈判纪要，工程师应在8月1日前向承包商提供设计修改资料，但工程师并没有在规定时间内提交全部图纸。承包商于8月18日对此发出索赔通知，由于此事件具有延续性，因此承包商在提交最终的索赔报告之前，每隔28天向工程师提交同期纪录报告。以下是项目实施过程中主要的设计变更和图纸延误情况记录。

(1) 修订的排水横断面在8月13日下发；
(2) 在7月21日下发的道路横断面修订设计于10月1日进行了再次修订；
(3) 钢桥图纸在11月28日下发；
(4) 箱涵图纸在9月5日下发。

承包商根据FIDIC合同条件第6.4款图纸误期和误期费用的规定，在最终递交的索赔报告中提出索赔81个阳光工作日。最终，工程师就此项索赔批准了30天的工期延长。在有雨季和旱季之分的非洲国家，由于道路工程施工中某些特定的工序是不能在雨天进行的，因此，索赔阳光工作日的价值要远远高于工作日。

3. 借土填方和第一层表处工程量增加

由于道路横断面的两次修改，造成借土填方的工程量比原BOQ(工程量清单)中的工程量增加了50%，第一层表处工程量增加了45%。根据合同第52.2款"合同内所含任何项目的费率和价格不应考虑变动，除非该项目涉及的款额超过合同价格的2%，以及在该项目下实施的实际工程量超出或少于工程量表中规定之工程量的25%以上"的规定，该部分工程应调价。但实际情况是业主要求借土填方要在同样时间内完成增加的工程量，导致承包商不得不增加设备的投入。对此承包商提出了对赶工费用进行补偿的索赔报告，并得到了67万美元的费用追加。对于第一层表处的工程量增加，根据合同第44.1款"竣工期限延长"的规定，承包商向业主提出了工期索赔要求，并最终得到业主批复的30天工期延长。

4. 边沟开挖变更

本项目的BOQ中没有边沟开挖的支付项，在技术规范中规定，所有能利用的挖方材料要用于3km以内的填方，并按普通填方支付，但边沟开挖的技术要求远大于普通挖方，而且由于排水横断面的设计修改，原设计的底宽3m的边沟修改为底宽1m，铺砌边沟底宽0.5m。边沟的底宽改小后，人工开挖和修整的工程量都大大增加，因此边沟开挖已不适用按照普通填方单价来结算。根据合同第52.2款"如合同中未包括适用于该变更工作的费率或价格，则应在合理的范围内使合同中的费率和价格作为估价的基础"的规定，承包商提出了索赔报告，要求对边沟开挖采用新的单价。经过多次艰苦谈判，业主和工程师最后同意，按BOQ中排水工程项下的涵洞出水口渠开挖单价支付，实现索赔达140万美元。

5. 迟付款利息

该项目中的迟付款是因为从第25号账单开始，项目的总结算额超出了合同额，导致后续批复的账单均未能在合同规定时间内到账，以及部分油料退税款因当地政府部门的原因导致付款拖后。专用合同条款第60.8款"付款的时间和利息"规定："业主向承包商支付，其中外币部分应该在91天内付清，当地币部分应该在63天内付清。如果由于业主的原因而未能在上述期限内付款，则从迟付之日起业主应按照投标函附录中规定的利息以月复利的形式向承包商支付全部未付款额的利息。"据此承包商递交了索赔报告，要求支付迟付款利息共计88万美元，业主起先只愿意接受45万美元。在此情况下，承包商根据专用合同条款的规定，向业主和工程师提供了每一个账单的批复时间和到账时间的书面证据，有力证明了有关款项确实迟付；同时又提供了投标函附录规定的工程款迟付应采用的利率。由于证据确凿，业主最终同意支付迟付款利息约79万美元。

资料来源：程建，张辉璞，胡明. FIDIC合同下的国际工程索赔管理——非洲某公路项目索赔案例实证分析. 国际经济合作，2007(9)

复习思考题

1. 阅读FIDIC工程施工合同和我国工程施工合同标准文本，探讨两者异同。
2. 合同策划的依据是什么？
3. 成本加酬金合同有什么应用条件？它对业主的项目管理有什么要求？
4. 说明标前会议及其作用。
5. 简述投标文件分析的内容。
6. 说明澄清会议及其作用。
7. 如何通过合同管理实现项目的三大控制？
8. 简述索赔处理的过程。

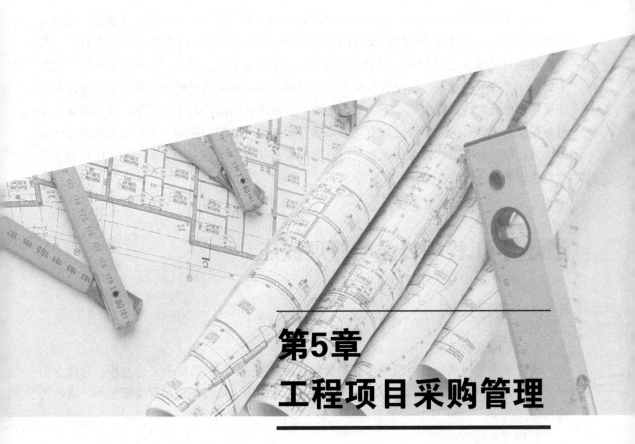

第5章
工程项目采购管理

项目采购管理(Project Procurement Management)是项目管理的重要组成部分。项目采购管理贯穿项目整个生命周期，项目采购管理模式直接影响项目管理模式和项目合同类型，对项目的整体管理起着举足轻重的作用[①]。梅雷迪思在《项目管理——管理新视角》中提到："在采购设备、原材料和分包服务的过程中，必须清楚地界定特定的需要，并且还要找到最低的价格和最具竞争力的供应商。"在现实的项目采购操作中，要实现这两个目标是十分不容易的，但可通过对项目采购管理中部分环节的控制，来有效地降低采购成本，从而使项目资金达到最优配置。用有限的资金获取尽可能多的资源，这是在项目采购管理中所能实现的成本目标。

5.1 工程项目采购管理概述

5.1.1 项目采购

1. 项目采购的定义

项目采购是指从项目组织外部获得货物和服务(合称产品)的整个采办过程。它包含的买卖双方各有自己的目的，并在既定的市场中相互作用。卖方在这里称为承包商、承约商或供应商。

2. 项目采购的种类

1) 按采购对象分类

按项目采购的对象，可将项目采购分为有形采购和无形采购。

(1) 有形采购。有形采购又分为物料采购和工程采购。物料采购是指购买项目建设所需的各种资源，如机械、设备、建筑材料、农用生产资料、办公设备以及与此相关的服务，如运输、保险、安装、调试、培训和初期维修等。工程采购是指通过招标或其他商定的方式选择工程承包单位，即选定承包商承建项目的工程施工任务，如建设住宅小区、修建高速公路、大型水电站的土建工程、污水处理工程等，并包含与此相关的服务，如人员培训、维修等。

2) 无形采购。无形采购主要指咨询服务采购。咨询服务采购大致可分为以下4类。

① 项目投资前期准备工作的咨询服务。例如，项目的可行性研究，工程项目现场勘查、设计等业务。

② 工程设计和招标文件编制服务。

③ 项目管理、施工监理等执行性服务。

④ 技术援助和培训等服务。

---

① 吴守荣.项目采购管理.北京：机械工业出版社，2004

2) 按采购方式分类

按项目采购方式，可将项目采购分为招标采购和非招标采购。

招标采购主要包括国际竞争性招标、有限国际招标和国内竞争性招标。非招标采购主要包括国际及国内询价采购、直接采购、自营工程等。对工程采购和咨询服务而言，市场的调查分析同样是一项重要工作，但应侧重于建筑市场和咨询业的国际国内供求关系的变化，掌握相关行业的承包商和咨询公司的业绩、技术力量与声誉方面的信息，建材市场与施工机械市场的行情起落及国内外咨询专家工资水平的变化等信息。招标公司有信息优势，有责无旁贷的咨询责任；国际国内信息网络及杂志等也经常载有此类报道与分析，可以利用。资格预审期内的信息核实是更为具体的市场调查。

3. 项目采购业务范围

一般采购的业务范围包括如下几方面。

(1) 确定所要采购的货物或土建工程，或咨询服务的规模、种类、规格、性能、数量和合同或标段的划分等。

(2) 市场供求现状的调查分析。

(3) 确定招标采购的方式——国际/国内竞争性招标或其他采购方式。

(4) 组织进行招标、评标、合同谈判和签订合同。

(5) 合同的实施和监督。

(6) 在合同执行中对存在的问题采取的必要行动或措施。

(7) 合同支付。

(8) 合同纠纷的处理等。

5.1.2 项目采购管理

项目采购管理也称项目获取管理，是指在整个项目过程中有关项目组织从外部寻求和采购各种项目所需资源的管理过程，包括对项目获得各种商品物料资源和各种劳务的管理。项目所需各类资源和劳务的来源包括项目业主/客户、外部劳务市场、分包商和专业技术顾问、物料和设备供应商等。

各种类型的项目采购，如工程项目采购、货物采购、咨询服务项目采购或IT项目采购都有其共性。此处以PMI PMBOK2000版中的项目采购管理过程为主线，介绍项目采购管理的主要过程。

PMI PMBOK项目采购管理的过程如下所述。

(1) 采购计划编制。决定何时采购何物。

(2) 询价计划编制。形成产品需求文档，并确定可能的供方。

(3) 询价。获得报价单、投标、出价，或在适当的时候取得建议书。

(4) 供方选择。从可能的卖主中进行选择。

(5) 合同管理。管理与卖方的关系。

(6) 合同收尾。合同的完成和解决，包括任何未解决事项的决议。

如表5-1所示，为项目采购管理的主要过程。

表5-1 项目采购管理的主要过程

主要过程	依据资料	工具和手段	结果
采购计划编制	1. 范围说明 2. 产品说明 3. 市场状况 4. 采购管理 5. 其他计划编制的结果 6. 约束条件 7. 假定	1. 自制外购分析 2. 专家判断 3. 合同类型选择	1. 采购管理计划 2. 工作说明书
询价计划编制	1. 采购管理计划 2. 工作说明书 3. 其他计划编制的结果	1. 标准表格 2. 专家判断	1. 采购文档 2. 评价标准 3. 更新的工作说明书
询价	1. 采购文档 2. 合格的卖方清单	1. 投标者会议 2. 广告	建议书
供方选择	1. 建议书(或投标书) 2. 评价标准 3. 组织政策	1. 合同谈判 2. 加权系统 3. 筛选系统 4. 独立估算	合同
合同管理	1. 合同 2. 工作结果 3. 变更申请 4. 卖方发票	1. 合同变更控制系统 2. 绩效报告 3. 支付系统	1. 来往函件 2. 合同变更 3. 支付申请
合同收尾	合同文档	采购审计	1. 合同归档 2. 正式验收和收尾

5.2 工程项目采购程序

5.2.1 采购计划编制

采购计划编制是确定从项目组织外部采购哪些产品和服务能够最好地满足项目需求的过程，它必须在范围定义工作中完成。编制采购计划时需要考虑的事项包括是否采购、怎样采购、采购什么、采购多少及何时采购。为此要做好采购工作的前期准备和采购计划的制订。

在编制采购清单和采购计划之前进行广泛的市场调查和市场分析，有利于掌握有关采购内容的最新国内、国际行情，了解采购物品的来源、价格、货物和设备的性能参数以及可靠性，并提出切实可行的采购清单和计划，为下一阶段确定采购方式提供比较可靠的依据。如果不进行市场调查、价格预测、缺乏可靠的信息，将会导致错误采购，甚至会严重影响项目的执行。

1. 采购计划的编制依据

制订项目采购计划需要以项目范围说明书、产品说明书、项目可用于采购的资源、市场状况、其他计划编制的输出(工作分解结构、进度计划、资金计划、风险计划等)、采购资源的约束条件等为依据。采购计划是指项目中整个采购工作的总体安排。采购计划包括项目或分项采购任务的采购方式、时间安排、相互衔接以及组织管理、协调、安排等内容。

2. 采购计划编制的工具和技术

(1) 自制/外购分析。自制/外购分析是一种一般性的管理技术手段，作为初期确定工作范围作业过程的一个组成部分，用来判断执行组织是否能经济地生产出某项具体产品。这一分析应包括对直接成本和间接成本两方面的分析。例如，在对"自制/外购"的"外购"进行分析时，不但要考虑购买某产品的直接成本，还要考虑管理采购过程的间接成本。

另外，自制/外购分析还必须反映执行组织的远期规划和项目当前的直接要求。例如，采购某产品(从施工所用的吊车到个人电脑)的成本可能会比租用高。但事实上，如果执行组织对某产品有持续性需求，那么分摊到项目的采购成本可能会低于租赁成本。

(2) 专家判断。在项目采购时，经常需要专家的技术判断来评估这个过程的输入，专家的意见可以来自任何具有某项专业知识或经过某些专业培训的团体或个人，也可以源于其他渠道，包括执行组织单位内的其他单位、咨询工程师、专业和技术协会以及行业集团等。

(3) 合同类型选择。不同的合同类型适合于不同类型的项目采购。按支付方式的不同，可将合同分为三类：总价合同、单价合同和成本补偿合同。

3. 采购计划编制的结果

(1) 项目采购管理计划。项目采购计划包括项目采购工作的总体安排；采购所用的合同类型的规定；外购资源的估价办法和规定；项目采购工作责任的确定；项目采购计划文件的标准化；资源供应商的管理办法；协调采购工作与其他工作的方法。

(2) 项目采购作业计划。项目采购计划工作的第二项成果是编制和生成项目采购作业计划。项目采购作业计划是指根据项目采购计划与各种资源需求信息，采用专家判断法和经济期量标准、经济定货点模型等方法和工具，制定的项目采购工作的具体作业计划。

(3) 工作说明书。工作说明书足够详细地说明了采购项目细节，以便让供应商确认自己是否能够提供这些产品或劳务。工作说明书的详细程度随采购项目的性质、买方的需求或合同形式的不同而不同。一些应用领域对工作说明书的形式有不同的规定。例如，在一些政府管辖的领域内，工作说明书一词专指清晰、详细说明产品或服务的采购项目。而目标说明书指那些需要作为一个问题加以解决的采购项目。在采购过程中，可以对工作说明书进行修改和精练。例如，某个预期的卖主可能推荐一种更有效的方法或是一种成本低廉的产品，每一个采购项目都需要一份单独的工作说明书。但是，多种产品和服务可用一份工作说明书组合成一个采购项目。

(4) 采购工作文件。这是项目组织在采购工作过程中所使用的一系列的工作文件。项目组织借助这些采购工作文件向供应商寻求报价。采购工作文件有不同的类型，包括投标书、询价书、谈判邀请书、初步意向书等。

(5) 采购评价标准。在项目采购计划的制订过程中，项目组织还应为下一步的采购招投标等活动设计出供应商的采购评价标准。通常需要使用这些评价标准来给供应商和他们的报价书、发盘函或投标书评定等级或打分。

5.2.2 询价计划编制

1. 询价计划编制依据

(1) 采购管理计划。

(2) 工作说明书。

(3) 其他计划编制的结果。其他计划编制的结果，从它们被作为采购计划编制的一部分时就可以进行更改，应该作为询价的一个环节再一次被审查。尤其是询价计划编制应与项目进度计划保持一致。

2. 询价计划编制的工具和技术

编制询价计划可使用标准表格，标准表格包括标准合同、采购项目的标准说明书，以及所需标书文档全部或部分的标准化版本。需要大量采购的组织，更应将这类文档进行标准化。

3. 询价计划编制的结果

(1) 采购文档。采购文档用于向可能的卖主索要建议书。当主要依据供方报价进行供方选择时(如购买一般性商业产品或标准产品)，通常采用术语"投标"和"报价"；当非价格考虑事项，例如技术、技能或方法最为重要时，通常采用术语"建议书"。不过，这些术语也经常相互交换使用。各种类型的采购文档的常用名称包括投标邀请、邀请提交建议书、邀请报价、谈判邀请和承包商初步答复。

采购文档应以便于可能的卖主做准备、全面答复为目的进行构架设计。它们通常包括有关的工作说明书、对于期望的答复形式的说明书和所有必要的合同条款。

采购文档既要充分严格，以保证答复的一致性和可比性，又要足够灵活，以允许对卖主提出的能够更好地满足要求的建议进行考虑。

(2) 评价标准。评价标准用于对建议书进行排序或评分。它们既可以是客观的(例如"推荐的项目经理必须是注册项目管理专家或PMP")，也可以是主观的(例如"推荐的项目经理必须拥有经证明的、从事类似项目的经验")。评价标准是采购文档的一个常见组成部分。

如果知道采购项目可以迅速地从几个可接受的来源中获得，则评价标准可能仅限于购买价格("购买价格"包括采购项目成本和交货等附加成本)；否则，就必须确定其他选择标准并形成相应的文档，以支持评估，常见的内容包括以下几项。

① 理解需求。

② 总成本或生命周期成本。选择的卖主是否提供最低总成本(采购成本与经营成本之和)。

③ 技术能力。卖方是否具有，或是否合乎情理地认为卖方能够获得所需的技能和技术知识。

④ 管理方法。卖方是否具有，或是否合乎情理地认为卖方能够制定保证项目成功的

管理过程和程序。

⑤ 财务能力。卖方是否具有，或是否合乎情理地认为卖方能够获得所需的财物资源。

(3) 更新的工作说明书。在询价计划编制过程中，可能确定对一项或多项工作说明的修改。

5.2.3 询价

询价是从预期的卖主那里获取有关项目需求如何被满足的意见反馈(建议书或投标书)。本过程绝大部分实际工作由可能的卖主承担，一般说来，此时项目没有成本。

1. 询价的工具和技术

(1) 投标者会议。投标者会议(也称标前会议)是在准备建议书之前与可能的卖主召开的会议，用于保证所有可能的卖主对采购(技术要求、合同要求等)有清楚和一致的理解。问题的答复可以作为补充并入采购文档。在这一过程中，所有可能的卖主应处于完全平等的地位。

(2) 广告。通常可以通过在报纸等大众发行出版物或专业杂志等专业印刷品上刊登广告来扩充已有的卖主清单。一些政府管辖组织要求对某些类型的采购项目刊登公开广告；绝大多数政府组织要求在对政府合同进行分包时，必须刊登公开广告。

2. 询价的依据

(1) 采购文档。例如采购活动记录、采购预算等资料。

(2) 合格的供应商清单。一些组织通常会保存一些供应商清单或资料文件，这些清单中通常列示可能的供应商的相关经验和其他信息。如果这种清单不容易得到，项目队伍就不得不自己开发来源渠道。一般性信息可以广泛地通过因特网、图书馆目录、相关地方协会、商业目录及类似渠道获得。对于特定供方的详细资料的获得可能需要做更深入的工作，例如现场考察或与以往顾客联系。采购文档可以发给部分或全部可能的卖主。

3. 询价的结果

建议书(或投标书)是卖方准备的说明，是提供所要求物品的能力和意愿的文档，是按照有关采购文档的要求准备的，对口头介绍起到辅助作用。

5.2.4 供方选择

供方选择包括接受建议书(或投标书)及选择供货商的评价标准。在供方选择决策过程中，除了成本或价格因素以外，通常还需要评价卖方按时供货能力、技术能力等其他因素。可按照评价标准对所有建议书排序，以确定谈判顺序。对于主要采购项目，这个过程可以重复。根据初步建议书，列出合格卖主名单，然后根据更为详细和综合的建议书、评价标准以及项目采购的组织政策进行正式评价。

1. 供方选择的工具和技术

(1) 合同谈判。合同谈判是指在合同签署以前，就合同本身和要求做出澄清并达成一致意见。在可能的范围内,最终的合同文本应能反映达成的全部协议,通常涉及的主题包括(但并不限于)责任和权力、适合的条款和法律、技术和管理方法、合同融资和价格等。

对于复杂的采购项目,合同谈判可能是独立的输入(如问题或未定事项清单)和输出(如谅解备忘录)过程。

(2) 加权系统。加权系统是一种量化定性数据的方法,目的是尽量减少人为偏见对供方选择的影响。通常加权系统中包括以下内容。

① 为每个评价标准分配一个权重;
② 就每个评价标准给可能的卖主打分;
③ 计算加权得分,对卖主进行排序。

(3) 筛选系统。筛选系统用于为一个或多个评价标准设立最低的工作要求。例如,首先要求可能的卖主推荐的项目经理具备项目管理专业人员(PMP)资格,然后才考虑建议书的其余部分。

(4) 独立估算。对于许多采购项目,采购组织可以自己估算,用以检查报价价格。如果独立估算与报价价格相比较有明显的差异,则表明工作范围不恰当或者可能是卖主对工作说明书有误解或有漏项。独立估算经常被称为"合理成本"的估算。

2. 供方选择的结果

合同是一个约束双方的协议,使卖方有义务提供规定的产品,并使买方有义务付款。

合同协议可简可繁,通常反映产品的简单性或复杂性。合同也可以称为协议、分包合同、采购订单。

虽然所有项目文档都经过一定形式的审查和批准,但合同的法律约束性常常意味着合同可能需要经过更广泛的批准过程。总之,审查和批准的重点是:应保证合同文本说明的是能够满足特定需求的产品和服务。对于公众机构执行的重要项目,审查过程甚至包括协议的公众审查。

5.2.5 合同管理

合同管理是确保卖方履行合同要求的过程。对于具有多个产品和服务承包商的大型项目,合同管理的一个关键方面是管理各个承包商之间的组织界面。合同关系的法律属性决定了项目队伍应强烈地意识到在管理合同中所采取行为的法律含义。

详细合同管理内容参见第4章,这里不再赘述。

5.2.6 合同收尾

合同收尾类似于管理收尾,它涉及产品核实(所有工作完成得是否正确、是否令人满意)和管理收尾(更新记录以反映最终结果,为便于将来使用对这些信息进行归档整理)。合同条款可以对合同收尾规定具体的程序。提前终止合同是合同收尾的一种特殊情况。

5.3 项目采购方式

5.3.1 公开竞争性招标

公开竞争性招标采购是国际竞争招标采购、国内竞争招标采购的总称，它是政府采购最常用的方式之一。竞争性招标采购有一套完整的、统一的程序，这套程序不会因国家、地区和组织的不同而存在太大的差别。一个完整的竞争性招标过程由招标、投标、开标、评标、合同授予等阶段组成。该方式具有能够有效地实现采购目标、促进公平竞争、确保交易公证、维护采购方和供应商双方利益、减少腐败现象发生等优点；但同时又存在采购周期长、费用高等缺点。

招标程序包括资格预审、准备招标文件、发布招标通告、发售招标文件等。招标是竞争性招标采购的第一阶段，它是竞争性招标采购工作的准备阶段。在这一阶段，需要做大量的基础性工作，可由采购单位自行办理，也可以委托给社会中介机构。

1. 发布资格预审通告

对于大型或复杂的土建工程或成套设备，在正式组织招标以前，需要对供应商的资格和能力进行预先审查，即资格预审。通过资格预审，可以缩小供应商的范围，避免不合格的供应商做无效劳动，减少他们不必要的支出，也减轻了采购单位的工作量，节省了时间，提高了办事效率。

资格预审包括两大部分，即基本资格预审和专业资格预审。基本资格是指供应商的合法地位和信誉，包括是否注册、是否破产、是否存在违法违纪行为等。专业资格是指已具备基本资格的供应商履行拟定采购项目的能力，具体包括以下内容。

(1) 相关经验和以往承担类似合同的业绩和信誉。
(2) 为履行合同所配备的人员、机械、设备以及施工方案等情况。
(3) 财务情况。
(4) 售后维修服务的网点分布、人员结构等。

进行资格预审，首先要编制资格预审文件，邀请潜在的供应商参加资格预审，发售资格预审文件，最后进行资格评定。

(1) 编制资格预审文件。一个国家或组织通常会对资格预审文件的格式和内容进行统一规定，制定标准的资格预审文件范本。资格预审文件可以由采购实体编写，也可以由采购实体委托的研究、设计或咨询机构协助编写。

(2) 邀请潜在的供应商参加资格预审。邀请潜在的供应商参加资格预审，一般是通过在官方媒体上发布资格预审通告进行的。实行政府采购制度的国家、地区或国际组织，都有专门发布采购信息的媒体，如官方刊物或电子信息网络等。资格预审通告的内容一般包括：采购实体名称，采购项目名称，采购(工程)规模，主要工程量，计划采购开始的时间(开工)、交货(完工)日期，发售资格预审文件的时间、地点和售价，以及提交资格预审文件的最迟日期。

(3) 发售资格预审文件和提交资格预审申请。资格预审通告发布后,采购单位应立即开始发售资格预审文件,资格预审申请的提交时间必须严格遵循资格预审通告的规定,截止期后提交的申请书一律拒收。

(4) 资格评定,确定参加投标的供应商名单。采购单位在规定的时间内,按照资格预审文件中规定的标准和方法,对提交资格预审申请书的供应商的资格进行审查。只有经审查合格的供应商才有权继续参加投标。

2. 准备招标文件

招标文件是供应商准备投标文件和参加投标的依据,同时也是评标的重要依据,因为评标是按照招标文件规定的评标标准和方法进行的。此外,招标文件是签订合同的依据,招标文件的大部分内容要列入合同之中。因此,准备招标文件是非常关键的环节,它直接影响采购的质量和进度。招标文件至少应包括以下内容:招标通告、投标须知、合同条款、技术规格、投标书的编制要求、投标保证金、供货一览表、报价表和工程量清单、履约保证金、合同协议书格式等内容。

3. 发布招标通告

采购实体在正式招标以前,应在官方指定的媒体上刊登招标通告。如果是国际性招标采购,还应在国际性的刊物上刊登招标通告,或将招标通告送给有可能参加投标的国家在当地的大使馆或代表处。

从刊登通告到参加投标要留有充足的时间,让投标供应商有足够的时间准备投标文件。例如,世界银行规定,国际性招标通告从刊登广告到投标截止之间的时间不得少于45天。工程项目一般为60~90天,大型工程或复杂设备至少为12周,特殊情况可延长为180天。当然,投标准备期可根据具体的采购方式、采购内容及时间要求来区别、合理对待,既不能过短,也不能太长。招标通告的内容因项目而异,一般应包括如下几方面。

(1) 采购实体的名称和地址。
(2) 资金来源。
(3) 采购内容简介。包括采购货物名称、数量及交货地点,需进行的工程的性质和地点,或所需采购的服务的性质和提供地点等。
(4) 希望或要求供应货物的时间或工程竣工的时间或提供服务的时间表。
(5) 获取招标文件的办法和地点。
(6) 采购实体对招标文件收取的费用及支付方式。
(7) 提交投标书的地点和截止日期。
(8) 投标保证金的金额要求和支付方式。
(9) 开标日期、时间和地点。

4. 发售招标文件

完成资格预审程序后,招标文件可以直接发售给通过资格预审的供应商。如果没有资格预审程序,招标文件可发售给任何对招标通告做出反应的供应商。招标文件的发售,可采取邮寄的方式，也可以让供应商或其代理前来购买。如果采取邮寄方式，要求供应商在收到招标文件后要告知招标机构。

招标阶段的工作完成以后，采购进入投标、开标阶段。

5. 投标

(1) 投标准备。标书发售后至投标前，要根据实际情况合理确定投标准备时间。投标准备时间确定得是否合理，会直接影响招标的结果，尤其是土建工程投标涉及的问题很多，投标商要准备工程概算，编制施工计划，考察项目现场，寻找合作伙伴和分包单位。如果投标准备时间太短，投标商就无法完成或不能很好地完成各项准备工作，投标文件的质量就不会十分理想，直接影响后面的评标工作。

在正式投标前，采购实体还需要做一些必要的服务工作：一是针对大型工程或复杂设备组织召开标前会和现场考察；二是按投标商的要求澄清招标文件，澄清答复文件要发给所有购买招标文件的供应商。

(2) 投标文件的提交。采购单位或招标单位只接受在规定的投标截止日期前由供应商提交的投标文件，对于截止期后送到的投标文件拒收，并取消供应商的资格。在收到投标文件后，要签收或通知供应商投标文件已经收到。在开标以前，所有的投标文件都必须密封，妥善保管。

如果采用两阶段招标方法，在投标时，投标商第一步先投技术标书，在技术建议书中不得提及价格因素；第二步再投包括修改后的技术标书和商务标书。投标文件的内容应与招标文件的要求相一致。

6. 开标

开标应按招标通告中规定的时间、地点公开进行，并邀请投标商或其委派的代表参加。开标前，应以公开的方式检查投标文件的密封情况，当众宣读供应商名称、有无撤标情况、提交投标保证金的方式是否符合要求、投标项目的主要内容、投标价格以及其他有价值的内容。开标时，对于投标文件中含义不明确的地方，允许投标商做简要解释，但所做的解释不能超过投标文件记载的范围，或实质性地改变投标文件的内容。以电传、电报方式投标的，不予开标。

开标要做开标记录，内容包括：项目名称、招标号、刊登招标通告的日期、发售招标文件的日期、购买招标文件单位的名称、投标商的名称及报价、截标后收到标书的处理情况等。

如果采用两阶段招标方法，开标也要按招标通告中规定的时间、地点办理，先开技术标，然后再按规定开商务标。

在有些情况下，可以暂缓或推迟开标时间，如招标文件发售后对原招标文件做了变更或补充；开标前，发现有足以影响采购公正性的违法或不正当行为；采购单位接到质疑或诉讼；出现突发事故；变更或取消采购计划；等等。

7. 评标

评标是指按照招标文件规定的评标标准和方法，对各投标人的投标文件进行评价比较和分析，从中选出最佳投标人的过程。评标是招标投标活动中十分重要的阶段，评标是否真正做到公平、公正，决定着整个招标投标活动是否公平和公正；评标的质量决定着能否从众多投标竞争者中选出最能满足招标项目各项要求的中标者。

评标应由招标人依法组建的评标委员会负责，即由招标人按照法律的规定，挑选符合条件的人员组成评标委员会，负责对各投标文件的评审工作。招标人组建的评标委员会应按照招标文件中规定的评标标准和方法进行评标工作，对招标人负责，从投标竞争者中评选出最符合招标文件各项要求的投标者，最大限度地实现招标人的利益。

评标委员会应由招标人的代表、相关技术方面的专家、经济方面的专家和其他方面的专家组成，人数应为5人以上单数。参加评标委员会的专家应当同时具备以下条件。

(1) 从事相关领域工作满8年；

(2) 具有高级职称或者具有同等专业水平。

具有高级职称，即具有经国家规定的职称评定机构评定，取得高级职称证书的职称，包括高级工程师、高级经济师、高级会计师、正、副教授、正、副研究员等。对于某些专业水平已达到与本专业具有高级职称的人员相当的水平，有丰富的实践经验，但因某些原因尚未取得高级职称的专家，也可聘请作为评标委员会成员。

应注意与投标人有利害关系的人不得进入相关项目的评标委员会。评标委员会成员的名单在中标结果确定前应当保密，以防止有些投标人对评标委员会成员采取行贿等手段，以谋取中标。

8. 决标

决标是指评标委员会按照评标文件的要求和评标标准评定出最佳中标供货商或确定中标供货商的行为。

经过评标后，就可确定中标单位。《中华人民共和国招标投标法》对于评标做出以下明确规定。

(1) 中标人的投标应当符合下列条件之一：①能够最大限度地满足招标文件中规定的各项综合评价标准；②能够满足招标文件的实质性要求，并且经评审的投标价格最低，但是投标价格低于成本的除外。

(2) 评标委员会经评审，认为所有投标都不符合招标文件要求的，可以否决所有投标。依法必须进行招标的项目的所有投标被否决的，招标人应当依照本法重新招标。

(3) 在确定中标人前，招标人不得与投标人就投标价格、投标方案等实质性内容进行谈判。

(4) 中标人确定后，招标人应当向中标人发出中标通知书，并同时将中标结果通知所有未中标的投标人。中标通知书对招标人和中标人具有法律效力。中标通知书发出后，招标人改变中标结果的，或者中标人放弃中标项目的，应当依法承担法律责任。

(5) 招标人和中标人应当自中标通知书发出之日起30日内，按照招标文件和中标人的投标文件订立书面合同，招标人和中标人不得再行订立背离合同实质性内容的其他协议。招标文件要求中标人提交履约保证金的，中标人应当提交。

(6) 依法必须进行招标的项目，招标人应当自确定中标人之日起15日内，向有关行政监督部门提交招标投标情况的书面报告。

(7) 中标人应当按照合同约定履行义务完成中标项目。中标人不得向他人转让中标项目，也不得将中标项目分解后分别向他人转让。中标人按照合同约定或者经招标人同意，可以将中标项目的部分非主体、非关键性工程分包给他人完成。接受分包的人应当具备相应的资格条件，并不得再次分包。中标人应当就分包项目向招标人负责，接受分包的人就分包项目承担连带责任。

中标通知书发出之后，招标单位与中标单位可以在约定的期限内就合同条款进行磋商，达成协议后，签订合同，招标工作则圆满结束。

9. 签订合同

合同的签订可采用下列方式。

(1) 在发中标通知书的同时，将合同文本寄给中标单位，让其在规定的时间内(一般是28天)签字退回。此方法适用于较简单的仪器、工具和设备采购。如中标人不能按上述要求签订合同，招标人可有充分的理由取消其中标资格，并没收投标保证金。

(2) 中标单位收到中标通知书后，在规定的时间(一般是28天)内，派人前来洽谈并签订合同。

如果采用后一种方式，中标通知书中就应写明邀请中标单位来人签订合同。合同签订前，允许相互澄清一些非实质性的技术性或商务性的问题。例如，在招标文件事先明确的范围和单位不变的前提下，原招标文件中规定采购的设备、货物或工程的数量可能发生小幅度增减，合同总价也应相应发生变化；投标商对原招标文件中提出的各种标准及要求，会有一些实质性的差异，比如在技术规格、交货期、付款条件、价格调整公式以及指数要求等方面，只要不是重大的、实质性的改变，均可在合同签订前进一步明确，以利于合同的实施。

招标程序如图5-1所示。

5.3.2 其他采购方式

1. 有限竞争性招标

有限竞争性招标又称邀请招标或选择招标，是指招标人以投标邀请书的方式邀请特定的法人(3家以上)或者其他组织投标的采购方式。该方式除了在招标阶段与竞争性招标采购有所不同外，其他步骤、要求和方法基本上与竞争性招标采购相同。在必须进行招标的项目中，满足以下条件经过核准或备案可以采用邀请招标。

(1) 施工(设计、货物)技术复杂或有特殊要求的，符合条件的投标人数量有限。

(2) 受自然条件、地域条件约束的。

(3) 如采用公开招标所需费用占施工(设计、货物)比例较大的。

(4) 涉及国家安全、秘密不适宜公开招标的。

(5) 法律规定其他不适宜公开招标的。

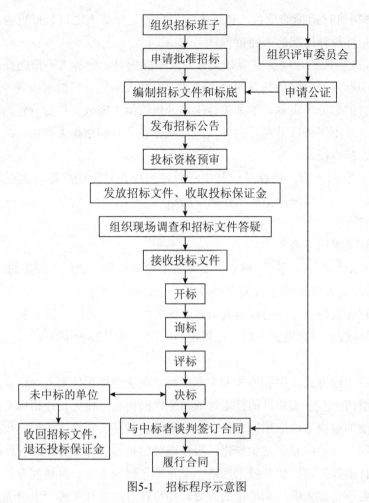

图5-1 招标程序示意图

2. 询价采购

询价采购，是指询价小组(由采购人的代表和有关专家共3人以上的单数组成，其中专家的人数不得少于成员总数的2/3)根据采购需求，从符合相应资格条件的供货商名单中确定不少于3家的供货商向其发出询价单让其报价，由供货商一次报出不得更改的报价，然后询价小组在报价的基础上进行比较，并确定最优供货商的一种采购方式，也就是我们通常所说的货比三家，它是一种相对简单而又快速的采购方式。适于能够直接取得产品的现货采购，或价值较小、货源充足且价格变化幅度小，属于标准规格的产品采购。

询价采购可分为报价采购、议价采购和订购。报价采购是指采购方向供货商发出询价单或征购函，请其正式报价的一种采购方法。议价采购是指与供货商进行个别谈判，商定价格的一种采购方法。订购是指利用订购单或订购函，列出采购所需物资及标准寄给供货商的一种采购方法。

采取询价采购方式时，应注意防范价格风险、采购机构道德风险以及供应商的履约风险等，可采取加强供货商资质审查、合理选择询价对象、建立健全采购机构内部监督制约机制、规范询价采购流程、发展与供货商的合作伙伴关系等措施，来规避上述风险。

3. 直接采购

直接采购是指采购人与供应商直接谈判确定合同的实质性内容的采购方式，适用于下述情况。

(1) 已签约并且正在实施中的工程或货物合同，在需要增加类似的工程量或货物量的情况下，可通过这种方式延续合同。应注意延续合同的价格是合理的。

(2) 考虑与现有设备配套的设备或设备的标准化方面的一致性，可采用此方式向原来的供货厂家增购货物。在这种情况下，原合同货物应是适应要求的，增加购买的数量应少于现有货物的数量，价格应当合理。

(3) 所需设备具有专营性，只能从一家厂商购买。

(4) 负责工艺设计的承包人要求从指定的一家厂商购买关键的部件，以此作为保证达到设计性能或质量要求的条件。

(5) 在一些特殊情况下，如抵御自然灾害，或由于需要早日交货，可采用直接签订合同的方式进行采购，以免由于延误而花费更多的费用。此外，在采用了竞争性招标方式(包括废弃所有投标而重新招标)而未能找到一家承包人或供货商能够以合理价格来承担所需工程或提供货物的特殊情况下，也可以采用直接签订合同的方式来洽谈合作。

5.4 工程项目招标投标

招标投标是一种有序的市场竞争交易方式，也是规范选择交易主体、订立交易合同的法律程序。我国招标投标制度既是改革开放的产物，也是规范市场竞争秩序的要求，在优化资源配置、提高经济效益、规范市场行为、构建防腐倡廉体系等方面发挥了重要作用，并随着招标投标法律体系的健全逐步完善。

招标投标是一种特殊的市场交易方式，是采购人事先提出货物、工程或服务采购的条件和要求，要求众多投标人参加投标并按照规定程序从中选择交易对象的一种市场交易行为。工程项目招投标是指建设单位或个人(业主或项目法人)通过招标方式，将工程建设项目的勘察、设计、施工、材料设备供应和监理等业务一次或分部发包，由具有相应资质的承包单位通过投标竞争的方式承接。

通常人们习惯将招标和投标分成两个内容不同的过程，分别赋予不同的含义。工程招标是指招标人就拟建工程发布公告，以法定方式吸引承包单位自愿参加竞争，从中择优选择工程承包方的法律行为；投标是指响应招标、参与投标竞争的法人和其他组织，按照招标公告或邀请函的要求制作并递送标书，履行相关手续，争取中标的过程。

5.4.1 招标投标的基本目标

工程项目的主要任务都是通过招标投标的方式来委托和承接的。招标投标是双方互相选择的过程，也是承包商之间互相竞争的过程，又是合同的形成过程。

由于工程和工程实施过程的复杂性，工程实施过程中出现的大量问题、争执、矛盾，以及工程失败的原因大多源于招标投标过程。为了顺利实现项目总目标，招标投标必须符合以下要求。

(1) 符合法律和法规规定的招标程序，并保证各项工作、各文件内容、各主体资格的合法性、有效性，签订一份合法的合同。

(2) 通过招标投标过程，双方在互相了解、互相信任的基础上签订合同，形成合同关系。

从业主的角度，通过资格预审、澄清会议等了解承包商的资信、能力、经验，以及承包商为工程实施所做的各项安排，确认承包商是合格的，能圆满完成合同责任；通过竞争选择，并接受承包商的报价。在所有的投标人中，中标者的报价应是低而合理的。

从承包商和供应商的角度，全面了解业主对工程、对投标人的要求和工程责任，理解招标文件、合同文件的详细情况；了解业主的资信和支付能力；了解所承担的工程的范围以及所面临的合同风险、工程难度，并做好周密的安排；投标人的报价是有利的，已包括合理的利润。

(3) 招标人和中标人签订一份完备的、严密的，同时又是责权利关系平衡的合同，以减少合同执行中的漏洞、争执和不确定性。

(4) 双方对项目的目标、工程范围、具体要求及合同条款的理解一致。如果在招标投标过程中双方对此产生歧义，必然会导致项目实施过程中的争端和纠纷。

要达到上述要求，各参与方必须严格遵循招标投标程序，要有理性思维。

5.4.2 招标投标的程序

在现代工程中，已形成十分完备的招标投标程序和标准化的文件。在我国施行招标投标法，住房和城乡建设部以及许多地方的建设管理部门都颁发了建设工程招标投标管理和合同管理法规，还颁布了招标文件以及各种合同文件范本。国际上也有一整套工程招标的国际惯例。

对于不同的招标方式，招标投标程序会有一定的区别。但总体来说，对于公开招标，它的工作程序如图5-2所示。

5.4.3 招标投标的主要工作

1. 招标准备工作

(1) 建立招标机构，委托招标任务。

(2) 完成工程的各种审批手续，如规划、用地许可、项目的审批等。

(3) 向政府的招标投标管理机构提出招标申请等。

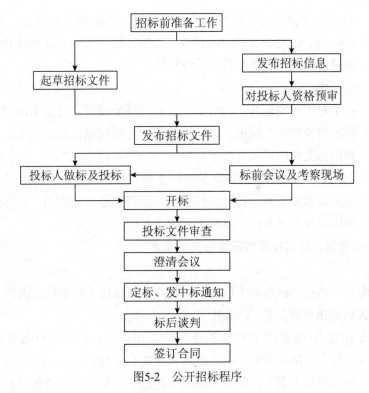

图5-2 公开招标程序

2. 发布招标信息

公开招标一般在公共媒体上发布招标公告,介绍招标工程的基本情况、资金来源、工程范围、招标投标工作的总体安排和资质预审工作安排;邀请招标则要在相关领域中广泛调查,以确定拟邀请的对象。

3. 起草招标文件,并编制标底

通常公开招标由业主委托咨询工程师起草招标文件,并编制标底。

1) 招标文件的内容

按工程性质(国内或国际)、工程规模、招标方式、合同种类的不同,招标文件的内容会有很大差异。工程施工招标文件通常包括如下内容:

(1) 投标人须知。它是用来指导投标工作的文件,主要包括对招标工程的综合说明,如工程项目概况、工程招标范围等;招标工作安排,如业主联系人、联系方式,投标书递送日期、地点,投标要求,对投标人的规定,无效标书条件,评标规定和授予合同的标准、签订合同的程序等。

(2) 合同文件。主要包括:投标书及附件的格式,业主提供的统一格式的投标书,投标人可以直接填写;合同协议书格式,由业主拟定,是业主对将签署的合同协议书的期望和要求;合同条件,业主提出的适用于本工程的合同条件文本,通常包括通用条件和专用条件;合同的技术文件,如规范、图纸、工作量表及相关的文件,它们用于确定工程范围、工程特性、相应的质量要求等。有时还包括项目的质量方针和质量管理体系要求。

(3) 业主可能提供的其他文件。例如,由业主提供的场地内和周围环境的情况报告(包括地形地貌图、地质勘探钻孔记录和测试的结果资料、水文测量资料等);场地及周围自然环境的参考资料;关于场地地表以下的设备、设施、地下管道和其他设施的资料;毗邻场地和在场地上的建筑物、构筑物和设备的资料等。

2) 招标文件的要求

招标文件是业主对工程招标和工程实施中各种问题的规定,是业主的期望,也是投标人报价、投标、做方案并实施合同的基础,在整个工程的招标投标和施工过程中它是最重要的文件之一。对招标文件的要求有以下几项。

(1) 按照工程惯例,业主必须提供完备的、正确的招标文件,出具准确的、全面的规范、图纸、工程地质和水文资料。招标文件应尽可能详细地、如实地、具体地说明拟建工程、供应或服务的情况和合同条件,没有矛盾和二义性。

(2) 符合工程惯例,尽可能采用标准格式的文本。

3) 标底

标底通常由业主委托造价咨询单位编制,是业主对拟建工程的预期价格。

4. 对投标人的资格预审,售(发)标书

资格预审是招标方(业主)和投标人的第一次互相选择:投标人有意参加工程投标竞争;业主通过对投标人资格的审查,确认投标人是符合条件的单位。业主通过资格预审不仅可以防止不合格的投标人混入,而且可以减少招标工作量。但需要做出权衡:如果投标人多,则竞争激烈,业主可以获得一个有利的价格,但招标工作量加大,招标时间较长;而如果投标人太少,竞争不充分,合同价较高。

在资格预审期要对投标人有基本的了解和分析。一般从资格预审到开标,投标人会逐渐减少,甚至有的单位投标后又撤回标书。业主应保证最终有一定数量的投标人参加竞争,否则在开标时,投标人数不满足法律规定的最小数量,就会很被动。

资格预审通常包括对投标人企业概况,近几年来所承建工程情况、财务状况,目前劳动力、管理人员和施工机械设备情况,企业资信情况的审查。只有资格预审合格的承包商才有资格购买或获得招标文件。

5. 标前会议和现场考察

(1) 标前会议是双方又一次重要的沟通。标前会议的目的是保证所有投标人对工程合同的目的和要求(技术要求、合同要求等)有清楚的、正确的认识。通常在标前会议前,投标人已阅读并分析了招标文件,会在标前会议上将其中的问题及做标中发现的问题向业主提出,由业主统一、全面、公开、公正地做出回答,这些解答内容可作为修正案纳入招标文件中。业主应积极鼓励投标人提出问题,并多作解释,以帮助投标人正确理解招标文件和业主意图。双方相互了解得越深,投标人的报价和计划才越具科学性和合理性,才能保证工程的顺利进行。

(2) 在做标期间,业主提供察看现场的机会和条件。为了使投标人及时弄清招标文件和现场情况,以便于做标,标前会议和考察现场应安排在投标截止日期到达前的一段时间。

6. 投标人做标

从购得招标文件到投标截止日期，投标人的主要工作就是做标和投标，包括：分析招标文件、环境调查、合同评审、编制实施方案和施工组织计划、估算工程成本、投标决策、起草投标文件，并按时将投标书送达投标人须知中规定的地点，投标工作过程如图5-3所示。

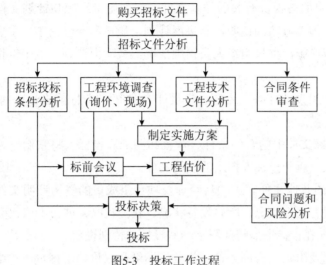

图5-3 投标工作过程

按照合同规定，承包商必须对招标文件的理解、环境调查以及实施方案和报价的正确性负责。但是，本着诚实守信原则，从工程项目的整体目标和双方合作的角度出发，业主应为投标人提供条件与帮助，以防止其投标失误，进而影响项目总目标的实现。同时，在安排招标计划时，应按工程的规模和复杂程度给予投标人适当的做标时间(即发售标书至投标截止日期)。若做标期太短，承包商的投标风险会加大。

投标文件是承包商提供的对招标文件的响应文件。它作为一份要约，一般从投标截止日期之后，承包商即对它承担法律责任。这个法律责任通常是由承包商随投标书提交的投标保函(或保证金)来保证的。通常工程项目投标文件包括以下内容。

(1) 投标书。通常以投标人给业主保证函的形式发放投标书。这封保证函由业主在招标文件中统一给定，投标人只需填写数字并签字即可。投标书表明，投标人同意完全接受招标文件的要求，按照总报价金额完成招标文件规定的工程施工、竣工及保修责任，保证在规定的开工日期开工，或保证及时开工，受招标文件和合同条件的约束。

投标书必须附有投标单位法人代表签发的授权委托书，用以委托承包商的代表(项目经理)全权处理投标及合同实施事务。

(2) 投标书附录。它通常是以表格的形式，由投标人按照招标文件的要求填写，是对合同文件中一些量化指标的定义。一般包括：履约担保的金额、第三方责任保险的最低金额、开工期限、竣工时间、误期违约金的数额和最高限额、提前竣工的奖励数额、工程保修期、保留金百分比和限额、每次进度付款的最低限额以及拖延付款的利率等。

按照合同的要求，还可能有外汇支付额度、预付款数额、汇率和合同价格调整方法等规定。

(3) 标有价格的工程量表。该工程量表一般由业主在招标文件中给出，由投标人填写单价和合价后，作为一份报价文件，对单价合同来说，即作为最终工程结算的依据。

(4) 投标保函。它依据招标文件要求的数额，由规定的银行出具，按照招标文件给出的统一格式填写。

(5) 投标人提出的与报价有关的技术文件，例如施工组织与计划文件，主要包括：施工总体方案，具体施工方法的说明，总进度计划，质量和安全措施，主要施工机械表、材料表及报价，供应措施，项目组织人员详细情况，劳动力计划及点工价格、现场临时设施及平面布置等。

如果承包商承担设计任务，还应包括设计方案资料(即标前设计)，承包商需提供图纸目录和技术规范。

(6) 属于原招标文件中的合同条件、规范和图纸。投标人将它们作为投标文件提出，表示它们在性质上已属于投标人提出的要约文件。

(7) 业主要求的其他文件。如项目经理及项目组成员的资历证明文件，投标人企业资质、财务状况、现有工程状况、所有设备状况、获奖状况、过去工程状况等证明材料。

(8) 有些投标人在投标书后还应附上一些投标的特别说明。

其中，投标书及附录、合同条件、规范、图纸和报价的工程量表等都属于有法律约束力的合同文件。

7. 投标截止、开标

(1) 在招标投标阶段和工程施工中，投标截止期是一个重要的里程碑。投标人必须在此前提交标书，否则投标无效。投标人的投标书从这时开始正式作为要约文件，如果投标人不履行投标人须知中的规定，业主可以没收其投标保函。而在此之前，投标人可以撤回、修改投标文件。合同规定，投标人做标以投标截止期前28天当日(即"基准期")的法律、汇率、物价状态为依据。如果基准期后法律、汇率等发生变化，承包商有权调整合同价格，所以基准期对这个"合同状态"具有规定性。

(2) 开标。开标通常只是一项事务性工作。工程项目通常都采用公开开标方式，当众检查各投标书的密封及表面印鉴，宣布一些不合格的标书，即不符合招标文件或投标人须知规定的标书，例如：投标书未密封；无投标单位和法人代表(或法人代表的委托代理人)印鉴；未按规定格式填写，内容不全，字迹模糊，辨认不清；逾期送达；投标单位未参加开标会议等。之后宣读所有合格的投标书的标价、工期等指标。

8. 投标文件分析

通常开标后业主不会当场确定中标单位，也不会直接接受某一报价，即使它是最低报价，在未确认投标文件的各个细节问题之前，也不能授标。业主签订合同前必须对投标文件进行全面分析，在市场经济条件下特别是对专业性较强的大型工程，其重要性怎么强调也不过分。

1) 投标书中可能存在的问题

由于做标期较短，投标人对环境不熟悉；或由于竞争激烈，投标人不可能花许多时间、费用和精力做标；或由于不同投标人选用不同的投标策略等，使得每一份投标书中都会有这样或那样的问题。例如，报价错误；实施方案不科学、不安全、不完备，过于粗略；投标人对招标文件理解错误，未按招标文件要求做标，缺少招标文件要求的内容；投标人不适当地使用了一些报价策略，例如有附加说明，严重的不平衡报价等。

2) 投标文件分析的重要性

(1) 保证评标的正确性和公正性，是正确授标的前提。只有全面、正确地分析了投标文件，才能正确地评标、决标，也才会有一个比较统一的、公平合理的尺度评价各个投标人。

(2) 投标文件分析是召开澄清会议和标后谈判的依据。全面分析投标文件能使澄清会议更有的放矢、更有效果，使标后谈判更有针对性。

(3) 促使双方更为深入地互相了解，保证合同顺利实施。从投标文件分析中可以看出投标人对招标文件和业主意图理解的正确程度。若投标文件出现大的偏差，如报价太低、施工方案不安全合理、工程范围与合同要求不一致，则必然会导致合同实施中的矛盾、失误和冲突。

(4) 防止对业主不利的投标策略，特别是报价策略。例如，过度的不平衡报价、开口升级报价、多方案报价，以及承包商在投标文件中使用的保留条件等。这些投标策略常常是承包商在工程施工过程中通过索赔增加工程收益的伏笔。

国内外工程实践表明，不做投标文件分析，仅按总报价授标是十分盲目的行为，必然导致工程中的合同争执，甚至造成项目的失败。

通常在发出中标函之前，业主拥有主动权，有选择的余地，这时如果他要求投标人修改实施方案、修改报价中的错误和调整工期等，一般投标人会积极响应，因为这时他必须与几个投标人竞争。而一旦中标函发出，业主放弃了其他投标人，确定了某一承包商，则业主就不再有选择余地了，如果这时再发现该投标书中有什么问题，则业主将极为被动。

投标分析的时间太短，或工作不够细致会加大业主的风险。业主应在这项工作上舍得投入时间、精力和金钱，因为它是避免合同争端、保证工程顺利实施的非常有效的手段。

3) 投标文件分析的内容

投标文件分析是一项技术性很强同时又十分复杂的工作，一般由咨询单位(项目管理者)负责完成。投标文件分析的内容如下所述。

(1) 投标文件总体审查。审查内容包括：审查投标书的有效性，如印章、授权委托书是否符合要求；审查投标文件的完整性，即投标文件中是否包括招标文件规定应提交的全部文件，特别是授权委托书、投标保函和各种业主要求提交的文件；审查投标文件与招标文件的一致性，必须分析投标人是否完全报价，有无修改或附带条件。

通过总体审查来确定投标文件是否合格。如果合格，即可进入报价和技术性评审阶段；如果不合格，则作废标处理。一般按工程规模选择3～5家总体审查合格、报价低且合理的投标人进行详细的审查分析，对报价明显过高、缺乏竞争力的投标可不做进一步的详细评审。

(2) 报价分析。报价分析是指通过对各个投标报价进行数据处理，做对比分析，找出其中的问题，做出评价。报价分析必须是细致的、全面的，即使签订的是总价合同，也不能只分析总价。

对于单价合同，报价分析更为重要，因为单价合同存在着一个基本矛盾，即合同结算是单价优先，但评标却是评总价，而总报价不能反映真实的合同价格水平。

报价分析一般分为三个步骤：

首先，分别对各个报价的正确性和完整性进行分析。通过对各个报价的详细复核、审查，找出存在的问题。例如，明显的数字运算错误，单价、数量与合同总价之间不一致，合同总价累计出现错误等。对此，一般在投标人须知中已经赋予业主修正的权力，可以按修正后的价格作为投标人的报价及评标的依据，并进行重新排序。

其次，对各个报价进行对比分析。分析各家投标人报价的科学性、合理性，看是否平衡，是否隐藏着不正常的"报价策略"，有无过高或过低的分项报价等。在市场经济中，对于没有统一定额、没有统一估价标准的工程项目，这项分析更为重要，是整个报价分析的重点。若标底编制工作比较细致，则可以将其纳入各投标人的报价中一起分析。

由于各个投标人对招标文件的理解程度、报价意图和选用策略等不同，管理水平、技术装备、劳动效率各有差异，如果他们在投标报价时没有相互联系、串通(当然这是违法的)，则他们各自的报价必然是不平衡的。例如，总报价最低的标，其中有些分项报价可能偏高，甚至最高或明显不合理。

根据招标工程的范围和规模的不同，各个报价之间的对比分析可分为以下5个层次：总报价对比分析；各单位工程报价对比分析；各分部工程报价对比分析；各分项工程报价对比分析；各专项费用(如间接费率或措施费)对比分析等。

如果某一项报价是最低报价，且远低于其他投标人的报价，则应进一步分析其中的原因，了解该投标人的报价意图或施工方案的独到之处。如果总报价过低，则要分析投标人的报价有无依据，因为报价中可能有重大错误，或有可能导致重大危险的报价策略。同时，报价分析时应特别注意工程量大、价格高、对总报价影响大的分项。

有时，不仅应考虑投标人的报价，还应考虑其他因素，如工程全生命周期成本(包括建造成本和运营维护成本)，业主需要支付的其他费用，如运输费、保险费、关税、汇率变化、检验费以及质量审核费等。

最后，撰写报价分析报告。将上述报价分析的结果进行整理、汇总，对各家报价进行评价，并对议价谈判、合同谈判和签订提出意见和建议。

(3) 技术评审。技术评审主要是对施工方案、施工组织与计划的审查分析。它是投标人为承担合同责任所做的详细的计划和安排。施工方案及其相关文件不作为合同的一部分，承包商对施工方案的安全、稳定和效率负责。

在开标后、定标前，业主审查施工方案，如发现其中有问题可要求投标人做出说明或提供更详细的资料，也可以建议投标人修改。当然投标人可以不修改(不过业主可以考虑不授标)，也可以在修改方案的同时要求修改报价(因为原投标价格是针对原方案的)。不过在通常情况下，投标人会积极修改，而不提高报价，因为投标人要争取中标，还必须与几个投标人竞争，在中标前常常必须迎合业主的意愿，这对业主来说是最有利的和占据主动地位的做法。

技术评审的主要内容包括以下几个。

① 评价投标人对该工程的要求、性质、工程范围、难度及其所承担责任的理解的正确性，评价施工方案、施工进度计划和作业计划的科学性和可行性，以保证合同目标实现的可能性。

② 总工期是否符合要求，是否科学、合理，工程按期完成的可能性。

③ 实施方案的效率、科学性、安全保证、稳定性，对环境的影响和可能存在的风险。

④ 施工方案的安全性，劳动保护、质量保证措施以及现场布置的科学性。

⑤ 投标人用于该工程的人力、设备、材料计划的准确性以及各供应方案的可行性。

⑥ 投标人的技术经验、生产能力和质量体系等能否保证在规定的工期内圆满地完成合同。

⑦ 项目管理班子，主要包括投标人的项目组成员状况，特别是项目经理、总工程师的年龄、经历、学历及工程实践经验等能否满足项目管理需要。

技术分析必须是综合的、系统的，如对工期的分析，必须将它与施工方案一起考虑。

(4) 企业资信及能力。尽管各投标人都已通过资格预审，但各个公司的规模、设备能力、财务能力及其稳定性、同类工程的经验和经历等是有区别的。企业资信及能力在决标时占一定权重。

(5) 其他因素的分析。

① 潜在的合同索赔的可能性。在投标文件分析中，应找出投标文件中所有偏离投标要求之处，如投标人提出的保留条件，并在评价中予以考虑，并明确说明有效或无效。

② 对承包商拟雇用的分包商的评价。

③ 投标人提出的优惠条件，如赠予、新的合作建议、新增的服务项目。

④ 投标文件的总体印象，如条理性、正确性、完备性等。

(6) 编制投标文件分析报告。

9. 澄清会议

澄清会议是投标人项目经理的一次答辩会，是双方的又一次重要接触，业主可以弄清投标文件中的问题，明晰投标人意图，详细了解投标人的能力、管理水平和工作思路，对于投标文件分析中发现的问题，如报价问题、施工方案问题、进度计划和项目组织问题等，不理解或不清楚的地方，可以要求投标人澄清，应特别注意拟定的承包项目经理的解答，甚至可要求投标人进行修改。这又是对承包项目经理的一次很好的面试机会，可以全面考察他的能力和素质。

10. 评标、决标、发中标函

1) 评标

业主通过对各投标文件的分析和澄清会议的召开，全面了解各投标人的标书内容，包括报价、方案和组织的细节问题，在此基础上进行评标，做评标报告。

评标的指标对承包商的选择和合同执行影响很大，它反映业主的合同策略。实践证明，如果仅选择最低价中标，又不分析报价的合理性和其他因素，在工程施工过程中极易出现较多争执，工程合同失败的比例较高。因为它违反公平合理原则，承包商没有合理的利润，甚至要亏损，当然不会有好的履约积极性。所以人们越来越趋向采用综合评标，从报价、工期、方案、资信和管理组织等各方面综合评价，以选择中标者。

2) 决标

按照评标报告的分析结果，根据招标规则确定中标单位。

定标一般由招标委员会负责，现在通常也邀请各领域专家参与，以保证其科学性和公正性。定标必须公正，必须符合招标文件和法律的规定。

3) 发中标函

确定一个中标人后，业主必须在法律和招标文件规定的时间内签发中标函。中标函是业主的承诺文件。按照法律和工程惯例，这时合同已正式生效。

11. 商签合同

按照工程惯例，在中标函发出后一定时间内，合同双方还要签订书面的合同协议书。在此期间，通常双方还可以进一步接触进行标后谈判。一般在招标文件中业主都申明不允许进行标后谈判，这是为了掌握主动权。但是，为了确保工程更为顺利地实施，合同双方都希望进行标后谈判，这对双方都有利。一方面业主可以借此机会获得更合理的报价和更优质的服务；另一方面承包商也可以利用这个机会修改合同条件，特别是风险条款。

通常在标后谈判中，双方都会提出各种各样的要求和方案，甚至讨价还价，但最终双方必须达成一致。若商谈不成，则必须遵循原来的价格和合同条件。

5.5 工程项目采购管理模式

在工程项目建设实践中应用的工程项目采购管理模式有多种，每一种模式都有不同的优势和相应的局限性，适用于不同种类的工程项目，业主可根据工程的特点选择适合的工程项目采购管理模式。在选择工程项目采购管理模式时，业主应考虑时间与进度要求、项目复杂程度、合同经验、当地建筑市场情况、资金限制和法律限制等因素。

5.5.1 设计-招标-建造模式

设计-招标-建造模式(Design-Bid-Build，DBB)是专业化分工的产物，业主分别与设计和施工承包商签订合同，在设计全部完成后，进行招投标，然后进入施工，如图5-4所示。

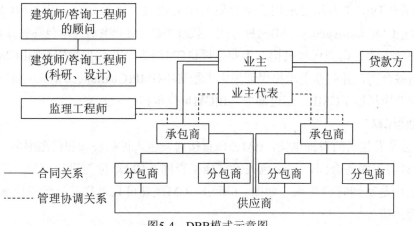

图5-4　DBB模式示意图

DBB模式由业主与设计机构(建筑师/咨询工程师)签订专业服务合同,委托建筑师和/或咨询工程师进行项目前期的各项有关工作(如机会研究、可行性研究等),待项目评估立项后再进行设计。在设计阶段进行施工招标文件的准备,随后通过招标选择承包商。业主和承包商订立工程项目的施工合同,有关工程的分包和设备、材料的采购一般都由承包商与分包商和供货商单独订立合同并组织实施。业主单位一般指派业主代表(可由本单位选派或由其他公司聘用)与咨询工程师和承包商联系,负责有关的项目管理工作。建筑师/咨询工程师和承包商没有合同关系,但承担业主委托的管理和协调工作。

由于DBB模式已长期、广泛地在世界各地被采用,因而管理方法较成熟,各方都熟悉有关程序;业主可自由选择咨询和设计人员,对设计要求可以控制;可自由选择咨询工程师负责监理工程的施工;可采用各方均熟悉的标准合同文本,有利于合同管理和风险管理。但该模式的工程建设周期长,业主管理费用高,设计、施工之间的冲突多。

5.5.2　建筑工程管理模式

建筑管理(Construction Management,CM)模式是由美国人Charles B. Thomsen在研究如何加快设计与施工的速度以及改进控制方法时提出的。这种项目采购管理模式又称为阶段发包方式或快速轨道方式,将设计工作分为若干阶段完成,每一阶段设计工作完成后,就组织相应工程内容的施工招标,如图5-5所示。在该模式下,发包人、发包人委托的建筑工程经理(CM经理)、工程设计人员组成联合小组,共同负责工程项目的规划、设计和施工的组织和管理工作。

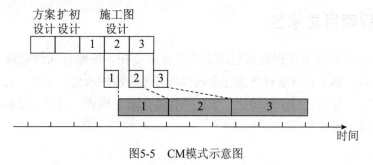

图5-5　CM模式示意图

CM模式于1966年首次被应用于世界贸易中心建设。该模式分为代理型CM(Agency CM)和风险型CM(Non-Agency CM)两种方式。代理型CM由业主与各承包商签订合同，CM单位只作为业主的咨询和代理机构，为业主提供CM服务。非代理型CM则由CM单位直接与各分包商签合同，并向业主承担保证最大工程费用GMP(Guaranteed Maximum Price)，如果实际工程费用超过了GMP，超过部分将由CM单位承担。

1. 代理型CM

CM单位是发包人的咨询单位，CM经理直接向发包人提供咨询和代理服务。发包人与CM单位签订咨询服务合同，与承包人签订施工合同。CM单位与设计单位、施工单位和供应单位之间是协调管理关系，如图5-6所示。CM经理可只提供某一阶段的服务，亦可提供全过程的服务。

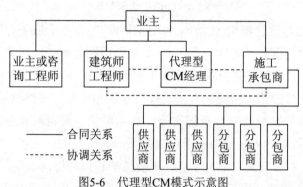

图5-6 代理型CM模式示意图

2. 风险型CM

CM单位同时担任施工总承包人的角色，CM单位与专业承包人之间是合同关系，一般发包人要求CM经理提出保证最大工程费用，以利于发包人的投资控制，CM经理为承包人承担了更多的风险，如图5-7所示。

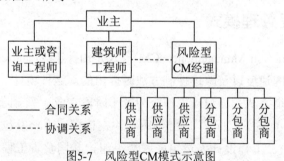

图5-7 风险型CM模式示意图

5.5.3 工程项目总承包

工程总承包是指从事工程总承包的企业受业主委托，按照合同约定对工程项目的勘探、设计、采购、施工、试运行等实行全过程或若干阶段的承包。常见的有设计—采购—施工总承包模式、交钥匙总承包模式、设计—建造总承包模式、设计—采购总承包模式、采购—施工总承包模式等。

1. 设计-采购-施工总承包模式

设计-采购-施工总承包(Engineering-Procurement-Construction，EPC)(见图5-8)，是指工程总承包企业按照合同约定，承担工程项目的设计、采购、施工和试运行服务等工作，并对承包工程的质量、安全、工期和造价全面负责，包括：EPCm、EPCs、EPCa三种类型。

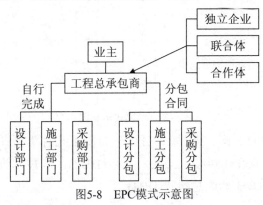

图5-8　EPC模式示意图

(1) 设计、采购、施工管理承包(Engineering、Procurement、Construction management，EPCm)是指承包商负责工程项目的设计和采购，并负责施工管理。施工承包商与业主签订承包合同，但接受设计、采购、施工管理承包商的管理。设计、采购、施工管理承包商对工程的进度和质量全面负责。

(2) 设计、采购、施工监理承包(Engineering、Procurement、Construction superintendence，EPCs)是指承包商负责工程项目的设计和采购，监督施工承包商按照设计要求的标准、操作规程等进行施工，并满足进度要求，同时负责物资的管理和试车服务。施工监理费不含在承包价中，按实际工时计取。业主与施工承包商签订承包合同，并进行施工管理。

(3) 设计、采购承包和施工咨询(Engineering、Procurement、Construction advisory，EPCa)是指承包商负责工程项目的设计和采购，并在施工阶段向业主提供咨询服务。施工咨询费不含在承包价中，按实际工时计取。业主与施工承包商签订承包合同，并进行施工管理。

2. 交钥匙总承包模式

交钥匙(Turnkey)总承包模式是设计、采购、施工工程总承包商向两头扩展延伸而形成的业务和责任范围更广的总承包模式，其中承包商不仅承担工程项目的建设实施任务，而且提供建设项目前期工作和运营准备工作的综合服务。交钥匙模式与EPC模式的主要不同点在于：承包范围更广，工期更固定，合同总价更固定，承包商风险更大，合同价相对较高。

3. 设计-建造总承包模式

设计-建造(Design-Build，DB)模式是对传统的"设计-招标-施工"(Design-Bid-Build，DBB)承包模式的一种变革，具有职责专一、降低管理成本、缩短工期、降低造价等一系列优点。DB模式见图5-9。

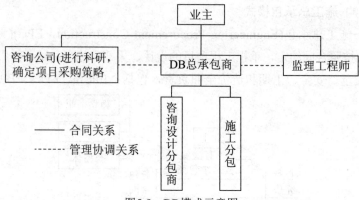

图5-9 DB模式示意图

根据承包起点时间的不同，DB模式可以分为以下几种类型：从方案设计到竣工验收总承包(DB1)，从初步设计到竣工验收总承包(DB2)，从技术设计到竣工验收总承包(DB3)，从施工图设计到竣工验收总承包(DB4)。

4. 设计-采购总承包

设计-采购(Engineering Procurement，EP)总承包，是将设计与采购结合，由EP总承包商承包，如图5-10所示。

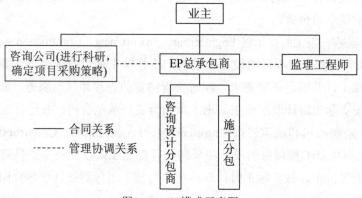

图5-10 EP模式示意图

5. 采购-施工总承包

采购-施工(Procurement Construction，PC)总承包，是将采购与施工结合，由PC总承包商承包，如图5-11所示。

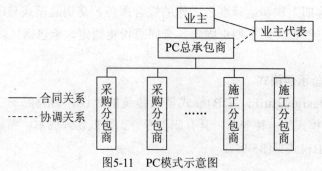

图5-11 PC模式示意图

5.5.4 委托项目管理模式

委托项目管理模式由业主委托专业机构(咨询公司或项目管理公司)代表业主进行项目管理,这种方式就是委托项目管理方式,这是国际工程项目管理的一种新趋势。专业机构具有丰富的项目管理经验,弥补了业主管理经验不足的弱点,有利于提高项目管理效果。委托项目管理的方式主要有项目管理服务(PM)、项目管理承包(PMC)两种。

1. 项目管理服务

项目管理(Project Management,PM)是工程项目公司按合同约定,在项目的决策、实施阶段为业主编制相关文件,提供招标代理、设计、采购、施工、试运行的管理和服务。具体来说,项目管理服务是指工程咨询公司按照合同约定,在工程项目决策阶段,为业主进行项目策划、编制项目建议书和可行性研究报告;在工程实施阶段,为业主提供招标代理、设计管理、采购管理、施工管理和试运行(竣工验收)等服务,代表业主对工程项目质量、安全、进度、费用、合同、信息等进行管理和控制,并按照合同约定收取一定的报酬和承担一定管理责任的服务方式。

2. 项目管理承包

项目管理承包(Project Management Contract,PMC)是受业主委托对项目进行全面管理的项目管理承包商,项目管理承包商代表业主对工程项目进行全过程、全方位的项目管理,包括工程的总体规划、项目定义、工程招标,选择设计、采购、施工承包商,并对设计、采购、施工进行全面管理。

PMC管理模式分成两个阶段来进行,第一阶段为定义阶段,第二阶段为执行阶段。在定义阶段,PMC要负责组织设计单位完成初步设计和技术设计,提出一定的合理化建议;根据有关标准、类似项目的成本资料与经验做出投资预算作为工程造价控制的参考;在此基础上,编制工程设计、采购和建造的招标书,确定工程中各个项目的总承包商,视不同的项目总承包商可以采用EPC或设计-建造模式。在执行阶段,由中标的总承包商负责执行设计、采购和建造工作,PMC在业主的委托管理合同授权下,进行全部项目的管理协调工作,直到项目完成。在PMC介入的各阶段,PMC要及时向业主报告工作,业主则派出少量人员对PMC的工作进行监督和检查。

PMC的报价组成多数为工时费用部分、利润部分和风险金部分之和。项目的最终决算要同在定义阶段结束时批准的预算相比较,若节约了则按PMC约定的分成办法就节约部分初步计算,再按项目的可用性、性能、工期三个方面的指标考核而得出最终奖励额;若超支了,则要按协议约定承担罚款,直至罚没PMC的全部担保金。

与PM模式相比,PMC服务方式除完成项目管理服务(PM)的全部工作内容外,还按照合同约定承担相应的管理风险和经济责任,是一项高风险、高回报的服务。

总之,PM/PMC是指咨询公司代业主对工程项目进行管理,咨询公司与业主之间具有密切的关系,能够更充分地反映和贯彻业主的意图,并且使业主接收到合理的建议和决策信息,有利于业主做出合理和正确的决策。PM/PMC与设计、施工、监理相比较,处于管理者和协调者的地位。

5.5.5 工程代建制模式

工程代建制是指政府投资项目通过招标方式，选择专业化的项目管理公司，负责项目的投资管理和建设组织实施工作，项目建成后交付使用单位(见图5-12)。代建制是建设工程项目管理方式在政府投资项目上的一种具体运用模式和管理制度。

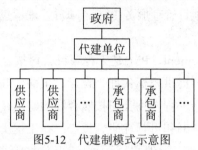

图5-12　代建制模式示意图

代建单位的工作性质是工程项目管理和咨询，盈利模式是收取代理费、咨询费，从节约的投资中提成，承担相应的管理、咨询风险，不承担具体的工程风险。

5.5.6 设计-管理模式

在设计-管理(Design Manage，DM)模式中，承包人向发包人提供设计和施工管理服务，承包人通常是设计机构与施工管理企业的联合体，发包人与承包人之间需要签订既包含设计也包含施工管理服务的合同。DM模式有两种形式：DM1和DM2。

1. DM1模式

发包人与DM经理、施工总承包人分别签订合同，由DM经理负责设计并对工程项目的施工进行管理，如图5-13(a)所示。

2. DM2模式

发包人与DM经理签订合同，DM经理分别与承包人签订合同，如图5-13(b)所示。

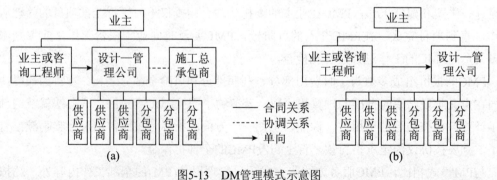

图5-13　DM管理模式示意图

5.5.7 PFI建设模式

PFI(Private Finance Initiative)是利用私人或私有机构的资金、人员、设备、技术、管理等优势，从事公共项目的开发、建设经营的一种建设模式。在项目开发过程中，私营企业或私有制机构组建的项目公司在合同特许期限内，集项目的建设、经营和产权于一体。政府将项目开发过程的风险转移给能够合理承担风险的私有制机构，提高私有资金的经济效益，为公众提供更好、更优质的服务。

PFI已成为利用私有资金的一种总模式、总概念，包含BOT(Build-Operate-Transfer，建造-运营-移交)、BOO(Build-Own-Operate，建设-拥有-经营)、BTO(Build-Transfer-Operate，建设-转让-经营)、BOOT(Build-Own-Operate-Transfer，建设-拥有-经营-转让)、BROT(Built-Rent-Operate-Transfer，建设-租赁-经营-转让)等建设模式。

5.5.8 BOT模式

BOT模式是依靠私人资本进行基础设施建设的一种融资和项目管理方式，是指政府通过招标选择私营企业，通过特许协议授予其在一定期限内的基础设施的专营权，许可其融资建设和经营特定的基础设施，并准许其通过向用户收取费用或出售产品，以清偿贷款，回收投资并获取利润，特许专营期满，整个项目由项目公司无偿或以极少的名义价格移交东道国政府，如图5-14所示。

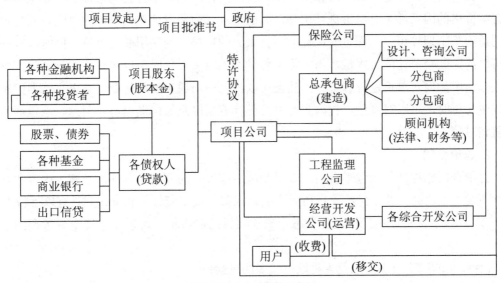

图5-14 BOT模式示意图

5.5.9 伙伴合同模式

伙伴合同模式，也称为合作管理模式，是指两个或两个以上的组织之间为了获取特定的商业利益，充分利用各方资源而做出的相互承诺。工程项目管理中的伙伴合同模式建立在发包人与参与各方的相互信任、资源共享的基础上，构成基本的伙伴或同盟关系。伙伴合同并不能作为一种独立的工程项目管理模式，而要与其他模式结合使用。伙伴合同模式以确保项目的成功和相互利益作为共同目标，订立联合方式的基本合同，并围绕回避合同纠纷，确定一些具体的解决程序和方法。

5.5.10 合同计价方式

1. 单价合同

根据计划工程内容和估算工程量，在合同中明确每项工程内容的单位价格(如每米、每平方米、每立方米价格)，实际支付时则根据每一个子项的实际工程量乘以该子项的合同单价计算该项工作的应付工程款。

单价合同的特点是单价优先，例如在FIDIC土木工程施工合同中，业主给出的工程量清单表中的数字是参考数字，而实际工程款则按实际完成的工程量和合同中确定的单价计算。虽然在投标报价、评标以及签订合同中，人们常常注重总价格，但在工程款结算中单价优先，对于投标书中明显的数字计算错误，业主有权利先作修改再评标，当总价和单价的计算结果不一致时，以单价为准调整总价。

采用单价合同对业主的不足之处是，业主需要安排专门力量来核实已经完成的工程量，需要在施工过程中花费不少精力，协调工作量大。另外，用于计算应付工程款的实际工程量可能超过预测的工程量，即实际投资容易超过计划投资，对投资控制不利。

单价合同又分固定单价合同和变动单价合同两种。固定单价合同条件下，无论发生哪些影响价格的因素都不对单价进行调整，因而对承包商而言就存在一定的风险。固定单价合同适用于工期较短、工程量变化幅度不会太大的项目。当采用变动单价合同时，合同双方可以约定一个估计的工程量，当实际工程量发生较大变化时可以对单价进行调整，同时还应该约定如何对单价进行调整；当然也可以约定，当通货膨胀达到一定水平或者国家政策发生变化时，可以对哪些工程内容的单价进行调整以及如何调整等。因此，承包商的风险就相对较小。

2. 总价合同

总价合同也称做总价包干合同，即根据施工招标时的要求和条件，当施工内容和有关条件不发生变化时，业主付给承包商的价款总额就不发生变化。总价合同具有以下特点。

(1) 发包单位可以在报价竞争状态下确定项目的总造价，可以较早确定或者预测工程成本；

(2) 业主的风险较小，承包人将承担较多的风险；

(3) 评标时易于迅速确定最低报价的投标人；

(4) 在施工进度上能极大地调动承包人的积极性；

(5) 发包单位能更容易、更有把握地对项目进行控制；

(6) 必须完整而明确地规定承包人的工作；

(7) 必须将设计和施工方面的变化控制在最小限度内。

总价合同是总价优先，承包商报总价，双方商讨并确定合同总价，最终也按总价结算。一般是在施工图设计完成，施工任务和范围比较明确，业主的目标、要求和条件都清楚的情况下才采用总价合同。

总价合同又分固定总价合同和变动总价合同两种。

(1) 固定总价合同。固定总价合同的价格计算以图纸及规定、规范为基础，工程任务和内容明确，业主的要求和条件清楚，合同总价一经确定，便不作调整，即不再因为环境的变化和工程量的增减而变化。在这类合同中，承包商承担全部的工作量和价格的风险。因此，承包商在报价时应对一切费用的价格变动因素以及不可预见因素都做充分的估计，并将其包含在合同价格之中。在固定总价合同中可以约定，在发生重大工程变更、累计工程变更超过一定幅度或者其他特殊条件下可以对合同价格进行调整。

固定总价合同适用于以下情况。

① 工程量小、工期短，估计在施工过程中环境因素变化小，工程条件稳定并合理；

② 工程设计详细，图纸完整、清楚，工程任务和范围明确；

③ 工程结构和技术简单，风险小；

④ 投标期相对宽裕，承包商有充足的时间详细考察现场、复核工程量，分析招标文件，拟订施工计划。

(2) 变动总价合同。变动总价合同又称为可调总价合同，合同价格以图纸及规定、规范为基础，按照时价(Current Price)进行计算，得到包括全部工程任务和内容的暂定合同价格。

根据《建设工程施工合同(示范文本)》(GF-2013-0201)，合同双方可约定，在以下条件下可对合同价款进行调整。

价格的调整主要由市场价格波动和法律变化两方面因素引起。

市场因素导致的价格调整，除专用合同条款另有约定外，市场价格波动如超过合同当事人约定的范围，合同价格应当调整。对于调整方式，可采用价格指数进行调整，也可采用造价信息以及合同条款约定的其他方式进行价格调整。在合同履行期间，因人工、材料、工程设备和机械台班价格波动影响合同价格时，人工、机械使用费按照国家或省、自治区、直辖市建设行政管理部门、行业建设管理部门或其授权的工程造价管理机构发布的人工、机械使用费系数进行调整；需要进行价格调整的材料，其单价和采购数量应由发包人审批，发包人确认需调整的材料单价及数量，作为调整合同价格的依据。

基准日期后，法律变化导致承包人在合同履行过程中所需要的费用发生除由市场价格波动引起的调整约定以外的增加时，由发包人承担由此增加的费用；减少时，应从合同价格中予以扣减。基准日期后，因法律变化造成工期延误时，工期应予以顺延。因法律变化引起的合同价格和工期调整，合同当事人无法达成一致的，由总监理工程师按合同相关条款的约定处理。因承包人原因造成工期延误，在工期延误期间出现法律变化的，由此增加的费用和(或)延误的工期由承包人承担。

3. 成本加酬金合同

成本加酬金合同也称为成本补偿合同，这是与固定总价合同正好相反的合同类型，工程施工的最终合同价格将按照工程的实际成本再加上一定的酬金进行计算。在合同签订时，工程实际成本往往不能确定，只能确定酬金的取值比例或者计算原则。

采用成本加酬金合同，承包商不承担任何价格变化或工程量变化的风险，这些风险主要由业主承担，对业主的投资控制很不利。而承包商则往往缺乏控制成本的积极性，常常不仅不愿意控制成本，甚至还会期望提高成本以提高自己的经济效益，因此这种合同容易被那些不道德或不称职的承包商滥用，从而损害工程的整体效益。所以，应该尽量避免采用这种合同。

成本加酬金合同通常用于工程特别复杂，工程技术、结构方案不能预先确定，或者尽管可以确定工程技术和结构方案，但是不可能进行竞争性的招标活动并以总价合同或单价合同的形式确定承包商的情形，如研究开发性质的工程项目；时间特别紧迫，如抢险、救灾工程，来不及进行详细的计划和商谈等。

对业主而言，采用这种合同形式可以分段施工，缩短工期，无须等待所有施工图完成才开始招标和施工；可减少承包商的对立情绪，使其对工程变更和不可预见条件的反应更积极、快捷；有利于借助承包商的施工技术专家，帮助改进或弥补设计中的不足；可以根据自身力量和需要，较深入地介入工程施工和管理；可采用事先确定保证最大工程费用的方式来约束工程成本，从而转移一部分风险。

对承包商来说，这种合同比固定总价的风险低，利润比较有保证，因而比较有积极性；缺点是合同具有不确定性，由于设计未完成，无法准确确定合同的工程内容、工程量以及合同的终止时间，有时难以对工程计划进行合理安排。

1) 成本加酬金合同的形式

(1) 成本加固定费用合同。根据双方经协商同意的工程规模、估计工期、技术要求、工作性质及复杂性、所涉及的风险等来考虑确定一笔固定数目的报酬金额作为管理费及利润，对人工、材料、机械台班等直接成本则实报实销。如果设计变更或增加新项目，当直接费超过原估算成本的一定比例时，固定报酬也要增加。在工程总成本一开始估计不准、变化可能不大的情况下，可采用此合同形式，有时可分几个阶段谈判付给固定报酬。这种方式虽然不能鼓励承包商降低成本，但为了尽快得到酬金，承包商会尽力缩短工期。有时也可在固定费用之外根据工程质量、工期和节约成本等因素，给承包商另加奖金，以鼓励承包商积极工作。

(2) 成本加固定比例费用合同。工程成本中直接费加一定比例的报酬费，报酬部分的比例在签订合同时由双方确定。这种方式的报酬费用总额随成本增加而增加，不利于缩短工期和降低成本。一般在工程初期很难描述工作范围和性质，或工期紧迫，无法按常规编制招标文件招标时采用此类合同。

(3) 成本加奖金合同。奖金是根据报价书中的成本估算指标制定的，在合同中对这个估算指标规定一个底点和顶点，分别为工程成本估算的60%～75%和110%～135%。承包商在估算指标的顶点以下完成工程则可得到奖金，超过顶点则要对超出部分支付罚款。如果成本在底点之下，则可增加酬金值或酬金百分比。采用这种方式通常规定，当实际成本超过顶点对承包商罚款时，最大罚款限额不超过原先商定的最高酬金值。在招标时，当图纸、规范等准备不充分，不能据以确定合同价格，而仅能制定一个估算指标时可采用这种合同形式。

(4) 最大成本加费用合同。在工程成本总价合同基础上加固定酬金费用的方式，即当设计深度达到可以报总价的深度，投标人报一个工程成本总价和一个固定的酬金(包括各项管理费、风险费和利润)。如果实际成本超过合同中规定的工程成本总价，由承包商承担所有的额外费用，若实施过程中节约了成本，节约的部分归业主，或者由业主与承包商分享，在合同中要确定节约分成比例。在非代理型(风险型)CM模式的合同中就采用该方式。

成本加酬金合同的4种形式比较见表5-2。

表5-2 成本加酬金合同类型

合同形式	适用范围
成本加固定费用合同	在工程总成本一开始估计不准，变化可能不大的情况下，可采用此合同形式，有时可分几个阶段谈判付给固定报酬
成本加固定比例费用合同	一般在工程初期很难描述工作范围和性质，或工期紧迫，无法按常规编制招标文件招标时采用
成本加奖金合同	在招标时，当图纸、规范等准备不充分，不能据以确定合同价格，而仅能制定一个估算指标时可采用这种形式
最大成本加费用合同	在非代理型(风险型)CM模式的合同中就采用这种方式

2) PMBOK中成本加酬金合同的类型

(1) 成本加成本百分比合同(Cost Plus Percentage Of Cost，CPPC)，也称为成本加费用百分比合同(Cost Plus Percentage Of Fee，CPPF)。将建设成本再加上事先规定的成本百分比作为利润，目前被美国禁止。计算公式为

$$C=C_d+C_d P \quad 5\text{-}1$$

式中，C为合同总价；C_d为实际成本；P为固定百分比。

(2) 成本加固定费用合同(Cost Plus Fixed Fee，CPFF)，计算公式为

$$C=C_d+F \quad 5\text{-}2$$

式中，F为酬金。

(3) 成本加奖励费用合同(Cost Plus Incentive Fee，CPIF)，计算公式为

$$\begin{aligned} C &= C_d+F & (C_d = C_o) \\ C &= C_d+F-\Delta F & (C_d > C_o) \\ C &= C_d+F+\Delta F & (C_d < C_o) \end{aligned} \quad 5\text{-}3$$

式中，C_o为预期成本；ΔF为酬金的增减部分(可以是一个百分数，也可以是一个绝对数)。

(4) 固定总价加奖励费用合同(Fixed Price Plus Incentive Fee，FPIF)，计算公式为

$$C=C_d+P_1 C_o+P_2(C_o-C_d) \quad 5\text{-}4$$

式中，P_1为基本酬金百分数，P_2为奖罚百分数。

复习思考题

1. 何谓项目采购和项目采购管理？
2. 简述项目采购基本程序。
3. 列出项目采购常用方式，并比较各方式的异同点。
4. 举例说明工程项目采购管理对项目的重要性。
5. 简述工程项目招投标的含义并结合建设工程项目说明招投标工作的实施过程。

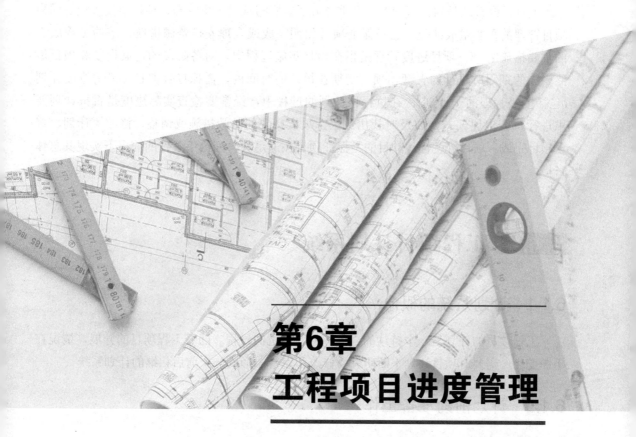

第6章
工程项目进度管理

项目进度管理是项目管理的一个重要方面，它与项目投资管理、项目质量管理等同为项目管理的重要组成部分。它是保证项目如期完成或合理安排资源供应，节约工程成本的重要措施之一。项目进度管理是指在项目实施过程中，对各阶段的进展程度和项目最终完成的期限所进行的管理，项目初期在规定的时间内，需拟订合理且经济的进度计划(包括多级管理的子计划)，在执行该计划的过程中，经常要检查实际进度是否按计划要求进行，若出现偏差，要及时找出原因，采取必要的补救措施或调整、修改原计划，直至项目完成。项目进度管理的目的是保证项目在满足其时间约束条件的前提下实现其总体目标。

6.1 工程项目计划系统

6.1.1 计划系统的概念

工程项目的计划是一个持续的、循环的、渐进的过程。随着工程项目的开展，情况在不断变化，需要对项目计划不断研究、修改和完善，形成一个前后相继的计划系统。

6.1.2 计划前的准备工作

(1) 确定项目目标，并对目标进行分析。

(2) 对项目环境进行详细的、微观的调查，掌握影响计划和工程的一切内外部影响因素，提交调查报告。

(3) 项目结构分析。通过项目的结构分析获得项目的静态结构，通过逻辑关系分析获得项目动态的工作流程——网络。

(4) 明确各项目单元的基本情况。将项目目标、任务进行分解，涉及工程范围、质量要求、工程量计算等方面。

(5) 制定与计划深度配套的、详细的实施方案。为了完成项目的各项任务，使项目经济、安全、稳定、高效率地实施和运行，必须对实施方案进行全面的研究，具体包括以下三方面。

① 针对各层次的项目单元，寻找完成项目任务的各种必需的方法。包括技术方案，如施工工艺、设备、给排水方案等；各种安全和质量的保证措施；采购方案；现场运输和平面布置方案；各种组织措施等。

② 采用各种分析方法，如技术经济方法、对比分析方法等对方案进行优化选择。

③ 对选定的方案进行系统计划和安排，确定按照这种方案完成相关任务的活动，并分析和确定各个活动之间的逻辑关系。

(6) 确定总工期计划和资源投入限制。例如能够为项目所使用的工程技术人员、机械设备和资金等的限制。

(7) 工程询价和工程估价，即估算工程各项开支的数额。

6.1.3 计划工作流程

工程项目的各种计划工作构成一个完整的体系，各种计划按照工作逻辑顺序排列，同时考虑内容上的联系和限制，例如工期与成本计划、进度与工程款收入、进度与工程成本计划等之间存在复杂的关系。

工程项目计划工作流程如图6-1所示。

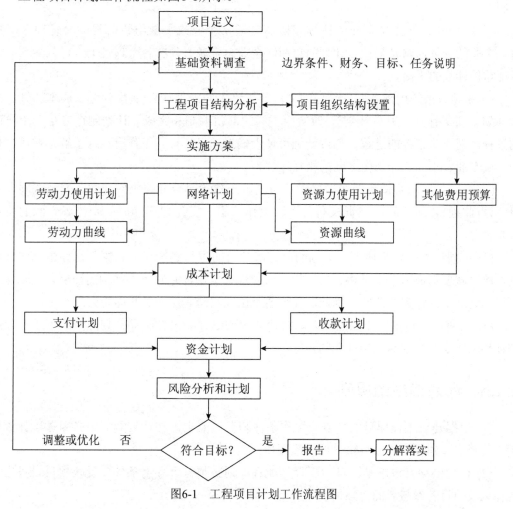

图6-1 工程项目计划工作流程图

6.1.4 计划中的协调

一个科学可行的计划不仅在内容上要求完整、周密，而且需要协调。计划的协调包括多方面内容，最重要的也是最容易出问题的是不同的计划者、不同层次之间人员的协调。由于项目单元(单项工程、单位工程等)由不同的人承担，不同人之间受合同关系制约，所以在编制招标文件、合同谈判及签约时应注意以下方面。

(1) 按照总体计划、目标和任务起草招标文件，签订合同。承包商的计划应纳入业主的整个项目计划体系中，分包商的计划应纳入总承包商的计划体系中。投标人的投标书后面所列的计划(实施方案、工期安排、承包人的项目组织)也属于合同的一部分，应纳入整个项目的计划中。

(2) 计划是项目参与各方沟通的渠道，是联系和报告的工具。通过计划的协调可以增强人们对项目工作的兴趣，调动其积极性，具体体现在以下方面。

① 在编制计划期间，应将有关情况通知项目相关者，需要时，还应请他们共同参与编制工作。

② 项目的计划应与企业的计划相协调。通常企业或上层组织需要同时管理多个项目，企业的计划通常是多项目计划的总和，企业总资源必须在各个项目上进行分配，必须保证总体计划的平衡。

③ 在项目组织内部各职能部门间的沟通。许多职能型计划(进度计划、成本计划、采购计划、质量计划、财务计划等)通常由不同的部门编制和完成，计划制订应是一个协商的过程，而不是指令的过程，通过计划可使人们对项目目标、工作有深入了解，增进项目中不同专业、不同职能部门之间的相互理解。

(3) 合同之间的协调。即应做好设计合同、土建承包合同、供应合同、安装合同和项目管理(监理)合同之间，在责权利关系、工作范围、工作程序和时间安排等方面的协调工作。

(4) 不同层次的计划协调。计划的制订随项目的进行逐渐细化、深入，并由上向下发展，所以就要形成一个上下协调的过程，既要保证上层计划对下层计划的控制，又要保证下层计划对上层计划的落实。因此，计划通常由高层和底层人员共同制订。

(5) 长期计划和短期计划的协调。短期计划的制订必须在长期计划的制约下进行；长期计划的实现必须依靠短期计划的执行。

6.1.5 计划编制的原则

(1) 根据建设工程项目的特点、协作条件和发展要求，在计划编制中必须体现计划期工作的重点和建设工程项目管理的一般规律。

(2) 计划必须实事求是，量力而行。项目计划必须符合环境条件，反映项目自身客观规律以及项目各参与者的实际情况。

(3) 计划必须满足经济性要求。项目计划目标除要求项目任务安全、优质、高效完成外，还应有较高的整体经济效益，同时应实现资金平衡，有效使用资源。

(4) 全面性和系统性原则。项目计划必须包括项目实施的各方面要素，如项目单元特性、项目所需的资源或条件限制以及项目任务承担者的特性等。

(5) 项目计划应具有一定的弹性。计划是建立在预定目标、以往工程经验、环境情况以及对未来合理预测的基础之上的,人为因素的影响非常强。在项目实施过程中,计划受到多方面因素干扰,必须适时做出变更或调整。例如,项目外界环境发生变化(市场变化、政府新的法令、不可抗力因素等),项目目标、计划等存在失误,在实施过程中出现失误等都需要对项目计划做出修正。因此,项目计划必须具有弹性以适应实施过程中的特殊情况,但应注意弹性应由上层管理者控制,且不可随任务下达。

(6) 计划应详略得当。计划过细会束缚实施者的活力,容易造成执行和变更困难,增加计划费用;太粗则精度较差,达不到指导实际工作和实施控制的要求。对于计划的详略程度,应综合考虑工程规模、工程技术设计深度、项目工作结构分解程度和工期等因素确定。

6.1.6 计划编制的程序

项目计划的编制一般按照下列6个步骤进行。

1. 收集和整理计划相关信息

有效的项目计划取决于信息系统的结构、质量和效率。作为编制项目计划的第一步,必须收集与项目有关的各种信息,力争通过多种渠道收集项目相关的历史资料、上级文件,调查有关的政治、经济、技术、法律的信息,召开必要的专家会,对与编制计划有关的问题进行分析预测。信息的收集和整理应尽可能做到及时、全面、准确。

2. 项目目标分析

(1) 目标的识别。根据获得的信息,明确项目的具体投资额、工期或质量等;并在识别项目目标时,明确业主的真正目的,提出目标的背景;明确实现这些目标的标准、条件,以及目标与目标之间的关系。

(2) 目标实现的先后顺序。项目往往有多个目标,确认了项目各目标之间的关系后,需要对目标进行排序,分清主次。如果把工期作为主要目标,则把成本和质量目标作为次要目标。

(3) 目标的衡量。对于项目的目标,最好将其量化;对于难以量化的目标,应找出可量化的相关指标或标准,同时对目标的实现程度给出"满意度"要求,如确定一个可接受的置信水平,如目标实现程度在规定范围之内,就认为目标的实现是令人满意的。

(4) 实现项目目标的环境分析与评价。应从政策、法律、自然条件、施工条件等方面进行分析。

3. 工作(任务)说明

工作(任务)说明是对实现项目目标所进行的工作活动的描述。一般来讲,在项目目标确定之后,需列举实现这些目标的工作和任务,说明这些工作或任务的内容、要求和工作程序,并按一定的格式形成文档。

4. 工作(任务)分解结构

工作(任务)分解结构是将项目的各项内容按其相关关系逐层进行工作分解,直至分解到工作内容单一、便于组织管理的单项工作为止,并把各单项工作在整个项目中的地位、相对关系直观地用树形图表示,以便更有效地计划、组织、控制项目整体的实施。它是项目计划和控制的基础,其目的是使项目各方从整体上了解自己承担的工作与全局的关系。

工作(任务)分解结构的编制程序如下所述。

(1) 根据工作说明,列出项目的任务清单和有关规定的说明。据此明确有哪些任务需要完成,这些任务是否存在着等级相关(两项任务中的一项是否是另一项的一部分)或相互重叠,如果存在应重新安排,要使其等级关系明朗化。

(2) 将项目的各项活动按其工作内容逐级分解,直至分解到相对独立的工作单元(如分部与分项工程)。每个工作单元既表示一项基础活动,又表示一个输入输出单元,还要表示一个责任班组或个人。工作单元要求具有下列性质:易于管理;有确定的衡量工作任务的标准;实施过程中人、财、物的消耗易测定,便于成本核算;责、权明确,工作单元的任务能完整地分派给某个班组或个人来完成。

(3) 明确每个工作单元需要输入的资源和完成的时间。为此,要说明每个工作单元的性质、工作内容、目标,并确定执行施工任务的负责人及组织形式。

(4) 分析并明确各工作单元实施的先后顺序及它们的逻辑关系,确定它们之间的等级关系和平行关系,即各项活动之间的纵向隶属关系和横向关系。

(5) 将各工作单元的费用逐级汇总,累计项目的总概算,作为各分计划成本控制的基础;再根据各工作单元作业时间的估算及关键活动与各项活动的逻辑关系,汇总为项目的总进度计划,作为各分计划的基础;最后将各工作单元所需的资源汇总成项目的总资源使用计划。

(6) 项目经理对工作分解结构做出综合评价,然后拟定项目的具体实施方案,并形成项目计划,上报审批。

5. 编制线性责任图

将工作(任务)分解结构与组织机构图对照使用,则形成线性责任图,如图6-2所示。它将所分解的工作落实到有关部门、班组或个人,并明确表示有关部门与这项工作的关系及所应承担的责任和所占据的地位,以便分工负责和实施管理。

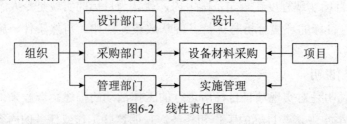

图6-2 线性责任图

6. 绘制逻辑关系图

在项目工作分解结构的基础上,按各项活动的先后顺序和衔接关系作各项活动的关系图,称为逻辑关系图。对于工程项目的实施来讲,有两种逻辑关系,即生产工艺选择关系和组织逻辑关系,前者指由项目策划开始到交付使用所要求的各项工作的先后次序所决定的逻辑关系；后者是指由资源平衡或组织管理上的需要决定的各项工作的次序关系。

在项目实施过程中，各项作业的逻辑关系分为平行、顺序和搭接三种。平行关系是指相邻两种活动同时开始工作；顺序关系是指相邻两种活动按顺序进行，又分为紧连顺序和间隔顺序关系；搭接关系是指两项活动只有一段时间平行进行。搭接关系是最一般的关系，平行关系和顺序关系只是搭接关系的特例。

有些活动之间只存在先后顺序关系，并没有实质性的活动(不占时间，不消耗资源)，在逻辑关系图中被称为虚工作。

6.2 项目进度管理概述

6.2.1 进度概念

1. 进度

进度通常指工程项目实施结果的进展情况，工程项目的进展情况通常用任务的完成情况来表达，如工程量、投资额等。由于工程项目目标的复杂性，工程项目的进度表达很难使用统一的、合适的指标进行全面衡量。有时时间和费用与计划都吻合，但工程实际进度(工作量)未达到目标，则后期就必须投入更多的时间和费用。

在现代工程项目管理中，人们已赋予进度以综合的含义，它将工程项目任务、工期、成本有机地结合起来，形成一个综合的指标，能全面反映项目的实施状况。

2. 进度指标

进度控制的基本对象是项目范围内的工程活动，包括项目工作结构分解图上各层次的单元，上至整个项目，下至各个工作包，有时甚至到最低层次网络上的工程活动。确定进度指标对进度的表达、计算、控制会产生很大影响。由于工程项目由不同的子项目、工作包组成，它们的工作内容和性质不同，必须选择适用于所有工程活动的计量单位。

1) 持续时间

工程项目持续时间是进度的重要指标。人们常用已消耗工期与计划工期相比较来描述工程完成程度。例如，计划工期4年，现已经进行了1年，则工期已达25%；一个工程活动，计划持续时间为30天，现已进行了15天，则已完成50%。通常工期与进度是不完全一致的，虽然工期消耗50%，但工程进度可能未达到50%。工程效率是决定工程进度的另一个主要因素，与施工速度通常不是线性关系，一般项目开始时工作效率很低，进度较慢，到项目中期投入最大，进度最快，而后期投入又较少，进度变慢。同时，在已完成的工期中还存在各种停工、窝工和干扰因素的影响，使得实际效率远低于计划效率。

2) 可交付成果数量

进度指标还可以使用可交付的成果数量表示，这种方式主要针对交付成果易于核算的活动。例如，设计工作可按照已完成的图纸数量表示进度，混凝土工程可用已浇筑的混凝土体积来表示。

3) 已完成工程的价值量

即用已经完成的工作量价值与相应的合同价格或预算价格比较计算，它将不同种类的工程活动统一起来，能够综合反映工程的实际进度情况，是常用的进度指标。

4) 资源消耗指标

最常用的资源消耗指标有劳动工时、机械台班、主材和成本的消耗等，此类指标具有统一性和较好的可比性，各层次工程活动直至整个项目都可使用，方便使用统一尺度分析项目进度情况。

但在实际工程应用中，要注意以下问题。

(1) 投入资源数量和进度有时会有背离，将会产生误导。例如，某活动计划需100工时，现已消耗60工时，则该活动进度已达60%。但这只是表面数据，项目的实际进度通常不是60%，因为计划劳动效率和实际效率并不完全相符。

(2) 实际工程量经常发生变更，导致与计划不一致。例如，计划100h，由于工程变更，工作难度增加，工作条件变化，实际需要120h。现已完成60h，实质上仅完成50%，而不是60%。

(3) 不同的工程活动资源消耗差异较大，不能简单地对比。例如，挖土和装饰工程的劳动力消耗量可比性不大，相同的工程价格(或工程总成本)，劳动力消耗可能差几倍。

(4) 常用成本指标反映工程进度，但应剔除由不正常原因造成的成本损失(返工、窝工、停工)、由于价格原因造成的成本增加以及实际工程量、工作范围变化等因素造成的影响。

3. 工期与进度

工期和进度是两个既互相联系又相互区别的概念。

由工期计划可以得到各项目单元的计划工期的各个时间参数，它们分别表示各层次项目单元的开始时间、持续时间、结束时间、时差等。工期计划定义各个工程活动的时间安排，能全面反映工程的进展状况。

工期控制的目的是使工程实施活动与工期计划在时间上相吻合，保证各工程活动按计划开工、按时完成，保证总工期目标的实现，进而保证计划进度。

进度控制的总目标与工期控制是一致的，但在控制过程中它不仅追求时间上的吻合，而且追求在一定的时间内工程量的完成程度或资源消耗的一致性。工期与进度的关系具体表现在以下几个方面。

(1) 工期常常作为进度的一个指标，它在表示进度计划及其完成情况时有重要作用，所以进度控制首先表现为工期控制，只有实现有效的工期控制才能达到有效的进度控制，但仅用工期表达进度是不全面的，会产生误导。

(2) 进度的拖延最终将表现为工期的拖延。

(3) 进度的调整常常表现为对工期的调整，为加快进度，改变施工次序，增加资源投入，则意味着要采取措施缩短总工期。

6.2.2 项目进度管理的含义

工程项目进度管理是指在工程项目建设过程中，为了在合同约定的工期内完成工程项目建设任务而开展的全部管理活动的总称。它包括进度计划的编制、进度计划的跟踪与检查、进度控制措施的制定、进度计划的调整等一系列工作。

工程项目的进度涉及工程建设的方方面面，因此，工程项目进度管理工作应该贯穿于整个项目的全部实施阶段，应该是对工程项目建设的全过程、全方位的管理，具体包括以下几个方面的含义。

1. 工程项目进度管理是对工程项目建设全过程的管理

工程项目的建设任务是由各个阶段的建设任务组成的，工程建设进度总目标的实现需要各个阶段进度目标的实现来保证。因此，工程项目进度管理不仅包括施工阶段，还包括设计准备阶段、设计阶段以及工程招标和动用准备等阶段。它的时间范围涵盖了工程项目建设的全过程。

2. 进度管理是对所有工程内容的管理

由于项目进度总目标是计划动用时间，所以进行进度管理工作必须对组成项目的所有构成部分的进度实现全方位的管理，既包括红线内工程也包括红线外工程，既包括土建工程也包括设备安装、给水排水、采暖通风、道路、绿化、电气等工程。

3. 工程项目进度管理是对工程项目建设所有工作的管理

工程项目建设任务的完成，需要全体人员的共同努力。在工程建设过程中，任何一项工作不能按计划完成，都会影响整个工程项目的进度。所以，为了确保工程建设进度总目标的实现，需要把与工程建设有关的所有工作都列入进度管理工作的范围，作为进度控制的对象。既包括对工程施工进度的管理，也包括对设计、施工准备、工程招标、材料和设备的供应、动用前的准备等工作的进度管理。当然，任何事务都有主次之分，在进行工程项目进度管理时，也要在对各方面工作进行详细规划、周密安排，使工作能够有条不紊地进行的同时，注意工作内容的侧重，使其主次分明。

4. 工程项目进度管理是对影响进度因素的管理

影响项目进度的因素非常多，包括人员素质、施工工艺、材料和构配件供应状况、设备运行状况、施工现场的地质条件、自然环境因素、社会因素、相关单位之间的配合状况以及其他难以预料的因素等许多方面。要实现对工程进度的有效控制，必须对上述各种影响进度的因素进行充分考虑，并采取措施减少或避免这些因素对工程进度的影响。

5. 工程项目进度管理是一个动态的管理过程

由于影响项目进度的因素非常多，这些因素又具有很大的不确定性，因此，在工程项目的建设过程中，实际进度和进度计划产生偏差是非常普遍的。工程项目进度管理人员应该根据工程建设的实际进度与工程实施进度计划的符合情况,及时对工程实施进度计划进行相应的调整,对工程实施进度进行动态管理。

6. 工程项目进度管理应该与其他管理工作相协调

在建设工程项目的过程中,进度、质量和费用目标之间有着相互依赖和相互制约的关系。例如,发生工期延误时,通过加班加点,或适当增加施工机械和人力的投入来追赶进度会增加施工成本,对费用目标产生不利影响。再如,工期延误时,可采取夜间施工或加快施工速度的补救措施,也可能因速度过快,对质量目标产生不利影响。因此,当采取进度控制措施时,要对这三个目标进行全面考虑,正确处理进度、质量和费用之间的关系。工程项目进度管理工作应该与其他管理工作相协调,以便提高工程项目建设的综合效益。

6.2.3 进度管理的主要任务

1. 建立工程项目进度管理组织

工程项目进度管理是工程项目管理的主要工作之一,在工程项目管理组织中必须建立专门的工程项目进度管理组织负责工程项目进度管理工作。

2. 制定工程项目进度管理制度

工程项目进度管理工作除了要有专门的工程项目进度管理组织负责外,还必须有完善的工程项目进度管理制度作保证。所以,在工程项目管理制度体系中,应该有专门的工程项目进度管理制度。

3. 编制工程实施进度计划

要想保证工程建设进度目标的实现,就要在收集资料和调查研究的基础上,认真分析建设工程任务的工作内容、工作程序、持续时间和搭接关系,按照工程建设合同工期的要求,编制工程实施进度计划。

4. 工程项目建设的进度控制

工程实施进度计划付诸实施后,为了确保工程建设进度目标的实现,在进度计划实施过程中还需要经常检查工程建设的实际进度是否符合工程实施进度计划的要求。如果工程建设的实际进度与工程实施进度计划出现偏差,应该迅速分析偏差产生的原因和对工程建设总工期的影响程度。如果工程建设的实际进度与工程实施进度计划的偏差会影响工程建设进度目标的实现,应该及时采取补救措施,并对工程实施进度计划进行相应的调整。工程建设的后续工作应该按照调整后的进度计划进行。如此循环,直到完成全部的工程建设任务为止。

5. 工程项目进度管理工作总结

在工程建设任务完成之后,还应该进行工程项目进度管理工作总结,为今后的工程项目进度管理工作积累经验,不断提高工程项目管理团队的管理水平。

6.3 工程项目进度计划

6.3.1 进度计划的含义

项目进度计划是指每项活动开始及结束时间具体化的进度计划。在确定了项目的开始时间和结束时间后，就需要将总目标转化为具体而有序的各项任务，并对每项任务的完成时间做出安排。这种安排就构成了进度计划，包括所有的工作任务、相关成本和完成任务所需要的时间估计等。

例如，施工计划是施工项目经理部为实现施工目标经科学预测而确定的未来行动方案。任何施工计划都是为了解决三个问题：一是确定施工组织目标，二是确定达成施工目标的行动时序，三是确定施工行动所需的资源用量。

施工进度计划是施工过程的时间序列和作业进程速度的综合概念，是在确定施工项目目标工期的基础上，根据应完成的工程量，对各项施工过程的施工顺序、起止时间和相互衔接关系以及所需的劳动力和各种技术物质的供应所做的具体策划和统筹安排。通过拟订施工进度计划，可保证施工项目能够在规定的工期内，以尽可能低的成本，高质量地完成。

6.3.2 进度计划的类型

项目进度计划是指在确保合同工期和主要里程碑时间的前提下，对设计、采购和施工的各项作业进行时间和逻辑上的合理安排，以达到合理利用资源、降低费用支出和减少施工干扰的目的。

按照项目不同阶段的先后顺序，进度计划分为如下几种。

1. 项目实施计划

项目实施计划是承包商基于业主给定的重大里程碑时间(开工、完工、试运、投产)，根据自己在设计、采购、施工等各方面的资源，综合考虑国内外局势以及项目所在国的社会及经济情况制订的总体实施计划。该计划明确了人员设备动迁、营地建设、设备与材料运输、开工、主体施工、机械完工、试运、投产和移交等各方面工作的计划安排。

2. 详细的执行目标计划

详细的执行目标计划是由承包商在授标后一段时间内(一般是一个月)向工程师递交的进度计划。该计划建立在项目实施计划基础之上，根据设计部提出的项目设计文件清单和设备材料的采购清单，以及施工部提出的项目施工部署，做出详细的工作分解，再根据施工网络技术原理，按照紧前紧后工序编制完成。该计划在工程师批准后即构成正式的目标计划予以执行。

3. 详细的执行更新计划

在目标计划执行过程中，可通过对实施过程的跟踪检查，找出实际进度与计划进度之间的偏差，分析偏差原因并找出解决办法。如果无法完成原来的目标计划，那么必须修改原来的计划形成更新计划。更新计划是依据实际情况对目标计划进行的调整，更新计划的批准意味着目标计划中的逻辑关系、工作时段、业主供货时间等方面修改计划的批准。

制订工程项目进度计划通常经历由粗到细的过程。在进行项目目标设计时，确定总工期作为项目目标之一，对整个工期计划具有限定作用；项目在可行性研究阶段按总工期目标制订总体计划和控制方案，这一过程总工期目标被分解、细化和修改，总工期被分解为设计和计划、前期准备、施工、交付并投入运行等主要阶段，并用横道图或里程碑计划表示项目的主要活动或阶段的时间安排。项目的里程碑事件通常是指项目的重要事件，是重要阶段或重要工程活动的开始或结束，是项目全过程中的关键事件。上层管理者掌握项目的里程碑事件的安排对进度管理是十分重要的，有利于他们根据里程碑事件确定进度目标，审查进度计划并进行进度控制。同时，各级承包商都有自己的里程碑计划。

随着项目的进行、技术设计的细化、结构分解的细化，可供计划使用的数据越来越详细、越来越准确，制订的工期计划也更详细，同时提高了持续时间估算的准确性，工期计划质量逐步提高。详细的工期计划通常在承包合同签订后由承包商制订，并经业主的项目经理(或监理工程师)批准或同意后执行。

6.3.3　进度计划的编制依据

工程项目进度计划一般根据以下资料进行编制。

1. 工程合同

工程合同既是联系各工程项目建设参与单位的纽带，也是确定工程项目管理目标的基础。在编制工程项目进度计划时，首先应该根据工程合同了解工程项目建设的具体任务内容，并根据合同工期确定工程项目进度管理的总目标。

2. 工程设计图纸

工程合同中虽然包含工程项目建设的具体任务内容，但是工程合同对工程项目建设任务的叙述往往是比较笼统的，必须对工程设计图纸进行认真分析后才能够得到工程项目建设任务的工程量等详细信息，因此，工程设计图纸是工程项目进度计划编制过程中不可缺少的基础资料。

3. 工程项目实施方案

工程项目进度与工程项目实施方案的关系非常密切。同样的工作内容、相同的工程量，采用不同的施工工艺，就会产生不同的项目进度。即使是同样的工作内容、相同的工程量、采用相同的施工工艺，如果投入的人员和设备情况不同，则工程项目的进度也不相同。因此，在工程项目进度计划编制之前，编制人员应该详细了解工程项目实施方案。

4. 工期定额

工期定额是计算工程项目进度的基础，在工程项目进度计划编制过程中，编制人员应该了解工程项目实施方案中所投入的人力、物力等情况，科学、合理地计算各项工程项目建设工作的合理工期，并根据各项工作的合理工期和各项工作之间的逻辑关系最终确定工程项目的进度计划。

5. 相关工作的进度计划及实施情况

工程项目的进度除了与实施单位的工作安排有关外，还与相关工作的进展情况关系密切。如工程施工必须有施工图，如果施工图出图延误，施工就没办法按照计划进行。因此，在工程项目进度计划编制过程中，编制人员除了要考虑本单位的具体情况外，还必须掌握相关工作的进度计划及实施情况。只有这样才能制订出切实可行的工程项目进度计划。

6. 其他资料

工程项目实施进度的影响因素非常多，在工程项目进度计划编制过程中，编制人员除了要考虑上述影响因素外，还需要考虑气象条件、工程场地的地质条件和周围环境条件等许多因素。因此，编制人员在编制工程项目进度计划之前，需要尽可能多地考虑项目进度的影响因素，并尽可能多地收集相关资料。

6.4 工程项目进度计划的编制程序与方法

常用的工程项目进度计划编制方法有横道图、网络图和关键路线法与计划评审技术等。

6.4.1 横道图

横道图是美国人甘特(Gantt)在20世纪20年代提出的一种进度计划表示方法，它在国外被称为甘特图，是传统的进度计划表示方法。

横道图是一种图和表相结合的进度计划表现形式，工程活动的时间用表格形式在图的上方呈横向排列，工程活动的具体内容则用表格形式在图的左侧纵向排列，图的主体部分以横道(进度线)表示工程活动从开始到结束的时间，横道所对应的位置与时间坐标相对应，横道的长短表示工程活动持续时间的长短。这种表达方式非常直观，并且很容易看懂计划编制的意图。因此，横道图是一种最形象的进度计划表示方法。

1. 横道图进度计划的优点

(1) 简单、直观，非常容易看懂。
(2) 制作简单，使用方便，便于各个层次的人员掌握和运用。
(3) 能够清楚地表示工程活动的开始时间、持续时间和结束时间。
(4) 不仅能表示进度计划，而且可以与劳动力计划、资源计划、资金计划等相结合。

2. 横道图进度计划的缺点

(1) 无法表示工作之间的逻辑关系。虽然横道图中清楚地表示了工程活动的时间参数,但是它只表示工程项目管理人员对工作时间的安排,并不表示工作之间的逻辑关系。

(2) 无法表示工作之间的相互影响关系。在横道图进度计划中,无法表示因一项工程活动提前、推迟或延长持续时间会影响哪些活动。

(3) 不能表示活动的重要性,如哪些活动是关键的、哪些活动有推迟或拖延的余地。

(4) 横道图所能表达的信息量较少。横道图无法表示工程活动的等待时间、重要性等其他信息,也不能确定计划的关键路线和关键工作,信息量较少。

(5) 不能用计算机处理,即对一个复杂的工程不能进行工期计算,更不能进行工期方案的优化。

3. 横道图的应用范围

横道图的特点决定了它既有广泛的应用范围和很强的生命力,又有一定的局限性,主要适用于以下情况。

(1) 可直接用于一些简单的、小规模的项目。由于活动较少,可以直接用它排工期计划。

(2) 可用于项目初期计划。由于项目初期尚没有做详细的项目结构分解,工程活动之间复杂的逻辑关系尚未分析出来,一般人们都用横道图做总体计划。

(3) 作为高层管理者了解项目总体计划之用。

(4) 作为网络分析的输出结果。

6.4.2 网络计划图

网络计划图是用节点表示工作、用箭线表示工作之间的逻辑关系而绘制的工程进度计划图,如图6-3所示。由于工程进度计划图的绘制结果很像一张网,所以被形象地称为网络计划图。

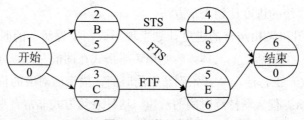

图6-3 网络计划图

1~6——节点编号;B~E——工作名称;STS——两项工作开始时间的时距;
FTS——前一项工作的结束时间到后一项工作的开始时间的时距;FTF——两项工作结束时间的时距。

1. 网络计划图中的节点

在网络计划图中,箭线端部的圆圈或其他形状的封闭图形(见图6-4)称为节点。在双代号网络图中,节点表示工作之间的逻辑关系;在单代号网络图中,节点表示一项工作。在网络计划图中还存在起点节点和终点节点两种特殊节点。起点节点是指网络图的第一个节点,表示一项任务的开始,图6-4中的开始节点;终点节点是指网络图的最后一个节点,表示一项任务的完成。

图6-4 网络计划图中的节点

2. 网络计划图中的工作

在网络计划图中,有一般工作(简称工作)、虚工作、紧前工作和紧后工作4种类型。

一般工作是指在网络计划图中需要占用一定的时间,并需要消耗一定资源的工程活动或任务,如图6-5(a)(b)(c)所示。虚工作是指既不占用时间,也不消耗资源的虚拟工作,见图6-5(d),它在网络计划图中用来表示前后相邻工作之间的逻辑关系。紧排在某工作之前的工作称为该工作的紧前工作,如图6-3中的工作B和C为工作E的紧前工作。紧排在某工作之后的工作称为该工作的紧后工作,如图6-3中的工作E为工作B和C的紧后工作。

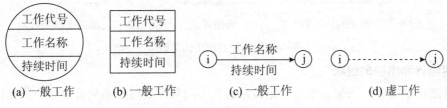

图6-5 网络计划图中的工作

除此之外,还有关键工作和非关键工作。关键工作是指该项工作的持续时间延长或缩短,开始和结束时间的提前或推迟都会影响总工期的工作;而工作开始和结束时间具有一定的调节余地的工作称为非关键工作。

3. 网络计划时间参数

在网络计划图中,每一项工作有以下7个时间参数。

(1) 持续时间(D):某一项工作从开始到结束所需要的时间。

(2) 最早开始时间(ES):某一项工作在所有紧前工作都完成后,可能开始的最早时间称为该工作的最早开始时间。它等于该工作的所有紧前工作最早完成时间的最大值。

(3) 最早完成时间(EF):某一项工作在最早开始时间就开始做的情况下的完成时间,等于该工作最早开始时间加上该工作的持续时间。

(4) 最迟开始时间(LS):某一项工作在不影响总工期的条件下必须开始的开始时间称为该工作的最迟开始时间,等于该工作所有紧后工作的最迟开始时间的最小值减去该工作的持续时间。

(5) 最迟完成时间(LF):某一项工作在不影响总工期的条件下必须结束的时间称为该工作的最迟完成时间。

(6) 自由时差(FF):某一项工作在不影响其紧后工作最早开始的条件下所具有的机动时间为该工作的自由时差,等于该工作的紧后工作的最早开始时间与工作本身的最早完成时间的差值。

(7) 总时差(TF):某一项工作在不影响总工期的条件下所具有的机动时间为该工作的总时差。它等于该工作的最早开始时间与最迟开始时间的差值,或最早完成时间与最迟完成时间的差值。

工作i的几个时间参数之间的关系为

$$EF_i = ES_i + D_i \qquad 6-1$$
$$LS_i = LF_i - D_i \qquad 6-2$$
$$TF_i = LF_i - EF_i = LS_i - ES_i \qquad 6-3$$
$$FF_i \leqslant TF_i \qquad 6-4$$

4. 网络计划图中的箭线

网络计划图中的箭线有实线、波浪线、虚线和其他形式的箭线等多种形式。其中，实线表示一般工作之间的逻辑关系，见图6-6(a)；波浪线表示自由时差(即机动时间)，见图6-6(b)；虚线表示虚工作之间的逻辑关系，见图6-6(c)；其他形式的箭线一般表示关键线路上的工作之间的逻辑关系。

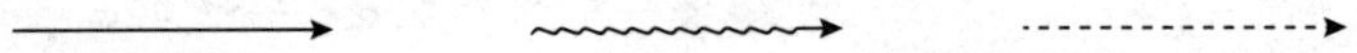

(a) 一般工作之间的逻辑关系　　(b) 自由时差　　(c) 虚工作之间的逻辑关系

图6-6　网络计划图中的箭线

5. 网络计划图中的线路

在网络计划图中，从起点节点开始，沿箭头方向顺序通过一系列箭线与节点到终点节点的通路称为线路。其中，全部由总时差为0的工作组成的持续时间最长的线路为关键线路，其他线路则称为非关键线路。

6. 网络计划图的类型

根据网络计划图中对工作的表示方法的不同，可将其分为单代号网络计划图、双代号网络计划图、双代号时标网络计划图和单代号搭接网络计划图等多种形式。我国工程中常用的网络计划图是单代号网络计划图、双代号网络计划图、双代号时标网络计划图。

① 单代号网络计划图

用单一代号和单一节点表示工作绘制而成的网络计划图称为单代号网络计划图，如图6-3所示。

除了具有网络计划图共同的优点外，与双代号网络相比较，单代号搭接网络具有以下优点。

(1) 有较强的逻辑表达能力。两项工作搭接时距既可以用开始时间的时距，也可以用前一项工作的结束时间到后一项工作的开始时间的时距，还可以用两项工作结束时间的时距，能清楚、方便地表达工作之间的各种逻辑关系。

(2) 其表达方式与人们的思维方式一致，易于被人们接受。

(3) 绘制方法简单，不易出错，不需要虚箭线。

单代号网络计划图不能有相同编号的节点，相同编号表示相同的工程活动，同样的活动出现在网络的不同位置则会出现定义上的混乱，尤其是使用计算机进行网络分析的情况。网络图中同样不能出现违反逻辑的表示，例如违反自然规律，则不符合客观现状。

② 双代号网络计划图

以箭线作为工程活动，箭线两端用编上号码的圆圈连接，如图6-7所示。箭线上表示工作名称，箭线下表示工作的持续时间。

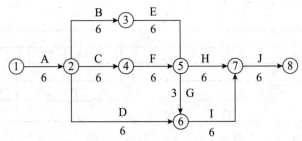

图6-7 双代号网络计划图

双代号网络图一般利用计算机进行绘制和网络分析,但部分小项目或一些子网络需要人工绘制和分析。在双代号网络的绘制过程中,应尤为注意虚箭线的使用,正确使用虚箭线可以防止出现逻辑关系的错误。

双代号网络图只允许有一个开始节点和一个结束节点,如果存在多个开始节点和结束节点可将节点合并或使用虚工作的方式处理。同时,应注意双代号网络图中不允许出现环路,节点编号不能重复且不能出现无箭头或双向箭头的箭线等。

例如,某工程项目活动及逻辑关系见表6-1。

表6-1 某工程项目活动及逻辑关系

活动	A	B	C	D	E	F	G	H	I	J	K
持续时间/日	6	5	9	3	4	6	10	4	3	3	4
紧前活动	—	A	A	A	B	B、C	C、D	D	E、F	F、G、H	I、J

根据活动逻辑关系作双代号网络图,见图6-8。

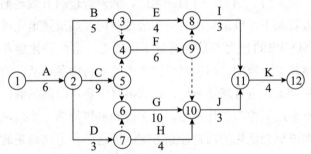

图6-8 某工程项目活动计划双代号网络图

③ 双代号时标网络计划图

双代号时标网络计划图简称时标网络计划,是指加注了时间坐标后的双代号网络计划图,如图6-9所示。

双代号时标网络计划图中的时间单位可以根据实际工作的需要选择天、周、月或季度等。

在时标网络计划中,以实箭线表示工作,以虚箭线表示虚工作,以波浪线表示工作的自由时差。

时标网络计划中所有符号在时间坐标上的水平投影位置,都必须与其时间参数相对应。节点中心必须对准相应的时标位置。虚工作必须以垂直方向的虚箭线表示,有自由时差时加波浪线表示。

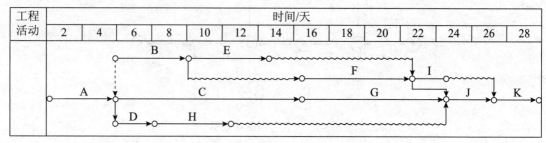

图6-9 双代号时标网络计划图

时标网络计划具有网络计划的优点，又具有横道计划直观、易懂的优点，它将网络计划的时间参数直观地表达出来。

网络计划有广泛的适用性。除极少数情况外，它是最理想的工期计划方法和工期控制方法。当然，网络计划也有其不足之处，比如绘制的方法和过程比较复杂，不如横道图直接明了等，但这可以通过绘制时标网络计划加以弥补。

6.4.3 关键路线法与计划评审技术

关键路线法(Critical Path Method，CPM)与计划评审技术(Program Evaluation and Review Technique，PERT)是20世纪50年代后期几乎同时出现的两种计划方法。随着科学技术和生产的迅速发展，出现了许多庞大而复杂的科研和工程项目，它们工序繁多，协作面广，常常需要动用大量人力、物力、财力。因此，如何合理而有效地把它们组织起来，使之相互协调，在有限资源下，以最短的时间和最低费用，高质量地完成整个项目就成为一个突出的问题，CPM和PERT就是在这种背景下出现的。这两种计划方法是分别独立发展起来的，但其基本原理是一致的，即用网络图来表达项目中各项活动的进度和它们之间的相互关系，并在此基础上，进行网络分析，计算网络中各项时间参数，确定关键活动与关键路线，利用时差不断地调整与优化网络，以求得到最短周期。然后，还可将成本与资源问题考虑进去，以求得综合优化的项目计划方案。因这两种方法都是通过网络图和相应的计算来反映项目全貌的，所以又叫做网络计划技术。

后来，还陆续发展了一些新的网络技术，如GERT(Graphical Evaluation and Review Technique，图示评审技术)、VERT(Venture Evaluation and Review Technique，风险评审技术)等。

在工程项目中，应该采用哪一种进度计划方法，主要应考虑下列因素。

(1) 项目的规模大小。很显然，小项目应采用简单的进度计划方法；大项目为了保证按期按质达到项目目标，就需考虑用较复杂的进度计划方法。

(2) 项目的复杂程度。这里应该注意到，项目的规模并不一定与项目的复杂程度成正比。例如，修一条公路，规模虽然不小，但并不太复杂，可以用较简单的进度计划方法；而研制一个小型的电子仪器，需要很复杂的步骤和很多专业知识，可能就需要使用较复杂的进度计划方法。

(3) 项目的紧急性。在项目急需进行的时候,特别是在开始阶段,需要对各项工作发布指示,以便尽早开始工作,此时,如果用很长的时间去编制进度计划,就会延误时间。

(4) 对项目细节掌握的程度。如果在开始阶段项目细节无法确定,CPM和PERT法就无法应用。

(5) 总进度是否由一两项关键事项所决定。如果项目进行过程中有一两项活动需要花费很长时间,而在此期间可把其他准备工作都安排好,那么对其他工作就不必编制详细复杂的进度计划了。

(6) 有无相应的技术力量和设备。例如,没有计算机,CPM和PERT进度计划方法有时就难以应用。而如果没有受过良好训练的、合格的技术人员,也无法胜任用复杂的方法编制进度计划。

此外,根据情况不同,还需考虑客户要求,以及能够用在进度计划上的预算等因素。到底采用哪一种方法来编制进度计划,要全面考虑以上各个因素。

6.4.4 工程项目进度计划编制程序

1. 横道图的编制程序

(1) 将构成整个工程的全部分项工程纵向排列填入表中。
(2) 横轴表示可能需要的工期。
(3) 分别计算所有分项工程施工所需要的时间。
(4) 如果在工期内能完成整个工程,则将第(3)步所计算出来的各分项工程所需工期安排在图表上,编排出日程表。这个日程的分配是为了要在预定的工期内完成整个工程,对各分项工程的所需时间和施工日期进行试算分配。如图6-10所示为采用横道图方法编制的某办公楼主体工程施工进度计划。

序号	分部分项工程名称	5月		6月				7月				8月				9月			
		24	31	6	12	18	24	30	6	12	18	24	31	6	12	18	24	31	6	12	18	24	30
1	土方工程																		
2	基础工程																		
3	基础工程验收																		
4	地下室																		
5	一层主体框架																		
6	二层主体框架																		
7	三层主体框架																		
8	四层主体框架																		
9	地下室填充墙砌筑																		
10	五层主体框架																		
11	六层主体框架																		
12	一至六层填充墙砌体																		
13	主体验收工程																		

图6-10 某办公楼主体工程施工进度计划

2. 网络计划的编制程序

在项目施工中用来指导施工、控制进度的施工进度网络计划，就是经过适当优化的施工网络，其编制程序如下所述。

(1) 调查研究。了解和分析工程任务的构成和施工的客观条件，掌握编制进度计划所需的各种资料，特别要对施工图进行透彻研究，并尽可能对施工中可能发生的问题做出预测，考虑解决问题的对策等。

(2) 确定方案。主要是指确定项目施工总体部署，划分施工阶段，制定施工方法，明确工艺流程，决定施工顺序等。这些通常是施工组织设计中施工方案说明中的内容，且施工方案说明一般应在施工进度计划之前完成，故可直接从有关文件中获得。

(3) 划分工序。根据工程内容和施工方案，将工程任务划分为若干道工序。一个项目工序数量由项目的规模和复杂程度以及计划管理的需要来决定，只要能满足工作需要就可以了，不必过细。大体上要求每一道工序都有明确的任务内容，有一定的实物工程量和形象进度目标，能够满足指导施工作业的需要，完成与否有明确的判别标志。

(4) 估算时间。估算完成每道工序所需要的工作时间，也就是每项工作的延续时间，这是对计划进行定量分析的基础。

(5) 编工序表。将项目的所有工序，依次列成表格，编排序号，以便于查对是否有遗漏或重复，并分析相互之间的逻辑制约关系。

(6) 画网络图。根据工序表画出网络图。工序表中所列出的工序逻辑关系，既包括工艺逻辑，也包含由施工组织方法决定的组织逻辑。

(7) 画时标网络图。给步骤(6)中的网络图加上时间横坐标，这时的网络图就叫做时标网络图。在时标网络图中，表示工序的箭线长度受时间坐标的限制，一道工序的箭线长度在时间坐标轴上的水平投影长度就是该工序延续时间的长短；工序的时差用波形线表示；虚工序延续时间为零，因而虚箭线在时间坐标轴上的投影长度也为零；虚工序的时差也用波形线表示。这种时标网络可以按工序的最早开工时间来画，也可以按工序的最迟开工时间来画，在实际应用中多是前者。

(8) 画资源曲线。根据时标网络图可画出施工主要资源的计划用量曲线。

(9) 可行性判断。主要是判别资源的计划用量是否超过实际可能的投入量。如果超过了，计划不可行，要进行调整，可将施工高峰错开，削减资源用量高峰；或者改变施工方法，减少资源用量。这时就要增加或改变某些组织逻辑关系，重新绘制时间坐标网络图；如果资源计划用量不超过实际拥有量，那么这个计划是可行的。

(10) 优化程度判别。可行的计划不一定是最优的计划。计划的优化是提高经济效益的关键步骤。所以，要判别计划是否最优，如果不是，就要进一步优化；如果计划的优化程度已经令人满意(往往不一定是最优)，就可得到用来指导施工、控制进度的施工网络图。

大多数工序都有确定的实物工程量，可按工序的工程量，并根据投入资源的多少及该工序的定额计算出作业时间。若该工序无定额可查，则可组织有关管理干部、技术人员、操作工人等，根据有关条件和以往经验，对完成该工序所需时间进行估算。

3. 施工进度网络计划的时间优化

在网络计划中，关键线路控制着任务的工期，因此缩短工期的着眼点是关键线路。但是采取硬性压缩关键工作的持续时间来达到缩短工期的目的，并不是很好的办法。在网络计划的时间优化中，缩短工期主要是通过调整工作的组织措施来实现的。

(1) 顺序作业调整为搭接作业。几个顺序进行的工作，若紧前工作部分完成后其紧后工作就可以开始，那么就可以将各工作分别划分成若干个流水段，组织流水作业，这样可以明显缩短工期。前一道工序完成了一部分，后一道工序就插上去施工，前后工序在不同的流水段上平行作业，在保证满足必要的施工工作面的条件下，流水段分得越细，前后工序投入施工的时间间隔(流水步距)越小，施工的搭接程度越高，总工期就越短。

(2) 对工程项目进行合理排序。如果一个施工项目可以分成若干个流水段，每个流水段都要经过相同的若干道工序，每道工序在各个流水段上的施工时间又不完全相同，如何选择合理的流水顺序就是一个很有意义的问题。因为由施工工艺决定的工作顺序是不可改变的，但流水顺序却是可以改变的，流水顺序不同，总工期不同，应该找出总工期最短的最优流水次序。

(3) 相应地推迟非关键工序的开始时间。工作A、B平行进行，假定A为非关键工作，完成A需8天；B为关键工作，完成B需20天。若规定工期为16天，为了加快关键工作B，把工期由20天缩短到16天，这时可以把工作A的部分人力转移到工作B，而工作A在工作B之后开始，这样工期就可以从原来的20天缩短到16天。

(4) 相应地延长非关键工作的持续时间。延长非关键工作的持续时间，将其人力、物力调到关键工作上去可达到压缩关键工作持续时间、缩短工期的目的。

(5) 从计划外增加资源。项目进度计划的总工期是由关键线路的长度决定的，因此，要缩短计划工期，必须压缩关键线路，即选择关键线路上的某些有可能缩短施工时间的工序，通过增加资源投入等方法实现压缩工期的目的。

采用以上(3)(4)(5)三种方法，当关键线路压缩以后，原来的次关键线路可能成为新的关键线路，如果其长度仍超过规定工期，则还要对这条线路进行压缩，压缩这条线路上的工序施工时间，直到满足工期规定为止。因此，在压缩工期时，应选择那些既是关键工作又是组成次关键线路的工作来压缩，将会同时缩短关键线路和次关键线路，从而达到事半功倍之效。

如图6-11所示，为施工项目进度计划的编制流程。

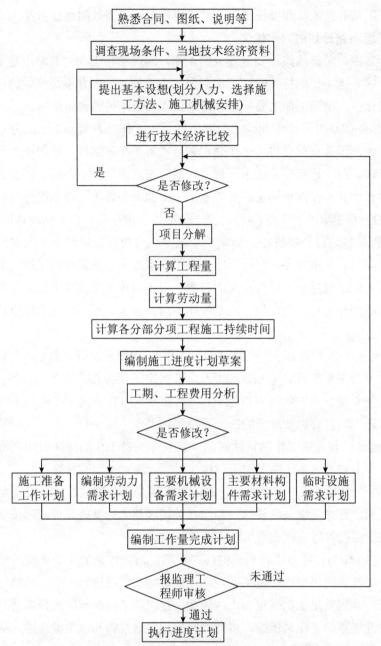

图6-11 施工项目进度计划的编制流程

6.5 工程项目进度控制

6.5.1 工程项目进度概述

工程项目进度是指工程项目实施的进展情况。由于工程项目建设过程中的不确定性因素非常多,在工程项目建设过程中,工程项目的进度和进度计划之间出现偏差是非常普遍的。为了确保工程项目工期目标的实现,除了需要有详细的工程项目进度计划外,还必须在项目进行过程中,经常性地对项目的进度情况进行检查,并根据项目的进展情况不断地对工程项目建设工作的安排进行调整,努力使工程项目的实际进度与计划进度相一致,这就是工程项目的进度控制。具体地说,工程项目的进度控制包括以下一些工作内容。

(1) 采用各种控制手段保证工程项目各项工作按计划及时开始。

(2) 在实施过程中,监督工程项目的进展情况,即在工程实施过程中详细记录各项工作的开始和结束时间、完成程度等信息,并在各控制期末(如月末、季末,分部分项工程的结束阶段等)将各活动的完成程度与计划进行对比,确定各项工作计划的完成情况。

(3) 项目进度情况评价。结合工期、生产成果的数量和质量、劳动效率、资源消耗、预算等指标,对项目进度状况进行综合评价,并对进度偏差做出解释,分析其产生的原因。

(4) 评定进度偏差对项目工期目标的影响。根据工程项目进度偏差和后续工作的具体情况,分析项目进展趋势,预测后期进度状况,对进度偏差对项目工期目标的影响做出评价。

(5) 进度计划调整。根据已完成状况及进度偏差产生的原因,有针对性地提出进度偏差消除措施,并对下一阶段的工作做出详细安排和计划,调整进度计划。

(6) 调整后的进度计划评审。对调整后的进度计划进行评审,分析进度偏差消除措施的效果,确保调整后的工期符合进度控制目标的要求。

(7) 调整下一阶段的工作安排,努力将工程项目的进度控制在进度计划的目标范围之内。进度计划调整后,应将对进度计划的变更通知相关各方,并做好相关工作安排的调整工作,以保证下一阶段的工作安排能够按照调整后的进度计划正常开展。

工程进度控制基本程序如图6-12所示。

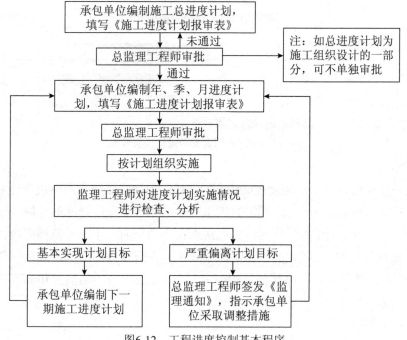

图6-12 工程进度控制基本程序

6.5.2 工程项目进度的检查

工程项目进度控制的前提是要准确把握工程项目的实际进展情况,即定期或不定期地检查工程项目的进度。工程项目进度检查的方法很多,其中最常用的有表格法、横道图法和前锋线法。

1. 表格法

把工程项目的进度做成表格,使进度管理人员通过表格来了解工程项目的实际进度,如表6-2所示。

表6-2 某工程进度情况

进度计划	工作内容	完成情况
计划完成的工作	北楼地下室柱梁板支模、钢筋绑扎	已完成
计划进行的工作	五号楼墙面瓷砖、地砖找补	完成70%,预计8月28日完成
	一层墙面、顶棚面刷涂料及楼层找补	完成55%,预计8月28日完成
	地下室地砖、墙砖粘贴	预计8月28日完成
	南楼一层模板支设	预计8月30日完成
	门厅地下室模板支设、钢筋绑扎	完成40%,预计8月30日完成

2. 横道图法

用横道图可以清楚地反映工程的实际进展情况,如表6-2所示。检查结果显示该工程的木门窗安装进度正常,钢门窗安装进度拖后,铝合金门窗安装进度超前。

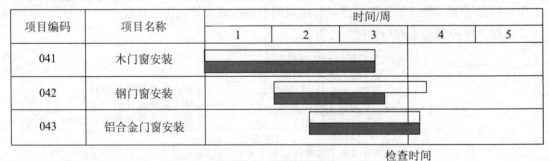

图6-13 某工程门窗安装进度检查情况

3. 前锋线法

前锋线是指检查日的工作实际进展状态的连线。前锋线法用于网络进度计划图中的进度检查,如图6-14所示。图中的工作E的工作实际进展状态在前锋线的左侧,一般情况表示进度拖后,但由于工作E的工作实际进展状态在该工作的自由时差范围之内,所以对工程项目的进度没有影响;工作F的工作实际进展状态在前锋线的右侧,表示工作提前;工作C的工作实际进展状态在前锋线的左侧,表示工作拖后;工作H的工作实际进展状态与前锋线重叠,表示工作进展正常。

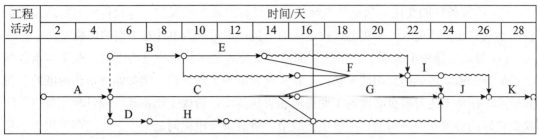

图6-14 前锋线法示意图

6.5.3 工程项目进度拖后的解决办法

当工程项目的实际进展状态与进度计划出现拖后时,一般可以从组织措施、技术措施、经济措施和合同措施4个方面来解决。

1. 组织措施

通过调整人员、设备等的投入数量、工作时间等来追赶进度,如增加人员、设备等的投入,延长单日的工作时间等。

2. 技术措施

通过改变施工方法和施工工艺等来追赶进度,如采用更先进的施工方法和施工工艺来提高工作效率。

3. 经济措施

通过制定奖励政策来调动员工的积极性,提高工作效率。

4. 合同措施

通过修改合同来改变工程的进度目标。

当工程项目的实际进展状态与进度计划出现的偏差无法通过组织措施、技术措施和经济措施来补救时,说明原来的进度目标已经无法实现,只能通过修改合同来改变工程的进度目标。

6.5.4 进度拖延原因分析及处理

1. 进度拖延原因分析

进度拖延在工程项目中非常常见,组成项目的各层次项目单元、项目各阶段均可能出现延误。项目管理者应按预定的项目计划定期评审实施进度情况,分析并确定进度拖延的根本原因。进度拖延的原因是多方面的,常见的有以下4种。

(1) 工期及相关计划的失误。例如,计划时遗忘了部分必需的功能或工作,导致项目范围变化;计划值过于保守,相关的实际工程量增加;实际资源投入或能力不足,如计划时未顾及资源的限制或缺陷,未考虑工作的难度;风险因素造成工程实施无法达到预定的效果;上级部门提出的工期要求太紧迫,使承包商或设计单位、供应商的工期太紧,无法按照计划完成。

(2) 环境条件的变化。包括外界环境对项目新的要求或限制；未预料到的特殊地质条件，不利的施工环境对工程实施过程造成的干扰；不可抗力事件对工期的影响等。

(3) 管理实施中的失误。包括计划部门与实施者之间，总分包商之间，业主与承包商之间缺少沟通，造成信息沟通不畅；工程实施者缺少工期意识，例如业主拖延图纸的供应和批准，任务下达时缺少必要的工期说明和责任落实，造成工期拖延；项目参加单位之间缺少良好的协调和信息沟通，造成工作脱节，资源供应出现问题；承包商同期工程太多和力量不足造成材料供应拖延，资金缺乏，工期控制不到位；业主拖欠工程款或业主的材料设备供应不及时。

(4) 其他原因。例如，由于采取其他调整措施造成工期拖延，如设计变更、因质量问题返工、实施方案的修改。

2. 进度拖延问题处理

工程项目出现延误后，可采取以下两种基本应对策略：采取积极措施赶工，调整后期计划，以弥补或部分弥补已经产生的拖延；不采取纠偏措施，仍按照原计划安排后期工作，但这样有可能在项目后期产生更大的延误。具体策略的选择应注意符合项目的总目标与总战略。

1) 适用工程压缩的情况

在实际工程中，采取积极措施赶工，一般压缩后续工作工期，工期压缩一般在以下情况下发生。

(1) 在计划阶段，当计划总工期大于限定总工期，或计算机网络分析结果出现负时差时，必须进行计划调整，压缩关键线路的工期。

(2) 在实施阶段，由于承包商责任造成工期拖延，承包商有责任采取赶工措施，使工程按原计划竣工；由于业主责任、业主风险或不可抗力影响导致工程拖延，但业主或上级要求承包商采取措施弥补或部分弥补拖延的工期。

(3) 工程正常进行，但由于市场变化，或业主和上层组织目标的变化，在项目实施过程中要求工程提前竣工，则必须采取措施压缩工期。

许多压缩工期措施效果不明显，而且容易增加成本开支，引起现场混乱、质量降低和安全事故等问题。因此，管理者在选择时应做出周密的考虑和权衡，应将它当作一个新的综合的计划过程来处理，必须明确对项目成本预算、资源使用和工程质量等可能产生的影响。

2) 常见的赶工措施

从总体上说，应该选择有效的、可以实现的、费用较省，对项目的实施和对承包商、供应商等影响较小的赶工措施。在实际工程中，经常采用以下赶工措施。

(1) 增加资源投入。例如，增加劳动力、材料、周转材料和设备的投入量以缩短关键活动的持续时间，但应注意由此引起的成本增加、资源利用率降低和资源供应困难等问题。

(2) 资源重新分配。例如，在条件允许的情况下，降低非关键线路活动资源的投入强度,而使它们向关键线路集中。这样非关键线路在时差范围内适当延长不影响总工期,而关键线路由于增加了投入、缩短了持续时间,进而缩短了总工期。例如,将服务部门的人员投入到生产中去,投入风险准备资源等。

(3) 采用多班制施工,或延长工作时间。这措施会受到法定劳动时间的限制,另外,人们在加班期间的劳动效率降低,但又需对他们进行高额补偿,将导致成本大幅度增加。

(4) 缩减项目范围。采用该方法时,应注意所采取的措施对工程的完整性,以及经济、安全、高效率运行产生的影响,可能提高运行费用,同时应注意必须经过上级管理者的批准。

(5) 通过员工培训,改善工具、器具和工作环境,优化工作流程,设立工作激励机制,营造和谐氛围,以提高劳动生产率。

(6) 将原计划由自己承担的某些分项工程分包给其他单位,将原计划由自己生产的结构件改为外购等。该措施不仅会增加风险,也会产生新的费用,而且还增加了控制和协调工作。

(7) 改变网络计划中工程活动的逻辑关系。将正常情况下前后顺序工作改为平行工作;采用流水施工;合理搭接各阶段工作。但应注意各工程活动的逻辑性和资源限制条件以及由此产生的现场混乱和低效率等问题。

(8) 修改实施方案,采用技术措施,如场外预制,场内拼装;使用外加剂缩短混凝土的凝固时间,缩短拆模期等。采用该措施应注意进行技术措施的经济性分析。

(9) 将一些工作包合并,特别是在关键线路上按先后顺序实施工作包合并,必须与实施者共同研究,通过局部地调整实施过程和人力、物力的分配,达到缩短工期的目的。

3. 选择合理的压缩对象

能否合理选择压缩对象是决定工期压缩成败的关键。对于压缩对象的选择,一般应考虑如下因素。

(1) 优先选择持续时间较长的活动。如压缩量相同,活动持续时间越长相对压缩比越小,则通常影响较小;如果其他条件相同,压缩比越小,则影响越小,需增加的投入越少。此外,持续时间长的工程活动可压缩性较大。

(2) 选择压缩成本低的活动。工程活动持续时间的变化会引起该活动资源投入和劳动效率的变化,则最终会引起该活动成本的变化。对于某活动而言,因压缩单位时间所需增加的成本称为该活动的压缩成本。通常由于原来的持续时间是经过优化的,所以一般压缩都会造成成本的增加。而且,同一活动,如果继续压缩,其压缩成本会不断上升。这种成本的快速增加有十分复杂的原因,最主要的原因是资源投入的增加和劳动效率的降低。

(3) 压缩所引起的资源变化,应避免造成大型设备的数量变化,不要增加难以采购的材料(如进口材料),避免造成对计划的大幅度修改。

(4) 可压缩性。无论是一个工程项目的总工期,还是一项活动的持续时间,都存在可压缩性或工期弹性问题。在不缩小项目范围的条件下,有些活动由于技术规范要求、资源限制、法律限制,是不可压缩的,或经过压缩以后渐渐变成不可压缩的,它的工期弹性越来越小,接近最短工期限制。

(5) 压缩时点选择。选择近期活动作为压缩对象,这样可为以后的工期调整留有余地,但近期活动压缩的影响面较大。项目初期活动的变化,会导致后期许多活动都要提前,从而导致与这些活动相关的供应计划、劳动力安排、分包合同等都要变动。选择后期(远期)的活动压缩则影响面较小,但以后如果再要压缩工期将很困难,因为活动持续时间的可压缩性是有限的。一般在计划期,由于工程活动都未做明确的安排,可以考虑压缩前期活动;而在实施中应尽量考虑压缩后期活动,以缩小影响面。

【案例】长江三峡工程的进度管理

一、工程概况

三峡工程是一个具有防洪、发电、航运等综合效益的巨型水利枢纽工程。枢纽主要由大坝、水电站厂房、通航建筑物三部分组成。其中,大坝最大坝高为181m;电站厂房共装机26台,总装机容量为18 200MW;通航建筑物由双线连续五级船闸、垂直升船机、临时船闸及上下游引航道组成。三峡工程规模宏伟,工程量巨大,其主体工程土石方开挖约1亿立方米,土石方填筑4000多万立方米,混凝土浇筑2800多万立方米,使用钢筋46万吨,金属结构安装约26万吨。

根据审定的三峡工程初步设计报告,三峡工程建设总工期定为17年,工程分三个阶段实施。

(1) 第一阶段,工程工期为5年(1993—1997年)。

主要控制目标:1997年5月,导流明渠进水;1997年10月,导流明渠通航;1997年11月,实现大江截流;1997年年底,基本建成临时船闸。

(2) 第二阶段,工程工期6年(1998—2003年)。

主要控制目标:1998年5月,临时船闸通航;1998年6月,二期围堰闭气开始抽水;1998年9月,形成二期基坑;1999年2月,左岸电站厂房及大坝基础开挖结束,并全面开始混凝土浇筑;1999年9月,永久船闸完成闸室段开挖,并全面进入混凝土浇筑阶段;2002年5月,二期上游基坑进水;2002年6月,永久船闸完建开始调试;2002年9月,二期下游基坑进水;2002年11—12月,三期截流;2003年6月,大坝下闸水库开始蓄水,永久船闸通航;2003年4季度,第一批机组发电。

(3) 第三阶段,工程工期6年(2004—2009年)。

主要控制目标:2009年年底,全部机组发电和三峡枢纽工程完建。

二、进度计划管理

1. 管理特点

针对三峡工程特点、进度计划编制主体及进度计划涉及内容的范围和时段等具体情况,将三峡工程进度计划分为三个大层次进行管理,即业主层、监理层和施工承包商层。通常业主在工程进度控制上要比监理更宏观一些,但鉴于三峡工程的特性,三峡工程业主对进度的控制要相对深入和细致。这是因为三峡工程规模大、工期长,参与工程建设的监理和施工承包商多。参与三峡工程建设的任何一家监理和施工承包商所监理的工程项目和施工内容都仅仅是三峡工程一个阶段中的一个方面或一个部分，而且业主在设备、物资供应及标段交接和协调上的介入，形成了进度计划管理的复杂关系。这里面施工承包商在编制分标段进度计划时，受其自身利益及职责范围的限制，除原则上按合同规定实施并保证实现合同确定的阶段目标和工程项目完工时间外，在具体作业安排上、公共资源使用上是不会考虑对其他施工承包商的影响的。也就是说，各施工承包商的工程进度计划在监理协调之后，尚不能完全、彻底地解决工程进度计划在空间上、时间上和资源使用上的交叉和冲突矛盾。为满足三峡工程总体进度计划要求，各监理单位控制的工程进度计划还需要协调一次，这个工作自然要由业主来完成，这也就是三峡工程的进度计划为什么要分三大层次进行管理的客观原因和进度计划管理的特点。

2. 管理措施

1) 统一进度计划编制办法

业主根据合同要求制定统一的工程进度计划编制办法，在办法里对工程进度计划编制的原则、内容、编写格式、表达方式、进度计划提交及更新的时间、工程进度计划编制使用的软件等做出统一规定，通过监理转发给各施工承包商，照此执行。

2) 确定工程进度计划编制原则

三峡工程进度计划编制必须遵守以下原则。

分标段工程进度计划编制必须以工程承包合同、监理发布的有关工程进度计划指令以及国家有关政策、法令和规程规范为依据；分标段工程进度计划的编制必须建立在合理的施工组织设计的基础上，并做到组织、措施及资源落实；分标段工程进度计划应在确保工程施工质量，合理使用资源的前提下，保证工程项目在合同规定工期内完成；工程各项目施工程序要统筹兼顾、衔接合理和减少干扰；施工要保持连续、均衡；采用的有关指标既要先进，又要留有余地；分项工程进度计划和分标段进度计划的编制必须服从三峡工程实施阶段的总进度计划要求。

3) 统一进度计划内容

三峡工程进度计划内容主要有两部分，即上一工程进度计划完成情况报告和下一步工程进度计划说明，具体如下所述。

对上一工程进度计划执行情况进行总结，主要包括以下内容：主体工程完成情况；施工手段形成；施工道路、施工栈桥完成情况；混凝土生产系统建设或运行情况；施工工厂的建设或生产情况；工程质量、工程安全和投资计划等完成情况；边界条件满足情况。

对下一步进度计划需要说明的主要内容有：为完成工程项目所采取的施工方案和施工措施；按要求完成工程项目的进度和工程量；主要物资材料计划耗用量；施工现场各类人员和下一时段劳动力安排计划；物资、设备的订货、交货和使用安排；工程价款结算情况以及下一时段预计完成的工程投资额；进度计划网络；其他需要说明的事项。

4) 统一进度计划提交、更新的时间

三峡工程进度计划提交时间规定如下：①三峡工程分标段总进度计划，要求施工承包商在接到中标通知书的35天内提交；②年度进度计划，要求在前一年的12月5日前提交。

三峡工程进度计划的更新对象为三峡工程实施阶段的总进度计划、三峡工程分项工程及三峡工程分标段工程总进度计划和年度进度计划，并有具体的时间要求。

5) 统一软件、统一格式

为便于进度计划网络在编制主体间的传递、汇总、协调及修改，首先对工程进度计划网络编制使用的软件进行了统一。即三峡工程进度计划网络编制统一使用Primavera Project Planner for Windows(以下简称P3)软件。同时业主对P3软件中的工作结构分解、作业分类码、作业代码及资源代码做出了统一规定。通过工作结构分解的统一规定对不同进度计划编制内容的粗细提出具体要求，即三峡工程总进度计划中的作业项目划分到分部分项工程，三峡工程分标段进度计划中的作业项目划分到单元工程，甚至到工序。通过作业分类码、作业代码及资源代码的统一规定，实现进度计划的汇总、协调和平衡。

3. 进度控制

1) 贯彻、执行总进度计划

业主对三峡工程进度的控制首先是通过招标文件中的开工、完工时间及阶段目标来实现的；监理则是在上述基础上对工期、阶段目标做进一步分解和细化后，编制三峡工程分标段和分项工程进度计划，以此作为对施工承包商上报的三峡工程分标段工程进度计划的审批依据，确保工程施工按进度计划执行；施工承包商三峡工程分标段工程总进度计划，是在确定了施工方案和施工组织设计后，对招标文件要求的工期、阶段目标做进一步分解和细化后编制而成的，它提交给监理用来响应和保证业主的进度要求。施工承包商的三峡工程分标段工程年度、季度、月度和周进度计划则用于告诉监理和业主，如何具体组织和安排生产，并实现进度计划目标。这样一个程序可以保证三峡工程总进度计划一开始就得到正确的贯彻。

上述过程仅仅是进度控制的开始，还不是进度控制的全部，要实现完整的进度控制还需要及时反馈进度实际执行情况，然后对原有进度计划进行调整，做出下一步计划，这样周而复始，才能对进度进行及时、有效的控制。

2) 控制手段

三峡工程用于工程进度控制的具体手段有：建立严格的进度计划会商和审批制度；对进度计划执行情况进行考核，并实行奖惩制度；定期更新进度计划，及时调整偏差；通过进度计划滚动(三峡工程分标段工程年度、季度、月度及周进度计划编制)

编制过程的远粗、近细，实现对工程进度计划的动态控制；对三峡工程总进度计划中的关键项目进行重点跟踪控制，达到确保工程建设工期的目的；业主根据整个三峡工程实际进度，统一安排并提出指导性或目标性的年度、季度总进度计划，用于协调整个三峡工程进度。

三、进度计划编制支持系统

1. 计算机网络建设

为提高工作效率、加强联系并及时互通信息，由业主出资在坝区设计、监理、施工承包商和业主之间建立了计算机局域网，选择 Lotus Notes 作为信息交换和应用平台，这些基础建设为进度计划编制和传递提供了强有力的手段。

2. 混凝土施工仿真系统

三峡水利枢纽主要由混凝土建筑物组成，其混凝土工程量巨大，特别是二阶段工程中的混凝土施工更是量大。在进度计划的编制中，如果靠过去的手工排块方法来安排混凝土施工作业程序，很难在短时间内得出一个较优的混凝土施工程序。在编制进度计划时，为了能够及时、高效地得到一个较优的混凝土施工程序，业主与电力公司成都勘测设计研究院，共同研制三峡二阶段工程厂坝混凝土施工仿真系统和永久船闸混凝土仿真系统，用于解决上述问题。目前，三峡二阶段工程厂坝混凝土施工仿真系统在进度计划编制过程中已初见成效。

3. 工程进度日报系统

要做好施工进度动态控制并及时调整计划部署，就必须建立传递施工现场施工信息的快速通道。针对这个问题，业主组织人力利用Notes开发三峡工程日报系统。该系统主要包括实物工程量日完成情况、大型施工设备工作状况、工程施工质量及安全统计结果、物资(主要是水泥和粉煤灰)仓储情况等。利用该系统，业主和监理等有关单位就可及时掌握和了解工程进展状况。再通过分析和加工处理，就可为下一步工作提供参考和决策依据。

以上是业主针对三峡工程特点，在三峡工程进度计划管理中所做的一些探索性的工作。目前，三峡工程虽已进入第二阶段，但仅仅是个开始，三峡工程的进度计划管理体系还需进一步完善和接受工程实践的考验。

资料来源：张曙光、薛砺生.三峡工程进度计划管理[C]中国水利学会，1999.

复习思考题

1. 简述工程项目计划系统的组成和作用。
2. 举例说明工程项目进度管理的作用。
3. 简述资源计划和工期进度计划之间的关系。
4. 某工程的工程活动组成如表6-3所示。

表6-3 某工程的工程活动组成

活动	A	B	C	D	E	F	G	H	I	J
持续时间/日	4	3	3	8	4	4	7	5	2	2
劳动力投入/人/日	5	9	6	8	4	6	5	7	4	4
紧后活动	B.C.D	E	E.G	F.H	I	G	J	J	J	

要求：(1) 采用双代号网络图进行工期计划分析；

(2) 绘制劳动力曲线；

(3) 如果劳动力限制20人，请做新的工期安排。

5. 举例说明工程项目进度计划编制流程。

6. 简述工程项目进度控制措施。

7. 导致工期延误的原因有哪些？解决工期延误的措施有哪些？

第7章
工程项目质量管理

7.1 工程项目质量管理概述

工程项目的质量不仅关系工程项目的适用性和工程项目的投资效益，同时也关系人民群众生命和财产的安全。对工程项目质量实施有效控制，保证工程项目质量达到预期目标，是工程项目管理的主要任务之一。

7.1.1 质量与质量管理

1. 质量与工程项目质量的内涵

1) 质量

质量的内容十分丰富，随着社会经济和科学技术的发展，也在不断充实、完善和深化，同样，人们对质量概念的认识也经历了一个不断发展和深化的历史过程。

美国著名的质量管理专家朱兰(J. M. Juran)博士从顾客的角度出发，提出了产品质量就是产品的适用性，即产品在使用时能成功地满足用户需要的程度。用户对产品的基本要求就是适用，适用性恰如其分地表达了质量的内涵。

美国质量管理专家飞利浦·克劳斯比(Philip B. Crosby)从生产者的角度将质量概括为"产品符合规定要求的程度"；美国质量管理大师德鲁克认为"质量就是满足需要"；全面质量控制的创始人阿曼德·费根堡姆(Armand V. Feigenbaum)认为，产品或服务质量是指营销、设计、制造、维修中各种特性的综合体。这一定义有两个方面的含义，即使用要求和满足程度。人们使用产品，会对产品质量提出一定的要求，而这些要求往往受到使用时间、使用地点、使用对象、社会环境和市场竞争等因素的影响，这些因素的变化，会使人们对同一产品提出不同的质量要求。因此，质量不是一个固定不变的概念，它是动态的、变化的、发展的，它随着时间、地点、使用对象的不同而不同，随着社会的发展、技术的进步而不断更新和丰富。用户对产品的使用要求的满足程度，反映在对产品的性能、经济特性、服务特性、环境特性和心理特性等方面。因此，质量是一个综合的概念。它并不要求技术特性越高越好，而是追求诸如性能、成本、数量、交货期、服务等因素的最佳组合，即所谓的最适当。

国际标准化组织(ISO)于2015年颁布的ISO9000:2015《质量管理体系基础和术语》中对质量的定义是：一组固有特性满足要求的程度。特性是指事物所特有的性质，分为固有特性和赋予特性：固有特性是事物本来就有的，它是通过产品、过程或体系设计和开发及其之后实现过程形成的属性，如物质特性、感官特性、行为特性、时间特性、人体工效特性、功能特性等，要求大多是可测量的；赋予特性是完成产品后因不同要求而对产品所增加的特性，如产品的价格、售后服务要求等特性。满足要求就是满足明示的(如明确规定的)、通常隐含的(如组织的惯例、一般习惯)或必须履行的(如法律法规、行业规则)的需要和期望。只有全面满足这些要求，才能评定为好的质量或优秀的质量。顾客对产品的质量要求是动态的、发展的和相对的，它将随着环境的变化而变化。所以，应定期对质量进行评审，按照顾客变化的需要和期望，相应地改进产品、体系或过程的质量，确保持续地满足顾客和其他相关方的要求。

质量的优劣可根据"使用目的符合情况""信赖性""安全性""经济性""易用性""价格""服务"等方面综合判定。

在质量管理过程中,"质量"除了指产品质量之外,还包括工作质量。质量管理不仅要管好产品本身的质量,还要管好质量赖以产生和形成的工作质量,并以工作质量为重点。

2) 工程项目质量

工程项目质量是指通过项目施工全过程所形成的,能够满足用户或社会需要的,并由工程合同、有关技术标准、设计文件、施工规范等详细设定其安全、适用、耐久、经济和美观等特性要求的工程质量以及工程建设各阶段、各环节的工作质量总和(见图7-1)。

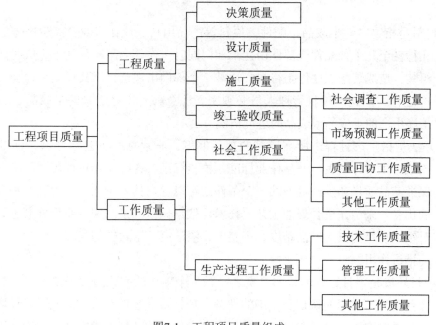

图7-1 工程项目质量组成

2. 工程项目质量的影响因素

影响工程项目质量的因素很多,但归纳起来主要有5个方面的因素,即人、机械、材料、方法和环境,简称"人机料法环"。

(1) 人是工程项目的决策者、管理者和作业者。人的影响因素主要是指上述人员个人的质量意识及质量活动能力对工程项目质量的形成造成的影响。工程项目建设的全过程,如项目的规划、决策、勘测、设计和施工,都是通过人来实现的,人的思想水平、文化水平、技术水平、管理能力、身体素质等,都直接或间接地对工程项目勘测、设计和施工的质量产生影响,而规划是否合理,决策是否正确,设计是否符合所需要的功能和使用价值,施工是否满足合同、规范、建设标准的要求等,都将对工程项目的质量产生不同程度的影响。在工程项目质量控制中,人的因素起决定性的作用。管理者不能用同样的态度或方法去领导所有人,应当在保证公平的前提下区别对待,对不同性格的人用不同的方法,使他们能"人尽其才",注意发掘性格特点中的优势,削弱性格特点中的劣势,亦即

"知人善用"。

(2) 机械是指生产中所使用的设备、工具等辅助生产用具。机械设备包括工程设备、施工机械和各类施工器具等。工程设备是指组成工程实体的工艺设备和各类机具，如各类生产设备、装置和辅助配套的电梯、泵机，以及通风、空调、消防、环保设备等，它们是工程项目的重要组成部分，其质量的优劣直接影响工程使用功能的发挥。施工机械设备是指施工过程中使用的各类机具设备，包括运输设备、吊装设备、操作工具、测量仪器、计量仪器以及施工安全设施等。施工机械设备是工程项目施工中不可缺少的重要物质基础，施工机械的类型是否符合工程施工的特点，性能是否先进和稳定，操作是否方便等，都将会影响工程项目的质量。因此，合理选择和正确使用施工机械设备是保证工程施工质量的先决条件。

(3) 材料是指物料、半成品、配件、原料等产品用料。现在工业产品生产分工细化，一般都有几种甚至几十种配件或部件由几个部门同时运作。当某一部件未完成时，整个产品都不能组装，造成装配工序停工待料。通常一个部门出现延误，其结果往往会影响其他部门的生产运作。因此，项目管理人员必须密切注意前一工序送来的半成品、仓库的配件、自己工序生产的半成品或成品的进度情况。

(4) 方法是指生产过程中所需遵循的规章制度。它包括：工艺指导书、标准工序指引、生产图纸、生产计划表、产品作业标准、检验标准、各种操作规程等。严格按照规程作业，是保证产品质量和生产进度的一个条件。可以说，技术工艺水平的高低决定了工程项目质量的优劣。采用先进合理的工艺、技术，依据规范的工法和专业指导书进行工程建设，必将对组成质量因素的产品精度、平整度、清洁度、密封性等物理、化学特性等方面起到良性的推进作用。

(5) 项目环境是项目管理的基本要素之一。一个项目的完成通常需要相关人员对项目所依存的大环境有着敏感的认识和正确的理解。项目及其管理在通常情况下对环境有着极大的影响，但同时也被环境所制约。影响工程项目质量的环境因素很多，环境因素是多变的，不同的工程项目有着不同的工程技术环境、工程管理环境和劳动环境，而且同一个工程项目，在不同的时间，环境因素也是变化的，而这些变化都会对工程项目的质量产生影响。环境因素对工程项目质量的影响，具有复杂多变和不确定的特点。

3. 工程项目质量管理理念

质量管理是指在质量方面指挥和控制组织的协调活动。质量管理通常包括制定质量方针和质量目标、质量策划、质量控制、质量保证和质量改进。

QCC(Quality Control Circles，质量控制图或品管圈，简称QCC)之父、日本质量管理大师石川馨认为，质量管理就是开发、设计、生产、提供最经济、最有用、买方满意的优质产品。著名的质量管理专家戴明博士认为，质量管理就是用最经济的方法生产出具有使用价值与商品性的产品，并在生产的各个阶段应用统计学的原理与方法。菲根堡姆认为，质量管理就是为了在最经济的水平上生产出充分满足顾客质量要求的产品，而综合协调企业各部门活动，构成保证与改善质量的有效体系。现代质量管理的领军人物朱兰博士将质量管理划分为三个普遍的过程,即质量策划、质量控制和质量改进,称为朱兰质量管理三部曲。

4. 工程项目质量管理的主要内容

现代工程项目正在朝着大型化、规模化、现代化的方向发展,项目的复杂度较之以往呈指数级倍增,在建设投资力度不断增加的情况下,工程项目的质量需要通过更严格的监控和管理,才能得到保证。工程项目质量管理的主要目的是为项目的业主、用户或者项目的受益者提供高质量的工程和服务,令顾客满意。

工程项目质量的主要对象是工程实体质量,主要是指工程项目适合于某种规定的用途,满足人们要求所具备的质量特性的程度。除具有一般产品所共有的特性外,工程项目质量还应包括:工程结构设计和施工的安全性和可靠性;工程使用的材料、设备、工艺、结构等的耐久性和工程寿命;工程运行后,所建造的工程的质量满足工程的可用性、使用效果、产出效益以及运行的安全度和稳定性;工程的其他方面,如外观与周围环境的协调,对生产的保护和项目日常运行费用高低,以及项目的可维修性和可检查性等。

工程项目的质量管理主要包括质量策划、质量控制、质量改进等。

(1) 项目质量策划。项目质量策划是指确定项目质量及采用的质量体系要求的目标和要求的活动,致力于设定质量目标并规定必要的作业过程和相关资源,以实现质量目标。项目质量策划是项目质量管理的前期活动,是对整个项目质量管理活动的策划和准备,项目质量策划的好坏对于整个项目质量管理活动的成功与否有着重要的影响。

(2) 项目质量控制。项目质量控制是指为达到项目质量要求采取的作业技术活动。工程项目质量要求主要表现为工程合同、设计文件、技术规范等规定的质量标准。因此,工程项目质量控制就是为了保证达到工程质量标准而采取的一系列措施、手段和做法。根据工程建设项目工程质量控制的实施者,可以将质量控制分为:业主方的质量控制、政府方面的质量控制和承建商方的质量控制。

(3) 项目质量改进。项目质量改进是指采取各项有效措施提高项目满足质量要求的能力,使得项目的质量管理水平和能力达到新的高度。在项目实施过程中,项目组需要定期对项目质量状况进行检查、分析,识别质量改进的区域,确定质量改进目标,实施选定的质量改进方法。项目质量改进工作是一个持续改进的过程,通常需要运用先进的管理办法、专业技术和数理统计方法等。

7.1.2 质量管理发展历程

进入20世纪后,人类跨入了以加工机械化、经营规模化、资本垄断化为特征的工业化时代。在整整一个世纪中,质量管理的发展,大致经历了三个阶段。

1. 质量检验阶段

20世纪初,人们对质量管理的理解还只限于质量的检验。质量检验所使用的手段是各种检测设备和仪表,方式是严格把关,进行百分之百的检验。期间,美国出现了以费雷德里克·泰罗(Frederic W. Taylor)为代表的"科学管理运动"。"科学管理"提出在人员中进行科学分工的要求,并将计划职能与执行职能分开,中间再加一个检验环节,以便监督、检查对计划、设计、产品标准等项目的贯彻执行。这就是说，计划设计、生产操作、检查监督各有专人负责，从而产生了一支专职检查队伍——独立的质量检验机构。起初，人们非常强调工长在保证质量方面的作用，将质量管理的责任由操作者转移给工长，故被人称为"工长的质量管理"；后来，这一职能又由工长转移给专职检验人员，由专职检验部门实施质量检验，称为"检验员的质量管理"。

质量检验是在成品中挑出废品，以保证出厂产品质量。但这种事后检验把关，无法在生产过程中起到预防、控制的作用。且百分之百的检验，工作量大，会增加检验费用，在大批量生产的情况下，其弊端尤为突出。

2. 统计质量控制阶段

这一阶段的特征是数理统计方法与质量管理的结合。第一次世界大战后期，统计质量控制之父沃特·阿曼德·修哈特(Walter A. Shewhtar)将数理统计的原理运用到质量管理中来，并发明了控制图。他认为质量管理不仅要搞事后检验，而且在发现有废品生产的先兆时就要进行分析改进，从而预防废品的产生。控制图就是运用数理统计原理进行这种预防的工具。因此，控制图的出现，是质量管理从单纯事后检验进入检验加预防阶段的标志，也是形成一门独立学科的开始。1931年，休哈特出版了第一本质量管理科学专著——《工业产品质量的经济控制》。在休哈特创造控制图以后，道奇(H. F. Dodge)和罗米克(H. G. Romig)在1929年发表了《抽样检查方法》。他们都是将数理统计方法引入质量管理的先驱，为质量管理科学做出了贡献。

第二次世界大战开始以后，统计质量管理得到了广泛应用。美国军政部门组织一批专家和工程技术人员，于1941—1942年间先后制定并公布了《质量管理指南》《数据分析用控制图法》和《生产过程质量管理控制图法》，强制生产武器弹药的厂商施行，取得了显著效果。从此，统计质量管理的方法得到很多厂商的应用，统计质量管理的效果也得到了广泛的认可。

第二次世界大战结束后，美国许多企业扩大了生产规模，除原来的军工厂继续推行质量管理方法以外，许多民用工业也纷纷采用这一方法，其他国家也都陆续推行了统计质量管理，成效显著。

但是，统计质量管理也存在着缺陷，它过分强调质量控制的统计方法，使人们误认为质量管理就是统计方法，是统计专家的事。在计算机和数理统计软件应用不广泛的情况下，应用范围受到严重限制。

3. 全面质量管理阶段

自20世纪50年代以来，科学技术和工业生产的发展，对质量要求越来越高。要求人们运用"系统工程"理念，把质量问题当作一个有机整体加以综合分析研究，实施全员、全过程、全企业的管理。20世纪60年代，管理理论领域出现了"行为科学"学派，主张调动人的积极性，注意人在管理中的作用。随着市场竞争尤其是国际市场竞争的加剧，各国企业都很重视"产品责任"和"质量保证"问题，不断加强内部质量管理，以确保生产的产品使用安全、可靠。在上述背景条件下，仅靠质量检验和统计方法已难以保证和提高产品质量，也不能满足社会进步要求。1961年，菲根堡姆提出了全面质量管理的概念。

所谓全面质量管理，是以质量为中心，以全员参与为基础，旨在通过使顾客和所有相关方受益而获得长期成功的一种管理途径。日本在20世纪50年代引进了美国的质量管理方法，并有所发展。最突出的是他们强调从总经理、技术人员、管理人员到工人，全体人员都参与质量管理。企业对全体职工分层次地进行质量管理知识的教育培训，广泛开展群众性质量管理小组活动，并创造了一些通俗易懂、便于群众参与的管理方法，包括由他们归纳、整理的质量管理的"老七种工具"(调查表、分层法、直方图、散布图、排列图、因果图、控制图)和"新七种工具"[关联图、系统图、KJ法、矩阵图、矩阵数据分析法、过程决策分析法(PDPC法)、矢线法]，针对全面质量管理充实了大量新的内容。质量管理的手段也不再局限于数理统计，而是全面地运用各种管理技术和方法。

全面质量管理以往通常用英文缩写TQC(Total Quality Control)来代表，现在改用TQM(Total Quality Management)表示，更加突出了"管理"的重要作用。从一定意义上讲，它已经不再局限于质量职能领域，而演变为一套以质量为中心，综合的、全面的管理方式和管理理念。

发达国家组织运用全面质量管理使产品或服务质量迅速获得提高，引起了世界各国的广泛关注。全面质量管理的观点逐渐在全球范围内获得广泛传播，各国都结合自己的实践有所创新发展。目前举世瞩目的ISO9000族质量管理标准、美国波多里奇奖、欧洲质量奖、日本戴明奖等各种质量奖及卓越经营模式、六西格玛管理模式等，都以全面质量管理的理论和方法为基础。

7.1.3 工程项目质量管理体系

质量体系是实施质量管理所需要的组织结构、程序、过程和资源。组织结构是一个组织为行使其职能按某种方式建立的职责、权限及其相互关系。过程是将输入转化为输出的一组彼此相关的资源和活动。任何一个过程都有输入和输出，输入是实施过程的基础和依据，输出是完成过程的结果，即可以是有形产品也可以是无形产品，也可以两者兼有。完成一个过程就是将输入转化为输出的过程。过程本身是价值增值的转换，完成过程必须投入适当的资源和活动，同时，为了确保过程的质量，对输入过程的信息、要求和输出的产品以及在过程中的适当阶段应进行必要的检查、评审和验证。资源可包括人员、设备、设施、资金、技术和方法，质量体系应提供适宜的、以确保过程和产品(项目可交付物)质量的标准。

ISO9000:2015质量管理体系基础和术语中强化了以过程为基础的质量管理体系方法的应用(见图7-2)，以顾客和其他相关方的要求作为输入，以产品和服务输出使顾客满意，通过确定组织环境、相关方和QMS范围，策划、运行以及绩效评价实现质量管理体系的持续改进。新的管理体系模式更加强调领导的作用。

质量管理体系是建立质量方针和质量目标，并实现这些目标的一组相互关联的或相互作用的要素的集合。质量管理体系把影响质量的技术、管理、人员和资源等因素综合在一起，使之在质量方针的指引下，为达到质量目标而互相配合、努力工作。

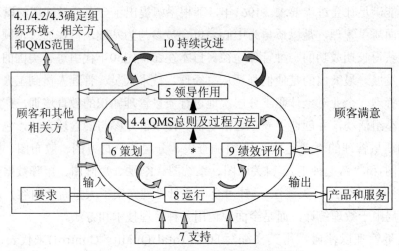

图7-2 以过程为基础的质量管理体系模式

注：图中数字代表ISO9001:2015相关章节内容。

7.1.4 质量管理工具与方法

1. 控制图

20世纪20年代，贝尔电话实验室成立了以休哈特为首的过程控制研究组，提出了过程控制理论和监控过程的工具——控制图。经过半个多世纪的发展和完善，到今天控制图已经成为在生产过程中进行质量控制的重要方法。控制图是对过程质量加以测量、记录，并进行控制管理的一种用统计方法设计的图形工具，基本形式如图7-3所示。图中有三条横线：中心线CL、上控制线UCL和下控制线LCL，这三条线统称为控制线。图中的纵坐标表示所要控制的质量特性值。进行质量控制时，通过抽样检验测量质量数据，用点描在图上相应的位置，即可得到一系列坐标点。将这些点连起来，就得到一条反映质量特性波动状况的折线。通过分析折线形状和变化的趋势以及折线与三条控制线的关系，就可以分析生产过程是否处于受控状态。

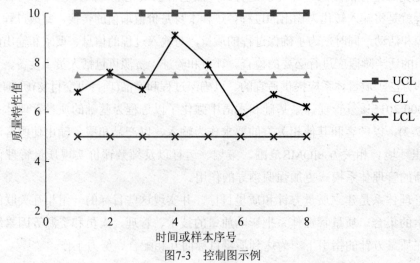

图7-3 控制图示例

如果图中的测量值高于控制上限或低于控制下限，则说明过程失控。需仔细调查研究以查明问题所在，找出并非以随机方式变动的因素。

2. 帕累托图

帕累托图又叫排列图、主次图，是按照发生频率大小的顺序绘制的直方图，表示有多少结果是由已确认类型或范畴的原因所造成的。它是将出现的质量问题和质量改进项目按照重要程度依次排列而采用的一种图表，可以用来分析质量问题，确定产生质量问题的主要因素，以利于指导如何采取纠正措施。帕累托图与帕累托法则一脉相承，该法则认为相对来说数量较少的原因往往造成绝大多数的问题或缺陷。图7-4为影响砌砖不合格的因素的排列图，据图可知，影响砌砖质量的主要因素是门窗洞口的偏差和墙面垂直度，应重点对这两方面加强管理。

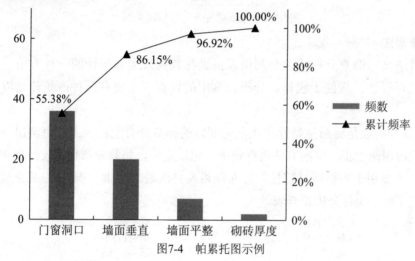

图7-4　帕累托图示例

为了有效应用改进措施，必须抓住造成大部分质量问题的少数关键原因。帕雷托图有助于确定造成大多数问题的少数关键原因，也可以用于查明生产过程中最有可能产生某些缺陷的部位。

3. 因果图

因果图又称石川图(根据最先提出这一工具的石川馨的名字命名)，是描述、整理、分析质量问题(结果)与影响质量的因素(原因)之间关系的图。因其状如鱼骨，故又称鱼骨图。在图中，问题或缺陷(即后果)标在"鱼头"外，在鱼骨上长出鱼刺，上面按出现机会多寡列出产生生产问题的可能原因。因果图有助于说明各个原因之间如何相互影响，而且能够表现出各个可能的原因是如何随时间而依次出现的。通过对影响质量的因素进行全面系统的整理与分析，可以明确影响质量的因素与质量问题之间的关系，为最终找出解决问题的途径提供有力支持。图7-5为混凝土强度不足分析因果图。

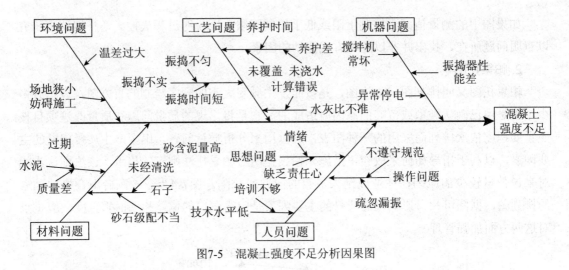

图7-5 混凝土强度不足分析因果图

4. 调查表法

调查表法又称调查分析法,是利用表格进行数据采集和统计的一种方法。表格形式根据需要自行设计,应便于统计、分析。常用的调查表主要有两种:统计分析表和位置检查表。

(1) 统计分析表是将质量特性填在预先制好的频数分布空白表上,每测出一个数据就在相应的栏内用画"正"字的方法进行记录;记录完毕,频数分布也就统计出来了。此法比较简单,主要用于根据质量特性的分布获得质量改进的线索。图7-6为某建筑施工项目中墙体工程平整度统计分析调查表。

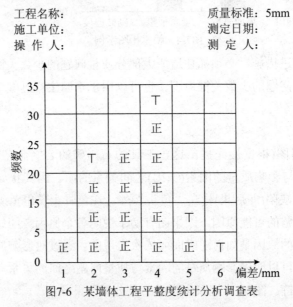

图7-6 某墙体工程平整度统计分析调查表

(2) 位置检查表主要用于对不合格或缺陷位置的检查。在检查中,在检查表中所附的草图上标记不合格或缺陷存在的位置。

5. 直方图

直方图又称质量分布图,是一种几何形图表,它是根据从生产过程中收集来的质量数据分布情况，绘制而成的一系列连接起来的以组距为底边、以频数为高度的直方型矩形图。用直方图可以比较直观地看出产品质量特性的分布状态，便于判断其总体质量分布情况，常见的直方图见图7-7。

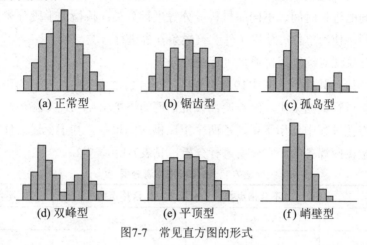

图7-7 常见直方图的形式

6. 相关图

在质量管理中，两个变量之间往往存在着相互依存的关系，但这种关系又不具确定的定量关系。在这种情况下，相关图也称散布图，可将两种有关的数据成对地以点的形式描在直角坐标图上，以观察与分析两种因素之间的关系，完成对产品或工序的有效控制。典型的相关图有以下几种类型，见图7-8。

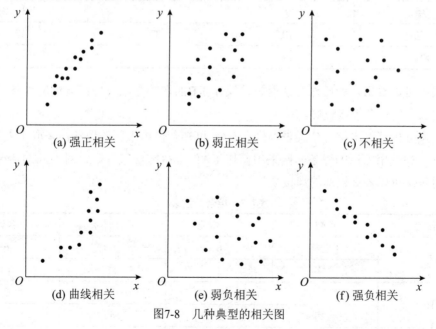

图7-8 几种典型的相关图

7. 分层法

分层法也称分类法或分组法，它把"类"或"组"称为层。分层法可将杂乱无章的数据和错综复杂的因素按不同的目的、性质、来源等加以分类，使之系统化、条理化。在分析质量的影响因素时，一般可以按以下几种特征分层：按时间分类，如按不同的班次、不同的日期进行分类；按操作人员分类，如按新工人、老工人、男工、女工、不同工龄分类；按使用设备分类，如按不同的机床型号、不同的工夹具等进行分类；按操作方法分类，如按不同的切削用量、温度、压力等工作条件进行分类；按原材料分类，如按不同的供料单位、不同的进料时间、不同的材料成分等进行分类；按检测手段分类和其他分类，如按不同的工厂、使用单位、使用条件、气候条件等进行分类。

下面采用分层法对钢筋焊接质量进行统计分析。

调查钢筋焊接点共50个，其中19个不合格，不合格率为38%。为了调查焊接质量较差的原因，现分层进行数据采集。经查明，该批钢筋的焊接由A、B、C三个焊工操作，操作方法不同；在焊接过程中使用了甲、乙两个工厂供应的焊条。基于上述条件，可以分别按操作者分层和按供应焊条的厂家分层进行分析，见表7-1和表7-2。

表7-1 按焊接操作者分层

操作者	不合格点数	合格点数	不合格率/%
A	6	13	32
B	3	9	25
C	10	9	53
合计	19	31	38

表7-2 按焊条供应厂家分层

工厂	不合格点数	合格点数	不合格率/%
甲	9	14	39
乙	10	17	37
合计	19	31	38

从表中可以看出，就操作方法而言，操作工B的焊接方法较好；就供应焊条的厂家而言，使用乙厂的焊条焊接较好。

进一步分析可得出综合分层表，见表7-3，可知若使用甲厂的焊条，采取工人B的操作方法较好；如使用乙厂的焊条，则采用操作工A的焊接方法较好。针对不同的情况，采用不同的对策，可以提高钢筋的焊接质量。

表7-3 综合分层表

操作者	点数	甲厂焊条	乙厂焊条	合计
A	不合格	6	0	6
	合格	2	11	13
B	不合格	0	3	3
	合格	5	4	9
C	不合格	3	7	10
	合格	7	2	9
合计	不合格	9	10	19
	合格	14	17	31

除上述7种方法外,在质量管理中还可使用关联图法、KJ法、系统图法、矩阵图法、矩阵数据分析法、网络图法和PDPC法,称为"新七种工具"。

7.1.5 质量管理的原则

ISO9000:2015中重新定义了用于指导项目质量管理的实践质量管理7项原则。

1. 以顾客为关注点

质量管理的主要关注点是满足顾客要求并且努力超越顾客的期望。组织只有赢得顾客和其他相关方的信任才能获得持续成功。与顾客相互作用的每个方面,都提供了为顾客创造更多价值的机会。理解顾客和其他相关方当前和未来的需求,有助于组织的持续成功。因为以顾客为关注点可以增加顾客价值,提高顾客满意度,增进顾客忠诚,增加重复性业务,提高组织的声誉,扩展顾客群,增加收入和市场份额。在日常管理中,应注意了解从组织获得价值的直接和间接顾客;了解顾客当前和未来的需求和期望;将组织的目标与顾客的需求和期望联系起来;将顾客的需求和期望在整个组织内予以沟通;为满足顾客的需求和期望,对产品和服务进行策划、设计、开发、生产、支付和支持;测量和监视顾客满意度,并采取适当措施;确定有可能影响顾客满意度的相关方的需求和期望,并采取相应措施;积极管理与顾客的关系,以实现持续成功。

2. 领导作用

统一的宗旨和方向以及全员参与,能够促使组织保持战略、方针、过程和资源的一致,以实现其目标。各层领导要建立统一的宗旨及方向,应当创造并保持使员工能够充分实现目标的内部环境。充分发挥各级领导的作用,可以提高实现组织质量目标的有效性和效率,使得组织的管理过程更加协调,并能改善组织各层次、各职能间的沟通,开发和提高组织及其人员的能力,以获得期望的结果。在整个组织内,领导应就其使命、愿景、战略、方针和过程进行全方位沟通,在组织的所有层次创建并保持共同的价值观和公平道德的行为模式,培育诚信和正直的企业文化,鼓励在整个组织范围内履行对质量的承诺。组织应确保各级领导者成为组织人员中的实际楷模,为组织人员提供履行职责所需的资源、培训和权限,激发、鼓励和表彰员工的贡献。

3. 全员参与

为了有效和高效地管理组织,各级人员获得尊重并参与其中是极其重要的。通过表彰、授权和提高能力,可促进全员参与实现组织的质量目标过程。组织管理层可通过与员工沟通,来增进他们对个人贡献的重要性的认识,从而促进整个组织的协作。组织内部提倡公开讨论,分享知识和经验,让员工确定工作中的制约因素,毫不犹豫地主动参与,同时注意公开赞赏和表彰员工的贡献、钻研精神和进步。通过组织内人员对质量目标的深入理解和对内在动力的激发,可实现其目标。在改进活动中,提高人员的参与程度,可促进个人发展,发挥主动性和创造力,提高员工的满意度,增强整个组织的信任和协作,从而促进整个组织对共同价值观和文化的关注。

4. 基于过程控制

质量管理体系是由相互关联的过程所组成的。理解体系是如何产生结果的，能够使组织尽可能地完善体系和绩效管理。当活动被作为相互关联的过程并实施系统管理时，可更加有效和高效地获得预期结果。为实现基于过程的控制，组织应确定体系和过程需要达到的目标，并为管理过程确定职责、权限和义务，了解自身的能力，事先确定资源约束条件；确定过程中相互依赖的关系，分析个别过程的变更对整个体系的影响；确保获得过程运行和改进的必要信息，并监视、分析和评价整个体系的绩效，对影响过程输出和质量管理体系结果的风险进行管理。基于过程的控制可以提高组织关注关键过程和改进机会的能力。通过过程的有效管理、资源的高效利用，可减少职能交叉障碍，尽可能提高绩效，并使组织获得相关方对其一致性、有效性和效率方面的信任。

5. 改进

改进对于组织保持当前的业绩水平、应对内外部条件变化以及创造新机会都是非常必要的，成功的组织总是致力于持续改进。持续改进可以提升过程绩效、组织能力和顾客满意度，增强组织对调查和确定基本原因以及后续的预防和纠正措施的关注，提高组织对内、外部风险和机会的预测和反应能力，增加组织对增长性和突破性改进的关注度，获得改进及改革的动力。为实现持续改进，企业应在组织的所有层次建立改进目标，并对各层次员工进行培训，使其懂得如何应用基本工具和方法实现改进目标，确保员工有能力制定和完成改进项目。企业应开发和部署整个组织实施的改进项目，跟踪、评审和审核改进项目的计划、实施、完成和结果，并予以赞赏和表彰。

6. 基于事实的决策

决策是一个复杂的过程，并且总是包含一些不确定因素。有效决策应建立在数据和信息分析的基础上。在项目质量管理过程中，决策将贯穿始终，其有效性将决定质量管理的有效性。项目的进展，离不开人流、物流、信息流，其中任何一个流通过程发生不畅、停顿，都会对项目的正常进行造成严重影响。其中，信息流的畅通是保证项目进展过程中的人流、物流畅通的前提条件，信息流调节着人流和物流做有目的、有规则的活动，同时也能及时反映项目进展的运行状态。所以，树立科学的信息观，以事实为决策依据也是项目质量管理成功的关键。决策者应采取科学的态度，以事实或正确的信息为依据，经过合乎逻辑的分析，做出正确的决策。在项目质量管理过程中，必须避免盲目的决策和只凭个人主观意愿的决策。

7. 关系管理

为了获得持续成功，组织需要管理与供方等相关方的关系，以最大限度地发挥其在组织绩效方面的作用。组织对每一个与相关方有关的机会和限制做出响应，可提高组织及其相关方的绩效。组织还应争取在目标和价值观方面，与相关方有共同的理解。组织应通过共享资源和能力，以及管理与质量有关的风险，增加为相关方创造价值的能力，形成产品和服务稳定流动的、管理良好的供应链。在关系管理中，首先，应确定组织和相关方(例如：供方、合作伙伴、顾客、投资者、雇员或整个社会)的关系，确定需要优先管理的关系,权衡短期收益与长期目标;其次,组织应收集并与相关方共享信息、专业知识和资源,并适时地将绩效测量结果向相关方报告,以增加改进的主动性;最后,组织应与供方、合作伙伴及其他相关方共同开展开发和改进活动,并注重鼓励和表彰供方与合作伙伴的改进和成绩。

上述项目质量管理原则是对项目质量管理长期实践的高度概括和总结,是开展项目质量管理的最一般的规律,体现了质量管理的精髓和基本理念。项目质量原则可以看做项目组织开展质量管理的整体性要求框架,各项原则之间既有联系又有区别,在具体执行各项原则时应有所侧重。

7.2 项目质量策划

项目质量策划是项目质量管理的首要部分,致力于制定项目质量目标并规定必要的运行过程和相关资源以实现质量目标。因此,项目质量策划的正确与否将影响项目最终可交付物的质量的高低。

7.2.1 项目质量策划概述

1. 项目质量策划的内涵

项目质量策划是指确定项目的质量方针、目标以及落实方法、达到质量方针及目标的作业过程、所应采取的资源措施等策划工作,是项目质量管理工作的一部分。ISO9000:2015中对质量策划所下的定义为"质量策划是质量管理的一部分,致力于制定质量目标并规定必要的运行过程和相关资源以实现质量目标"。

项目质量策划不仅是项目部的工作,也是企业各级组织的工作,企业的高层管理者应该制定质量方针和目标,并为质量方针和目标的实现提供各种配套资源;企业的中低层管理者应该依据企业总的质量方针和目标,确定部门的质量管理目标和工作,并为质量目标和工作的落实策划所需开展的各项活动和资源。

2. 项目质量策划的内容

项目质量管理活动均需进行项目质量策划,但应强调的是,对于项目质量管理体系的策划并不是包罗万象的,而是针对项目关键环节展开的。一般包括:项目质量目标的策划、项目质量管理体系的策划、项目实施过程的策划、项目质量改进的策划。

(1) 项目质量目标的策划。质量目标是在质量方面所追求的目标。项目质量目标对员工具有激励作用,对项目质量管理具有导向作用,因此,项目组织必须在项目组织的各相关职能和层次上建立相应的质量目标。

(2) 项目质量管理体系的策划。项目质量管理体系的策划是一种宏观的质量策划,由项目组织最高管理层负责,根据质量方针确定项目的基本方向,设定质量目标,确定质量管理体系要素,分配质量职责,等等。

(3) 项目实施过程的策划。项目质量策划，不仅需要设定质量目标，而且需要规定项目实现的必要过程和相关资源。这种策划既包括对项目全生命周期的策划，也包括对某一具体过程的策划，如设计、开发、采购和过程运作。在对实施过程进行策划的过程中，还应将重点放在过程的难点与关键点上。

(4) 项目质量改进的策划。质量改进目标是质量目标的重要组成部分，包括中长期质量改进的策划和年度质量改进的策划。

3. 项目质量策划步骤

美国质量管理专家朱兰认为质量策划就是设定质量目标以及开发为达到这些目标所需要的产品与过程的一系列相关活动(见图7-9)，具体包括以下步骤。

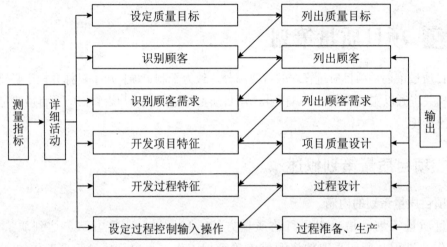

图7-9　朱兰提出的质量策划路线图

(1) 设定质量目标；

(2) 识别谁是顾客；

(3) 确定顾客需求；

(4) 开发反映顾客需求的产品特征；

(5) 开发能生产具有这种特征产品的过程；

(6) 设定过程控制，并将由此产生的计划转换成操作计划。

4. 项目质量策划的编制依据

项目质量策划编制的主要依据有以下几个。

(1) 法规对产品的要求；

(2) 质量管理体系；

(3) 企业的质量方针；

(4) 顾客对产品的需求和期望；

(5) 企业目前的质量水平；

(6) 行业内质量管理的水平和未来的态势；

(7) 目前存在的问题和需要改进的方面。

7.2.2 项目质量策划工具

运用科学的方法和技术，将有助于更好地完成项目质量策划，可以提高策划的科学性。常用的策划方法主要有质量功能展开技术、成本收益分析法、质量标杆法、流程图法、实验设计法等。

1. 质量功能展开技术

质量功能展开技术(Quality Function Deployment，QFD)是把顾客(用户、使用方)对产品的需求进行多层次的转化分析，转化为产品的设计要求、零部件特征、工艺要求、生产要求的质量策划、分析、评估工具，可用来指导产品设计和质量保证。它是一个总体产品的设计概念，提供一种将顾客需求转化为对应产品开发和生产每一个阶段的技术要求的途径。常用的质量功能展开工具有顾客要求矩阵、设计矩阵、最终产品特征展开矩阵、生产/采购矩阵、过程设计和质量控制表、作业指导书等。

2. 成本收益分析法

成本收益分析法也叫经济质量法，这种方法要求在制订项目质量计划时充分考虑完成项目质量的经济性，实质是通过运用质量成本与收益的比较分析编制出能够保证项目质量收益超过项目质量成本的项目质量管理计划。美国质量管理专家朱兰将质量成本定义为"为保证和提高产品质量而支付的一切费用，以及因未达到既定质量水平而造成的一切损失之和"。项目质量收益是指开展项目质量活动能够带来的全部收入，如提高生产效率、降低成本等。项目质量管理成本包括两方面，即项目质量保证成本和项目质量检验与质量恢复成本。

3. 质量标杆法

质量标杆法又称确定基准计划，它是利用其他项目实际实施的或计划的质量结果或项目质量计划作为新项目的质量参照体系和比照目标，通过比较，进行项目质量策划或制订新项目质量计划的方法。其他项目可以是项目团队以前完成的类似项目，也可以是其他项目团队已经完成的或正在进行的项目。应用时以标杆项目的质量政策、质量标准与规范、质量管理计划、质量核检单、质量工作说明文件、质量改进记录和原始质量凭证等为蓝本，结合新项目的特点去制订新项目的质量计划文件。使用这种方法时应充分注意"标杆项目"质量管理中实际发生的各种质量问题及教训，在制订新项目质量计划时要考虑采取相应的防范和应急措施，尽可能避免类似的项目质量事故的发生。

4. 流程图法

流程图是描述项目工作流程和项目流程各个环节之间相互联系的图表，通常由若干因素和箭线相连的一系列关系组成。项目流程图有助于预测项目发生质量问题的环节，有助于分配项目质量管理的责任，有助于找出解决项目质量问题的措施等，因此项目流程图非常有助于编制项目质量计划。流程图既可以用于分析项目质量因素，也可以用于编制项目质量计划。编制项目质量计划常使用的流程图主要包括：项目的系统流程图、实施过程流程图、作业过程流程图等。

5. 实验设计法

实验设计法是一种多因素优选方法，广泛用于产品开发设计、工艺优化和配方研制。实验设计方法需要采用试验的方法去识别对项目成功影响最大的关键因素，据此编制项目质量计划。这种方法比较适用于那些独特性很强的原创性研究项目的质量计划编制，也可以用于权衡项目的成本和进度。例如，汽车设计者可能希望确定哪种刹车与轮胎的组合能具有最令人满意的运行特性，而成本又比较合理。一项设计适当的"试验"常可使人从数量有限的几种相关情况中做出解决问题的正确决策。

7.2.3 项目质量计划

在项目管理过程中，策划项目质量特征、编制项目质量计划是保证项目成功实施的重要过程，"质量源于计划，而不是源于检查"是对项目质量计划重要性的充分说明。

项目质量计划是指为确定项目应该达到的质量标准和如何达到这些项目质量标准而做的项目质量的计划与安排。项目质量计划是质量策划的结果之一，它规定了与项目相关的质量标准、如何满足这些标准、由谁及何时应使用哪些程序和相关资源。

1. 项目质量计划的内容

工程项目的质量计划是针对具体项目的质量要求所编制的针对设计、采购、施工、安装、试运行等活动的质量控制方案。质量计划的编制可分为整体计划和局部计划两阶段。

质量计划的主要内容包括如下几个。

(1) 编制项目质量管理依据。

(2) 编制质量目标和计划。

(3) 必要的质量控制手段、实施过程、服务、检验和试验程序及相关的支持性文件。

(4) 确保质量管理目标得以实现的相关保障性文件，即产品形成全过程的有关文件。

(5) 确定在产品形成各阶段相应的质量验证，在设计、生产、采购等阶段均应设置适当的检验点、见证点或评审点；对所有质量特性和要求均应明确接收(验收)标准。

(6) 确定和准备质量记录，包括制作填写表格和说明填写要求。

(7) 确定质量改进措施，更改和完善质量管理体系及程序。

此外，需要说明的是，质量策划可以针对产品进行，也可以针对管理和作业进行，两者的区别在于：产品策划主要是对产品的质量特性进行识别、分类和比较，并建立质量目标、质量要求和约束条件；管理和作业策划主要为实施质量管理做准备，包括组织设置和活动安排。

2. 质量计划的编写要求

在项目质量计划编制过程中，要始终考虑如何实施和实施的效果。离开了实施，质量计划就失去了应有的作用。

(1) 基于项目质量策划。项目质量计划不能离开质量策划单独编制，应该将质量策划的输出内容以文字的形式表达出来，使项目干系方了解和理解。

(2) 项目质量计划要有针对性。任何一个质量计划均不可能涵盖全部质量活动，因此编制项目质量计划要有针对性，便于操作。

(3) 文字简洁。根据GB/T 19000—ISO9000族标准的规定，质量计划可以引用质量手册的部分内容或程序文件，不必重复罗列。

(4) 明确责任人和完成时间。由于项目质量计划可能涉及一些新的分配，因此在编制质量计划时，要进行必要的质量职责的分配。需要强调的是，项目质量计划必须明确规定负责人和完成时间。

(5) 及时公布施行。所有承担项目质量计划的负责部门或人员，都应该了解项目质量计划，便于具体的实施。因此，应将计划及时下发到相关人员手中。

(6) 定期审核。在项目质量计划草稿出炉以及正式计划编制出来后，应适当地对其进行评审以确保项目质量计划编制的效果。

3. 质量计划编制依据

项目质量计划的编制依据主要包括以下几个。

(1) 项目质量方针。项目质量方针是组织中高层管理者明确表示的项目管理的总体指导思想，是一个组织对待项目质量的指导思想和中心意图，是制订项目质量计划的根本出发点，为制定质量目标提供框架。但应注意，质量方针在实施过程中应注意适时调整。

(2) 项目范围描述。项目范围描述明确地说明了为提交具有既定特性和功能的项目产出物而必须开展的项目工作和对于这些项目工作的具体要求，主要包括项目目的说明、项目目标说明、项目产出物的简要说明和项目成果说明。

(3) 项目产出物的描述。项目产出物的描述是指对于项目产出物的全面与详细的说明。

(4) 相关标准和规定。项目组织在制订项目质量计划时还必须充分考虑所有与项目质量相关领域的国家标准、行业标准、各种规范以及政府规定等。

(5) 其他信息。其他信息是指除范围描述和产出物描述外，其他项目管理方面的要求，以及与项目质量计划制订有关的信息。

4. 项目质量计划输出

项目质量计划编制过程最终会生成一系列的项目质量计划文件，通常包括项目质量计划、项目质量管理工作说明、项目质量核检表和对其他程序的输入。

(1) 项目质量管理计划是项目质量管理工作的核心性文件，是项目质量计划编制工作的重要成果之一。质量管理计划中应明确规定管理者、操作者、执行者等项目干系人的职责权限与质量责任；明确达到项目质量要求所需的人力、物力、财力以及设备资源；规定所开展的项目质量活动的基本程序；明确质量计划和检查部门的验证方法和验收标准、检测手段等。项目质量计划的内容应包括：项目质量体系的组织结构、质量体系的责任划分、质量体系的工作流程、达到质量目标所需的资源和项目质量管理的措施与方法等。

(2) 项目工作说明是用专业化的术语描述各项操作规程的含义，以及通过质量控制程序对其进行检测的方法。例如，仅仅把满足计划进度时间作为管理质量的检测标准是不够的，项目管理小组还应指出是否每项工作都应准时开始，抑或只要准时结束即可；是否要检测个人的工作，抑或仅仅对特定的子项目进行检测。如果确定了这些标准，还应确定哪些工作或工作报告需要检测。通常这种项目质量计划文件是一种项目质量管理计划的辅助性和支持性文件(附件),它应该全面给出项目质量管理各个方面的支持细节和具体说明,包括执行项目质量管理计划所使用的具体方法、工具、图表和程序等方面的规定和说明。

(3) 项目质量核检表是一种项目质量管理工具,用于检查需要执行的一系列步骤是否已经实施以及实施结果的状况,通常可以依据项目质量管理计划从对项目工作分解结构和项目工作流程的分析中得到。核检表应根据项目与所属专业领域的差异和项目自身特性进行设计。

(4) 其他程序的输入。质量计划程序可以在其他领域提出更长远的工作要求。在编制质量计划过程中,能够为项目的其他过程和工作生成各种信息,如项目的进度计划和采购计划及对应的管理都需要考虑项目的质量计划。

7.3 工程项目质量控制

项目质量控制是指对于项目质量实施情况的监督和管理,主要是监督项目的实施结果,将项目的结果与事先制定的质量标准进行比较,找出其存在的差距,并分析形成这一差距的原因,以便采取纠偏措施消除项目质量差距。

项目质量控制工作应贯穿项目实施的全过程。

7.3.1 工程项目质量控制的基本程序

工程项目质量控制的基本程序是由计划(Plan)、监督检查(Monitoring)、报告偏差(Reporting Deviations)和采取纠正行动(Corrective Action)4步操作构成的循环,即PMRC循环,见图7-10。

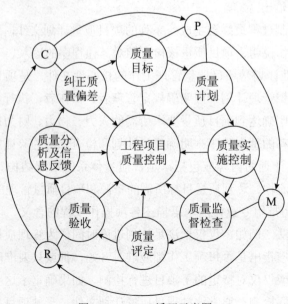

图7-10　PMRC循环示意图

1. 计划阶段

这一阶段的主要工作内容是制定质量目标、实施方案和活动计划。

2. 监督检查阶段

这一阶段的主要工作内容是按质量管理计划监督实施过程。

3. 报告偏差阶段

这一阶段的主要工作内容是根据监督检查结果，发出偏差信息。例如，监理机构向施工单位发出违规通知、现场通知和指令等。

4. 采取纠正行动阶段

这一阶段的主要工作内容是质量管理部门检查纠正措施的落实情况及其效果并进行信息反馈，为后续质量控制计划的制订提供参考信息。

7.3.2 工程项目质量控制的原则和目标

1. 工程项目质量控制的原则

(1) 坚持质量第一。任何事物都是质和量的统一，有质才有量。在工程项目的建设过程中，不存在没有质量的数量，也不存在没有数量的质量。质量反映事物的本质，数量则是事物存在和发展的规模、程度、速度等的标志。没有质量就没有数量、品种和效益，也就没有工期、成本和效益。工程项目的质量不仅关系用户的利益，而且关系人民生命财产的安全，所以必须坚持质量第一的原则。

(2) 坚持质量标准。质量标准是评定产品质量的尺度。工程项目质量是否满足要求，应通过质量检验，严格对照标准来评定。不符合质量标准要求的项目必须返工处理。

(3) 坚持以"人"为核心。人是工程项目建设的组织者、决策者、管理者和操作者，是工程项目建设全过程的参加者和实施者。工程项目建设中各部门、各岗位人员的工作水平和完善程度，都直接或间接地影响工程项目的质量。所以，在工程项目质量控制中，要以"人"为核心，要重点控制人的素质和人的行为，提高人的质量意识，防止工作失误，充分发挥人的积极性和创造性，通过提高人的工作质量来保证工程项目的质量。

(4) 坚持以预防为主。项目组对工程项目的质量控制，应该是积极主动的，因为出现质量问题后再进行处理，就会造成不必要的损失。因此，应加强事前控制和事中控制，减少事后控制，以预防为主，加强工序质量和中间产品的质量控制。

(5) 树立一切为了用户的思想。真正好的质量是用户完全满意的质量，要把一切为了用户的思想，作为一切工作的出发点，贯穿到工程项目的各项工作中，确立"下道工序就是用户"的意识，要求每道工序和每个岗位都要立足本职工作，不给下道工序留麻烦，以保证工程项目质量和最终质量能使用户满意。

(6) 用数据说话。在工程实施中，应依靠确切的数据和资料，应用数理统计方法，对工作对象和工程项目实体进行科学的分析，研究工程项目质量的波动情况，寻求影响工程项目质量的主次原因，采取有效的改进措施，掌握保证和提高工程项目质量的客观规律。

2. 工程项目质量控制的目标

(1) 项目规模在计划范围之内。

(2) 项目实施期间不出现重大事故和损失。

(3) 项目投入小于产出，产生明显的经济效益。

(4) 项目资源配置合理高效。

(5) 项目产品市场竞争力强。

7.3.3 项目各阶段质量控制工作

1. 项目定义与决策阶段

项目可行性研究阶段的工作质量关系项目全局，项目质量控制在该阶段的主要工作是策划项目总体方案以及确定项目总体质量水平。该阶段的质量控制工作包括以下几方面。

(1) 审核可行性研究报告是否符合国民经济发展的长远规划以及国家经济建设的方针政策。

(2) 审核可行性研究报告是否符合项目建议书或业主的要求。

(3) 审核可行性研究报告是否具有可靠的基础资料和数据。

(4) 审核可行性研究报告是否符合技术经济方面的规范标准和定额等指标。

(5) 审核可行性研究报告的内容、深度和计算指标是否达到标准要求。

在项目决策过程中，应充分考虑项目费用、时间、质量等目标之间的对立统一关系，确定项目应达到的质量目标和水平。

2. 项目规划设计阶段

项目规划设计是在技术和经济上对项目的实施进行全面的布置安排，规划设计成果是项目实施的主要依据，是影响项目质量的决定性环节。项目规划设计阶段的质量控制，主要包括质量设计、控制项目设计质量和质量预控。

(1) 质量设计。项目开发人员应根据项目的使用要求提出质量设计方案，包括项目质量的可信性、安全性、适应性、经济性、时间性等指标的方案设计。

(2) 控制项目设计质量。设计质量的优劣关系设计工作对项目质量的保证程度。只有从开始设计时就采用一系列行之有效的设计和质量控制方法，才能确保开发出来的项目产品有较高的质量水平。项目设计质量控制包括：合理划分项目设计开发阶段；适时开展设计阶段的评审、验证和确认活动；明确设计工作的职责和权限等。

(3) 质量预控。项目质量预控是指预测控制对象可能造成质量问题的因素，拟订质量控制计划、设计控制程序、制定检验评定标准、提出解决有关问题的对策、编制质量控制手册等。质量预控不仅要在项目规划阶段进行，在项目实施阶段同样需要。

3. 项目实施阶段

项目实施阶段是形成项目实体的重要阶段，也是形成最终项目产品质量的重要阶段。所以，加强项目实施阶段的质量控制，有助于保证和提高项目质量，是项目质量控制的核心环节。这一阶段的质量管理工作应侧重对项目参与人员、使用的机械和材料、工艺方法和项目环境因素的控制。项目实施阶段的质量控制可分为事前控制、事中控制和事后控制，见图7-11。

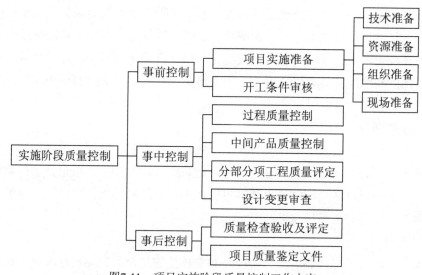

图7-11 项目实施阶段质量控制工作内容

4. 项目结束阶段

在项目的完工与交付阶段，需要对照项目定义、项目目标和预期要求，由项目团队全面检验项目全部工作和项目的产出物，然后由项目团队向项目的业主或用户进行验收和移交工作，直至项目的业主或用户最终接受了项目的整个工作过程和工作结果，此时项目结束。因此，本阶段的控制重点是对项目进行全面的质量检查，判断质量目标实现情况，提出不合格情形的处理措施。

7.3.4 项目质量控制结果

1. 改进项目质量

项目质量的改进是指通过项目质量的管理与控制所带来的项目质量提高。一个好的、有效的质量控制系统，可以有效提高项目实施过程和可交付成果的质量。项目质量的改进是项目质量控制和项目质量保障工作共同作用的结果，是项目质量控制最为重要的一项结果。

2. 接受项目质量的决定

接受项目质量的决定包括两个方面：其一，是指项目质量控制人员根据项目质量标准对已完成的项目工作结果进行检验后，对该项工作结果所做出的接受和认可的决定；其二，是指项目业主/客户或其代理人根据项目总体质量标准对完成的整个项目工作结果进行检验后，对项目做出的接受和认可的决定。一旦做出了接受质量的决定，就表示一项工作已完成，或一个项目已经完成，如果做出不接受项目质量的决定就应要求返工。

3. 返工

返工是指在项目质量控制中，发现某项工作存在质量问题并使其工作结果无法被接受时，通过采取行动将有缺陷的或不符合要求的项目工作变得符合要求或符合质量要求的一项工作，同时它也是项目质量控制的一种结果。返工的原因有三个：一是质量计划考虑不周，二是质量保障不力，三是出现意外情况。返工所带来的不良后果也有三个：一是延误项目进度，二是增加项目成本，三是影响项目形象。有时重大返工或多次返工会导致项目成本突破预算及无法在批准的工期内完成项目。在项目质量管理中，返工是最严重的质量问题，项目团队和组织应尽力避免返工，因为这是一种坏的质量控制结果，是一种质量失控的结果。

4. 核检结束清单

核检结束清单是指记录了质量检验数据和结果的检查表，是项目质量控制工作的一种结果。当使用核检清单开展项目质量控制时，已完成核检的工作清单也是项目质量控制报告的一部分。这一项目质量控制结果通常可以作为历史信息使用，以便下一步能够对项目的质量控制做出必要的调整和改进。

5. 项目调整

项目调整是项目质量控制的一种阶段性和整体性的结果。它是根据项目质量控制中所出现的问题或者项目各方提出的项目质量变动请求对整个项目的过程或活动立即采取的纠正和改变。

7.4 项目质量改进

项目质量管理活动按其对质量水平所起的作用的不同可分为两类：一类是为保持现有质量水平使之稳定的活动，称之为质量维持，通常通过质量控制来实现；另一类是根据用户需求和组织经营的需要对现有的质量水平加以改进和提高，使项目质量满足顾客要求的能力不断提高的活动，这类活动统称为质量改进。

7.4.1 项目质量改进的内涵

ISO9000:2015《质量管理体系基础和术语》将质量改进定义为"质量管理的一部分，致力于增强满足质量要求的能力"。质量改进措施就是为改善产品的特征和特性，以及为提高组织活动和过程的效益和效率所采取的措施。质量改进不仅包含对产品和服务的改进与完善，还包括对生产过程与作用方法的改进与完善，以及对组织管理活动的改进和完善。

工程项目建设同时具有产品和服务的性质，即最终的工程成果属于产品，而工程建设过程中的设计、施工管理等则属于服务范畴，工程项目的产品质量往往是由其服务的质量决定的。此外，工程项目实施中每一个过程、工序相互联系、影响，工程项目的质量是在整个项目的推进中逐渐形成的，因此工程项目的质量改进是在项目实施中对服务过程的改进。

产品(工程)质量受诸多因素影响,会出现许多质量缺陷。质量缺陷可以分为偶发性缺陷和经常性缺陷。偶发性质量缺陷是由系统因素引起的工序波动所造成的缺陷,例如原材料用错、设备突然失灵、工具损坏、违反操作规程等。这类缺陷比较明显,易于发现,原因直接,可以采取预防措施来改进。经常性缺陷是由偶然因素引起的工序波动所造成的缺陷,例如原材料成分的微小变化、刀具磨损、夹具松动、操作者精力变化等。这类缺陷不如偶发性质量缺陷那样突出和激烈,不易察觉与鉴别,人们往往不予重视和改进。

在质量管理中,质量控制和质量改进活动并不是相互独立的,而是紧密相连、交替出现的。首先应通过质量控制活动将质量维持在当前质量区间内,然后通过质量改进活动将产品质量提升到更高的产品区间,最后再次通过质量控制活动将质量维持在新的水平。

7.4.2 项目质量改进的意义

质量改进活动对提高工程质量、降低成本、增强企业在市场上的竞争能力以及增加经济效益都有十分重要的意义,具体体现在以下几个方面。

1. 减少产品质量缺陷

质量改进最直接的成果就是产品质量缺陷的减少,而缺陷的减少将增加客户满意度,改善企业声誉。

2. 增强产品满足客户需求的能力

产品质量的改进意味着产品满足客户需求的能力将得到增强,从而能为客户带来更大的价值。客户对产品的需求会随着时间的推移不断变化,质量改进是一个主动增强产品满足客户要求的能力的过程,能适应不断变化的客户需求。

3. 提高效率

产品质量的改进通常伴随着生产过程的改进,而过程改进往往意味着更高的效率、更少的浪费。

4. 降低企业运营成本

一方面,虽然质量改进过程本身要求企业投入额外资源,会增加成本,但改进后的生产过程往往能提高效率、减少浪费,从而降低成本;另一方面,产品质量缺陷的减少通常也意味着企业售后维护成本的降低。

5. 适应技术的快速变化

生产技术在不停地变化,而质量改进通常要求引入新的技术,从而带动企业技术更新,增强企业竞争力。

7.4.3 项目质量改进的原则和流程

1. 项目质量改进基本原则

(1) 过程为主原则。项目质量的改进本质上是对过程的改进。工程项目是由一系列相互联系的过程组成的,如设计、采购、施工、管理等。项目的质量是由形成和支持它的过程的效率和效果决定的,因此,项目质量的改进就是对项目实施中的一系列过程的改进。

(2) 持续改进原则。项目质量改进是一种持续性的活动,这是由项目的质量特点决定的。工程项目的质量影响因素多,包括设计、材料、机械、地形、气象、施工工艺、操作方法、技术措施等,且项目实施中有许多相互关联的过程,容易发生偶然性和系统性的质量波动。此外,在项目实施过程中,客户的需求也会常常发生变化,从而产生对项目质量的新要求。因此,要求在项目进行过程中持续地对各个过程进行改进。

(3) 全员参与原则。项目质量改进要求上至项目管理层、下至施工的全体员工的参与。工程项目复杂性高,各个活动过程相互联系、影响,而人员又是每项活动过程中起主导作用的因素。因此,要求全体项目人员相互配合、协调工作,每一位员工都应树立质量意识,全员参与到质量改进活动中。

2. 项目质量改进工作流程

项目质量改进流程可按图7-12进行。

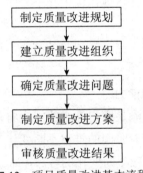

图7-12 项目质量改进基本流程

7.4.4 项目质量改进计划

1. 论证质量改进的必要性

质量改进论证的目的就是要使领导者和有关人员了解质量改进的重要性和需要改进的方面。质量改进论证的依据是质量信息,掌握有关质量信息是制订质量改进计划的基础。质量信息的来源包括如下几个。

(1) 质量等级评定。通过工程质量等级的评定、核定,可以清楚地了解企业的质量水平,评估该企业的社会地位。通过质量评定,可以清楚地反映产生缺陷的项目,以及对下一道工序的影响和对用户的危害。

(2) 质量成本分析。工程质量成本包括内部损失成本和外部损失成本。内部损失成本是指在施工过程中不满足规范规定的质量要求而支付的费用;外部损失成本是指工程交工后,不能满足规定的质量要求,导致工程款和质量保证金被扣减(索赔)以及发生维修、更换或信誉损失等。通过质量成本分析,可以清楚地得出因质量事故及不可弥补的缺陷给企业带来的利益损失,进而可以明确改进的方向。

(3) 信息反馈。质量信息可以通过信息反馈系统取得，也可以来自工程回访和用户的意见，还可以来自本企业的各个管理层次和全体员工。

论证质量改进的必要性，可采用排列图法在影响质量的诸因素中找出最关键的因素，作为质量改进的突破目标。

2. 改进项目先后次序的确定

经质量改进必要性论证后，可能存在多项质量问题，应根据各因素对项目质量的影响程度优先解决那些急需解决、影响最大的问题，一般可按以下原则考虑。

(1) 不符合图纸、工艺、标准的项目先解决；

(2) 影响下道工序正常工作的项目先解决；

(3) 投资少、效益大的项目优先解决；

(4) 实施起来比较容易、技术比较成熟的项目先解决；

(5) 阻力小的项目优先解决。

3. 质量改进计划的编制

质量改进计划除了规定改进项目的课题、进度目标、责任之外，还包括各阶段的活动。质量改进活动需要一定的投资和费用，因此必须听取有关部门和项目部的意见和建议。质量改进计划一般通过一系列的、特定的质量改进项目或活动来实施。质量改进计划应包含生产流程、生产设备、作业指引、控制环节、接收标准、责任者等方面。

实施产品质量改进计划的流程如下所述。

(1) 确定产品质量改进项目并做好准备工作。组织全体成员参与产品质量改进及活动的准备，根据用户需求和生产过程中出现的质量问题，确定每个季度和全年的质量改进措施项目和负责部门。各负责部门制订每一个项目的改进措施计划后，经质量管理部门综合平衡，汇编成企业的季度、年度计划草案。同时，质量管理部门要根据季度计划和临时出现且亟待解决的质量问题，编制月度计划草案。

(2) 调查可能的因果关系。通过数据的收集、分析和确认，进而提高对改进过程的性质的认识。应认真按照制订的计划采集数据，以事实为依据，通过对数据进行分析，掌握待改进过程的性质，并确定可能的因果关系。

(3) 采取预防和纠正措施。在确定因果关系后，应针对相应的原因制定不同的预防或纠正措施的方案，组织参与该措施实施的成员研究各方案的优缺点。

(4) 确认改进措施的实行。采取预防和纠正措施后，必须收集有关数据加以分析，以确认预防和纠正措施取得的结果。要注意的是，收集数据的环境应与以前调查和确定因果关系时收集数据的环境相同。

如果在采取预防或纠正措施之后，那些不希望的结果仍继续发生，且发生的频次与以前几乎相同，以致影响了企业的产品质量和发展计划，那就需要重新确立质量改进项目及活动。

(5) 保持改进成果。质量改进结果经确认及认可后需保持下来，对于改进后的过程则需要在新的水平上加以控制。

(6) 继续完善及改进。如果所期望的改进已经实现，则应根据企业自身的情况再选择和实施新的质量改进项目或活动。进一步改进质量的可能性总是存在的，要善于发现需要改进的地方。

产品质量改进计划可以确定特殊项目或合同的特殊质量要求，并将其列入计划表中。产品质量改进计划还可以制定实现质量要求的具体措施和作为监督和评定质量的依据。在整个企业内所采取的旨在提高活动和过程的效益和效率的各项措施中，企业主管所进行的质量改进必须是持续不断的。

7.4.5 项目质量改进的工具与方法

质量改进的基本方法是PDCA循环，即Plan(计划)、Do(执行)、Check(检查)和Action(处理)循环。PDCA循环是由美国贝尔试验室的休哈特(W. A. Shewhart)博士通过总结前人的管理经验和教训于1930年提出的一种管理工作程序，后在1950年被美国质量管理专家戴明(E. Deming)博士再度挖掘出来进行改进，并推广到日本，应用在产品质量改进过程中。

经过几十年的应用，PDCA循环已成为国际通行的质量改进标准工作程序。ISO9000族已将其纳入标准，作为质量管理工作程序的一部分；ISO9000:2015标准中将"持续改进"定义为"提高绩效的循环活动"。这与PDCA循环活动的原理是一致的。

1. PDCA循环的基本内容

标准的PDCA循环包含"四个阶段八个步骤"(如图7-13所示)。在实际应用中，PDCA循环的四个阶段必不可少，但具体的工作程序、步骤应根据工程项目的规模、特点、难度、待改进的质量问题等具体情况而决定。

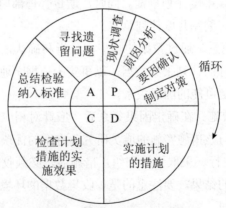

图7-13　PDCA循环的主要内容

(1) 计划。计划阶段的任务是制定质量改进规则，识别、分析质量问题，提出解决方案。计划阶段通常包含现状调查、原因分析、要因确认和制定对策四个步骤。

(2) 实施。质量改进措施的实施包含执行、控制和调整三部分。质量改进措施的执行应按照质量改进计划实施，在执行过程中需采取必要的控制措施协调各部门工作，保证改进实施过程按计划进行。在实施过程中，质量问题影响因素会随着时间发生变化，因此有必要对原计划进行调整。

(3) 检查。检查阶段的主要工作是检查质量改进计划的实施效果，并与预定改进目标进行对比，评价目标的实现情况。

(4) 处理。处理阶段包括采取巩固措施和寻求遗留问题两个步骤。采取巩固措施主要是对质量改进活动的过程和成果进行总结并形成标准化的流程制度。通过质量改进成果与质量改进目标的对比，明确遗留问题，为质量持续改进奠定基础。

2. PDCA循环质量改进的特点

(1) 大环套小环，小环保证大环(见图7-14)。在PDCA循环的某一阶段的工作中，也会存在现状调查、制订计划、实施计划、检查实施效果和阶段性小结等小PDCA循环。小循环推动大循环某一阶段的工作，从而保证大循环的顺利进行。

(2) 持续改进的循环。每经历一个PDCA循环，项目质量就会提高到一个新的水平；通过持续的PDCA循环，就能实现质量的持续改进(见图7-15)。

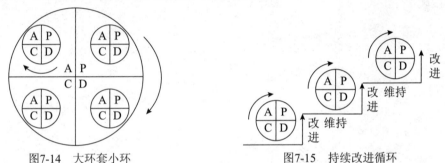

图7-14 大环套小环　　　　图7-15 持续改进循环

(3) 强调抓主要矛盾。在质量改进过程中，PDCA循环强调抓住最主要的质量问题产生的原因，通过最小投入来实现最佳改进效果。

3. 项目质量改进工具

质量改进阶段使用的工具见表7-4。

表7-4 质量改进阶段常用工具一览表

阶段	步骤	流程图	直方图	因果图	控制图	排列图	散布图	趋势图	树型图	分层图	关联图	核检表	头脑风暴法	成本/效益	5W1H	调查表	矩阵图
P	找出问题		△	△	△		△		△			△			△	△	△
P	分析原因			△		△	△		△				△				
P	确定主因			△			△	△			△	△					
P	制定方案	△							△				△				△
D	执行方案				△												
C	核实效果		△		△	△		△		△		△		△		△	
A	完善标准	△						△									
A	找新问题		△		△	△	△					△					

复习思考题

1. 什么是项目质量管理？常用的质量管理方法有哪些？
2. 简述工程项目质量管理的基本工作流程。
3. 简述项目质量策划的步骤。
4. 简述工程项目质量控制应遵循的原则，并举例说明。
5. 简述工程项目质量控制各阶段的工作内容。
6. 阐述项目质量改进的步骤。
7. 简述质量持续改进的内容。

第8章
工程项目成本管理

8.1 工程项目成本管理概述

8.1.1 成本

1. 成本的含义

狭义的成本是指企业为了生产产品或提供劳务而发生的各种耗费;广义的成本是指为过程增值或结果有效已付出或应付出的资源代价。资源代价是一个综合的概念,一般包括人力、物力、财力和信息等资源。

关于成本的定义主要有以下几种。

(1) 成本是生产和销售一定种类与数量的产品已耗费的资源用货币计量的经济价值。企业进行产品生产需要消耗生产资料和劳动力,这些消耗在成本中用货币计量,就表现为材料费用、折旧费用、工资费用等。企业的经营活动不仅包括生产,也包括销售活动,因此在销售活动中所发生的费用应计入成本。同时,管理生产所发生的费用也应计入成本。

(2) 成本是为取得物质资源所需付出的经济价值。企业为进行生产经营活动,购置各种生产资料或采购商品,而支付的价款和费用,就是购置成本或采购成本。随着生产经营活动的不断进行,这些成本就转化为生产成本和销售成本。

(3) 成本是为达到一定目的而付出或应付出资源的价值牺牲,它可用货币单位加以计量。

(4) 成本是为达到一种目的而放弃另一种目的所牺牲的经济价值。

工程项目关于价值消耗方面的术语较多,从不同的角度来看有不同的名称,且常常有不同的含义。例如,企业较为关注投资,通常将成本称为"投资";而承包商则关注实施与完成项目所需的各种资源的货币量,常使用"成本"。

2. 成本的构成

成本的构成内容要服从管理的需要,并且随着管理的发展而发展。成本的构成内容主要包括如下几个。

(1) 材料费用;

(2) 外购动力费用;

(3) 工资费用;

(4) 折旧及其他费用;

(5) 辅助生产费用;

(6) 制造费用;

(7) 生产损失等。

在实际工作中,为了促使企业厉行节约、减少损失,加强企业的经济责任,将一些不形成产品价值的损失性支出(如工业企业里的废品损失、停工损失等),也列入产品成本之中。此外,将某些应从为社会创造的价值中进行分配的部分(如财产的保险费用等)也列入产品成本。

3. 成本的作用

(1) 成本是补偿生产耗费的尺度。企业为了保证再生产的不断进行，必须对生产耗费，即资金耗费进行补偿。企业是自负盈亏的商品生产者和经营者，其生产耗费需用自身的生产成果，即销售收入来补偿，维持企业再生产按原有规模进行，而成本就是衡量这一补偿份额大小的尺度。

(2) 成本是制定产品价格的基础。产品价格是产品价值的货币表现。但在现阶段，人们还不能直接、准确地计算产品价值，而只能计算成本。成本作为价值构成的主要组成部分，其高低能反映产品价值量的大小，因而产品的生产成本成为制定产品价格的重要基础。也正因如此，需要正确地核算成本，才能使价格最大限度地反映社会必要劳动的消耗水平，从而接近价值。当然，产品的定价是一项复杂的工作，还应考虑其他因素，如国家的价格政策及其他经济政策法令、产品在市场上的供求关系及市场的竞争态势等。

(3) 成本是计算企业盈亏的依据。企业只有当其收入超出其为取得收入而发生的支出时，才有盈利。成本也是划分生产经营耗费和企业纯收入的依据。因为成本规定了产品出售价格的最低经济界限，在一定的销售收入中，成本所占比例越低，企业的纯收入就越高。

(4) 成本是企业进行决策的依据。企业要努力提高其在市场上的竞争能力和经济效益。首先必须进行正确可行的生产经营决策，而成本就是其中十分重要的一项因素。成本作为价格的主要组成部分，其高低是决定企业有无竞争能力的关键。因为在市场经济条件下，市场竞争在很大程度上就是价格竞争，而价格竞争的实际内容就是成本竞争。企业只有努力降低成本，才能使自己的产品在市场中具有较强的竞争能力。

(5) 成本是综合反映企业工作业绩的重要指标。企业经营管理中各方面工作的业绩，都可以直接或间接地通过成本反映出来，如产品设计好坏、生产工艺合理程度、产品质量高低、费用开支大小、产品产量增减以及各部门各环节的工作衔接协调状况等。正因如此，可以通过对成本的预测、决策、计划、控制、核算、分析和考核等来促使企业加强经济核算，努力改善管理，从而不断降低成本，提高经济效益。

8.1.2 项目成本

项目成本是指项目形成全过程所耗用的各种费用的总和，是项目从启动、计划、实施、控制直到项目交付收尾的整个过程中所有的费用支出。

1. 项目成本构成

(1) 项目定义与决策成本。项目定义与决策是项目形成的第一阶段，该阶段工作质量的优劣，将会对项目建设和建成后的经济效益与社会效益产生重要影响。为了对项目进行科学的定义和决策，这一阶段要进行翔实的调查研究，搜集和掌握第一手信息资料，进行项目的可行性研究，做出最终决策。在此过程中耗费的人力、物力资源及资金构成了项目的定义与决策成本。

(2) 项目设计成本。无论是工程建设项目、新产品开发项目，还是科学研究项目，任何一个项目都要开展项目设计工作。同样，这些设计工作要发生费用，这些费用是项目成本的重要组成部分，这部分费用被称为项目设计费用。

(3) 项目获取成本。项目为获得各种所需资源需要开展一系列的询价、选择供应商、广告、承发包、招标等工作，在这些过程中发生的费用称为项目的获取成本。

(4) 项目实施成本。在项目实施过程中，为完成项目可交付成果所耗用的各项资源所构成的费用称为项目实施成本。包括人工成本(各种劳力的成本)、物料成本(消耗和占用的物料资源费用)、顾问费用(各种咨询和专家服务费用)、设备费用(折旧、租赁费用等)、不可预见费用(为预防项目变更的管理储备)和其他费用(如保险、分包商的法定利润等)。

项目的实施成本是项目总成本的主要组成部分，虽然决策质量、设计结果都将直接影响施工成本，但在正确的决策和勘察设计条件下，在项目总成本中，实施成本一般占总成本的90%以上。因此，项目成本管理在某种程度上可以说是实施成本的管理。

2. 项目成本的影响因素

影响项目成本的因素很多，主要有以下几个。

(1) 质量。质量总成本由质量故障成本和质量保证成本组成。质量越低，引起的质量不合格损失越大，即故障成本越大；反之，则故障成本越低。质量保证成本，是指为保证和提高质量而采取相关的保证措施而耗用的开支，如购置设备改善检测手段等。这类开支越大，质量保证程度越可靠；反之，质量就越低。

(2) 工期。每个项目都有一种最佳施工时间，如果工期紧，需要加大施工力量的投放，采用一定的赶工措施，如加班、高价进料、高价雇佣劳务和租用设备，势必加大工程成本，进度安排少于必要工期则成本将明显增加；反过来，进度安排时间长于最佳安排时，成本也要增加。这种最佳工期是在最低成本下持续工作的时间，在计算最低成本时，一定要确定实际的持续时间分布状态和最接近的可以实现的最低成本。这一点如不限定，成本就会随着工期变动而增加。

(3) 价格。在设计阶段，价格对成本的影响主要反映在施工图预算方面，而预算取决于设计方案的价格，价格直接影响工程造价。因此，在做施工图预算时，应做好价格预测，特别应注意准确估计通货膨胀导致的建材、设备及人工费的价格上涨率，以便较准确地把握成本水平。

(4) 管理水平。包括对预算成本估算偏低，例如征地费用或拆迁费用大大超出计划而影响成本；由于资金供应紧张或材料、设备供应发生问题，从而影响工程进度，延长工期，造成建设成本增加；甲方决策失误造成的损失；更改设计可能增加或减少成本开支，但又往往会影响施工进度，给成本控制带来不利影响。

8.1.3 项目成本管理

1. 项目成本管理的内涵

项目成本管理是指承包人为确保将项目成本控制在计划目标之内所做的预测、计划、控制、调整、核算、分析和考核等管理工作。

项目成本管理旨在预测、计划并控制项目成本，确保项目在预算的约束条件下完成。项目成本管理不仅限于项目经理部进行的成本管理，而应是围绕项目进行的全面成本管理，包括项目所在组织，如企业、团体的其他职能部门也应参与到项目的成本管理中，如企业的财务部门对项目成本的会计核算。

2. 项目成本管理的特点

根据项目成本的一些特点，结合项目成本管理的概念，可以发现项目成本管理具有以下特点。

(1) 项目成本管理是一种事先能动的管理。项目具有一次性特点，项目成本管理只能在这样的一次性过程中进行管理。因此，在项目起始点就应对成本进行预测，制订计划，明确成本管理目标，然后以目标为出发点，进行全面的成本管理。

(2) 项目成本管理是一个动态控制过程。每一个项目从立项到施工都要经过很长的周期，项目实施过程中会有很多因素对成本造成影响，最终的成本在项目运作过程中是不确定的，只有在项目的收尾阶段，形成成本决算后，才能最终确定项目成本。

(3) 项目成本管理影响项目质量与项目进度。圆满的项目既要考察项目的质量，又要看项目的完成时间，项目成本管理的绩效直接影响项目的成败。高效的项目成本管理不仅能够保证项目的质量与进度，还能节约资源，避免过多浪费。

3. 项目成本管理的原则

(1) 全生命周期成本最低原则。项目成本管理的效果直接影响项目的绩效。因此，应尽可能降低项目成本。但是，在进行成本管理时不能片面地要求项目形成阶段的成本之和最低，而是要使项目全生命周期成本最低，即考虑项目从启动到项目产品的寿命期结束的整个周期的成本最低，这是项目经济性评价的合理期限。

(2) 全面成本管理原则。全面成本管理是针对成本管理的内容和方法而言的。从全面性出发，需要对项目形成的全过程开展成本管理，对影响成本的全部要素开展成本管理，由全体项目团队成员参与成本管理。因此，全面成本管理就是全员、全过程和全要素的成本管理。

(3) 成本责任制原则。为了实行全面成本管理，必须对项目成本进行层层分解，使成本目标落实到项目的各项活动、各个人员。项目的各个参与人员都承担不同的成本责任，按照成本责任对项目人员的业绩进行评价。

(4) 成本管理有效化原则。成本管理的有效化包括两层含义：一是使项目经理部以较少的投入获得最大的产出；二是以最少的人力和财力，完成较多的管理工作，提高工作效率。

(5) 成本管理科学化原则。成本管理的科学化原则，即把有关自然科学和社会科学中的理论、技术和方法运用于成本管理，包括预测与决策方法、不确定性分析方法和价值工程等。

4. 项目成本管理的内容

项目成本管理是指在整个项目的实施过程中，为确保项目在已批准的成本预算内尽可能好地完成而对所需的各个过程进行管理。项目的成本管理通常包括制订项目资源计划、成本估算、成本预算、成本控制四个过程。

(1) 资源计划用于确定项目耗费的各种资源(人力、设备、材料)的种类和数量。
(2) 成本估算用于估计完成项目工作所需资源的成本。
(3) 成本预算将估算出来的全部成本分配给项目的每个工作环节。
(4) 费用控制用于控制项目预算的变更。

8.1.4 项目成本模型

在工程项目网络计划的基础上，将计划项目分解落实到工程项目结构分解的各个项目单元上，并将计划成本在相应的项目单元(工作任务)的持续时间上进行分配，获得"工期-累计计划成本"曲线，称为项目的成本模型，又称为"S"曲线。

通过"S"曲线对工程项目进行成本与进度控制的方法称为"赢得值"原理。

项目成本模型绘制过程如下所述。

(1) 在网络分析基础上，确定项目名称，按各个工作任务的最早开始时间输出横道图，并确定相对应的项目单元的工程量及工程计划成本(可按委托合同价、预算成本价等进行分解)。

(2) 确定工程成本在相应的工作任务的持续时间内的分配比例(一般按平均分配)，则可得各项活动的计划成本强度。

(3) 按项目总工期将各期(每周、每月)各项活动的计划成本在时间-成本坐标中汇集，得到各时间段的成本强度。

(4) 绘制工期-成本直方图。

(5) 计算各期期末成本累计值，绘制工期-累计成本曲线。

图8-1为某基础工程进度横道图，图8-2为某工程基础工程时间-成本曲线。

时间	2	4	6	8	10	12	14	16	18	20	22	24	26	28	30	32	34	36	38
基坑挖土		2																	
垫层				4															
绑扎钢筋								5											
浇混凝土											4								
砖基础													2						
圈梁																	4		
回填土																			1
井点降水							0.1												

图8-1 某基础工程进度横道图

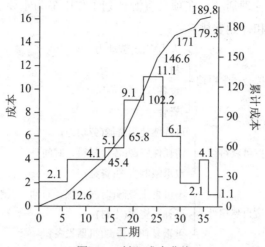

图8-2 时间-成本曲线

理想的项目成本模型如图8-3所示,该图可以通过成本反映工程项目的进度。为便于对比和实施控制,可将最早时间和最迟时间成本累计曲线绘于同一幅图中(见图8-4),即香蕉图。

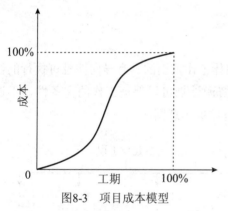

图8-3 项目成本模型

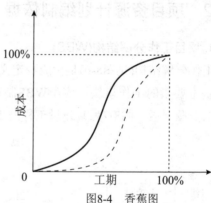

图8-4 香蕉图

8.2 项目资源计划

8.2.1 项目资源计划概述

1. 项目资源

项目资源是指完成项目所必需的各种实际投入。在项目管理中,对项目资源进行分类的方法较多,常见的分类方法见图8-5。

2. 项目资源计划

项目资源计划是指通过分析和识别项目的资源需求,确定项目需要投入的资源种类(包括人力、设备、材料、资金等)、项目资源投入的数量和投入的时间,从而制订项目资源供应计划的项目成本管理活动。在项目资源计划工作中最为重要的是确定保证项目顺利实施的各种资源的清单和计划安排。

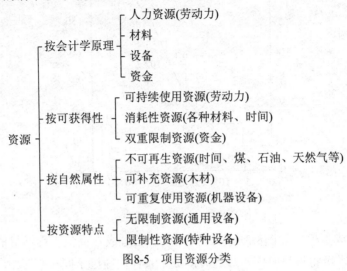

图8-5 项目资源分类

8.2.2 项目资源计划编制依据

1. 项目工作分解结构(WBS)

工作分解结构(见图8-6)是构成和定义项目整体工作范围的具有导向性且可执行的组成项目基本要素的工作模块。应用WBS制订项目资源计划可以保证工作的完备性,不遗漏具体的资源要素。图8-7为某建设工程的工作分解结构示意图。

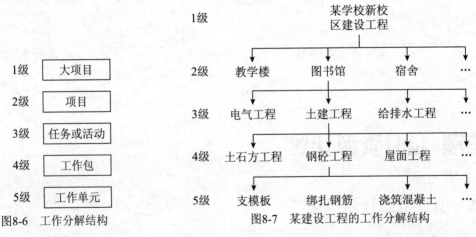

图8-6 工作分解结构　　　　图8-7 某建设工程的工作分解结构

2. 项目范围说明书

项目范围说明书亦称项目范围陈述,包括项目目标和项目工作说明。项目范围陈述说明了项目要达到的最终结果、项目实施中的具体内容以及实施项目的原因等问题。项目范围说明书详细说明了实施项目的原因,明确了项目的目标和主要的可交付成果,是项目班子和任务委托者之间签订协议的基础,也是未来项目实施的基础,实施过程中依据范围说明书对项目进行监督及核实，并且随着项目的不断实施，需要对范围说明进行修改和细化，以反映项目本身和外部环境的变化。

具体来说，项目范围说明书主要应该包括以下三个方面的内容。

(1) 项目的合理性说明。即解释实施这个项目的目的。项目的合理性说明为将来评估各种利弊关系奠定了基础。

(2) 项目目标。项目目标是所要达到的项目的期望产品或服务，确定了项目目标，也就确定了成功实现项目所必须满足的某些数量标准。项目目标通常包括费用、时间进度、技术性能和质量标准。当项目成功地完成时，必须向他人表明，项目事先设定的目标均已达到。

(3) 项目可交付成果清单。如果列入项目可交付成果清单的事项被圆满实现，并交付给使用者——项目的中间用户或最终用户，就标志着项目阶段或项目的完成。例如，某软件开发项目的可交付成果有能运行的电脑程序、用户手册和帮助用户掌握该电脑软件的交互式教学程序。

3. 历史项目信息

历史项目信息记录了以往类似项目的资源需求和使用情况，对项目的完成具有一定的指导和借鉴作用。在条件允许的情况下，应尽可能多地了解历史上类似项目的详细信息，掌握完备的信息可以完善项目资源计划的制订。

4. 项目进度计划

项目进度计划是控制项目进程的最主要的纲领性文件，也是制订其他项目计划的基础和指导性文件。项目进度计划如同一个用时间量度的界限，把所有项目需要使用的资源在不同的时间段上进行分配，以保证项目组能够适时、有效和有计划地安排合适的资源。

5. 资源库信息

资源库就是项目团队拥有的可供使用的资源的信息资料的集合，包括软件和硬件两类。资源库描述是对资源存量的说明，是编制资源计划的重要依据。通过对资源库的分析可确定资源的供给方式。在编制资源计划时必须了解可供将来使用的资源种类。成本估算必须考虑所有在本项目上支出的资源，并应当随着项目的进展进行调整和修正，以便具体、详细地反映项目的新情况。

6. 项目组织策略

项目组织策略是用以指导管理者利用组织特有的核心竞争力来发挥组织的竞争优势，使其在竞争中达到团队目标的一种策略。编制资源计划期间必须考虑项目实施组织的组织策略，保证资源计划在科学、合理的基础上尽量满足组织策略的要求。

8.2.3 项目资源计划编制步骤

编制资源计划是一个确定项目所需资源、资源来源以及资源投入时间等内容的过程。资源计划编制步骤包括资源需求分析、资源供给分析、资源成本比较和资源组合、资源分配与计划编制。

1. 资源需求分析

根据工作分解结构确定其中每一项任务所需的资源数量、质量及种类，结合定额或经验数据确定资源需求量。工程项目通常可按照如下步骤确定资源需求量。

(1) 工作量计算；

(2) 确定项目实施方案；

(3) 估算各类资源，如人员、材料、机械和资金等需求量。

2. 资源供给分析

资源供给分析就是分析资源的可获得性，包括获得的难易程度、获得渠道和方式等，可从内部、外部资源两个角度进行分析。

(1) 内部资源分析。企业内部可供调配的资源分析，例如企业计划部门拥有的计划人员和各种设备及其可用性。

(2) 外部资源分析。分析外部资源的供给情况。例如，在设计阶段，房地产开发企业通常将设计工作外包给专业的设计单位，需对可用设计资源进行分析。

3. 资源成本比较和资源组合

确定资源需求链和供给情况后，需对资源成本进行比较，确定所需资源的合理组合模式，包括各种资源所占比例与组合方式。资源组合应根据项目实际情况，考虑成本、进度等指标综合确定。

4. 资源分配与计划编制

资源分配是指企业按资源分配的原则、方案，对企业所属资源进行的具体分配。资源分配是一个系统工程，既要保证各项任务得到合适的资源，又要努力实现资源总量最少、使用平衡的目标。资源分配的一般途径是假设没有资源使用方面的限制，并从一条简单的关键路线着手分配，然后检查资源是否满足限制条件。

根据确定的资源分配方案结合项目进度等编制项目资源计划。资源计划可以清楚地反映项目所需资源的类型及数量，而将各种资源的数量、取得方式、使用时间等汇总起来即为资源计划。

在项目初期，项目资源需求量通常以人力资源为主，需求量较少，计划过程较为简单；在实施过程中资源需求量大、种类多，计划过程较为复杂。

8.2.4 项目资源计划编制方法

1. 专家判断法

专家判断法是指由项目成本管理专家根据经验确定和编制项目资源计划的方法。

2. 统一定额法

统一定额法是指使用国家或民间统一的标准定额和工程量计算规则制订项目资源计划的方法。

3. 资料统计法

资料统计法是指使用历史项目的统计数据资料，通过计算确定项目资源计划的方法。

4. 项目管理软件法

目前的项目管理软件都有一份资源清单,列明各种资源的名称、可以利用的时间极限、标准及过时率、收益方法和文本说明,每种资源都配以一个代码和一份成员个人的计划日程表。可对每种资源加以约束,比如它可被利用的时间及数量。用户可以按百分比分配任务配置资源,设定资源配置的优先标准,为同一任务分配各个资源,并对每项资源进行备注和说明。系统能突出显示并帮助修正不合理配置,调整和修匀资源配置。大部分软件包可以为项目处理数以千计的资源。

8.2.5 项目资源计划编制工具

1. 资源矩阵

资源矩阵也称资源计划矩阵,它是由项目工作分解结构直接转化而来的矩阵表,针对工作分解结构中的最基层的每一项活动分别列出资源需求,并进行分析、汇总。资源矩阵能够清晰表示WBS的结果,解决WBS中无法解决的问题。如表8-1所示为项目资源计划矩阵的基本形式。尽管该表可以将项目的资源统筹列出,但不能表达关于资源的详细信息。

表8-1 项目资源计划矩阵

WBS结果	需求资源总量					备注
	资源1	资源2	资源3	…	资源m	
工作1						
工作2						
…						
工作n						

2. 资源数据表

项目资源数据表是主要表现项目资源在整个项目不同阶段的使用和安排情况的一种资源规划工具(见表8-2)。资源数据表不同于资源计划矩阵,它主要表示在项目进行过程中,项目资源的使用和分配情况,而不是对项目所需资源进行统计说明。

表8-2 项目资源数据表

需求资源种类	需求资源总量	项目进度阶段(时间)					备注
		1	2	3	…	m	
资源1							
资源2							
…							
资源n							

3. 资源甘特图

甘特图(见图8-8)又称为条形图或横道图,是更加直观的资源数据表形式,因此经常被项目管理者用做描述项目进度计划的工具。该图简单、明了、直观,易于编制,被广泛地应用于项目管理中。甘特图是进行资源平衡的主要工具,能有效显示行动时间的规划,适用于项目计划和项目进度安排,在网络计划技术出现之前,甘特图是计划和控制项目建设的重要手段。

资源种类	项目阶段											
	1	2	3	4	5	6	7	8	9	10	…	m
资源 1												
资源 2												
资源 3												
…												
资源 n												

图8-8 资源甘特图

4. 资源负荷图

资源负荷图(见图8-9)是一种反映特定资源在项目生命周期过程中分布状况的图示工具,它以条形图的方式很直观地显示资源在时间上的分布情况,反映某个时点某种资源的计划情况和实际消耗情况。

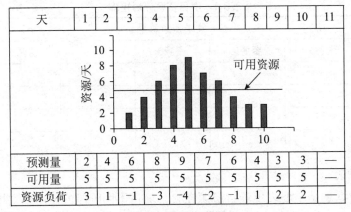

天	1	2	3	4	5	6	7	8	9	10	11
预测量	2	4	6	8	9	7	6	4	3	3	—
可用量	5	5	5	5	5	5	5	5	5	5	—
资源负荷	3	1	−1	−3	−4	−2	−1	1	2	2	—

图8-9 资源负荷图

从图8-9可以看出,在相当大的一部分时间内,该项目的这种资源是处于超负荷状态的。资源超负荷是指在特定的时间分配给某项工作的资源超过它的可用数量。

资源负荷图直观地表示一种资源需求量的变化情况,通过调整非关键工序的开工时间,就能缓和需求矛盾,平缓需求高峰和低谷,即"削峰填谷",从而满足资源的限制条件。对于资金来说,如果日用金额数无任何限制,则应在考虑其他因素的同时,尽量将用款高峰后移,而无须做全面平衡。

5. 资源累计需求曲线

资源累计需求曲线(见图8-10)是以线条的方式反映项目进度及其资源需求情况,以及不同时间的资源需求量的资源需求曲线。在项目进行过程中,在每个时点,项目组织者应该能够准确把握已经使用的资源总量,这有助于组织者从整体上对项目资源进行调控,防止项目资源的使用数量大于资源计划数量,造成项目前期资源浪费,而项目后期资源紧缺。

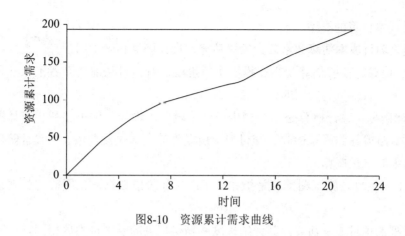

图8-10 资源累计需求曲线

8.3 项目成本估算

8.3.1 项目成本估算概述

1. 项目成本估算的定义

项目成本估算是指根据项目的资源需求和计划,以及各种项目资源的价格信息,估算和确定项目各种活动的成本和整个项目总成本的一项项目成本管理工作。成本估算是对完成项目所需费用的估计和计划,是项目计划中的一个重要组成部分。要实行成本控制,首先要进行成本估算。

2. 项目成本估算的内容

项目成本估算包括对构成项目成本的各方面花费的估算。包括项目决策和定义成本估算、项目设计成本估算、项目获取成本估算、项目实施成本估算,除此之外还应对项目不可预见费进行估算。

项目不可预见费又称预备费,在项目实施过程中可能发生的风险因素会导致费用增加,进行成本估算时要考虑此部分费用,用于补偿其他因素对成本估算精度的影响。

按照风险因素的性质划分,不可预见费又包括基本预备费和价差预备费两种类型。

(1) 基本预备费是指由于如下原因导致费用增加而预留的费用,包括:设计变更导致的费用增加;不可抗力导致的费用增加;隐蔽工程验收时发生的挖掘及验收结束时进行恢复所导致的费用增加。基本预备费一般按照前五项费用(即建筑工程费、设备安装工程费、设备购置费、工器具购置费及其他工程费)之和乘以一个固定的费率计算。其中,费率往往由各行业或地区根据其项目建设的实际情况加以制定。

(2) 价差预备费是指建设项目在建设期间由于价格等变化引起工程造价变化的预测预留费用。具体包括:人工、材料、施工机械的价差费,建筑安装工程费及工程建设其他费用调整,利率、汇率调整等增加的费用。

3. 项目成本估算的类型

我国建设项目成本估算通常分为投资估算、设计概算和施工图预算三类。

(1) 投资估算。投资估算是指在投资决策阶段,对项目从前期准备工作开始到项目全部建成投产为止所发生的费用的估计。

(2) 设计概算。设计概算是指在初步设计阶段,由设计单位根据初步设计图纸预先计算和确定项目从筹建到竣工验收、交付使用所发生的全部建设费用。当设计阶段包括技术设计时,需编制修正概算。

(3) 施工图预算。施工图预算是指在施工图设计阶段依据施工图确定的建筑安装工程费用。

不同类型的项目成本估算,其详细程度和精确程度的要求也不尽相同。

通常,根据成本估算的不同时期将项目成本估算分为初步估算、控制估算和最终估算三种,见表8-3。

表8-3 不同类型成本估算对比表

种类	进行时期	主要依据	特点	精度	作用
初步估算	可行性研究后期	项目组的可行性研究报告	较为粗略。确定资源计划后,可进行较为详细的估算	-25%~+75%	为管理部门提供初步的经济情况,并为筹集资金提供依据
控制估算	项目计划阶段	最新的市场价格	比较精确。项目团队全面负责制定,部分工作可分别由财务或专业咨询部门完成	-10%~+25%	能够为筹集资金提供依据,也可用来明确责任和实施成本控制
最终估算	项目实施阶段	项目的详细估算及最新预测	主要资源按照实际价格详细估算	-5%~+10%	依据不同时期的项目情况为项目管理提供精确信息,是控制项目成本的工具

因此,不同类型的成本估算是与项目不同阶段的管理任务相对应的,是应工作要求而产生的。

项目成本估算精度受项目工作的进展情况和相关资料的详细程度、物价水平波动情况以及从事成本估算的工作人员的知识水平和经验等因素的影响。工作进展越深入,工作内容越丰富,精度越高;物价水平波动频繁,项目成本估算难度加大;不同估算人员(乐观型、悲观型、善变型和准确型)的知识水平和经验不尽相同,估算结果差异较大。因此,应加强资料收集,密切关注物价变动,邀请估算经验丰富的专业人员进行成本估算,以提高项目成本估算精度。

8.3.2 项目成本估算的依据

1. 项目范围说明书

项目范围说明书详细说明了项目立项原因、项目目标和项目的主要可交付成果,是项目经理部和承包商之间签订协议的基础,也是未来项目实施以及对项目进行监督核实的基础，并且随着项目本身和外部环境的变化需要对范围说明进行修改和细化。在实际的项目实施中，各级项目管理人员都要编写各自的项目范围说明书。通常，项目范围说明书主要包括项目的合理性说明、项目目标、项目可交付成果清单和相关技术规范等内容。

2. 工作分解结构(WBS)

WBS以可交付成果为导向对项目要素进行分组，归纳和定义项目的整个工作范围，每下降一层代表对项目工作的更详细定义。WBS是制订进度计划、资源需求、成本预算、风险管理计划和采购计划等的重要基础。在成本估算中，工作分解结构的正确性或准确性直接影响费用估算。这是因为，项目成本估算是建立在"工作分解结构"的基础上，根据WBS中的层级关系采用自上而下或自下而上或两种方法相结合的技术路线进行项目成本的估算。

3. 项目活动持续时间估算

项目活动的持续时间是项目进度计划过程的核心，是成本控制和进度控制的基础。活动的持续时间估算包括估计完成每一项活动所需要的时间、成本和资源需求。为保证项目活动时间估计的准确性，应邀请对某一项具体工作的本质了解得比较透彻的项目干系人参与时间的估算过程，或者至少应当做出最后的核准和批准。项目活动的持续时间估算既要考虑活动所消耗的实际工作时间，也要考虑间歇时间。

4. 项目资源计划

项目资源计划通过分析和识别项目的资源需求，确定项目需要投入的资源种类、数量和时间，从而制订项目资源供应计划，确定资源需求量，作为项目资金计划的重要依据。

5. 资源价格信息

(1) 定额与指标。在项目成本估算中经常需要套用相关的定额和指标。我国工程建设项目成本估算采用的定额与指标主要有概算定额、预算定额、概算指标、单位估价表以及取费标准。

(2) 已出版的成本估算资料。公开发行的类似估算工作手册等资料，资料中包含各项活动或工作的资源消耗量，常用估算计算公式、数据、计算规则等。

6. 历史信息

同类项目的历史资料始终是项目执行过程中可供参考的最有价值的资料。可用的历史资料包括：项目文件、共用的项目费用估计数据库以及项目工作组的知识、经验等。例如，以往的项目成本估算资料，项目执行部门人员的知识、经验等。在使用历史资料过程中应注意对项目特征加以甄别，尽可能选择类似项目。

7. 已经识别的风险因素

项目实施受各种风险因素的影响，进行项目成本估算时必须对可能发生的风险因素加以考虑。通常单列一笔风险费用或采取按总造价乘以风险费率的方法确定风险费。

8.3.3 项目成本估算的技术路线

根据成本估算单元在WBS中的层次关系，项目成本估算可采用自上而下或自下而上或两种方法相结合的技术路线进行。

1. 自上而下的成本估算

自上而下的估算也称为类比估算，是通过比照已完成类似项目的实际成本估算新项目成本的方法。类比估算法适合评估一些与历史项目在应用领域、环境和复杂度方面相似的项目。它的约束条件在于必须存在类似的具有可比性的项目，估算结果的精确度依赖于历史项目数据的完整性、准确度以及现行项目与历史项目的近似程度，通常精度较低。

类比法的基本步骤有如下几个。

(1) 整理项目功能列表和实现每个功能的编码行数；

(2) 标识每个功能列表与历史项目的异同点，特别要注意吸取历史项目的经验和教训；

(3) 通过步骤(1)和(2)得出各个功能的估计值；

(4) 产生规模估计。

2. 自下而上的成本估算

自下而上的成本估算是先估算各个工作单元的费用，然后自下而上将各个估算结果汇总，算出项目费用总和。采用这种技术路线的前提是已确定详细的工作分解结构(WBS)，适合在项目详细设计完成后使用，估算结果精度较高。这种估算本身要花费较多的费用，项目管理班子必须确定采用该方式的经济效益问题。

建设项目的设计概算编制便是按照自下而上的成本估算过程进行的。建设项目的设计概算内容随工程的大小而定，一般由单位工程概算、单项工程综合概算和建设项目总概算组成。通常在编制设计概算时，首先编制单位工程概算，将各单位工程概算汇总得到单项工程综合概算，之后将各单项工程综合概算汇总得到项目设计总概算。

3. 两种方法相结合的技术路线

采用自上而下的估算路线虽然简便，但估算精度较差；采用自下而上的估算路线，所得结果更为精确，并且项目所涉及的活动资源的数量更清楚，但估算工作量大，费用较高。因此，可将两者结合起来，以取长补短，即采用自上而下与自下而上相结合的路线进行成本估算，见图8-11。

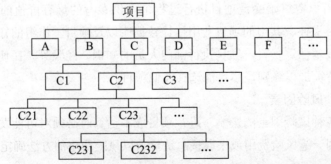

图8-11 自下而上与自上而下结合的成本估算技术路线示意图

自上而下与自下而上相结合的成本估算，就是针对项目的某一子项目进行详细具体的分解，从该子项目的最低分解层次开始估算费用，并自下而上汇总，直至得到该子项目的成本估算值；之后，以该子项目的估算值为依据，估算与其同层次的其他子项目的费用；最后，汇总各子项目的费用，得到项目总的成本估算。这种估算路线将重点放在项目的主要组成部分，其他次要部分则按经验估算。

8.3.4 项目成本估算方法

成本估算通常在项目实施前进行，是一种预测工作，因此可以使用常用的预测理论和方法。项目具有一次性特点，因此项目成本估算与普通产品成本估算有所区别。常用的估算方法主要有专家估计法、类比估算法、参数估算法和详细估算法等。

1. 专家估计法

专家估算法通过组织专家运用专家专业方面的经验和理论，对项目成本进行估计，其精度主要取决于专家对估算项目的定性参数的了解和其具有的经验。专家估价法又可以具体分为专家个人判断法、专家会议法和德尔菲法等。

2. 类比估算法

类比估算法是一种在项目成本估算精确度要求不是很高的情况下使用的项目成本估算方法，也称为自上而下法，是一种通过比照已完成的类似项目的实际成本，去估算新项目成本的方法。

该方法的使用前提是对以往项目的特性有足够清楚的掌握，以便在新老项目之间进行特性比较。当新项目仅有部分与历史项目相似时，可将新项目分解，分别将各组成部分与相似历史项目比较，但要求估算小组掌握丰富的历史估算数据。

3. 参数估算法

上面两种估算方法严重依赖专家或专业估算人员的主观猜测，受人为因素影响较大。参数估算法是利用项目特性参数建立数学模型估算项目成本的方法。模型参数有工业项目使用项目设计生产能力、民用项目使用每平方米单价等。如果具有模型所用的精确历史信息，项目参数容易定量化，并且模型对项目规模的适应性较好，则该方法的估算结果非常可靠。

参数估算法需要积累历史数据，根据同类项目的特征和成本数据，运用回归分析或学习曲线等建模技术建立模型。

4. 详细估算法

详细估算法又称工程估算法，当项目进展到一定程度，成本估算所需信息逐渐完备时，可采用详细估算法估算项目成本，过程类似自下而上的成本估算。由于信息全面，运用该方法估算的结果较其他方法更为准确，但相关工作量大、耗时长、费用高。

目前，常用基于WBS的全面详细估算。根据WBS确认项目各工作包所需资源并估算其费用，最后汇总得到项目成本。

除以上估算方法外，还可以采用标准定额法、工料清单法和软件估算法等，读者可自行查阅，在此不再赘述。

8.4 项目成本预算

项目成本预算是一项制定项目成本控制标准的项目管理工作，根据项目的成本估算为项目各项具体工作分配成本定额和确定预算，以及确定整个项目总预算的管理工作。

预算的核心目标就是保证整体项目的顺利完成。成本预算过程必须将资源使用情况与组织目标的实现紧密联系起来，否则计划或控制过程就会失去其本来的意义。预算应该以实现最终项目目标为基础，否则，项目管理人员就会忽视最终目标，资金在工作完成之前就会耗用殆尽。

正确地编制成本预算，可为企业预算期的成本管理工作指明奋斗目标，并为进行成本管理提供直接依据；而且，成本预算还能动员和组织全体职工参与成本管理，控制成本耗费，促使企业有效地利用人力、物力、财力，努力改善经营管理，以尽可能少的劳动耗费获得较好的经济效益。

8.4.1 项目成本预算概述

1. 预算编制项目

预算编制项目主要包括：成本费用预算、收入预算、资产负债预算、职能部门费用预算、财务指标预算、资本预算、现金流量预算。

(1) 成本费用预算。包括营业成本预算、制造费用预算、经营销售费用预算、财务费用预算、管理费用预算、维修费用预算、职能部门费用预算。

(2) 收入预算。包括主营业务收入预算，其他业务收入预算，营业外收入预算，投资收入预算，其他投资收入、投资处理盈利和亏损预算。

(3) 资产负债预算。包括对外投资预算，无形资产和递延资产购建预算，固定资产增减分类预算，固定资产零星购置、报废预算，基本建设预算，往来款项预算，借款和债券预算。

(4) 职能部门费用预算。一般由各职能部门根据各自在预算年度应完成的任务来确定费用基数，负责本部门费用预算的编制和上报。财务部门以上年实际数为基础，综合预算年度的任务量再进行调整。

(5) 财务指标预算。财务指标有简单的，如净利润、管理费用等，这些指标可以从会计报表中获得，它提供的实际上还是会计信息；而有些指标是复合的，如投资资本回报率(ROIC)、资本金回报率(ROC)、自由现金流(FCF)、息税前营业利润(EBIT)、有息负债率(DR)等，这些指标不能直接从会计报表中获取，需要经过几个财务指标的对比计算才能得出，它体现的是财务信息。把这类指标也列入预算，方便考核和分析企业的投资回报情况、企业能支配的现金流量情况、经营利润完成情况、负债情况等，它比单纯的报表数字更有比较和考核意义，可以较为全面地了解和掌握企业的财务状况和获利能力。

此外，还有资本预算、现金流量预算等。

2. 项目成本预算特性

预算可以作为一种比较标准来使用，是一种度量资源实际使用量和计划用量之间差异的基线标准。项目成本预算对于整个项目的预算和实施过程有着重要的作用，因为它决定了项目实施中资源的使用情况。

(1) 计划性。计划性是指在项目计划中，根据工作分解结构(WBS)，项目被分解为多个工作包，形成一种系统结构，项目成本预算就是将成本估算总费用尽量精确地分配到WBS的每一个组成部分，从而形成与WBS相同的系统结构。因此，预算是另一种形式的项目计划，即项目预算是一种分配资源的计划。

(2) 约束性。约束性是指因为项目各级管理人员都希望在制定预算时尽可能准确地确定预算，既不过分宽裕，以避免浪费和管理松散，也不过于苛刻，以免项目任务无法完成或者质量低下。因此，项目成本预算作为一种分配资源的计划，通常并不能满足所涉及的管理人员的利益要求，而表现为一种约束，所涉及人员只能在这种约束的范围内行动。

(3) 控制性。控制性是指项目预算的实质就是一种控制机制。管理者的任务不仅是实现预定的目标，而且必须使目标的完成具有效率，即在完成目标任务的前提下尽可能地节省资源，这样才能获得最大的经济效益。因此，管理者必须谨慎地控制资源的使用，不断根据项目进度检查所使用的资源量，如果出现了对预算的偏离，就需要进行修改。所以，预算可以作为一种度量资源实际使用量和计划量之间差异的基线标准来使用。

(4) 资源事先确定性。成本预算具有投入资源的事先确定性，即估计在预计时间内的资源投入数量。它通过一系列的研究及决策活动，判定项目的各种活动的资源分配，并通过既定资源分配，确定项目中各个部分的关系和重要程度，以及对项目中各项活动的支持力度，如对环境、能源、运输、技术等资源和条件的支持力度。

3. 项目成本预算编制原则

为保证项目成本预算能够发挥作用，在成本预算编制过程中，应注意以下原则。

(1) 项目成本预算要与项目目标相联系。这里的项目目标，包括项目质量目标、进度目标。成本与质量、进度之间关系密切，三者之间既统一又对立，所以，在进行成本预算确定成本控制目标时，必须同时考虑项目质量目标和进度目标。项目质量目标要求越高，成本预算也越高；项目进度越快，项目成本越高。因此，在编制成本预算时，要与项目的质量计划、进度计划密切结合，保持平衡，防止顾此失彼，相互脱节。

(2) 项目成本预算要以项目需求为基础。项目需求是项目成本预算的推动力，项目预算同项目需求直接相关，项目范围的存在为项目预算提供了充足的细节信息。如果以非常模糊的项目需求为基础进行预算，则成本预算不具有现实性，容易出现成本的超支。

(3) 项目成本预算要切实可行。编制项目成本预算，要根据有关的财经法律、方针政策，从企业的实际情况出发，充分挖掘企业内部潜力，使成本指标既积极可靠，又切实可行。编制成本预算，要针对项目的具体特点，有充分的依据，否则成本预算就要落空。如编制成本预算过低，经过努力也难实现，实际作用很小；如预算过高，便失去作为成本控制基准的意义。

8.4.2 项目成本预算的编制

1. 确定成本预算总额

项目成本预算总额即批准的项目成本总估算。在确定成本预算总额时可以将目标成本管理与项目成本过程控制管理相结合，即在项目成本管理中采用目标成本管理的方法设置目标成本，并以此作为成本预算。

确定目标成本可采用目标利润法、技术进步法、实际计算法和历史资料法等方法。

(1) 目标利润法。目标利润法是根据项目产品的销售价格扣减目标利润后得到目标成本的方法。如某公司建造某项目的合同价为1000万元，计划利润和税金以及企业管理独立费为120万元，则项目的目标成本为880万元(1000万元-120万元)。

(2) 技术进步法。技术进步法又可以称为技术节约措施法，是指以某项目计划采取的技术组织措施和节约措施所能取得的经济效果为项目成本降低额，求项目的目标成本的方法。计算公式为

项目目标成本=项目成本估算值-技术节约措施计划节约额(降低成本额)

例如，某公司为某项目的生产编制成本计划。按照施工计划的实际工程量，套以施工工料消耗定额，所计算的消耗费用为820万元，技术节约措施计划节约额为19万元。则项目的目标成本为801万元(820万元-19万元)。

(3) 实际计算法。实际计算法以项目的实际资源消耗分析测算为基础，根据所需资源的实际价格，详细计算各项活动或各项成本组成的目标成本。例如，人工/材料/机械费的目标成本的计算公式为

人工/材料/机械费的目标成本=∑各类人员/材料/机械计划用工量×实际单价

(4) 历史资料法。历史资料法也可以称为定率估算法，当项目过于庞大或复杂、一个总项目包括几个子项时通常采用此方法。首先将工程项目分为若干个子项目，然后参照同类项目的历史数据，采用算术平均数法计算子项目目标成本降低率，然后算出子项目的成本降低额，汇总后得出整个项目的成本降低额、成本降低率。子项目的目标成本降低率确定时，可采用加权平均法或三点估算法。

2. 项目成本分解

项目成本预算总额确定后，可以在WBS的基础上，自下而上或自上而下分解项目成本。根据管理的需要，可以按不同的标准进行成本分解，通常可以按成本构成要素、项目构成的层次、项目进度计划或上述标准的组合进行分解。基本分解方法是自上而下、由粗到细，将项目成本依次分解、归类，形成相互联系的分解结构。

按成本要素分解项目成本即将总成本分解为直接费、间接费直至人工费、材料费、机械费、管理费等多项内容；按项目组成分解成本即将总成本分解到项目的各个组成单元上；根据项目进度计划要求，将项目成本按时间分解到各年、月、季度、旬或周，以便将资金的应用和资金的筹集配合起来，同时尽可能减少资金占用和利息支出。

在实践中，往往是将这几种方法结合起来使用，从而达到扬长避短的效果。组合分解方法有助于检查各单项工程和单位工程费用构成是否完整，有无重复计算或缺项；同时还

有助于检查各项具体的成本支出的对象是否明确或落实，并且可以从数字上校核分解的结果有无错误。

3. 项目成本预算的调整

初步得出的项目成本预算，通常需要对预算结果进行调整，并且这种调整往往需要反复数次，以确保成本预算既先进又合理。

项目成本预算的调整分为初步调整、综合调整和提案调整(见表8-4)。

(1) 初步调整。初步调整是指借助工作任务一览表、工作分解结构、项目进度计划、成本估算等预算依据，在项目成本预算后对某些工作任务的遗漏和不足以及某些工作活动等出现的偏差进行调整。

(2) 综合调整。进行综合调整是因为项目总是处在变化当中。

(3) 提案调整。提案调整是指当财务、技术人员编制的项目预算已经接近尾声，并认为合理可行时，就可以把它写进项目预算，提交审议。

表8-4 项目预算调整表

项目名称				日期		制表		
任务	负责人或供应商	时间		预算成本数额			小计	实际数
		开始	结束	设备	原材料	人工		
一、预算项目 1. 2. 3. …								
总和								
二、初步调整 1. 2. 3. …								
三、综合调整		调整一定的百分数						
备注								

注：提案调整在预算时提交审核，未列入表格。

4. 项目成本预算结果

项目预算单涉及的内容包括劳动力、分包商和顾问、专用设备和工具以及原材料，实际中还需要考虑更多的因素，为了防止遗漏，可以编制项目预算表(见表8-5)。

表8-5 项目预算表

项目名称：			日期：自 至	制表人：
项目	时间		数量/单位	预算成本
	开始	结束		
一、人员 1. 项目团队成员 2. 承包商 3. 咨询商或顾问 …				

(续表)

项目名称：		日期：自	至	制表人：	
项目	时间		数量/单位	预算成本
	开始	结束		
二、原材料 1. 2. 3. …				
三、租用器具 1. 2. 3. …				

8.4.3 项目成本计划

成本计划是成本管理和成本会计的一项重要内容，是企业生产经营计划的重要组成部分。

1. 影响项目成本计划的因素

(1) 由于技术上、工艺上的变更，造成实施方案的变化。

(2) 交通、能源、环保方面的要求带来的变化。

(3) 原材料价格变化、通货膨胀带来的连锁反应。

(4) 工资及福利方面的变化。

(5) 气候带来的自然灾害。

(6) 可能发生的工程索赔、反索赔事件。

(7) 国际国内可能发生的战争、骚乱事件。

(8) 国际结算中的汇率风险等。

2. 项目成本计划的编制程序

1) 搜集和整理资料

(1) 国家和上级部门有关编制成本计划的规定。

(2) 项目经理部与企业签订的承包合同及企业下达的成本降低额、降低率和其他有关技术经济指标。

(3) 有关成本预测、决策的资料。

(4) 项目的施工图计划、施工计划。

(5) 施工组织设计。

(6) 项目使用的机械设备的生产能力及其利用情况。

(7) 项目的材料消耗、物资供应、劳动工资及劳动效率等计划资料。

(8) 计划期内的物资消耗定额、劳动工时定额、费用定额等资料。

(9) 以往同类项目成本计划的实际执行情况及有关技术经济指标完成情况的分析资料。

(10) 同行业同类项目的成本、定额、技术经济指标资料及增产节约的经验和有效措施。

(11) 本企业的历史先进水平和当时的先进经验及采取的措施。

(12) 国外同类项目的先进成本水平情况等资料。

2) 估算计划成本、确定目标成本

(1) 根据已有的投标、预算资料，确定中标合同价与施工图计划的总价格差，或确定施工图预算与施工预算的总价格差。

(2) 根据技术组织措施预算确定技术组织措施带来的项目节约数。

(3) 对施工计划未能包括的项目，包括施工有关项目和管理费用项目，参照定额加以估算。

(4) 对实际成本可能明显超出或低于定额的主要子项目，按实际支出水平估算其实际与定额水平之差。

(5) 充分考虑不可预见因素、工期制约因素以及风险因素、市场价格波动因素，并加以试算调整，得出综合影响系数。

(6) 综合计算整个项目的目标成本的降低额及降低率。

3) 编制成本计划草案

对大中型项目，经项目经理部批准下达成本计划指标后，各职能部门应充分发动群众进行认真的讨论，在总结上期成本计划完成情况的基础上，结合本期计划指标，找出完成本期计划的有利因素和不利因素，提出挖掘潜力、克服不利因素的具体措施，以保证计划任务的完成。为了使指标真正落实，各部门应尽可能将指标分解落实下达各班组及个人，使得目标成本的降低额和降低率得到充分讨论、反馈、再修订，使成本计划既切合实际，又能成为群众共同奋斗的目标。各职能部门亦应认真讨论项目经理部下达的费用控制指标，拟定具体实施的技术经济措施方案，编制各部门的费用预算。

4) 综合平衡及编制正式的成本计划

在各职能部门上报了部门成本计划和费用预算后，首先，项目经理部应结合各项技术经济措施，检查各项计划和费用预算是否合理可行，并进行综合平衡，使各部门计划和费用预算之间相互协调、衔接；其次，要从全局出发，在保证完成企业下达的成本降低任务或实现本项目目标成本的情况下，以生产计划为中心，分析研究成本计划与生产计划、劳动工时计划、材料成本与物资供应计划、工资成本与工资基金计划、资金计划等的相互协调平衡。经反复讨论多次综合平衡，最后确定的成本计划指标，即可作为编制成本计划的依据，项目经理部正式编制的成本计划，上报企业有关部门后即可正式下达各职能部门执行。

成本计划的编制过程见图8-12。

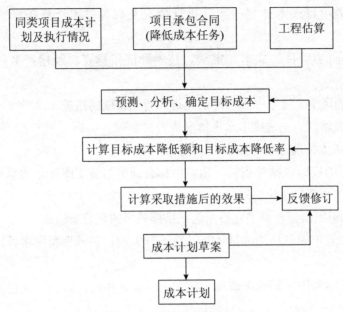

图8-12 成本计划的编制过程

8.5 项目成本控制

项目成本控制工作是在项目实施过程中尽量将项目实际发生的成本控制在项目预算范围之内的一项项目管理工作,包括依据项目成本的实施发生情况,不断分析项目实际成本与项目预算之间的差异,通过采用各种纠偏措施和修订原有项目预算的方法,将整个项目的实际成本控制在一个合理的水平。

项目成本控制涉及对各种能够引起项目成本变化的因素的控制(事前控制)、项目实施过程的成本控制(事中控制)和项目实际成本变动的控制(事后控制)三个方面。

8.5.1 项目成本控制概述

1. 项目成本控制对象

成本控制的对象可从下列几方面来考虑。

(1) 项目成本形成过程。对工程项目成本的形成进行全过程、全面的控制,包括:在工程投标阶段,进行工程成本预测控制;在施工准备阶段,结合图纸的自审、会审和其他资料,编制实施性施工组织设计,通过对多个方案的比较,从中选择经济合理、先进可行的施工方案,编制成本计划,进行成本目标风险分析,对成本进行事前控制;在施工阶段,以施工预算、施工定额和费用标准为依据对实际发生的费用进行控制;在竣工移交及保修期阶段,对验收过程发生的费用及保修费支出进行控制。

(2) 项目参与主体。成本控制的具体内容是日常发生的各种费用和损失。它们发生在项目的各个部门、工程队和班组。因此，成本控制也应以项目参与各主体为对象，将项目总的成本责任进行分解，形成项目的成本责任系统，明确项目中每个成本中心所承担的责任，并据此进行控制和考核。

(3) 分部分项工程。为确保成本控制工作的效果，应以项目基本组成单位为成本控制对象，编制施工预算，分解成本计划，按分部分项工程分别计算工、料、机的数量及单价，以此作为成本控制标准，对分部分项工程进行成本控制。

2. 项目成本控制分类

根据成本发生和形成的时间次序，成本控制可分为事前控制、事中控制和事后控制三个阶段。

(1) 事前控制。成本事前控制是在产品投产前对影响成本的经济活动进行事前的规划、审核，确定目标成本，它是成本的前馈控制。具体包括：对成本进行预测，为确定目标成本提供依据；在预测的基础上，通过对多种方案的成本进行对比分析，确定目标成本；把目标成本分别按各成本项目或费用项目进行层层分解，落实到各部门、车间、班组和个人，实行归口分级管理，以便于管理控制。

(2) 事中控制。成本事中控制是在成本形成过程中，随时将实际发生的成本与目标成本进行对比，及时发现差异并采取相应措施予以纠正，以保证成本目标的实现，这是成本的过程控制。成本事中控制应在成本目标的归口分级管理的基础上进行，严格按照成本目标对一切生产耗费进行随时随地的检查、审核，把可能产生损失浪费的苗头消灭在萌芽状态，并且把各种成本偏差的信息，及时地反馈给有关的责任单位，以利于及时采取纠正措施。

(3) 事后控制。成本事后控制是在产品成本形成之后，对实际成本的核算、分析和考核，它是成本的后馈控制。成本事后控制通过实际成本和一定标准的比较，确定成本的节约或浪费，并进行深入的分析，查明成本节约或超支的主客观原因，确定其责任归属，对成本责任单位进行相应的考核和奖惩。通过成本分析，为日后的成本控制提出积极的改进意见和措施，进一步修订成本控制标准，改进各项成本控制制度，以达到降低成本的目的。成本的综合性分析控制，如有关成本计划本身不先进、不合理，生产(施工)操作过程中某些工料浪费等，一般只能在事后进行。成本事后控制的意义并非消极的，大量的成本控制工作有赖于成本事后控制来实现。从某种意义上讲，控制的事前与事后是相对而言的，本期的事后控制，也就是下期的事前控制。

3. 项目成本控制原则

项目施工成本的过程控制，通常是指在项目成本的形成过程中，对构成成本的要素进行监督、调节和限制，及时预防、发现和纠正偏差，从而把各项费用控制在计划成本的预定目标之内，达到保证企业生产经营效益的目的。为了做好项目成本控制，在管理过程中应遵循以下原则。

(1) 分工协作原则。部门设置和岗位配置都必须有明确的目标和任务，做到因事设岗，而不能因人设岗。成本管理是一项综合性的管理，它涉及预算、财务、工程等各部门，与工期、质量、安全等管理有着千丝万缕的联系。因此，在成本管理体系中，相关部门之间必须分工协作，不能仅靠某一部门或仅侧重某一项管理。

(2) 项目全过程成本控制原则。项目在确定之后，要经历项目准备、项目实施、项目交付和回访保修等几个阶段，每一个阶段都伴随着人力、物力的消耗及费用的支出，项目成本的发生和形成自然也贯穿于项目形成全过程。所以，成本控制工作要随着项目进展的各个阶段连续进行，既不能疏漏，又不能时紧时松，使项目成本自始至终置于有效的控制之中。

(3) 实时原则。成本发生过程控制的时段越短越好，即做到边干边算、实时控制。但部分项目受到管理手段和反映能力的限制，不易做到全面的即时信息采集和反馈，但在一道工序执行过程中和完成后，岗位应进行自我成本核算。例如，某一道工序的施工方案初步确定后，必须算一算成本的节超，进行优化；采购某项材料时，必须考虑综合成本。整个项目的成本核算与分析的时段，最长不应超过一个月。核算与分析过程不应超过月末三天，一旦核算延误，不仅达不到控制效果，还极易造成成本失控。

(4) 责、权、利相结合原则。任何部门的管理工作都与其责、权、利有着紧密的联系。正确处理各部门在成本管理中的责任、权利及利益分配是搞好成本管理工作的关键，尤其要注意的是，正确处理责、权、利之间的关系必须符合市场经济的原则。在项目成本控制中，每个人都负有相应的责任，为了明确职责，应将施工项目成本指标按岗位设置情况逐项分解，分解后的指标应落实到每个人头上，防止人人都有责但人人都不管的现象出现。在委以责任的同时，必须赋予相同的权力和相应的利益，这样才能保证成本控制真正落到实处。

(5) 节约原则。节约是提高项目经济效益的核心，是成本控制的一项基本原则。通过节约可以有效地控制成本支出，但是，这并不是控制成本的唯一途径，在注意成本支出节流的同时还要注意开源。实践证明，搞好变更签证的索赔工作，深化经营管理工作，增加成本收入，从另一个角度讲，也是降低成本增加企业经济效益的有效途径。在成本的过程控制中，要定期对成本收入与支出进行对比分析，以便从中探索成本节超的原因，纠正降低项目成本的不利因素，提高项目成本的降低率。

8.5.2 项目成本控制方法

1. 偏差控制法

偏差控制法是通过对实际执行数据与控制目标进行比较，发现偏差并找出偏差原因的一种方法。预算编制和实施实际上是对预期状况的一个全面估价，在实施过程中，会发生各种各样的情况导致实际成本与预算相偏离(见图8-13)。为了能够达到成本控制的目的，需要对预算执行实际状况与原预算不断地进行比较，分析差异，监督预算执行。因此，采用偏差控制法进行成本控制主要包括发现偏差(见图8-14)、分析偏差原因和进行成本控制三个步骤。

成本控制偏差可分为：实际偏差、计划偏差和目标偏差，它们公式为

实际偏差=实际成本-预算成本
计划偏差=预算成本-计划成本
目标偏差=实际成本-计划成本

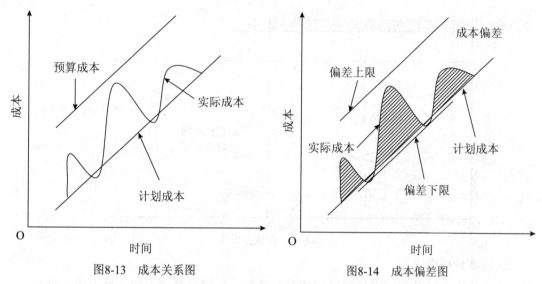

图8-13 成本关系图　　　　　图8-14 成本偏差图

分析成本偏差产生的原因，可采用因素分析法和图像分析法。

(1) 因素分析法。因素分析法将成本偏差的原因归纳为几个相互联系的因素，然后用一定的计算方法从数值上测定各种因素对成本产生偏差的程度的影响，见图8-15。

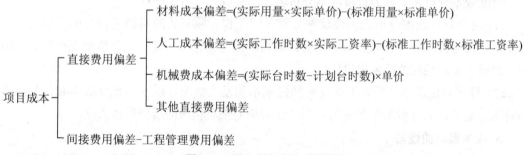

图8-15 项目成本偏差原因分析

(2) 图像分析法。图像分析法采用绘制线条图和成本曲线的形式，通过总成本和分项成本的比较分析，来确定总成本出现的偏差是由哪些分项成本超支造成的，以便采取措施及时纠正，如图8-16所示。

图8-16上半部分是表示项目成本的线条图，斜线部分表示实际成本支出情况；下半部分表示总成本曲线(包括实际成本曲线和计划成本曲线)，斜线部分表示费用超支发生偏差的情况。图8-16的点划线位置为成本偏差追踪时间。由图中追踪直线所在的位置可以看出，此时总成本费用发生了偏差，并且这种偏差是因分项成本B超支造成的。

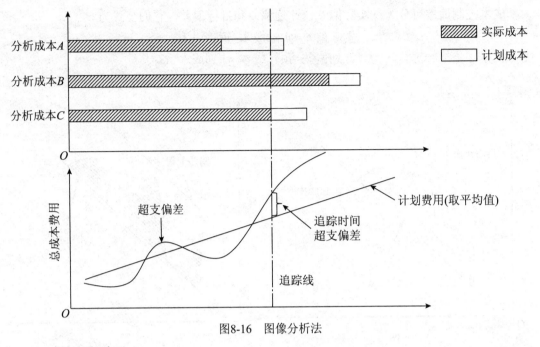

图8-16 图像分析法

2. 成本分析表法

成本分析表法是利用表格的形式调查、分析、研究项目成本的一种方法。可利用的表格包括成本日报、周报、月报表、分析表和成本预测表等。成本分析表要简明、及时和正确。

月度成本分析表又分为直接成本分析表和间接成本分析表两种。

(1) 月度直接成本分析表主要反映分部分项工程实际完成的实物量和与成本相对应的情况,以及与预算成本和计划成本相对比的实际偏差和目标偏差,为分析偏差产生的原因和针对偏差采取相应的措施提供依据。

(2) 月度间接成本分析表主要反映间接成本的发生情况,以及与预算成本和计划成本相对比的偏差,为分析偏差产生的原因和针对偏差采取相应的措施提供依据。

3. 成本累计曲线法

成本累计曲线法可通过时间-累计成本图(见图8-2)表示,它是反映整个项目或项目中某个相对独立的部分的开支状况的图示。它既可以从成本预算计划中直接导出,也可借助网络图、条线图等工具单独建立。

成本累计曲线图上的实际支出与计划情况有任何偏差,都要引起项目组织的警惕。当然,现实与理想情况存在的偏差并不意味着项目成本控制工作一定发生了问题。项目部应当认真查清产生偏差的原因,判断该偏差是正常或非正常偏差,针对其原因采取相应的处理措施。

在成本累计曲线图上,根据实际支出情况的发展趋势可以对未来的支出进行预测,将预测曲线与理想曲线进行比较,可获得很有价值的成本控制信息,这对项目管理很有帮助。

4. 施工图预算控制法

在进行施工项目成本控制时，可按施工图预算，实行"以收定支"或者"量入为出"，这是最有效的方法之一，具体处理方法如下所述。

(1) 人工费的控制。假定人工费预算为100元/工日，则项目经理部在与施工队签订劳动合同的时候，应将人工费定价在90元/工日以下，其余部分留做日后作为额外人工费和关键工序奖励费。如此安排，既保证人工费不超支，又为关键工序人工费的增加留有储备。

(2) 材料费的控制。在采用"量价分离"的方法计算工程造价的条件下，水泥、钢材、木材等"三材"的价格随行就市，实行高进高出[地方材料的预算价格=基准价×(1+价差系数)]。在对材料成本进行控制的过程中，首先要以上述预算价格来控制地方材料的采购成本；至于材料消耗数量的控制，则应通过"限额领料单"落实。项目材料管理人员必须经常关注材料市场价格的变动，并积累系统翔实的市场信息。如遇材料价格大幅度上涨，可向"定额管理"部门反映，同时争取甲方按实补贴。因为材料市场价格变动频繁，往往会发生预算价格与市场价格严重背离，导致采购成本失去控制的情况。

(3) 机械使用费的控制。由于项目施工的特殊性，实际的机械利用率不可能达到预算定额的取定水平，再加上预算定额所设定的施工机械原值和折旧率又有较大的滞后性，使施工图预算的机械使用费往往小于实际发生的机械使用费，形成超支。由于上述原因，有些施工项目在取得甲方的谅解后，于工程合同中明确规定一定数额的机械费补贴。在这种情况下，就可以施工图预算的机械使用费和增加的机械费补贴来控制机械费支出。

5. 挣得值法

挣得值(Earned Value)法是在工程项目实施中使用较多的一种方法，是对项目进度和费用进行综合控制的一种有效方法。挣得值法可以对项目在任一时间的计划指标，完成状况和资源耗费进行综合度量，从而能准确描述项目的进展状态。此外，挣得值法可以预测项目可能发生的工期滞后量和费用超支量，从而及时采取纠正措施，为项目管理和控制提供了有效手段。

1) 挣得值法的三个基本参数

(1) 计划工作量的预算成本(Budgeted Cost for Work Scheduled，BCWS)。BCWS是指在项目实施过程中某阶段计划要求完成的工作量所需的预算成本，主要反映进度计划应当完成的工作量(用成本表示)。计算公式为

$$BCWS=计划工作量 \times 预算定额$$

BCWS与时间相联系，当考虑资金累计曲线时，是项目预算S曲线上的某一点的值；当考虑某一项作业或某一时间段时，例如某一月份，则是该作业或该月份包含作业的预算成本。

(2) 已完工作量的实际成本(Actual Cost for Work Performed，ACWP)。ACWP是指项目实施过程中某阶段实际完成的工作量所消耗的成本。ACWP主要是反映项目执行的实际消耗指标。

(3) 已完工作量的预算成本(Budgeted Cost for Work Performed，BCWP)。BCWP是指项目实施过程中某阶段按实际完成工作量及按预算定额计算的成本，即挣得值(Earned Value)，也称挣值。BCWP的计算公式为

$$BCWP=已完工作量×预算定额$$

2) 挣得值法的评价指标

(1) 成本偏差(Cost Variance，CV)是指检查期间BCWP与ACWP之间的差值，计算公式为

$$CV=BCWP-ACWP$$

当CV为负值时，表示执行效果不佳，即实际消费成本超过预算值即超支；反之，当CV为正值时，表示实际消耗成本低于预算值，表示有节余或效率高；若CV=0，表示项目按计划执行。

(2) 进度偏差(Schedule Variance，SV)是指检查日期BCWP与BCWS之间的差异，计算公式为

$$SV=BCWP-BCWS$$

当SV为正值时，表示进度提前；当SV为负值时，表示进度延误；若SV=0，表明项目按计划执行。

(3) 成本绩效指数(Cost Performed Index，CPI)是指挣得值与实际成本值之比，计算公式为

$$CPI=BCWP/ACWP$$

当CPI>1时，表示低于预算；当CPI<1时，表示超出预算；当CPI=1时，表示实际成本与预算成本吻合，项目成本按计划进行。

(4) 进度执行指标(Schedule Performed Index，SPI)是指项目挣得值与计划值之比，计算公式为

$$SPI=BCWP/BCWS$$

当SPI>1时，表示进度提前；当SPI<1时，表示进度延误；当SPI=1时，表示实际进度等于计划进度。

3) 度量挣得值的方法

尽管挣得值法的计算关系相对简单，但准确度量作业的挣得值并不容易，是成功应用挣得值法的关键。这是因为，一方面，项目的作业内容是多种多样的，挣得值的度量应根据作业的内容精心设计；另一方面，与项目相关的人员已习惯于通常的费用和日程度量概念以及方法，改变人们的固有观念需要耐心地进行培训和讲解。下面是几种度量挣得值的方法。

(1) 线性增长计量。费用按比例平均分配给整个工期，完成量的百分比记入挣得值。

(2) 50-50规则。作业开始计入50%的费用，作业结束计入剩余的50%。适用于具有多个子作业的情况。

(3) 工程量计量。例如全部桩基300根，总造价150万元。每完成一根，挣得值0.5万元。

(4) 节点计量。将工程分为多个进度节点并赋予挣得值，每完成一个节点计入该节点挣得值。定制设备时可用此方法。

挣得值评价曲线图如图8-17所示。

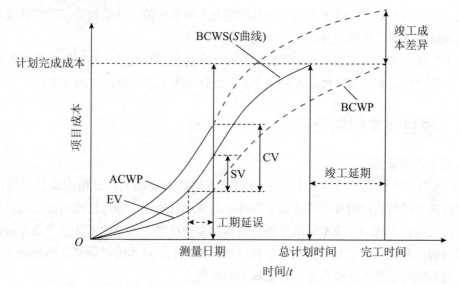

图8-17 挣得值评价曲线图

8.5.3 不确定性成本控制

由于存在多种不确定性因素，项目成本通常由三部分组成，即确定性成本、风险成本和不确定性成本。确定性成本必然发生，并可预估其数值；风险成本可根据其发生概率对其进行预测；对于不确定性成本，则无法确定其发生与否或者发生概率的大小。

造成项目成本不确定的原因主要有三个，具体如下所述。

(1) 项目具体活动本身的不确定性。在项目的实施过程中，有一些具体活动的发生是不确定的。例如，雨季施工中的降水问题会严重影响工期和施工质量。虽然人们可以参考气象资料制定计划，但是气象资料给出的也只是下雨的概率，这种具体活动的不确定性会直接转化成项目成本的不确定性。对于这种不确定性成本的控制主要依赖于加强预测和制定附加计划的方法。

(2) 项目具体活动规模及资源消耗量的不确定性。在项目的实施过程中，某些活动的规模及其所耗资源的数量可能出现变动。例如，工程建设项目的基坑工程，虽然人们在确定地基开挖工作量时有地质勘探资料作依据，但是地质勘探的调查方法是抽样调查加推断的方法，并不是全面调查的方法，调查结果存在着一定的不确定性。这种不确定性造成了具体活动规模及其所耗资源的不确定性，最终导致成本的不确定性。这种成本的不确定性是很难预测和防止的，一般通过设置项目不可预见费来弥补。

(3) 资源价格的不确定性。项目消耗和占用资源的价格有可能会发生异常性的波动和变化。例如，进口设备由于汇率在短期内大幅变化所形成的价格波动。同样，人们对项目实现活动所消耗与占用资源的价格进行种种预测是对变动范围及其发生概率的预测，这些预测结果本身就包含着不确定性。这种项目资源价格的不确定性会直接形成项目成本的波动与变化。

项目所有的不确定性成本会随着项目的展开和逐步实施，从最初的不确定性成本逐步转变为风险性成本，然后转变成确定性成本。

综上所述，项目成本的不确定性客观存在，在进行项目的成本控制与管理时，必须控制项目的确定性成本、风险性成本和完全不确定性成本三类不同性质的成本。

8.5.4 项目成本控制流程

1. 成本控制依据

(1) 项目成本计划。成本计划是在项目成本估算的基础上，更精确地估算项目总成本，并将其分摊到项目的各项具体活动和各个具体项目阶段，为项目成本控制制定基准计划的项目成本管理活动。成本标准是项目成本控制的准绳，包括成本计划中规定的各项指标。项目费用预算报告是基于可利用信息对不同时点上的成本进行预测，然后将各时点的成本汇总形成的，是实施成本控制的最基本的依据。

(2) 项目成本管理绩效报告。项目成本管理绩效报告是记载项目预算的实际执行情况的资料，它的主要内容包括项目各个阶段或各项工作的完成情况，是否超出预算分配的额度，存在哪些问题等。通常用六个基本指标来分析项目成本绩效，分别是项目计划作业的预算成本、累计预算成本、累计实际成本、累计盈余量、成本绩效指数和成本偏差。

(3) 项目变更申请。当项目的某些基准发生变化时，项目的质量、成本和计划随之发生变化，为了保证项目目标的实现，必须对项目发生的各种变化采取必要的应变措施，这种行为就是项目变更。成本控制必须根据项目变更情况，采取措施，及时纠偏，完善各种核算管理制度，修订成本定额，调整成本计划，以适应变化。在项目执行过程中，环境变化非常普遍，由于设计、施工和甲方使用要求等种种原因，施工过程中经常发生项目变更。项目变更会增减工程内容或改变施工工序，进而影响成本费用的支出。因此，项目承包方应对工程变更对既定施工方法、机械设备使用、材料供应、劳动力调配和工期目标等的影响程度，以及为实施变更内容所需要的各种资源进行合理估价。

(4) 项目成本管理计划。项目成本管理计划是描述当实际成本与计划成本发生差异时如何进行管理的计划。计划成本是控制项目成本的基本依据，确定计划成本的同时，必须制定降低可控成本的有效措施，并保证成本控制措施的有效性。控制措施主要包括技术、经济和管理措施。在项目执行过程中，要坚持进行计划收支与实际收支对比，找出差异，分析原因，改进资金管理。通过比较项目的实际与计划费用，确定有无偏差及偏差大小，并据此决定采取相应的管理措施，以实现对整个项目成本控制过程的有序安排，达到合理使用费用的目的。

2. 项目成本控制流程

(1) 确定工作范围，制订工作进度计划和成本预算。按预算成本确定初步的计划成本后，还必须按预算工程量、材料用量、机械设备需用量，和实际人工单价、材料采购价、机械设备使用及租赁单价等因素确定可能支出的计划成本。

(2) 实施跟踪检查，将实际情况与计划进行对比分析，做出趋势预测，提出费用进展报告及发展趋势报告。

(3) 根据费用进展报告和发展趋势报告，制定纠偏决策。

(4) 实施成本控制。包括制度控制、定额或指标控制、合同控制等。

(5) 组织成本分析，进行下一阶段的预测分析。项目部每月进行成本分析，形成成本分析报告；定期或不定期召开项目成本分析会，总结成本管理经验，吸取成本超支的教训，为下月成本控制提供对策。

(6) 采取相应措施。根据预测分析的结果，提出相应的解决方案，以保证项目成本按计划进行，不至于偏离太远。

(7) 项目竣工时进行成本核算。项目竣工时，可最终确定工程结算收入与各成本项目的支出数额，项目部应整理汇总有关的成本核算资料报公司审核。根据公司的审核意见及项目部与各部门、各有关人员签订的成本承包合同，项目部对责任人予以奖罚。如果成本核算和信息反馈及时，在工程施工过程中，分次进行成本考核并兑现奖罚，效果会更好。

项目成本控制流程如图8-18所示。

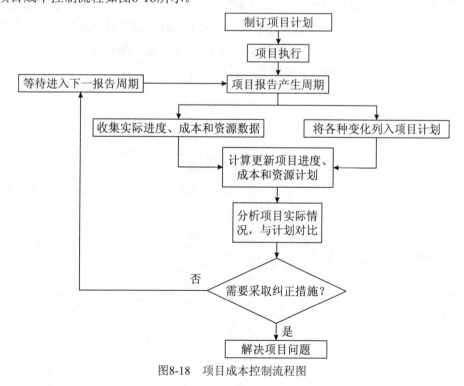

图8-18 项目成本控制流程图

复习思考题

1. 说明工程项目成本构成和影响项目成本的主要因素。
2. 简述项目成本管理的主要工作以及各流程间的相互关系。
3. 简述项目资源计划的编制程序和常用方法。
4. 举例说明成本估算和成本预算的异同点。
5. 简述工程项目成本超支的原因。
6. 举例说明工程项目成本控制的流程。
7. 某模板工程，计划支模板 $1500m^2$，工时消耗 $0.8h/m^2$，计划人工单价 18 元/h。实际工程量增加到 $1800m^2$，总工时消耗为 1715h（其中等待变更工时 80h），实际人工单价 20 元/m^2。试分析：

    (1) 模板工程人工费实际消耗和计划的总差异；
    (2) 由于工作量增加造成的人工费差异；
    (3) 由于劳动效率差造成的人工费差异；
    (4) 由于单价价差造成的人工费差异。

8. "如果实际成本曲线位于香蕉图所确定的两条曲线之间，则工程成本没有失控"，这句话对吗？说明原因。
9. 讨论：工程开工后，是否可通过压缩工期来降低总成本。
10. 某土方工程总挖方量为 $4000m^3$，预算单价为 45 元/m^3，该工程预算总费用为 18 万元。计划用 10 天完成，每天 $400m^3$。开工后第 7 天早晨，业主项目管理人员前去测量，取得两个数据：已完成挖方 $2000m^3$，支付给承包单位的工程进度款累计已达 12 万元。根据项目计划，开工后第 6 天结束时，承包单位应得到工程进度款累计额为 10.8 万元。计算费用偏差和进度偏差，再结合绩效指标分析工作是否按照计划进行。

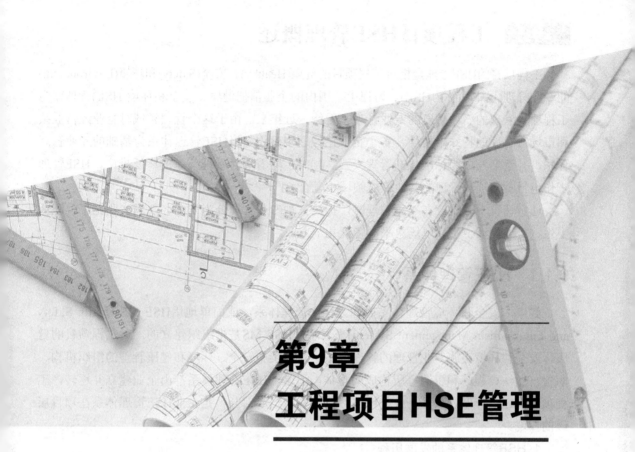

第9章
工程项目HSE管理

9.1 工程项目HSE管理概述

工程项目的HSE管理是指对工程项目的健康(Healthy)、安全(Safety)和环境(Environment)的专业管理(以下简称为HSE)。习惯上,国内的企业都把健康、安全和环境(HSE)管理作为工程项目管理的一项重要的专业管理来看待。近年来,由于这个管理领域对企业经营业绩和市场占有率的特殊重要性,各个企业已经逐步建立起以HSE管理体系为基础的专业管理体系,并逐渐发展为标准化的管理模式。同时,随着项目管理体系的广泛推广,HSE管理工作也日益与项目管理的其他职能领域相融合。

通常情况下,企业在实施管理时,把这三种专业管理分为安全、现场文明施工、职业卫生、工地生活卫生和现场总平面管理几个方面。

9.1.1 HSE管理体系

健康、安全和环境管理体系简称为HSE管理体系,或简单地用HSE MS(Health Safety and Environment Management System)来表示。HSE MS是指组织建立的,对工程项目的健康、安全和环境实施专业管理的管理体系,是由实施安全、环境和健康管理的组织机构、职责、做法、程序和资源等所构成的整体。通常,HSE管理体系都由企业建立并运转,工程项目的HSE管理体系是企业的HSE管理体系的组成部分,是企业HSE管理体系在项目层级的体现。

1. HSE管理体系的发展历程

在工业发展初期,由于生产技术落后,人们只考虑对自然资源的盲目索取和破坏性开采,没有从深层次意识到这种生产方式对人类所造成的负面影响,从而导致一系列国际重大事故的发生,这对安全工作的深化发展与完善起到了巨大的推动作用,引起了工业界的普遍关注,人们深深认识到石油、石化、化工行业是高风险的行业,必须更进一步采取有效措施和建立完善的安全、环境与健康管理系统,以减少或避免重大事故和重大环境污染事件的发生。

由于对安全、环境与健康的管理在原则和效果上彼此相似,在实际过程中,三者之间又有着密不可分的联系,因此有必要把安全、环境和健康纳入一个完整的管理体系。1991年,壳牌公司颁布健康、安全、环境(HSE)方针指南。同年,在荷兰海牙召开了第一届油气勘探、开发的健康、安全、环境(HSE)国际会议。1994年,在印度尼西亚的雅加达召开了油气开发专业的安全、环境与健康国际会议,HSE活动在全球范围内迅速展开。HSE管理体系是现代工业发展到一定阶段的必然产物,它的形成和发展是现代工业多年工作经验积累的成果。HSE作为一个新型的安全、环境与健康管理体系,得到了世界上很多现代大公司的共同认可,从而成为现代公司共同遵守的行为准则。

美国杜邦公司是当今西方世界200家大型化工公司中的第一大公司,该公司在海外50多个国家和地区设有200多家子公司,联合公司雇员约有20万人。杜邦公司推行HSE管理,企业经营管理和安全管理都达到国际一流水平。荷兰皇家壳牌集团是世界上四大石油石化跨国公司之一，拥有员工约43 000人，1984年该公司学习了美国杜邦公司先进的HSE管理经验，取得了非常明显的成效。英国BP-Amoco追求并实现出色的健康、安全和环保表现，对健康、安全和环保表现的承诺是该集团五大经营政策(道德行为、雇员、公共关系、HSE表现、控制和财务)之一。BP集团的健康、安全与环境表现的承诺为：每一位BP的职员，无论身处何地，都有责任做好HSE工作。良好的HSE表现是事业成功的关键，实施HSE管理的目标是无事故、无害于员工健康、无损于环境。

2. HSE管理体系的要素

HSE管理体系由十项要素构成，包括领导承诺、方针目标和责任，组织机构、职责、资源和文件控制，风险评价与隐患治理，承包商和供应商，项目HSE策划和施工作业管理，运行与维修，变更管理与应急管理，事故处理和预防，审核、评审和持续改进。这十项要素之间紧密相关，相互渗透，形成统一性、系统性和规范性。

HSE管理体系是按照PDCA原则持续运行、不断改进的。PDCA原则是按照策划P(Plan)、实施与运行D(Do)、检查C(Check)和处理改进A(Action)四个流程进行管理并不断循环的科学管理程序，具体内容参见7.4.5章节。

3. HSE管理体系的特点

(1) HSE管理体系以"PDCA循环"为理念。HSE管理体系的这种特点与工程项目管理中的管理理念是一脉相承的。

(2) HSE管理体系以"风险管理"为核心。HSE管理体系的这种特点与工程项目管理的"计划为先"的理念是不谋而合的。

(3) HSE管理体系以"系统运行"为组织架构。项目管理的这种组织特性正好与HSE管理体系的"系统性"的特点相契合。

(4) HSE管理体系以"全员参与"为实施基础。从这个角度上讲，HSE管理体系有机地衔接了工程项目管理的各个职能领域和各个阶段。

9.1.2 HSE管理在现代工程项目管理中的地位

1. HSE管理体现了工程项目的社会责任和历史责任

早期的工程项目管理以质量、进度和成本管理为最主要内容，这主要是从业主和承包商等项目参与者的角度出发的。

由于工程项目的社会影响大、历史责任大，社会各方面对工程项目有许多新的要求。现代管理领域的许多新内容，如ISO14000《国际标准——环境管理体系》、OHASA18000《职业安全卫生管理体系认证标准》以及国家劳动(健康)保护法规，都要求在工程项目中有所反映，有些工程领域将它们统一为工程项目的HSE管理体系。

(1) HSE管理是保护人类生存环境、保障人们身体健康和社会文明、保证社会和企业可持续发展的需要，是对工程项目更高层次的要求，体现了项目的社会责任和历史责任。

(2) 工程，特别是建筑工程是资源和能源的消耗大户。很多工程现场的水泥、混凝土、钢材和自来水等的使用，均存在很大程度的浪费。此外，建筑垃圾污染严重，是当前最大的污染源之一。

(3) 建设工程属于事故多发领域，经常出现安全事故和健康问题，给国家和人民生命财产带来严重损害，造成很大影响。

2. HSE管理推动了"以人为本"的方针在工程中的贯彻落实

近几年来，国家提出树立科学发展观、建设资源节约型社会和环境友好型社会的目标和要求，以促进经济健康发展。工程领域对此承担特别重大的责任，应该积极贯彻落实。

通过实施HSE管理，可促进在工程建设中对环境的保护，推动"以人为本"的方针的贯彻落实，努力建设环境友好型、资源节约型和人性化工程。HSE管理体现了"以人为本"的管理思想，在保障劳动者的身心健康和生命安全的基础上有效提高了生产力水平，促进了社会安定、和谐、有序地发展，其影响惠及千家万户，甚至影响整个社会和国家的整体面貌。

3. HSE管理是现代工程建设的要求，有利于实现建筑业的可持续发展

在现代工程承包领域，建筑企业已经不能再简单地追求较高的利润额，更重要的是承担社会责任和历史责任。加强工程项目HSE管理能够促进企业、环境与经济的协调，实现持续发展，使企业走向良性和长期发展的道路。

同时，推行HSE管理能够促进工程技术、施工管理、环境保护技术、材料供给以及资源和能源的合理利用等方面的创新，这将会推动工程科学技术的进步和产业的合理调整，进一步完善建筑业的法律法规，并规范整个建筑市场的秩序。

4. HSE管理已成为工程承包商(包括供应商)的基本责任

在现有的一些工程承包合同(如FIDIC工程施工合同)中，针对工程质量，要求承包商提供质量管理体系，由业主的项目经理审查；针对环境保护，要求施工项目的废弃物排放必须低于法律和规范规定的较小值；针对职业健康保护，要求必须按照工程所在地的法律要求保护劳务人员的健康。可以将它们纳入统一的管理体系中，即采用HSE的管理体系进行管理，这已经成为工程承包商(包括供应商)的基本责任。

目前，我国承包商与建设单位HSE管理的意识不强，相关管理制度的贯彻落实不够彻底，管理水平总体不高，成效不明显，常常将HSE管理作为一种形式，还停留在投标时利于中标且造价上可增加取费的思路上。

另外，与发达国家相比，我国政府和社会的HSE监督力度不大，对于工程建设中的HSE管理的认识和宣传还不够到位，相关的技术措施还比较落后，严重影响了HSE管理的效果。在以后，将HSE管理水平和业绩作为评价或者衡量工程承包企业的标准之一是必然的趋势。

9.1.3　工程项目HSE管理要求

1. 应从工程全寿命期的角度强化工程项目HSE管理

HSE管理体系必须包括工程的设计、施工、运营和拆除的各个方面，即不仅要保证工程的设计、施工，而且要保证工程投产后的产品生产、产品使用或服务的提供过程，以及工程最后拆除，符合法律、规范、用户、业主和社会各方面对HSE的要求。必须持续不断地对项目各个阶段可能出现的HSE问题实施管理。否则，一旦在某个阶段出现问题，就会

造成投资的巨大浪费,甚至造成工程项目的夭折。

2. 应按照HSE管理体系的要求实施工程项目管理

项目部应积极开展全过程的HSE管理,进行全面的综合计划、决策,落实项目HSE方针,编制环境影响报告,落实项目的环境保护及安全设施资金。

3. 应建立全面的HSE管理责任体系

HSE管理是项目相关者的共同责任,需要项目各相关方和项目部全体人员参与,应注重项目内部各个环节的密切配合和成功协作,具体包括以下几方面。

(1) 积极推行工程承包企业的HSE管理体系。

(2) 项目部具体履行企业对项目HSE管理目标及其绩效改进的承诺。

(3) 在工程项目组织内应建立HSE管理责任制,设置专职管理人员,明确其职责和权限,在项目经理的领导下,具体负责项目HSE管理的组织与协调工作。

(4) 对于工程分包商和供应商,在相关合同中必须包含相关的HSE要求的条款,并对HSE要求做出明确的规定,在工程中应加强对分包商的指导与监督,将有关程序与要求通报给供货方和承包方,以促使他们提供符合HSE要求的产品或服务。

4. HSE管理应符合法律的要求

HSE管理涉及国家有关的法律法规、工程建设的强制性要求,主要包括:《中华人民共和国建筑法》《中华人民共和国劳动法》《中华人民共和国环境保护法》《中华人民共和国安全生产法》《中华人民共和国消防法》《中华人民共和国职业病防治法》《建设工程安全生产管理条例》《建设项目(工程)职业安全卫生预评价管理办法》《建设项目环境保护管理办法》《建筑施工安全检查标准》(JGJ 59—2011),以及《职业健康安全管理体系规范》(GB/T 28001—2011)和《环境管理体系规范及使用指南》(GB/T 24001—2004)等。

5. HSE管理需要营造良好的企业文化和管理环境

(1) 工程界对HSE管理要有足够的认识,有强烈的HSE意识,而不能将其看作企业的一项负担。而且HSE是一项综合的全过程的管理活动,应贯穿于从设计到施工再到使用阶段,而不能单纯地认为HSE管理就是施工过程的管理,仅仅是承包商的任务。

(2) HSE管理需要高水平的技术手段支持,包括风险管理技术、污染监测和处理技术等,要有完善的应急预案和相应的HSE管理硬件设施,保证管理的系统性和科学性。

(3) 建立HSE培训机制,确保各种应急措施到位。

(4) 戒除形式主义,不能将HSE管理仅仅看作塑造企业形象的要求,以及对上级和社会舆论的应付。

6. HSE管理要求理顺与传统的三大目标控制的关系

项目部应保证HSE管理与工程项目的进度、成本、质量等目标控制和合同管理融为一体,使其相互促进,协调统一。

9.1.4 HSE与传统的三大目标之间的辩证关系

推进HSE管理必然会增加工程费用,还有可能会对工期产生一定的影响。一般来说,要提高HSE管理水平必须以比较成熟的质量管理、进度管理和成本管理为基础。在我国的许多工程项目和企业中，质量、成本和进度三大目标控制尚未成熟，再要求推广HSE管理，常常难以收到实效。但推行HSE管理可以大大提高整个项目的管理水平，有力推动项目总目标的圆满实现。

1. HSE管理比传统的目标管理具有更高的强制性

传统的三大目标(质量、成本、进度)是要求在工程项目中尽可能争取实现的，而在工程中HSE一旦出现问题，就会对项目、企业产生更大的社会影响和历史影响，甚至会涉及重大的社会和法律问题。因此，与工程的质量、进度和成本三大目标相比，HSE目标具有更高的优先级，HSE管理应有更高的强制性。

2. 有利于降低工程的社会成本与环境成本

通过实施HSE管理体系，可以控制作业现场的各种粉尘、废水、废气、固体废弃物以及噪声、振动对环境的污染和危害，可以消除对外部的干扰，可以在工程的全寿命期中降低社会成本和环境成本，获得更大的经济效益、社会效益和环境效益。

3. 能够实现以人为本的工程项目管理

加强HSE管理体现了以人为本的管理理念，要求工程实现人性化设计和管理，建设人性化的工程，这是工程本原的回归。HSE管理体系能够改善劳动者的作业条件，可以有效预防和减少伤害事故、职业病和安全事故的发生，保障劳动者身心健康，提高劳动效率，调动员工工作的积极性，改善工程实施和管理队伍的整体素质，对社会的健康发展和文明进步能产生长期的促进作用。

4. 提升企业的品牌和形象，增强企业的竞争力

HSE管理体现了建筑业的可持续发展的观念和人性化管理的特征。全球经济一体化对现代工程承包企业提出了更高的要求，工程承包市场中的竞争已不再仅仅是资本和技术的竞争，更是企业综合实力的竞争。国外的工程承包企业将HSE管理作为第一目标、第一要务，以HSE的管理水平和绩效作为反映企业品牌、形象和综合素质的标志，可以为企业带来直接和间接的经济效益。

5. HSE管理可促进工程项目管理现代化

HSE管理极大地推动了工程项目管理理念和价值体系的提升，促进了工程项目管理理论和方法体系的完善，使其更适应现代社会的客观要求。

9.2 工程项目HSE管理体系

9.2.1 工程项目HSE管理体系概述

在现代工程中，HSE管理虽然有着各自丰富的内容，有着相应的管理对象，但是HSE管理具有高度的相关性。它们的管理过程是相同的，管理方法是相似的。因此人们常常把它们综合起来，形成系统化、结构化、程序化的HSE管理体系。它遵循PDCA管理方法，包括以下工作流程(见图9-1)。

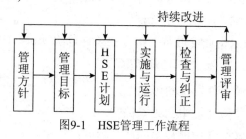

图9-1　HSE管理工作流程

1. 管理方针

(1) 工程项目组织必须确定HSE管理的总方向和总原则，并形成文件，作为制定与评审HSE目标和指标的框架，以便于项目组织成员理解和相关方获取。

(2) 制定HSE方针是上层管理者的责任，表明上层组织对工程项目HSE管理的承诺。

(3) 通常，HSE管理必须坚持"安全第一、预防为主"的方针。

2. 管理目标

(1) 按照管理方针中的承诺制定HSE目标。从总体上说，工程项目环境管理的目的是保护生态环境，减少污染，使社会经济发展与人类的生存环境相协调。

职业健康和安全管理的目的是保护产品生产者、使用者和其他相关人员(如工地及周边的员工、临时工作人员、访问者和其他有关部门人员)的职业健康、生命及财产安全，将他们面临的风险减小到最低限度，消除和避免对健康和安全方面的危害。

(2) HSE管理目标主要依据环境因素、法律、工程合同和其他要求设立，应建立可测量的目标。例如，工程承包合同规定，承包商的环境管理通常要达到环境保护法所规定的和项目目标所要求的排放标准(两者中取小值，即较严格的数值)。

(3) 项目管理组织各层次、各有关部门人员均应有相应的目标和指标，并以书面表示。

3. HSE管理计划

1) 组织结构和职责

(1) 企业应指定项目经理承担相应的HSE任务，明确职责、权限，并为HSE管理体系的实施提供各种必要的资源。

(2) 项目经理负责现场HSE管理工作的总体策划和部署，以及管理体系的建立、实施。

(3) 项目部应建立HSE管理责任制。HSE管理必须依靠项目组织的所有部门，所以HSE管理组织与项目组织一致。

(4) 通过组织结构和责任矩阵把HSE目标分解落实到各组织层次，制定相应的制度和措施，对各组织层次明确HSE管理责任、任务、职责、权限，形成文件并予以传达。

2) 控制点设置

(1) 对工程项目工作(WBS)进行分类，列出可能产生重大污染或危险的工程活动。

(2) 辨识与评价危险源。危险源是可能导致人身伤害或疾病、财产损失、污染环境等单一或组合情况的危险因素和有害因素，它们是HSE管理的主要控制对象。应根据工程实施过程的特点和条件，对危险源进行充分的识别和评价。

(3) 风险评价。风险评价是根据发生风险的可能性和可预见后果的严重程度，评价项目中的危险源所带来的风险大小及可承受程度。

危险源及危险等级的大小评价通常采用作业条件危险评价法(LEC)，计算公式为

$$D=LEC \qquad 9-1$$

式中：L——事故或危险性事件发生的可能性；

E——人员暴露于危险环境中的频繁程度；

C——发生事故可能会造成的后果的严重程度；

D——危险等级。

任何一项危险源都可按D值确定危险性大小。D值越大，说明系统危险性越大，必须加强防范，采取有效可靠的措施控制风险，从而达到要求的安全范围。

(4) 制定风险对策。根据评价结果对危险源进行分级，按不同级别的风险有针对性地制定风险对策，采取风险控制措施。

(5) 以清单的形式罗列有重大影响的危险源，作为控制的对象。有重大影响的危险源是指可能对环境有重大影响的事件，或可能出现重大安全事故的隐患和紧急情况。

项目部应成立危险源辨识小组，负责对其管理范围内的重大危险源进行识别和评价，编写《危险源辨识与评价表》，针对重大危险源列明其名称、性质、风险评价、可能的影响后果以及应采取的对策或措施。

3) 控制技术和管理措施

针对潜在的发生危险的原因制定风险对策，采取预防和纠正措施。根据项目的HSE目标与指标拟订相应的HSE管理计划，编制完备的无漏洞执行方案和必要的备选方案。

(1) 为HSE管理配置所需的资源，包括人力、物力、财力和技术等。

(2) 建立并保持一套完整的管理工作程序，保证所有文件的贯彻实施。这样能有效确定潜在的事故或紧急情况，并能在其发生前预警，一旦发生紧急情况能及时做出响应，从而避免、减少或消除可能伴随的影响。

(3) 通过合同落实HSE的控制责任。例如，通过施工承(分)包合同，明确承(分)包商应承担的HSE责任和义务，据此检查、落实HSE防范措施的可靠性和有效性。同时，应为从事危险作业的人员办理人身意外伤害保险。

(4) 针对重大的危险源分别制定应急处理预案。即在危险事故发生时组织实施，防止事故扩大，减少与之有关的伤害和损失。应急预案的内容包括以下几方面。

① 应急救援的组织和人员安排；

② 应急救援器材、设备与物资的配备及维护；

③ 作业场所发生安全事故时，对保护现场、组织抢救的安排；

④ 内部与外部联系的方法和渠道；

⑤ 预案演练计划；

⑥ 预案评审与修改的安排等。

4) 管理体系文件

HSE管理方针、目标和实施计划通常用管理体系文件表示。

(1) 程序文件。程序文件内容包括：目的和适用范围，引用的标准及文件，术语和定义，职责，工作程序，报告和记录的格式以及保存期限，相关文件等。

(2) 作业文件。作业文件一般包括作业指导书(操作规程)、管理规定、监测活动准则及程序文件引用的表格。

这些文件应符合法律要求，有系统性、可操作性、多样性，以利于建立良好的控制系统，避免过于冗长烦琐。

5) 其他

对于重大工程项目，进行HSE管理时还需要开展技术研究、开发、攻关以及风险专项论证等工作，在项目HSE计划中具体落实，并留有适当的资金、时间和资源作保证。

9.2.2 HSE管理体系的实施和运行

1. HSE管理体系的实施

HSE管理体系必须得到全面而有效的执行，重点抓好如下几项活动。

(1) 教育和培训。培养和增强各层次人员的HSE意识和能力，这是企业和项目部重要的法律责任。必须建立分级的HSE教育制度，实施公司、项目经理部和作业队三级HSE教育，明确培训要求和应达到的效果，规范培训程序，未经教育的人员不得上岗作业。

对HSE管理可能产生重大影响的工作，特别是需要特殊培训的工作岗位和人员要专门进行教育、培训，以保证他们能胜任所承担的工作。同时，做好对危险源及其风险规避的宣传与警示工作。

(2) 逐级开展HSE管理实施计划的交底工作，保证项目经理部和承包商或分包商等人员能正确理解HSE管理实施计划的内容和要求。

在相关的工程或工作开始前，项目经理部的技术负责人必须向有关人员进行HSE管理和技术交底，并保存交底记录。

(3) 确保项目的相关方在HSE管理方面能相互沟通信息，并鼓励所有项目相关方的人员参与HSE管理事务，对HSE管理方针和目标予以支持。

(4) 运行控制，具体包括以下几方面。

① 项目组织应更多采用预防措施，做到预防为主、防治结合。

② 确保HSE管理体系文件得到充分理解并有效运行，保证管理体系文件中写到的要做到，做到的应有有效记录。

③ 根据HSE的方针、目标、法规和其他要求开展工作，使与危险源有关的运行活动均处于受控状态。

④ 项目部应制定并执行项目HSE管理日常巡视检查和定期检查的制度，记录和保存检查的结果，及时对安全事故和不符合相关要求的情况进行处理。

(5) 应急准备和响应，具体包括以下两方面。

① 在工程实施过程中应经常评价潜在的事故或紧急情况，识别应急响应需求，随时准备启动应急准备和响应计划，以预防和减少可能引发的危险和突发事件造成的伤害。

② 当现场发生事故时，项目部应按照规定程序积极组织救护，遏制事故不良影响的继续扩大。

2. 检查和纠正措施

(1) 持续不断地对HSE绩效进行监督和测量，以保证HSE管理体系的有效运行。通过对体系运行状况的监督，及时发现问题并采取纠正措施，实施有效的运行控制，具体包括以下几方面。

① 定期对项目HSE管理体系进行例行检查、监测和测量，分析危险行为及影响健康、环境和安全的部位与危害程度。

② 采用随机抽样、现场观察和实地检测相结合的方法开展HSE检查，记录检测结果，及时纠正发现的违章指挥和操作行为，并在每次检查结束后及时编写HSE检查报告。

③ 对可能引发重大HSE问题的关键运行活动进行监督和测量，保证监测活动按规定进行。

(2) 不符合状况的纠正、处理与预防措施。严格执行对不符合或违反HSE规定的事件的调查和处理程序，明确有关职责和权限，实施纠正和预防措施，以减少事故的发生，并防止问题再次发生，具体包括以下几方面。

① 对检查出的偏离方针和目标的、违反HSE规定的行为应及时启动相应的控制程序，发出整改通知单，要求责任单位、部门或人员限期纠正。一旦发现有潜在的危险，要结合管理方案提前采取防御措施，并对其进行跟踪反馈。

② 分析不符合或违反HSE规定的事件的原因，并预测其问题的严重性。

③ 针对产生问题的原因采取相应的纠正与预防措施，以减少由此产生的影响。

④ 对不符合或违反HSE规定的事件进行整改，执行纠正措施，并跟踪验证其有效性。

⑤ 进行深入的分析和调查，预防事故和不良事件的进一步发生。

⑥ 对已经出现的HSE事故应按合同约定和相关法规组织事故的调查、分析和处理。

(3) 建立HSE信息管理程序，全面、真实地记录HSE管理体系的运行状态。资料要清楚，标识要明显，有可追溯性，在很大程度上应具有法律证明效力。

(4) 管理体系审核。项目部要经常评估HSE管理体系运行的有效性(即HSE管理体系是否得到正确实施和保持)、符合性(即HSE管理体系是否符合相关工作的预定安排和规范要求)，要有定期开展HSE管理体系内部审核的程序、方案、步骤和具体要求，以形成自我保证和自我监督机制。

3. 管理评审

由上层组织对项目HSE管理体系进行系统评价，以判断管理体系对内部情况和外部环境变化的应对是否充分有效，评价管理体系是否完全实施并继续保持，评价管理方针是否依然合适，管理方案是否应随情况的变化而及时进行相应的调整。

9.3 工程项目职业健康和安全管理

9.3.1 与职业健康和安全管理相关的概念

1. 职业健康安全事故

职业健康安全事故即职业伤害事故与职业病。职业伤害事故是指因生产过程及工作原因或与其相关的其他原因造成的伤亡事故。职业病是指经诊断因从事接触有毒有害物质或不良环境的工作而造成的急慢性疾病。

2. 职业健康管理

职业健康管理是指为了有效控制工作场所内的员工、临时工作人员因受劳动条件及职业活动中存在的各种有害的化学、物理、生物因素，和在职业工作中产生的其他职业有害因素的影响而引发的职业健康问题，设立职业健康卫生管理机构，对职业健康工作实施管理。职业健康管理工作包括以下内容。

(1) 配备和完善与职业健康有关的防护设施和用品；

(2) 使劳动者的生理、心理健康得到保护；

(3) 建立健全重要岗位的健康卫生管理制度和操作规程，制订职业病防治措施计划，定期对职业健康危害因素进行评价；

(4) 定期组织特种岗位作业人员、女职工及炊事人员进行体检等。

3. 安全生产和安全管理

安全生产是指使生产过程处于避免人身伤害、设备损坏及其他不可接受的损害风险(危险)的状态。不可接受的损害风险(危险)是指超出法律、法规和规章的要求，超出HSE方针、目标和管理计划的要求，超出人们普遍能够接受或隐含的要求的风险(危险)。

安全管理是指企业按照国家有关安全生产法规和本企业的安全生产规章制度，以直接消除生产过程中出现的人的不安全行为和物的不安全状态为目的的一种最基层的、具有终结性的安全管理活动。

9.3.2 健康和安全管理对象

1. 工程项目健康和安全危险源辨识应从根源和状态考虑

(1) 物的不安全状态。如材料、设备、机械等。

(2) 人的不安全行为(主要指违章操作行为)。

(3) 管理技术缺陷。包括设计方案、结构上的缺陷，作业环境的安全防护措施设置不合理，防护装置缺乏等。

2. 对于危险源要区分项目活动的"三种状态"

(1) 正常状态。如正常的施工活动。

(2) 异常状态。如加班加点、抢修活动等。

(3) 紧急状态。如发生突发事件。

3. 健康和安全危险源辨识活动的范围与内容

(1) 施工现场危险源辨识不仅包括施工作业区，还包括加工区、办公区和生活区。

(2) 危险源辨识与评价活动必须包括：工作场所的设施(如施工现场办公区、钢筋木材等加工区、施工作业区的设施)，工作场所使用的设备、材料、物资，常规作业活动，非常规作业活动，进入施工现场的相关方人员等。

4. 对危险源的处理

(1) 针对人的不安全行为，从心理学和行为学方面研究解决，可通过培训来提高人的安全意识和行为能力，以保证人的行为的可靠性。

(2) 针对物的不安全状态，从研究安全技术入手，采取安全措施来解决，也可通过各种有效的安全技术系统保证安全设施的可靠性。

(3) 对结构复杂、施工难度大、专业性强的项目，必须制定项目总体及各标段、各专业工程系统的安全施工措施。

(4) 对高空作业等非常规性的作业，应制定单项职业健康安全技术措施和预防措施，并对管理人员、操作人员的安全作业资格和身体状况进行合格审查。

9.3.3 工程项目职业健康和安全管理责任和具体要求

1. 工程项目职业健康和安全管理责任

项目部应建立工程项目职业健康安全生产责任制，并把责任目标分解落实到个人，各个部门和各级人员都应承担相应的责任。

1) 项目部

项目部对工程项目的职业健康和安全担负总体责任，具体包括以下方面。

(1) 认真执行相关的职业健康安全法律、法规和其他要求。

(2) 制定健康和安全管理目标，并将目标责任进行分解，落实到人。

(3) 负责项目危险源的汇总、分析、评价，针对重大风险制定控制措施和应急预案等。

(4) 编制安全技术措施。

(5) 负责安全交底和职业健康安全教育培训工作。

(6) 负责施工现场安全和环境管理。

(7) 对施工现场每周进行一次安全检查，查处安全隐患，下达隐患通知书。

2) 承包商

按照工程承包合同的要求，承包商应设立专门人员负责工程人员的职业健康和安全工作，具体包括以下方面。

(1) 负责相关的法律、法规和其他要求及本企业规章制度的贯彻落实，做好施工现场安全的监督、检查。

(2) 参与施工组织设计中安全技术措施的审核、监督。

(3) 负责施工现场危险源辨识、评价和控制，针对重大风险制定预防措施和应急预案。

(4) 开展安全生产宣传教育和安全技术培训，负责对项目部新入场工人进行培训。

(5) 参加工程项目和引进技术、设备的安全防护装置及采用新技术、新材料、新设备的安全技术措施的审查。

(6) 对劳动防护设施和劳动保护用品的质量和使用进行检查。

3) 技术质量管理部门

技术质量管理部门的主要工作包括以下几方面。

(1) 认真执行职业健康安全法律、法规和其他要求，负责工程质量、技术工作中的安全管理。

(2) 编制或修订安全技术操作规程、工艺技术指标。

(3) 组织安全技术交底工作和参加安全检查，对存在的安全隐患从技术方面提出纠正措施。

(4) 参加施工组织设计的会审。

(5) 在竣工时，应对工程的安全保护装置进行验收，对不符合要求的部分指令采取纠正措施等。

2. 工程项目职业健康和安全管理的具体要求

1) 工程设计

工程设计要考虑采取有利于施工人员、生产操作人员和管理人员职业健康与安全的设计方案，通过综合分析影响工程安全施工和运行的各种因素，包括结构、地质条件、气象环境等，进行多方案比较，选择安全可靠的方案，并对防范生产安全事故提出指导意见。

在工程设计中如采用新结构、新材料、新工艺，应注意施工和运营人员的安全操作和防护的需要，提出有关安全生产的措施和建议。

2) 工程项目实施

(1) 应按规定向工程所在地的县级以上地方人民政府建设行政主管部门报送项目安全施工措施的有关文件，以及根据消防监督审核程序，将项目的消防设计图纸和资料向公安消防机构申报审批，在取得安全行政主管部门颁发的《安全施工许可证》后才可开工。总承包单位和每一个分包单位都应持有《施工企业安全资格审查认可证》。

(2) 在项目实施过程中，通过系统的污染源辨识和评估，全面制订并实施职业健康管理计划，有效控制噪声、粉尘、有害气体、有毒物质和放射物质等对人体的伤害。

(3) 在项目实施过程中，必须把好安全生产"六关"，即措施关、交底关、教育关、防护关、检查关、改进关。对查出的安全隐患要做到"五定"，即定整改责任人、定整改措施、定整改完成时间、定整改完成人、定整改验收人。

(4) 在项目实施过程中，要定期进行安全检查。安全检查的目的是消除隐患、防止事故、改善劳动条件及提高员工的安全生产意识，是安全控制工作的一项重要内容。

3) 施工现场生活设施要求

(1) 设计施工平面图和安排施工计划时，应充分考虑安全、防火、防爆和职业健康等因素。

(2) 施工现场应当设置各类必要的职工生活设施，并符合卫生、通风、照明等要求。

(3) 施工现场的生活设施必须符合卫生防疫标准要求，采取防暑、降温、取暖、消毒、防毒等措施。应建立施工现场卫生防疫管理网络和责任系统，落实专人负责管理并检查职业健康服务和急救设施的有效性。此外，施工现场应配备紧急处理医疗设施。

(4) 应在施工现场建立卫生防疫责任系统，落实专人负责管理现场的职业健康服务系统和社会支持的救护系统。制定卫生防疫工作的应急预案，当发生传染病、食物中毒等突发事件时，可按预案启动救护系统并进行妥善处理。同时，应积极做好灾害性天气、冬季和夏季流行疾病的防治工作。

4) 项目施工现场安全设施要求

(1) 施工现场安全设施齐全，并符合国家及地方有关规定。

(2) 建立消防管理体系，制定消防管理制度。施工现场必须设有消防车出入口和行驶道路。施工现场的通道、消防出入口、紧急疏散楼道等必须符合消防要求，设置明显标志。

(3) 消防设施应保持完好的备用状态。储存、使用易燃、易爆器材时，应采取特殊的消防安全措施。施工现场严禁吸烟。

(4) 临街脚手架、临近高压电缆以及起重机臂杆的回转半径达到街道上空的，均应按要求设置安全隔离设施。危险品仓库附近应有明显标志及围挡设施。

(5) 施工现场的各种安全设施和劳动保护器具，必须定期进行检查和维护，及时消除隐患，保证其安全有效。

(6) 施工现场的用电线路、用电设施的安装和使用必须符合安装规范和安全操作规程。

5) 危险作业和特殊作业职业健康和安全管理要求

(1) 必须为从事危险作业的人员在现场工作期间办理意外伤害保险。各类人员必须具备相应的执业资格才能上岗。

(2) 特殊工种作业人员必须持有特种作业操作证，并严格按规定定期进行复查。

(3) 施工机械(特别是现场安设的起重设备等)必须经安全检查合格后方可使用。

(4) 施工中需要进行爆破作业的，必须向所在地有关部门办理进行爆破的批准手续，由具备爆破资质的专业组织进行施工作业。

(5) 对高空作业、井下作业、水上作业、水下作业、爆破作业、脚手架上作业、有害有毒作业、特种机构作业等专业性强的施工作业，以及从事电气、压力容器、起重机、金属焊接、井下瓦斯检验、机动车和船舶驾驶等特殊工种的作业，应制定单项安全技术措施，并应对管理人员和操作人员的安全作业资格和身体状况进行合格审查。

对达到一定规模的、危险性较大的基坑支护及降水工程、土方开挖工程、模板工程、起重吊装工程、脚手架工程、拆除工程、爆破工程和其他危险性较大的工程，应编制专项施工方案，并附安全验收结果。

(6) 对于防火、防毒、防爆、防洪、防尘、防雷击、防触电、防坍塌、防物体打击、防机械伤害、防溜车、防高空坠落、防交通事故、防寒、防暑、防疫、防环境污染等作业，均应编制安全技术措施计划。

9.4 工程项目环境管理

9.4.1 工程项目环境管理概述

1. 工程项目环境管理内涵

工程项目HSE管理所指的环境管理主要是指在工程的建设和运营过程中对自然和生态环境的保护，以及按照法律法规、合同和企业的要求，保护和改善作业现场环境，控制和减少现场的各种粉尘、废水、废气、固体废弃物、噪声、振动等对环境的污染和危害。

2. 工程项目对环境的影响以及与环境的交互作用

自20世纪中叶以来，环境危机被列为全球性问题，这些危机的根源与建设工程项目有着一定的联系。例如，工业化与城市化迅猛发展造成资源的浪费以及环境的污染等，工程项目已逐渐成为影响环境的重要污染源之一。工程项目建设与运行中排放的废水、废气和固体废弃物，无论是对大气、水体还是对人类自己都造成了巨大的隐患。

同时，工程项目对环境有很大的依赖性，如自然环境、人文环境等。项目的环境影响着工程项目的实施，项目与环境之间是相互制约、相互协调的交互关系。只有促进环境与工程协调发展，才能取得工程的成功。

3. 工程项目环境管理的目的

工程项目环境管理的目的在于防止建设项目产生污染。造成对生态环境的破坏，以保护环境。

9.4.2 我国工程项目环境评价制度

我国自2003年9月1日开始实施《中华人民共和国环境影响评价法》。总体来说，我国的项目环境影响评价体系可以归纳为以下几点。

(1) 依法进行严格的环境影响评价，提出环境影响评价报告。根据建设工程项目对环境的影响程度编制环境影响评价文件。按照工程对环境的影响程度，该评价文件分为三类，包括环境影响报告书、环境影响报告表、环境影响登记表。国家相关主管部门根据所提交的评价文件对建设项目进行分类管理。

评价项目对环境的影响，包括环境污染、对生态的影响和对人文景观的影响等内容。应根据建设工程项目环境影响报告和总体环保规划，全面制订并实施工程项目范围内环境保护计划，有效控制污染物及废弃物的排放，并进行有效治理；保护生态环境，防止因工程建设和投产引发生态变化与扰民问题，防止水土流失；进行绿化规划等。同时，应注重分析项目对环境的影响和污染，制定防治措施，并报上级主管部门批准。

(2) 编撰评价文件。评价文件应由具有相应环境影响评价资质的机构提出，包括建设项目周边环境的描述、对环境将产生的影响的预测，并提出具体的技术与组织措施，分析环境影响的经济损益，编写或按格式填写最终结论，报相关的行政主管部门审批。在工程建设阶段，对照环境影响评价文件采取恰当的保护措施或改进措施并备案。

(3) 根据规定，在项目总投资中必须明确保证有关环境保护设施建设的投资情况。

(4) 只有在环境影响报告获批准后，计划部门才可批准建设项目设计任务书。

(5) 项目实施必须实行"三同时"。所有的新建、改建、扩建和技术改造项目以及开发项目都必须实现"三同时"，即污染治理的设施与主体工程同时设计、同时施工、同时投产运行。

通过对工程项目环境影响的评价并制定相应的预防和应急措施，可确保工程项目环境管理在工程全寿命期中得以有效实施。

9.4.3 设计阶段的环境管理

在工程设计阶段，环境管理的主要目标是最大限度地做好资源和环境的规划设计，以便合理利用。应根据环境影响评价文件，对环境产生影响的因素进行仔细考虑，并结合工程设计要求，提出相应的技术和管理措施，并且反映在设计文件中。

设计必须严格执行有关环境管理的法律、法规和工程建设强制性标准中关于环境保护的相应规定，应充分考虑环境因素，防止因设计不当导致环境问题的发生。

此外，还应加强设计人员的环境教育，提高其环境保护意识和职业道德。

9.4.4 施工阶段的环境管理

施工阶段是工程项目环境管理的关键阶段。施工阶段一般时间都比较长，工序复杂，很多环境问题都集中在施工现场，如会产生大量的粉尘、噪声、污水、建筑垃圾等，这会给城市造成严重污染，阻碍社会的和谐发展。

1. 施工现场环境管理的基本要求

《中华人民共和国建筑法》《中华人民共和国环境保护法》和《建设项目环境保护管理条例》等法律法规中均对工程项目的环境保护提出了相应的规定。要严格执行以上相关的法律法规和标准规范，建立项目施工环境管理的检查、监督和责任约束机制。对施工中可能产生的污水、烟尘、噪声、强光、有毒有害气体、固体废弃物、火灾、爆炸和其他灾害等有害于环境的因素，实行信息跟踪、预防预报、明确责任、制定措施和严格控制的方针，以消除或降低对施工现场及周边环境(包括人员、建筑、管线、道路、文物、古迹、江河、空气、动植物等)的影响或损害。

2. 施工现场环境管理的主要内容

(1) 项目部应在施工前了解经过施工现场的地下管线，标出位置，加以保护。施工时如发现文物、古迹、爆炸物、电缆等，应当停止施工，保护现场，及时向有关部门报告，按照规定处理后方可继续施工。

(2) 项目部应对施工现场的环境因素进行分析，对可能产生污水、废气、噪声、固体废弃物等污染源采取措施，进行实时控制，具体包括以下方面。

① 建筑垃圾和渣土应堆放在指定地点并应采取措施定期清理搬运。

② 装载建筑材料、垃圾或渣土的车辆，应采取防止尘土飞扬、洒落或流溢的有效措施。根据施工现场的需要还应设置机动车辆冲洗设施并对冲洗污水进行处理。

③ 应按规定有效处理有毒有害物质，禁止将有毒有害废弃物作为土方回填。除有符合规定的装置外，不得在施工现场熔化沥青和焚烧油毡、油漆及其他可产生有毒有害烟尘和恶臭气味的废弃物。

④ 施工现场应设置畅通的排水沟渠系统，保持场地道路的干燥、坚实。施工现场的泥浆和污水未经处理不得直接外排。

⑤ 有条件时，可对施工现场进行绿化布置。

(3) 项目部应依据施工条件和施工总平面图、施工方案和施工进度计划的要求，综合考虑节能、安全、防火、防爆、防污染等因素，认真进行所负责区域场地的平面规划、设计、布置、使用和管理，具体包括以下方面。

① 现场的主要机械设备、脚手架、密封式安全网和围挡、模具、施工临时道路，水、电、气管线，施工材料制品堆场及仓库、土方、建筑垃圾堆放区、变配电间、消火栓、警卫室和现场的办公、生产和生活临时设施等的布置，均应符合施工平面图的要求并根据现场条件合理进行动态调整。

② 现场入口处的醒目位置应公示：工程概况牌、安全纪律牌、防火须知牌、安全无重大事故牌、安全生产及文明施工牌、施工总平面图、项目经理部组织架构及主要管理体制人员名单图。

③ 施工现场必须设立门卫，根据需要设置警卫，负责施工现场保卫工作，并采取必要的保卫措施。主要管理人员应在施工现场佩戴证明其身份的标识。

(4) 项目部应做好现场文明施工工作，促进施工阶段的环境保护。

文明施工是施工企业管理水平的最直观体现，内容包括施工现场的场容管理、现场机械管理、现场文化与卫生等全方位管理。

① 现场文明施工的一般要求。文明施工可以保持施工现场良好的作业环境、卫生环境和工作秩序，一般包含以下几点要求。

a. 规范施工现场的场容，保持作业环境的整洁卫生。

b. 科学组织施工，使施工过程有序进行。

c. 减少施工对周围居民和环境的影响，保证职工的安全和身心健康。

d. 管理责任明确，奖惩分明。

e. 定期检查管理实施程度。

② 施工现场的场容管理。场容管理作为施工现场管理的重要方面，无论是政府主管部门，还是施工企业，以及项目经理部都应该予以重视。施工现场的场容管理要在施工平面图设计的合理安排和物料器具定位管理标准化的基础上，做到以下几点。

a. 施工中需要停水、停电、封路而影响环境时，必须经有关部门批准，事先告示。

b. 在行人、车辆通过的地方施工，应当设置沟、井、坎覆盖物和标志。

c. 针对现场人流、物流、安全、保卫、遵纪守法方面等提出公告或公示要求。

d. 针对管理对象(不同的分包人)划定责任区和公共区。

e. 及时清理现场，保持场容场貌的整洁。

f. 施工机械应当按照施工总平面布置图规定的位置和线路设置。

g. 应保证施工现场道路畅通，排水系统处于良好的使用状态。

(5) 在工程竣工阶段，组织现场清理工作时会产生大量的建筑垃圾和粉尘，给资源和环境带来很多问题，应重视对建筑垃圾的处理。

9.4.5 项目结束阶段的环境管理

工程项目结束阶段的环境管理是一个薄弱环节，在该阶段的主要工作如下所述。

(1) 在主体工程竣工验收的同时，进行环境保护设施竣工验收，保证项目配套的环境保护设施与主体工程同时投入试运行。

(2) 应当向环境保护主管部门申请与工程配套建设的环境保护设施的竣工验收，并对环境保护设施的运行情况和建设项目对环境的影响程度进行监测。要注重对自然环境指标的监测，如大气、水体等周边环境资源，必须确保其污染排放量限制在国家规定的标准范围内。

(3) 对工程项目环境保护设施效果进行监控与测量，是对环境管理体系的运行进行监督的重要手段。为了保证监测结果的可靠性，应定期对监测和测量设备进行校准和维护。

(4) 在项目后评价中应该对工程项目环境设施的建设、管理和运行效果进行调查、分析、评价，若发现实际情况偏离原目标、指标，应提出改进的意见和建议。

复习思考题

1. 将HSE管理水平作为评价工程承包企业的标准之一是必然趋势，为什么？
2. 简述工程项目HSE管理体系的内容。
3. 简述工程项目HSE管理工作的流程。
4. 简述HSE与传统的三大目标(质量、成本、工期)之间的辩证关系。
5. 简述工程项目对环境的影响以及与环境的交互作用。

第10章
建筑施工项目资源管理

10.1 建筑施工项目资源管理概述

10.1.1 施工项目资源管理的概念与意义

1. 施工项目资源的概念

施工项目资源是指施工项目输入的有关生产要素,即投入施工生产过程的劳动力、材料、机械设备、施工技术和资金诸要素。

施工项目资源是施工项目管理的基本要素,施工项目管理实际上就是根据施工项目的目标、特点和施工条件,通过对资源的有效、有序组织和管理来运转项目,并实现最终目标。施工项目计划和控制的各项工作最终都要落实到资源管理上。施工资源的管理对施工项目的质量、成本、进度和安全都有重要影响。

2. 施工项目资源管理的意义

施工项目资源管理的最根本意义在于节约活劳动和物化劳动,具体意义包括如下几方面。

(1) 进行资源的优化配置,即适时、适量、比例适当、位置适宜地组织并投入资源。

(2) 进行资源的优化组合,即资源投入搭配适当、协调,有效地形成生产力,保质保量按时完成项目目标。

(3) 在施工项目运转过程中,实现资源的动态管理。动态管理的基本内容就是按照项目的内在规律,有效地计划、组织、协调、控制各种资源,使之在施工过程中合理流动,在动态中寻求平衡。

(4) 在项目施工过程中,合理、节约地使用资源,提高资源的使用效率,以控制施工项目成本。

10.1.2 施工项目资源的内容

1. 劳动力

施工项目需要劳动力来完成特定职能及与之相联系的任务。施工项目劳动力分为两大类,即直接劳动力(或建筑工人)和间接劳动力(或支持劳动力)。具体人员包括:监督人员、建筑工人、操作人员、司机和行政人员。

(1) 直接劳动力。直接劳动力是参与建造列于工程量清单中的业主的永久建筑物的建筑工人。直接劳动力占工地所有劳动力的75%~90%。直接建筑工人包括工长和各工种熟练技术工人以及普通(辅助)工人。工长即各工种负责人,具有专业技术。技术工人包括:模板木工、混凝土工、钢筋工、瓦工(混凝土瓦工、砌砖与抹灰瓦工、贴瓷砖瓦工)、安装工、架子工、水暖工、电工、油漆工、家具木工、钣金工、装修工。普通(辅助)工人,主要进行材料的搬运以及辅助技术工作。

(2) 间接劳动力。间接劳动力包括除直接劳动力之外的所有监督人员、员工、工人。

一般来说，负责行政管理的人员，例如办公室人员、监督人员、修理人员、维护人员以及所有公用设施操作和维护人员都归类为间接劳动力。

应注意直接劳动力与间接劳动力的区别：建造业主永久工程的模板木工、混凝土工、钢筋工、瓦工等属于直接劳动力，而从事临时设施建设的相同工人则为间接劳动力；同样，在永久工程上进行作业的焊工是直接劳动力，而车辆和设备维修以及修理车间的焊工则是间接劳动力；在工地上运输混凝土的车辆司机为直接劳动力，而载人车辆司机为间接劳动力。

目前，我国施工企业实行多种用工形式，包括固定工、合同工和临时工，这为保证施工项目用工的弹性和流动性提供了方便。

2. 材料

建筑材料分为主要材料、辅助材料、周转材料和其他材料。主要材料是指在施工中直接加工，并构成工程实体的各种材料，如钢筋、水泥、木材、砂、石、砖等。辅助材料是指在施工中有助于产品的形成，但不构成实体的材料，如促凝剂、脱模剂、润滑物等。周转材料主要有脚手架用材、模板材，它与施工工具、预制构配件、机械零配件等类似，都因为在施工中有独特作用而自成一类，其管理方式与材料基本相同。其他材料是指不构成工程实体，但又是施工中必需的材料，如燃料、油料、砂纸、棉纱等。

建筑材料占土建工程造价的2/3左右，抓好材料管理，合理使用，节约材料，减少消耗，是降低工程成本的主要途径。施工项目材料管理的重点在于现场管理、使用、节约和核算。

由于施工项目的独特性，建筑材料的类型和质量因项目而异。上述材料在施工项目中比较常见，但不同的项目类型，所需材料的品种、类型不尽相同。

3. 施工机械设备

施工项目的机械设备，主要是指用于施工现场作业以及维护工程正常进行的大、中、小型机械设备。在现代施工项目中，施工机械的运用越来越多，施工机械的性能越来越先进，对加快施工速度、节约劳动力、提高生产效率、保证施工项目质量和安全，起着非常重要的作用。现代项目施工，特别是大型项目的施工，施工机械设备发挥着重要的作用。

施工设备主要用于挖掘、拖运、运输、压实、路基平整、提升、混凝土浇筑、预制、抹灰、挖沟、管道铺设和电缆铺设等。根据设备功能，主要设备包括：打桩设备、土方机械、起重及吊运机械、混凝土施工机械、运输设备、加工设备(钢筋及钢结构加工设备、木工机械、喷涂及抹灰机械、管道制作设备)、支持及公用设备、特殊用途施工装置等。支持及公用设备，即维护工程正常进行的设备，主要包括：发电机、处理装置(如污水泵)、公用设施设备。

施工机械的获取、选择、使用、维修、改造、更新等环节将影响施工项目的成本和效率。

目前，我国建筑业企业的大、中型机械设备，一般都采取内部租赁制管理办法，不足部分也可向社会租赁。

4. 施工技术

施工技术主要是指施工项目实施过程中所应用的各项技术以及与技术活动和技术工作相关的要素，所涉及的技术要素包括：技术人才、技术装备、技术规程、技术信息、技术资料、技术档案等。

在施工项目管理中，建立正常的技术工作秩序、严格的工作技术程序和责任制，对保证施工项目的质量安全、提高施工效率、降低施工成本都具有重要作用。

5. 资金

施工项目的资金是一种特殊的资源，是获取其他资源的基础，是所有项目活动的核心。施工项目的资金主要通过工程预付款、工程结算、竣工结算等形式由业主支付，但由于业主的支付日期与实际支出相比往往滞后，施工项目部还需要筹集部分资金来采购资源，支付人工工资，以及支付施工项目中所需的各种开支。资金的筹集往往由企业负责。

施工项目的资金流动包括业主向企业的流动，企业向项目部流动，最终资金回流到企业。资金的流动是企业与施工项目部之间的重要纽带，是企业对施工项目进行管理的重要方面。

准确的资金缺口分析、及时的资金筹集、及时并如数获得业主支付、合理的资金使用以及准确的资金核算与分析，对保证施工项目正常进行、降低施工成本具有重要影响。

10.2 施工项目人力资源管理

10.2.1 施工项目劳动力需求分析及其配置

1. 施工项目劳动力需求分析

(1) 直接劳动力的需求量一般以施工进度计划为依据，通过劳动力投入直方图，可按时间表示所需工人的数量和工种类别。

劳动力的需求一般以人工工日表示的投入程度和按月最大需用人数进行统计，按月投入工程。施工中技术工人与普通工人的比例取决于项目的性质和特点，详见表10-1。

表10-1 建筑工程施工项目劳动力需求计划

月份	模板木工	砌墙瓦工	抹灰瓦工	钢筋工	水暖工	电工	操作人员	技术助手	一般助手	小计	所占百分比/%	累计/%
1	18	2	0	10	4	2	2	17	7	62	0.51	0.51
2	33	15	0	17	6	5	4	25	32	137	1.14	1.65
3	47	13	0	27	6	7	11	37	59	207	1.72	3.37
4	48	21	0	32	6	8	12	39	82	248	2.06	5.43
5	63	26	8	32	6	14	58	105	320		2.65	8.08

(续表)

月份	模板木工	砌墙瓦工	抹灰瓦工	钢筋工	水暖工	电工	操作人员	技术助手	一般助手	小计	所占百分比/%	累计/%
6	63	26	21	24	6	9	21	95	120	385	3.19	11.27
7	98	26	27	35	9	9	24	84	195	507	4.20	15.47
8	115	28	30	40	9	9	35	156	163	585	4.84	20.31
…	…	…	…	…	…	…	…	…	…	…	…	…
19	72	0	70	27	20	22	29	143	247	630	5.22	100.00
总计	2270	244	887	793	236	256	597	3199	3481	12 063	100.00	

(2) 间接劳动力需求随项目性质和规模而变化，必须独立估算和制订计划。

2. 施工项目劳动力配置

施工项目劳动力配置有两种形式，即企业内部劳务队伍(劳务分公司)和外部劳务市场。当企业内部劳务不能满足项目需求时，即需进行劳务分包。凡工程量在50万元以上的，需要进行劳务分包的项目，均应按有关规定进行劳务招标。由项目部根据劳动力需要量计划，提出招标要求，企业主管部门组织招标，最终签订劳务分包合同。在项目任务完成后，工人与项目部解除用工协议或合同，退归原处。

3. 每日劳动力需求量调整

每日劳动力需求量应是在正常操作条件下所需各工种劳动力的近似估计，但有一些因素，如学习过程、天气条件、劳动力周转、旷工、病假和超工时工作制度，都会影响逐日劳动力需求总和。虽然很难量化这些变量，但为编制计划，建议每类劳动力增加5%左右以适应上述变化可能导致的劳动力不足。

如果条件允许的话，可适当安排加班，这样每日可降低10%~15%的劳动需求量。

10.2.2 施工项目劳动力组织

1. 直接劳动力

大多施工企业通过长期的施工管理实践，形成了比较固定的劳动力分组方式及工种、技术等级的配合模式。目前施工班组的形式主要有以下两种。

(1) 专业班组。它是按施工工艺，由同一工种(专业)工人组成的班组。专业班组只完成其专业范围内的施工过程，如砌砖工作班组、钢筋工作班组、混凝土工作班组等。这种组织形式有利于提高专业施工水平，提高熟练程度和劳动效率，但给不同班组之间的协作配合增加了难度。

(2) 混合班组。混合班组由相互联系的多工种工人组成，工人可以在一个集体中进行混合作业，工作中可以打破每个工种的界限，每个工人需要做不同工种的工作。采用混合班组的形式有利于完成包含专业相近的几个施工过程组成的综合工作或分项工程作业，如土方工程工作队、钢筋混凝土工程队。这种班组对协作有利，但不利于专业技能及熟练水平的提高。

在进行施工班组设计时，需要了解专业工作的相关信息，包括相关工作量、活动的各组成部分以及是否有约束条件，如工期约束、班组约束、资源限制、工作面限制等。施工人员的组成受许多因素的影响，如工作量大小、技术工人与普通工人的合理组合、工期要求、工作面条件、资源供应情况、不同活动的工作距离或活动范围、不同分工的工作效率。如某一因素发生变化，需要进行班组人员调整。

2. 间接劳动力

所有间接劳动力的组织与配置，从属于施工项目经理部组织形式。直接劳动力服务人员(如医生、厨师、司机等)、工地警卫、勤杂人员、工地管理人员等，可根据劳动力投入量计划按比例计算，或根据现场的实际需要配置。对于大型施工项目，这些人员的投入比例较大，为5%~10%；对于中小型项目，可利用项目周围社会资源，投入人数较少。

10.2.3 劳动力生产率控制

通过工时研究分析，工人的工作时间由定额时间(有效工作时间、不可避免的中断时间、合理的休息时间)和非定额时间(多余和偶然工作时间、停工时间、违反劳动纪律时间)组成。如果一个工人实际工作中非定额时间所占比例较小，则劳动生产效率高；否则，劳动生产率就低。

实践研究表明，影响劳动效率的问题主要有：停工等待、迟到、早退、不合理的工间休息以及接收工具、材料和工作指示方面的延误。可以通过减少劳动者的这些非生产时间来提高劳动力生产率。

劳动力生产率的控制步骤包括：计算实际生产率、比较实际生产率与标准生产率、分析产生实际生产率与标准生产率之间偏差的原因，以及采取补救措施改进生产率。

1. 实际生产率的计算与分析

首先，记录工人应付报酬的时间，一般采用时间卡记录工人每天的出勤时间，卡上内容包括工人的工种、工作任务信息、正常工作时间、加班时间以及应付工资。

通过工时卡的记录、汇总、统计、分析，可突出显示劳动力闲置时间并对其进行分解，进一步查明各工作班组非生产性时间，找出其可控原因，以便采取补救措施。这些数据将反映到周劳动力生产率报告中。可以针对每一项工作单独编制周劳动力生产率报告，或把这些报告适当地综合成一份报告。劳动力生产率报告很有价值，因为它可用于监督劳动力表现和评估每项工作的劳动力成本。它提供了一种方法，用这种方法可以对在项目工地上的不同队伍的操作效率进行比较，以形成一种竞争状态。它能帮助预测剩余的类似工作所需要的劳动力，而且它可以形成开发劳动力生产率定额的基础，用于将来类似工作。

劳动力生产率偏差通过比较实际劳动力生产率与标准劳动力生产率即可求出，计算公式为

$$劳动力生产率偏差=标准劳动力生产率-实际劳动力生产率 \qquad (10\text{-}1)$$

2. 低劳动力生产率的典型原因

处于稳定状态水平的低生产率，可以大致归因于工人们士气低落、准备工作不周和项

目管理层管理失误。

(1) 工人们士气低落。这可能由于下列原因引起：管理层未履行雇佣条款和条件；雇佣缺乏保证；低于标准的工作条件；经常转移；工作范围和工作方法经常变化；监督者和工人们发生冲突。

(2) 准备工作不周。在实施给定的工作之前，缺乏准备会造成资源运用的低效率。主要由以下原因引起：调集过多的工人；对实施工作定义说明不清；活动的顺序不合理；工地上材料和工具短缺；不必要地频繁移动材料；制造和拆除劣质的或有缺陷的工程。

(3) 项目管理层的管理失误。其中包括以下几方面：未能制定绩效目标；未能提供及时的资源支持；未能提供反馈；未能激发工人积极性。

消除导致低生产率的所有原因永远是不可能的。仅仅增加劳动力可能增加生产，但未必能提高生产率。工人的生产率可以通过多种方式来增加：不断地审查，尽最大可能避免产生非生产性时间的情况，以减少非生产性时间；经济上允许时，用合适的设备替换劳动力；用效率高的工具替换效率低的工具；改进工作实施方法(记住，做一项工作总有更好的方法)；改善工作条件；聘用能胜任的监督者。

经验表明，大多数影响工人生产率的不利因素，可以通过良好的管理加以规避，好的管理要遵照改进生产率的指导方针。

3. 预测生产率趋势

控制劳动力生产率的下一步是预测实施剩余工作的生产率趋势。这可通过修正劳动力生产率(如需要)来进行，通过审查所有导致低生产率的原因，找出改进生产率的补救措施，并评估现有的生产率标准结论，然后将修正过的生产率标准用于预测剩余工作的劳动力需求。

应注意，不必对所有工作项或活动的劳动力生产率进行分析。劳动力生产率分析只针对那些消耗大部分劳动力的任务或活动。

10.2.4 制订劳动力经济激励计划

1. 经济激励的作用

施工项目管理可采用激励手段来提高产量和生产率。激励的目的在于创造环境、发展机制和引导工人努力，在达到组织目标的同时，满足参与人员的需要。在项目管理者的领导下，大家发扬团队精神，饱含热情地工作。

激励的方式可以分为行为激励方法和经济激励计划。行为激励方法对于创造健康的工作环境是必需的，而经济激励可使参与者获得以下收益。

(1) 减少监督时间，获得工作过程中可靠的反馈，实行对工人工作的有效控制。在不增加任何预算成本的前提下，可以增加项目产量并提高生产率。此外，有效的反馈也可为计划未来工作和估算未来工作以及改进激励计划提供信息。

(2) 降低工作成本估算，帮助工人增加收入，提高其对工作的满意度，并能激励工人创造更好的工作方式。

2. 制订激励计划

经济激励计划方式随项目类型、任务和生产班组的性质而变化，可以分为以下几类。

(1) 时间相关奖励计划。按基本工作工资成比例地给予工人超时奖励。

(2) 工作相关奖励计划。按可测的完成工作量给予工人奖励。

(3) 一次付清工作报酬。按比计划(标准定额)节省的时间及完成特定的固定量进行奖励。

(4) 按利润分享奖金。在预先确定的时间，如一季度、半年或一年支付奖金。

经济激励的基础是按时间或任务设置的可达到的产出目标比率。一般对直接劳动力来说，这些产出目标可由施工定额实现；对于间接劳动力来说，工作时间和利润共享可能是提供经济激励的唯一方法。

10.3 施工项目材料管理

10.3.1 我国施工材料的供应形式

1. 业主方提供(甲供)

业主根据所采用的项目管理模式以及材料的市场供应情况，自行组织采购一些技术要求高、价值量较大的材料，供施工单位施工时使用。

业主自行采购的材料物资要以文件形式通报施工单位，明确所供材料物资的名称、型号、规格、质量标准、技术要求、数量清单，并提供订货合同副本和招标文件、中标单位投标文件以及货物交接清单等资料。对于建筑材料，要附上检测报告、合格证(商检证)、使用说明和封样样品；对于建筑设备。还需附上安装使用说明书、安装图及装箱资料；若是进口材料或设备，则要提供中文资料。资料提供的时间，原则上随材料、设备同时到达，如有特殊情况，应在三天内提供全部资料。所有资料交接需办理双方移交登记签收手续，以备查询。

业主方采购的材料到货时，业主应提前通知施工项目部派工作人员参加验收，按货物清单当场验收，并落实卸货地点，以减少现场搬运工作。

施工项目部应根据施工进度计划，向业主明确提出材料、设备必须到场的时间。

2. 施工企业负责采购

施工方自行采购的材料，应按照设计要求及施工项目管理实施规划组织采购。施工方的材料采购方式主要有以下两种。

1) 企业集中采购供应

施工企业建立内部材料市场，通过市场信号及运行规则，满足施工项目的材料需求。施工企业材料部门根据各个施工项目的资源需求计划，编制企业材料采购供应计划，对某一阶段所有施工项目所需的主要材料、大宗材料实行统一计划、统一采购、统一供应、统一调度和统一核算。根据各个施工项目要求，有组织地供应各施工现场。这样可优化材料采购供应渠道，降低材料采购成本。

当施工项目规模很大时，可由施工项目部来实现材料的采购供应优化，向各个子项目部组织材料供应。

当施工项目部远离企业时，企业无法实现上述供应条件，可授权施工项目部进行材料的采购供应。

2) 施工项目部采购供应

施工项目部负责采购供应批量较小、价值量较小的材料，以及一些特殊材料和零星材料。此外，周转材料、大型工具均采用租赁方式，小型及随手工具采用支付费用方式由班组在内部市场自行采购。

10.3.2 建筑工程施工材料分类

1. 基本分类方法

材料分类的基本目的是控制材料采购质量、成本，保证及时供应。材料分类有很多因素需要考虑，这些因素包括：存贮空间、保存期限、供应可靠性、存货成本、易于识别、施工次序、运输要求、价格、采购时间、采购源和项目周期。一般来说，建筑材料可按如下标准进行分类。

(1) 大批量的、一次性购买的、反复使用的和次要的材料；

(2) 重要的、必需的和一般需要的材料；

(3) 本地的和进口的材料；

(4) 高价的、中等价格和低价的材料；

(5) 高使用价值、中等使用价值和低使用价值的材料。

这些分类对材料采购、确定运输需求、确定采购时间、贮存等具有帮助。

2. ABC分类法

ABC分类法是建筑材料分类最常使用的方法，这种方法将材料分成高使用价值、中等使用价值和低使用价值三类，分类原理见图10-1。

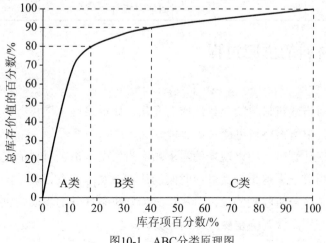

图10-1 ABC分类原理图

应用ABC分类法的先决条件是，施工项目组必须提供一张列出每种材料的物理量(包括标准损耗)、单价和总成本的标准清单。材料管理的ABC分类法基于有选择控制标准，此标准意味着对于各类材料的采购、存贮、发放和控制，不必给予相同程度的关注。

ABC分类法一般在正常存货项目中使用。研究表明，正常存货可分成三个材料组：A组，高使用价值，占存货总成本的0～80%，占所有材料品种的5%～15%；B组，中等使用价值，占存货总成本的10%～20%，占所有材料品种的15%～25%；C组，低使用价值，占存货总成本的5%～10%，占所有材料品种的65%～75%。

A类物资品种数量较少，占用资金却很大。应对库存严加控制，尽量缩短周期，增加采购次数，以利于加速资金周转，在保证施工生产的前提下，最大限度地节约和减少资金占用。

B类物资品种数量较A多，但资金占用大大减少，一般可适当控制。应根据供应条件和订货力量，适当延长订购周期，减少订购次数。

C类物资品种数量繁杂，占用资金比重很小，在控制上适当放宽，一般可以集中大批量地订货，以较高的库存来节约订购费用。

ABC分类对材料供应的政策制定、采购计划、存货计划的制订和控制、质量检查的实施以及仓库保管具有参考价值。如表10-2所示为ABC分类法的使用原则。

表10-2 ABC分类法的使用原则表

基本内容	A类	B类	C类
所需控制程度	严格	中等	宽松
预期准确度	准确数量	近似数量	大概数量
订货的权力	高级	中级	初级
联系咨询的供应商	较多的供应商	3～5个可靠的供应商	3个可靠的供应商
安全储备	低	中等	充分
订货频度	需要时	经济订货量	大批订货
重复需要	最多	中等	必要时
流入控制和进货状态	按周	按月	按季度
控制报告	按周	月度进货时	季度清账时期

10.3.3 建筑材料的供应过程

1. 概述

工程施工项目所需建筑材料随项目性质而变化，如道路施工项目所需材料类型很少，而房屋工程施工项目中所需材料可能有数百种。

在制订材料供应计划时，应以现场的需求顺序为依据。每项材料的选择过程为：根据施工合同确认采购项目→采购量及其供应时间的计划→发行调查订货单，寻找供应源→选择厂商，获得报价单→分析收到的报价单和厂家的先决条件→初步确定供货厂家→报请业主及工程师批准→与厂商谈判确定供应订购方案。

2. 材料计划清单

材料计划清单包括给定工程范围的实施所需的所有品种、型号、规格或质量的材料，这与施工条件及施工方案相关。如混凝土的浇筑不仅需要水泥、石子、砂、水，有时还需要外加剂、养护材料，大体积混凝土还需要粉煤灰等。但如果施工方案采用商品混凝土，则混凝土浇筑所需材料就是商品混凝土。材料计划清单中的每一种材料都应符合合同规定，与施工方案相吻合。表10-3是材料计划清单格式。

表10-3 材料计划清单

序号	材料名称	单位	数量	规格或质量	单价
1					
2					
…					

3. 材料用量估算

在进行施工预算时，可根据施工材料消耗定额计算材料用量，施工材料消耗定额一般包含损耗定额。根据材料估算结果，将占材料主要部分的A类和B类材料的最终用量与投标报价阶段的材料估算量进行比较，如果结果相差较大，在进行材料成本咨询或报价之前须经上级批准。

4. 材料需求时间计划

根据施工项目进度计划，编制材料需求时间计划。当采用项目管理软件编制施工进度计划时，可自动生成各种材料直方图。

5. 材料采购咨询

对材料采购源的初步调查可通过材料询价进行，材料询价内容包括材料品种、数量、规格和送货频率。大批量的材料采购还可通过公开招标的形式进行。有意向的材料供应商应根据要求提供报价单并附带材料样品。

在选择供货商时，应考察其生产规模、材料质量、财政状况、管理水平、专业竞争能力、生产设备及工程技术、历史表现、服务水平、市场声誉等方面。如有必要，可到生产现场进行实地考察。

收到报价单后，对材料交货和付款条件及其价格、质量、交货时间的比较研究由材料采购部门和施工项目计划部门共同完成。应将咨询条款和规定需求与供应商建议进行比较，并检查偏离的可接受度，然后再分析每个可接受报价的价格、发货时间和付款条件。

6. 材料采购源的方案确定

1) 处理建议准则批准阶段

将所要采购材料的咨询信息以报价单的形式呈现，汇编各种可接受的报价，在此基础上进行采购方案比较。在着手和供应商进一步谈判之前，若采购标准、采购量或价格有新的变化或提高，须获得项目管理层原则上的批准，这有助于提高参加进一步谈判的供应商的门槛，并可避免某些可能影响企业声誉和信用的情形。

2) 业主建议的批准阶段

按照合同要求和历史经验，承包商应向业主提交材料批准的建议。这些建议涉及材料样本、供应商的宣传资料、材料测试结果及其过去的情况。在正式采购之前的任何时间，可将批准材料的建议提交给业主。一般情况下，承包商倾向于批准相对比较经济的材料，而业主则愿意批准那些在其看来能满足质量需求和综合评价最好的材料。只有在订购之前业主批准了相关材料，采购计划才会生效。在大型项目中，承包商对同类材料应选择多家供应商，防止供应中断的情况发生，以保证材料供应的连续性。

3) 供应合同谈判阶段

在订购之前，应与供应商进行最终谈判，以确定：材料价格；材料运至工地的运输方式；付款条件，包括必要时开具信用证；材料进场的检查或质量控制程序；材料发货时间表；保证和处罚措施。

10.3.4 材料库存计划

1. 库存计划的需求

现场材料库存理想的情况是：每项活动开始之前为零库存；在施工阶段应该有短期够用的工作存货，根据消耗情况定期补充；在活动结束时库存为零。但在施工项目中，这种理想的库存状态几乎不能实现，因为每项活动所需材料必须满足采购材料、建立足够工作存货、保持安全存货及同时进行经济采购等环节所需要的超前时间，所有这些因素导致材料库存在项目现场逐步增加。

材料库存耗费资金、占压采购投资、占据材料仓库或堆场。一般在库存高峰期，施工材料总数可能达到数百项，相应价值可达材料总成本的5%~15%。对材料保持计划库存，可保证材料期望量的及时供应，使得施工活动在库存上投资最少且能顺利进行。

"库存"意指在给定的时间内库存材料的成本。保持材料库存可在供求期间发挥缓冲作用。库存的成本表明了为确保项目顺利运转而保持最小材料库存所需的投资范围。较多的库存意味着更多的投资，而较少的库存存在供应滞后于需求的危险。

2. 材料库存成本

1) 成本组成

材料的库存总费用为订货费用与保管费用之和，用公式表示为

$$T=RS/Q+QCK/2 \qquad 10\text{-}2$$

式中：T——简单条件下的库存总费用；

R——材料年需要量或总消耗量；

C——物资单价；

S——一次订货费用；

K——材料年保管费率；

Q——一次订货量。

若使存贮总费用最小，则对Q求导，并令其为零，则一次最经济的订货批量为

$$Q = \sqrt{2RS/CK} \qquad 10\text{-}3$$

将上述最经济的订货批量代入式10-2，则最小总费用为

$$T = \sqrt{2RSCK} \qquad 10\text{-}4$$

2) 影响库存成本的因素

(1) 每次订购成本(S)。主要包括送货订购的书写工作、反复使用的各种沟通手段、接受物的检查以及相关人员的工资分摊。可以假定一组材料源或类型具有类似特征的项目的每次订购成本是常量。对于当地现成可获得的材料，S可忽略。

(2) 材料年保管费率(K)。它由库存、保险、仓库租金、贮藏室、挂物架、损耗、过期报废、剩余材料处理和仓库保管费等相关成本组成，K随定购次数的增加而减少。

(3) 每次材料订货数量(Q)。它的大小取决于材料类型。对于一次性订购的非重复性材料，Q等于总材料用量，采购次数等于1；对于重复性材料，经济订货批量可采用公式10-3进行计算。

(4) 材料总消耗量(R)。总消耗量多，采购次数相对较多，库存成本相对较高；总消耗量少，采购次数相对较少，库存成本相对较低。确定总消耗量时还需结合其单价，考虑材料的总成本，根据ABC分类法，选择A类材料作为库存计划重点。

3. 重复使用材料的库存

确定重复使用建筑材料的库存需考虑以下因素：经济采购量、库存上下限、A类和B类建筑材料(如高价值材料)中每一种材料的库存补充和再次订购点(ROP)的超前时间。

确定重复使用材料的库存时应注意以下事项。

(1) 简化订货次数。订货次数等于材料总消耗量与经济订货量的比值。若每年订货次数等于40次，则表示订货时间无规律。订货一般为一个月1次或2次，或每周1次，一次订货数量按照实际情形可以相应调整。

(2) 按照标准份额供应订货。例如，如果水泥用10t容量的散装车供货，那么一次订货量应为10t，或10t的倍数。

(3) 对于容易变质的材料，在确定一次订货量时，须注意其保存期限，以防因变质造成损耗。

(4) 在供货商材料价格打折时或季节价格变动、天气条件不利的情形下应调整订货量。

4. 非重复一次采购材料的库存

对于非重复性使用的材料，应达到的库存目标为：在活动即将开始前和活动完成后材料库存为零，在活动进行时保持低平均库存。

对于这类材料的采购，如果市场允许的话，无须存贮很长时间。因为这类材料的采购超前时间、发货时间很容易算出，订货较为方便。值得注意的是，采购这类材料时应优先考虑合适的货源、质量和数量。临时采购可能不经济，通常比计划采购多花费10%～15%的资金。

采购这类材料时应尽量保证相关活动结束之后没有剩余材料，但如果这类材料在实际需要时市场上有可能缺货，则应提前订货贮存。

10.3.5 施工项目现场材料管理

1. 概述

项目经理部进行材料管理的时间范围为自各种材料进入施工现场起,至施工结束退出施工现场为止。项目经理部应明确责任部门和落实责任人,明确岗位职责,及时对进入施工现场的材料进行管理。施工现场的材料管理人员必须经过专业培训,持证上岗,按管理内容和管理区域进行管理。

2. 现场材料验收

现场材料验收包括验收准备、质量验收和数量验收三个方面。

(1) 验收准备。在材料进场前,根据平面布置图准备存料场地及设施。应确保场地平整、夯实,并按需要建棚、建库。对每天进场存放的材料,需苫垫、围挡的,应准备好充足的苫垫、围挡物品。办理材料验收前,应认真核对进料凭证,经核对确认是应收的料具后,方能办理质量验收和数量验收。

(2) 质量验收。包括以下两方面内容。

① 外观检验。一般材料的外观检验,主要检验料具的规格、型号、尺寸、色彩、方正及完整;专用、特殊加工制品的外观检验,应依据加工合同、图纸及翻样资料,由技术部门进行质量验收。

② 内在质量验收。由专业技术人员负责,按规定比例抽样后,送专业检验部门检测其力学性能、工艺性能、化学成分等技术指标。

以上各种形式的检验,均应做好进场材料质量验收记录。

(3) 数量验收。大堆材料,实行砖落地点丁。砂石按计量换算验收,抽查率不得低于10%。袋装水泥按袋点数,袋重抽查率不得低于10%;散装水泥除采取措施卸净外,按磅单抽查。三大构件采用点件、点根、点数和检尺的验收方法。对有包装的材料,除按包装件数实行全数验收外,对于重要的、专用的、易燃易爆、有毒物品应逐项逐件点数、验尺和过磅;对于一般通用的材料,可进行抽查,抽查率不得低于10%。

经核对质量凭证,数量检查无误后,应及时办理验收手续、凭证记账和转账。

3. 材料保管与保养

1) 材料保管与保养的方法

材料验收完毕后,应选择合适的存放场所,合理码放,维护材料使用价值,确保贮存安全。

(1) 大型构件和大模板的存放场地应夯实、平整,有排水措施,并标识清楚。

(2) 水泥应按规格、品种、名称、厂家、出场日期等实验状态标识清楚,做好防雨、防潮工作,实行先进先出,库内保持整洁。

(3) 钢材露天存放时,应选择地势高、平坦之处,垛底应垫高10~30cm,分规格码放整齐,做到一头齐、一条线,并按实验状态标识清楚。

(4) 机砖成丁、成行码放,不得超过1.5m,砌块码放高度不得超过1.8m。砂石成堆,不混不串，并按实验状态标识清楚。

(5) 存放粉状材料应设棚，围挡严密，垛底高度10～30cm，防止扬尘，做好环境保护工作，并标识清楚。

2) 材料保管需注意的问题

(1) 对于怕日晒雨淋、对温度湿度要求高的材料必须入库存放。

(2) 对于可以露天保存的材料，应按其材料性能上苫下垫，做好围挡。建筑物内一般不存放材料，确需存放时，必须经消防部门批准，设置防护措施后方可存放，并标识清楚。

(3) 在材料保管、保养过程中，应定期对材料的数量、质量、有效期限进行盘查核对，对盘查中出现的问题，应有原因分析、处理意见及处理结果反馈。

(4) 在施工现场，易燃易爆、有毒有害物品和建筑垃圾的处理必须符合环保要求。

4. 材料发放及领用

材料发放及领用是现场材料管理的中心环节，标志着料具从生产储备转向生产消耗。项目组必须严格执行领发手续，明确领发责任，采取不同的领发形式。凡有定额的工程用料，都应实行限额领料。

1) 限额领料的定义

限额领料是指生产班组在完成施工生产任务中，所使用的材料品种、数量应与其所承担的生产任务相符合。它包括限额领料单的签发与下达、领料与发料、检查验收与结算、考核与奖罚等环节。

2) 实行限额领料的依据

(1) 地方和企业制定的施工材料定额。

(2) 企业预算部门提供的施工预算和变更预算。

(3) 生产计划部门提供的分部位施工计划和实际工程量。

(4) 技术部门提供的砂浆配合比、技术节约措施和各种材料的技术资料。

(5) 质量部门提供的班组在工程中造成的质量偏差和多用料的签署意见。

3) 实行限额领料的品种

这可根据本企业的管理水平而定，大多数的限额对象为基础、结构部位的水泥、砌块等，装修部位的水泥、瓷砖、大理石等，钢筋可与班组签订承包协议。不能执行限额领料的材料，应报请项目部主管材料负责人审批，材料员才可发放。

4) 限额领料的管理流程

(1) 施工用料前由材料定额员根据生产计划及时签发和下达限额领料单。

(2) 施工生产班组持领料单到仓库领取限定品种、规格、数量的材料，双方办理出料手续并签字，发料员做好记录。

(3) 材料领出后，由班组负责保管并合理使用，材料员按保管要求对施工班组进行监督，负责月末库存盘点和退料手续。

(4) 如出现超耗，施工班组需填写限额领料单，附超耗原因，经项目部材料主管审批后领料。

(5) 材料定额员根据验收结果和工程量计算班组实际应用量和实际耗用量，并对结算结果进行节超分析。当月完成的，完一项结一项；跨月完成的，完多少预结多少，全部完成后总结算。

10.3.6 施工项目现场周转材料管理

1. 周转材料管理的范围

(1) 模板：大模板、滑模、组合钢模、异型模、木胶合板、竹模板等。

(2) 脚手架：钢管、钢架管、碗扣、钢支柱、吊篮、竹塑板等。

(3) 其他周转材料：卡具、附件等。

2. 周转材料的加工、购置和租赁

项目经理部应根据工程特点编制工程周转材料的使用计划，提交企业相关部门或租赁单位，由企业相关部门或租赁单位加工、购置，并及时提供租赁，与项目部签订租赁合同。

3. 周转材料的进场保管与使用

(1) 各项目经理部的周转材料进场后，应按规格、品种、数量登记入账。周转材料的码放应注意以下几点。

① 大模板应集中码放，做好防倾斜等安全措施，设置区域围护并标识清楚。

② 组合钢模板、竹木模板应分规格码放，便于清点和发放，一般码十字交叉垛，高度应控制在180cm以下，并标识清楚。

③ 钢脚手架管、钢支柱等，应分规格顺向码放，周围用围栏固定，防止滚动，以便于管理，并标识清楚。

④ 周转材料零配件应集中存放，装箱、装袋，做好防护，以减少散失并标识清楚。

(2) 周转材料如连续使用的，每次使用完都应及时清理、除污，涂刷保护剂，分类码放，以备再用；如不再使用的，应及时回收、整理和退场，并签订退租手续。

10.4 施工项目施工机械设备管理

10.4.1 施工机械的选择

任何一个施工项目所需施工机械的配备，必须依据施工项目管理规划或施工组织设计。首先，对施工设备的技术经济性进行分析，选择既满足生产、技术先进又经济合理的施工设备。其次，结合施工项目管理规划，分析购买和租赁的分界点，进行合理配备。如果设备数量多，但相互之间使用不配套，不仅不能充分发挥机械性能，而且会造成经济上的浪费。

现场施工设备的配套必须考虑主导机械和辅助机械的配套关系，在综合机械化组列中前后工序施工设备之间的配套关系，以及大、中、小型工程机械及劳动工具的多层次结构的合理比例关系。

如果多种施工机械的技术性能可以满足施工工艺要求，还应对各种机械的下列特性进行综合考虑：工作效率、工作质量、施工费和维修费、能耗、对操作人员及其辅助工作人员的要求、安全性、稳定性、运输、安装、拆卸及操作的难易程度、灵活性、机械的完好性、维修难易程度、对气候条件的适应性、对环境保护的影响程度等。

10.4.2 施工机械设备的获取

在一个施工项目中，有许多活动需要使用机械设备，但这并不表示必须购置相关机械来满足活动需求，因为购置施工机械需要大量的资金投入，应慎重考虑。

获取施工项目所需用的施工机械设备的方式有如下几个。

(1) 从本企业专业机械租赁公司租用已有的施工机械设备。
(2) 从社会上的建筑机械设备租赁市场上租用设备。
(3) 进入施工现场的分包工程施工队伍自带施工机械设备。
(4) 企业为本工程新购买的施工机械设备。

其中前两种情况，除应满足上述自有施工机械设备的几点要求，还必须符合资质要求(特别是大型起重设备和特种设备)。例如，租用机械设备时，需查验以下文件：出租设备企业的营业执照、租赁资质、机械设备安装资质、安全使用许可证、设备安全技术定期检定证明、机型机种在本地区注册备案资料、机械操作人员作业证及地区注册资料等。对于资料齐全、质量可靠的施工机械设备，租用双方应签订租赁协议或合同，明确双方对施工机械设备的管理责任和义务后，方可组织施工机械进场。第三种情况，如是中小型施工机械设备，一般视同本企业自有设备进行管理；如是大型起重设备、特种设备，一般按外租机械设备管理办法做好机务管理工作。最后一种情况，如要购进大型机械及特殊设备，应在调研的基础上，出具经济技术可行性分析报告，经有关领导和专业管理部门审批后，方可购买；如要购进中小型机械，应在调研的基础上，选择性价比较高的设备。

10.4.3 施工项目机械设备使用计划

项目经理部应根据工程需要编制施工机械设备使用计划，报企业有关部门或领导审批，其编制依据是施工项目管理规划，其中相关内容包括工程的施工方案、方法、措施等。在考虑合理的施工方法、工艺、技术安全措施时，同时考虑用何种设备组织生产能够最合理、最有效地保证工期和工程质量，降低生产成本。例如，混凝土工程施工，一般考虑混凝土现场制备成本较低，就需配有混凝土配料机、混凝土搅拌机，冬季还需配有加热水、砂的电热水箱、锅炉等设备；垂直及水平运输，可配有翻斗车、塔式起重机等设备；采用混凝土输送泵来运送混凝土，则应配有混凝土搅拌运输车、混凝土输送泵及泵送管道或移动式混凝土布料杆(机)等设备。对于环保要求严格、工地现场狭窄、混凝土工程量大的工程，一般采用商品混凝土供应的做法。根据不同的工程特点及要求，所采取的施工方法是不一样的，所配机械设备也应有所不同，从效率和成本的角度看，选择搅拌机、配料机、混凝土输送泵、布料机、塔式起重机的规格形式、型号也应有所不同。在编制施工项目管理规划时，必须考虑包括设备配置因素在内的各方面因素，编制最佳施工方案。中、小型机械设备的使用，一般由项目经理部项目经理审批；对于大型机械设备，经项目经理审批后，还需报企业有关部门审批，方可实施运作。租赁大型起重机械设备，主要考虑机械设备配置的合理性(即是否符合使用要求、安全要求等)及是否符合资质要求(其中包括租赁企业、安装设备企业的资质要求，设备本身在本地区的注册情况及年检情况，操作设备人员的资格情况等)。

施工设备进场后，应进行必要的调试与保养。在正式投入使用前，项目部设备管理人员或施工员应会同机械设备主管企业的机务、安全人员及机组人员一起对设备进行认真的检查验收，并做好检查验收记录，验收合格后方可正式投入使用。

10.4.4 机械操作人员的管理

为了使施工设备在最佳状态下运行使用，合理配备足够数量的操作人员并实行机械使用、保养责任制是关键。现场使用的各种施工设备应定机定组交给一个机组或个人，使之对施工设备的使用和保养负责。操作人员必须持证上岗，即通过专业培训考核合格后，在有效期范围内，经有关部门注册，操作证年审合格，且所操作的机种与所持证上允许操作机种相吻合。此外，还必须建立考核制度，奖优罚劣，使机组人员严格按规范作业，并在本岗位上发挥最优的工作能力。

操作人员在开机前、使用中、停机后，必须按规定的项目和要求，对施工设备进行检查和例行保养，做好清洁、润滑、调整、紧固和防腐工作，以保持施工设备的良好状态，提高施工设备的使用效率，节约使用费用，实现良好的经济效益，并保证施工的正常进行。

10.5 施工项目技术管理

10.5.1 施工项目技术管理概述

1. 施工技术管理体系

施工技术管理工作一般可以分成以下两大部分。

(1) 建筑业企业技术管理基础工作。这部分工作是企业的经常性工作、基础性工作。

(2) 施工项目经理部在施工过程中的基本技术管理工作。这部分工作是阶段性工作，只有当企业承担某施工项目的承包任务并成立项目经理部时，这部分工作才会发生。

目前,许多施工项目实行总分包制,所以总包单位的技术管理工作往往涉及各分包单位的协同配合,甚至还涉及与平行承包单位在技术上的沟通、协调和必要的衔接。因此,施工项目技术管理工作应建立起以总包为核心的总分包密切合作、总包指导分包、分包依托总包的联动运行的技术工作机制。

2. 施工技术管理责任制

施工技术管理责任制是建筑业企业的一项重要的科学管理制度,是针对各个技术岗位的技术工作人员必须履行的职责、权限、工作程序、要求、评估标准、考核办法和责任承担做出的具体规定。

施工项目经理部的技术管理责任制应贯彻和落实企业技术管理责任制,切实做好现场技术管理基础工作,建立和实施施工现场技术管理基本制度,由项目总工程师(项目工程师)统一领导,由专业技术员、技术工长(施工员)、技术班组长分工负责,履行施工项目所涉及的各项技术工作。

建立施工技术管理责任制的目的是把企业各级技术工作纳入统一的技术管理保证体系,从组织上、工作体系上、工作程序上保障技术工作的正常开展,以保证和促进施工项目质量和经济效益。

10.5.2 建筑业企业技术管理基础工作及基本制度

1. 技术管理基础工作

1) 施工技术标准和规范的执行

在施工技术方面已颁发了一整套国家或行业技术标准和技术规范,这些标准或规范是建立和维护正常的生产和工作程序应遵守的准则,具有强制性,这对工程实施具有重要的指导作用。企业应自行制定反映企业自身技术能力和要求的企业标准,执行和遵守国家标准,且企业标准应高于国家或行业的技术标准。为了保证技术规范的落实,企业应组织各级技术管理人员学习和理解技术规范,并在实践中进行总结,对技术难题进行技术攻关,使企业的施工技术不断提高。

2) 技术工作原始记录

技术工作原始记录包括建筑材料、构配件、工程用品及施工质量检验、试验、测定记录,图纸会审和设计交底、设计变更、技术核定记录,工程质量与安全事故分析与处理记录以及施工日记等。原始记录是提供工程质量形成过程实际状况的真实凭据。

3) 技术档案

技术档案包括设计文件(施工图)、施工项目管理规划、施工图放样、技术措施以及施工现场其他实际运作形成的各类技术资料。应指定专人负责施工图纸的签收、发放、保管、借阅、归档等业务工作,随时记录和传达图纸变更信息。应对施工现场各类技术资料的分类、立卷、归档、保管等做出全面规划,并付诸实施,做到技术文件、资料管理的规范化。

4) 科技情报

科技情报工作任务是及时收集与施工项目有关的国内外科技动态和信息,正确、迅速地报道科技成果，交流实践经验，为实现改革和推广新技术提供必要的技术资料，主要包括：建立信息机构，将情报工作制度化、经常化；积极开展信息网活动，大力收集国内外同行业的科技资料，尤其是先进的科技资料和信息，并及时提供给生产部门；组织科技资料与信息的交流，介绍有关科技成果和新技术，组织研讨会，研究推广应用项目及确定攻关课题。

5) 计量工作

计量工作包括计量技术和计量管理，涉及计量人员职责范围，仪表与器具使用、运输、保管等内容。具体工作包括：制定计量工作管理制度，为施工现场正确配置计量器具，合理使用、保管并定期进行检测，及时修理或更换计量器具，确保所有仪表与器具的精度、检测周期和使用状态符合要求。

2. 技术管理基本制度

1) 图纸审查制度

图纸审查主要为了学习和熟悉工程技术系统，并检查图纸中出现的问题。图纸包括设计单位提交的图纸以及根据合同要求由承包商自行设计和深化的图纸。图纸审查的步骤包括学习、初审、会审三个阶段。

对于图纸审查中提出的问题，应详细记录整理，以便与设计单位协商处理。在施工过程中，应严格按照合同要求执行技术核定和设计变更签证制度，所有的设计变更资料都应纳入工程技术档案。

2) 技术交底制度

技术交底应包含在合同交底中。

技术交底是在前期技术准备工作的基础上，在开工前以及分部分项工程及重要环节正式开始前，对参与施工的管理人员、技术人员和现场操作工人进行的一次性交底，其目的是使参与施工的人员对施工对象从设计情况、建筑施工特点、技术要求、操作注意事项等方面有一个详细的了解。内容包括：设计图纸交底、施工项目管理实施规划交底、设计变更交底、新技术交底等。技术交底应经常化，分级分阶段进行。

3) 技术复核制度

凡是涉及定位轴线、标高、尺寸、配合比以及皮数杆、预留洞口、预埋件的材质、型号、规格和预制构件吊装强度等技术数据，都必须根据设计文件和技术标准的规定进行复核检查，并做好记录和标识，以避免因技术工作疏忽而影响工程质量和造成安全事故。

4) 施工项目管理规划审批制度

企业(投标人)为投标需要，应向发包人说明如何组织项目实施，实现标书规定的进度、质量目标，编制施工项目管理大纲。在开工前，项目经理应编制旨在指挥施工项目管理的施工项目管理实施规划，其核心是项目经理向企业说明如何确保施工合同的履行，实现项目经理部的责任目标。

施工项目管理实施规划必须经企业主管部门审批，才能作为建立项目组织机构、施工部署、落实施工项目资源和指导现场施工的依据。当实施过程中主、客观条件发生变化时,以及需要对施工项目管理实施规划进行修改、变更时,应报请原审批人同意后方可实施。

5) 工程洽商、设计变更管理制度

在施工过程中,由于业主需要或设计单位出于提高工程质量的考虑,以及施工现场实际条件的变化等,都将导致工程洽商、设计变更。施工项目经理部应明确责任人,明确设计变更所涉及的内容,确保变更项所在图纸编号、节点编号清楚,内容详尽,图文结合,明确变更尺寸、单位、技术要求。工程洽商、设计变更涉及技术、经济、工期等诸多方面,施工企业和项目部应实行分级管理,应明确各项技术洽商分别由哪一级、谁负责签证。

如果施工中对技术问题有异议或提出改善性建议,必须由技术负责人向业主或监理工程师提出,经设计单位确认同意后才能实施。

6) 施工日记制度

施工日记真实而客观地记录了从工程开工到竣工每天现场施工状况的动态过程,包括当天的气象、施工部位、作业内容、作业能力效率、施工质量、例行检查和施工巡视所发现的问题、各种施工指令的传达与执行、施工条件的变化及影响因素、对策措施、整改实情与结果等。施工日记既可用于了解、检查和分析施工的进展变化、存在问题与解决问题的结果,又可用于辅助证实施工索赔、施工质量检验评定以及质量保证等原始资料形成过程的客观真实性。

10.5.3 施工项目准备阶段的技术管理

1. 图纸审查

施工图纸是施工的依据,施工项目的任务就是按照图样的要求,按目标完成施工项目。图样审查的目的在于熟悉和掌握图样的内容和要求;解决各工种之间的矛盾、促进协作;发现并更正、补充图样中的差错和遗漏;提出不便于施工的设计内容,进行洽商和更正。

图纸审查由施工项目部进行,具体步骤可分为学习、初审、会审三个阶段。

(1) 学习阶段。学习图纸的目的主要是摸清建设规模、工艺流程和形式、构造特点、主要材料和特殊材料、技术标准和质量要求、坐标和标高等。在此阶段,应充分了解设计意图及对施工的要求。

(2) 初审阶段。掌握工程的基本情况以后,分工种详细核对各工种的详图,校查有无错、碰、漏等问题(所谓错、碰、漏,就是对设计图纸中的问题的简单概括,错指设计错误;碰指不同专业图纸以及本专业细节设计上的冲突;漏指设计遗漏,未交代的内容),并针对影响建筑物安全、使用、经济的相关问题,提出初步修改意见。

(3) 会审阶段。在初审的基础上,各专业之间核对图样是否相符、有无矛盾,以消除差错,协商配合施工事宜。对图样中影响建筑物安全、使用、经济等问题,应提出修改意见。还应研究设计中提出的新结构、新技术实现的可能性和应采取的必要措施。

2. 图纸会审

图纸会审是在施工项目部图纸审查的基础上进行的。图纸会审工作必须有组织、有领导、有步骤地进行，并根据工程性质、规模、重要程度、特殊要求的不同，分别组织进行。一般由建设单位(或监理工程师)主持，由设计单位介绍设计意图、设计特点、对施工的要求，由施工单位提出图纸中存在的问题和对设计单位的要求。通过三方讨论协商，解决存在的问题，写出会议纪要，交给设计人员，设计人员将纪要中提出的问题通过书面形式进行解释或提交设计变更通知。图纸会审内容包括如下几方面。

(1) 图纸设计是否符合国家有关的技术政策、经济政策和规定。

(2) 图纸设计是否符合因地制宜、就近取材的原则。设计方案、技术措施能否满足质量要求，能否保证安全施工。针对设计文件推荐的施工方案，进行充分讨论，补充完善。

(3) 有无特殊材料(包括新材料)要求，其品种、规格、数量来源能否满足需要。

(4) 建筑结构与专业图纸是否有差错、矛盾；结构图与建筑图的平面尺寸及标高是否一致；图纸中的结构尺寸、坐标、表格、工程数量、材料数量等有无差错。

(5) 工艺管道、电气线路、运输路线与建筑物之间有无矛盾。

3. 现场调查与测量复核

测量复核是对原水准点、基线桩、标志桩等主要控制点进行复核，并加以保护。测量复核的测量资料报经监理工程师认可后，方可作为施工依据。若测量复核中发现问题，应及时研究整理，报业主或监理工程师审批。如未经批准，施工单位无权随意行动。

4. 编制施工项目管理实施规划

施工项目管理实施规划经企业主管部门批准审查后，报监理工程师审批，同时报业主备案。在项目实施过程中，针对特殊、技术复杂的重要分部分项工程、关键工序，还应进一步编制技术方案，这一般由专业技术人员负责，经项目经理审批后，报监理工程师审查、备案。

5. 开工报告

在完成规定的施工技术准备工作后，应按监理工程师要求的程序和内容向监理工程师提交开工报告，由监理工程师下达施工指令后方可施工。一般施工报告需附以下主要技术资料：现场材料与半成品材料试验数据、混合料配合比试验数据、施工测量放样记录、主要机具设备、测量试验仪器设备到场情况。

10.5.4 施工阶段技术管理

1. 技术交底

技术交底是指在正式施工之前，向参与施工的有关管理人员、技术人员和工人交代工程技术特点和要求、施工程序、质量标准、安全措施等，避免发生指导和操作的错误，以便科学地组织施工，并按合理的工序、工艺流程作业。技术交底的主要内容包括：图纸交底，施工项目管理实施规划交底，设计变更交底，分项工程技术交底。

技术交底可分级、分阶段进行。施工项目管理实施规划宜由项目技术负责人交底，一般分项工程可由施工员交底。各级交底除口头和文字交底外，必要时可用图表、样板、示范操作等方法进行。各级交底都应做好记录，交底人和接受交底人均应签字确认。

2. 技术核定

技术核定是指对重要的关键部位或影响全工程的技术对象进行复核，避免发生重大差错而影响工程的质量和使用。核定的内容视工程情况而定，一般包括：建筑物坐标，标高和轴线，基础和设备基础，模板、钢筋混凝土和砖砌体，大样图，主要管道和电气等。以上内容均要按质量标准进行复查和核定。

3. 检验制度

建筑材料、构配件和设备的质量，直接影响工程质量。因此，必须健全试验检验机构，加强检验工作，把好质量检验关。对材料、半成品、构配件和设备的检查有下列要求。

(1) 凡用于施工的原材料、半成品和构配件等，必须持有供应部门或厂方提供的合格证明。如没有合格证明或虽有合格证明，但经质量部门检查认为有必要复查时，均需进行检验或复验，证明合格后方能使用。

(2) 钢材、水泥、砂、焊条等结构用材，除应有出厂合格证明或检验单外，还应按规范和设计要求进行检验。

(3) 混凝土、砂浆、灰土、夯土、防水材料的配合比等，都应严格按规定的部位及数量，制作试块、试样，按时送交试验，检验合格后方能使用。

(4) 钢筋混凝土构件和预应力钢筋混凝土构件，均应按规定的方法进行抽样检验。

(5) 对新材料、新构件和新产品，均应做出技术鉴定，制定质量标准和操作规程后，才能在工程上使用。

(6) 在现场配制的防水材料、防腐材料、耐火材料、绝缘材料、保温材料、润滑材料等，均应按试验室确定的配合比和操作方法进行施工。

(7) 高低压电缆、高压主绝缘材料，均应进行耐压试验。

(8) 对铝合金门窗、吸热玻璃、装饰材料等高级贵重材料的成品及配件，检验时应特别慎重，质量不合格的不得使用。

(9) 加强对工业设备的检查、试验和试运转工作。设备运到现场后，安装前必须进行检查验收，做好记录，重要的设备、仪器、仪表还应开箱检验。

4. 工程质量检查和验收制度

依照有关质量标准逐项检查操作质量，并根据施工项目特点分别对隐蔽工程、分项工程和竣工工程进行验收，逐个环节地保证工程质量。

工程质量检查应贯彻专业检查与群众检查相结合的方法，一般可分为自检、互检、交接检查及各级管理机构定期检查或抽查。检查内容除按质量标准规定以外，还应针对不同的分部、分项工程，分别检查测量定位、放线、翻样、基坑、土质、焊接、拼装吊装、模板支护、钢筋绑扎、混凝土配合比、工业设备和仪表安装以及装修等工作项目，并做好记录，发现问题或偏差应及时纠正。

隐蔽工程是指在施工过程中，前一工序将被后一工序掩盖，其质量无法再次进行复查的工程部位。隐蔽工程验收应分专业管理，由项目技术负责人明确责任人。各项隐蔽工程验收应经项目技术人批准，提前通知监理工程师参加验收，对遗留问题的处理，要有专人负责。

10.6 施工项目资金管理

10.6.1 施工项目资金的使用管理

大型的建筑业企业为了便于资金管理，确保资金的使用效率，往往在企业的财务部门设立项目专用账号，由财务部门对所承建的施工项目进行项目资金的收支预测，统一对外收支与结算。而施工项目经理则负责项目资金的使用管理。具体操作方法如下所述。

(1) 内部银行。即企业内部结算中心，按照商业银行运行机制，为企业内部各核算单位(内部的流通部门与生产部门)开立专用账号，核算各单位货币资金收支，把企业的一切资金收支和内部单位的存贷款业务，都纳入内部银行。内部银行本着对存款单位负责、谁账户的款谁用、不许透支、存款有息、借款付息、违章罚款的原则，实行金融市场化管理。

企业内部银行同时又要行使企业财务管理职能，进行项目资金的收支预测，统一对外收支与结算，统一对外办理贷款筹集资金和内部单位的资金借款，并负责组织好企业内部各单位利税和费用上缴等工作，发挥企业内部的资金调控管理职能。

(2) 项目专用账号。内部核算的项目经理部，以独立身份成为企业内部银行的客户；非内部核算的项目经理部，一般从属于企业的项目管理公司，按这一隶属关系成为企业内部银行的客户。无论采取哪种方式，项目经理部都可以在内部银行设立项目专用账号，这样可为项目经理部对资金的使用管理创造便利条件。

项目专用账号又分为存款账号和贷款账号。内部银行不许透支，但考虑到某些项目部由于各种原因存在短期资金周转不灵的情况，为维持生产需要暂时向内部银行贷款，为此在存款账号之外，必要时应增设贷款账号。

项目资金的使用管理，首要的是建立健全项目资金管理责任制，明确项目资金的使用管理由项目经理负责，项目经理部财务人员牵头协调组织日常工作，做到统一管理、归口负责、业务交圈对口。建立项目资金管理责任制，可明确项目预算员、计划员、统计员、材料员、劳动定额员等有关职能人员的资金管理职责和权限。

10.6.2 施工项目资金计划

1. 施工项目资金收入预测

施工项目收入的测算应从收取工程预付款开始，按每月进度(或按工程形象进度)收取工程进度款，直到最终竣工结算，按时间测算出工程价款数额。资金收入的预测应体现资金在时间上、数量上的总体概念，为施工项目筹措资金、加快资金周转、合理安排资金使用提供科学依据。要严格按合同规定的结算办法测算每月(或每阶段)实际应收的工程进度款数额，同时还要注意收款的滞后时间因素，但应力争缩短滞后时间。

施工项目的工程收入与两个因素有关。

(1) 工程进度。即按照成本计划确定的工程完成状况。

(2) 合同确定的付款方式。通常有以下三种。

① 工程预付款(备料款、准备金)的规定。即在合同签订后、工程开始前，业主先支付一笔款项让承包商做施工准备。这笔款项在以后工程进度款中按比例扣还。

② 按月进度付款。即在每月末将该月实际完成的分项工程量结算成当月的工程款，但这笔工程款一般在第二个月甚至第三个月支付。例如，按FIDIC条件，月末承包商提交该月工程进度付款账单，由工程师在28天内审核并向业主签发支付证书；业主在承包商提交工程进度付款账单后56天内向承包商支付，则工程款支付比成本计划滞后两个月，而且许多未完工程还不能结算。

③ 按形象进度分阶段支付。一般分开工、基础完工、主体完成、竣工等几个阶段，各支付一定的比例。

2. 施工项目资金支出预测

项目资金支出预测是指在分析施工项目管理实施规划、成本控制计划和材料物资储备计划的基础上，测算出随着工程的实施，每月预计的人工费、材料费、施工机械使用费、物资储运费、分包工程费、临时设施费、其他直接费和施工管理费等各项支出。

实际上，承包商在工程项目上的资金支出与其成本计划(按施工进度确定的成本消耗所形成的)并不同步。例如，合同签订好后即可以做施工准备，如调遣队伍、培训人员、调运设备和周转材料、搭设临时设施、布置现场等，并为此要支付一些费用。而这些费用作为工地管理费、人工费、材料费、机械费等分摊在工程报价中，以后在工程进度款中收回，有时也作为工程开办费预先收取。

成本计划中的材料费是工程中实际消耗的材料价值。而在材料使用前有一个采购订货、运输、入库、贮存的过程，材料货款的支付一般在材料使用前。

设备的购置费用、租赁费用等的支付与材料费相似。

3. 现金流量

在资金收入与资金支出预测的基础上，可通过分析得到未来工程的现金流量，它可通过表或图的形式反映。根据资金收入，绘制施工资金按月累计收入图；根据资金支出，绘制施工资金按月累计支出图。后者与前者之间的距离是相应时间的支出与收入的资金数之差，即应筹措的资金数量。

某小型项目的进度计划及各分项工程成本(单位：美元)在时间上的分配情况见图10-2。

工序	施工进度/月					
	1	2	3	4	5	6
A	4 500	4 500				
B		4 000	4 000	4 000		
C				12 000	6 000	
D				15 000		
E				2 000	4 000	
F						20 000

图10-2 某小型项目进度计划

如该合同工程毛利润率估定为合同价的10%，净利润率为净收入的8%，保留金为合同价的5%，其最大额为3000美元，在工程竣工后发还50%的保留金，其余50%在6个月缺陷责任期期满并签发缺陷责任证书后发还。业主的月进度付款每月延迟一个月，则该工程的资金投入计划和资金回收计划曲线见图10-3。现金投放回收金额见表10-4。

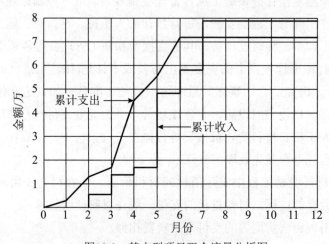

图10-3 某小型项目现金流量分析图

表10-4 现金投入回收金额计算表

月份	1	2	3	4	5	6	…	12
月值	4500	8500	4000	33 000	10 000	20 000		
累计值	4500	13 000	17 000	50 000	60 000	80 000		
累计利润	450	1300	1700	5000	6000	8000		
累计成本	4050	11 700	15 300	45 000	54 000	72 000		
扣除滞留金的累计值	4275	12 350	16 150	47 500	57 000	77 000		
累计收入		4275	12 350	16 150	47 500	57 000	78 500	80 000

据此可求出施工期间所需贷入现金最高额、利息额和净利润值。

(1) 表10-4中第二行"月值"为当月计划完成工程进度款,各数值为图10-2中每月工程成本的累计值;第三行"累计值"为至当月末计划完成工程进度款累计值,因为发生在月末,故将数字标注拖后(下同);第四行"累计利润"分别为第三行各项值乘以毛利润率10%;第五行"累计成本"为第三行的各月累计工程款分别减去第四行的各月累计利润;第六行"扣除滞留金的累计值"为扣除保留金的月进度款付款额,前5个月为第三行的各月累计工程款分别乘以(1-5%),第6月末为80 000减去3000(最大保留金);第七行"累计收入"分别对应第七行各月数额,由于业主的月进度款延迟一个月发放,故每月数值拖后一月填写,第7月末累计收入为77 000+3000/2=78 500(竣工验收后退还所扣保留金的50%),第12月缺陷责任期满业主又退回余下的50%保留金,故12月末累计收入为78 500+3000/2=80 000美元。

(2) 将每月累计成本和累计收入绘成现金流量曲线(见图10-3),两曲线所围成的区域即为承包商的资金缺口,即需要筹集的资金,其最大纵距就是所需筹集资金的最高额。如果资金筹措采用向银行贷款的方式,则所围区域面积乘以贷款利率就是承包商所付出的预期利息总额。

① 计算利息。

金融区域(收入和支出曲线所含区域)=10.0^*×(10 000×1)。10.0^*表示金融区域共有10个区格的面积,每个区格为10 000×1,利率=18%。

利息=10.0×10 000×1/12×0.08=666.67美元

或:F(F表示收入与支出之间的面积)=1/2×[(4050-0)+(4050+11 700)+(11 700+15 300-2×4275)+(15 300+45 000-2×12 350)+(45 000+54 000-2×16 150)+(54 000+72 000-2×47 500+2×(72 000-57 000)]

=100 775美元/月

利息总额=100 775×1/12×0.08=671.8美元

② 最大资金需要量。

最大资金需要量发生在第5个月末以前,由图10-3可知,其值为54 000-16 150=37 850美元。

③ 净利润=总值-总成本-利息=80 000-72 000-671.8=7328.2美元

4. 施工资金的筹措

1) 筹措资金的原则

(1) 充分利用自有资金。其优点是:调度灵活,不需支付利息,比贷款的保证性强。

(2) 必须经过收支对比后,按差额筹措资金,避免造成浪费。

(3) 把利息的高低作为选择资金来源的主要标准,尽量利用低利率贷款。利用自有资金时也应考虑其时间价值。

2) 资金筹措的计算

设工程的合同价为C,工程所需的周转资金为C的P_1%,业主给予的预付款A为C的

$P_2\%$，预期利润为C的$P_3\%$，工期为T年，年平均利润率为C的$P_4\%$。

当承包商只采用自有资金S承包时，则S与C的关系应满足

$$S=(P_1-P_2)C/100 \qquad 10\text{-}5$$

即承包商的自有资金S可以承包的合同金额C为

$$C=100S/(P_1-P_2) \qquad 10\text{-}6$$

总利润额为

$$P=CP_3/100 \qquad 10\text{-}7$$

自有资金的年平均利润率为

$$P_4=100P/(TS) \qquad 10\text{-}8$$

如果该承包商可从银行借到贷款B，利率为$P_4\%$（单利），则加上自有资金，可承包的合同金额为

$$C=100(S+B)/(P_1-P_2) \qquad 10\text{-}9$$

预期利润为

$$P=毛利润-贷款利息=CP_3/100-BTP_4/100 \qquad 10\text{-}10$$

在此情况下，自有资金形成的年平均利润率P_A为

$$P_A=(CP_3-BTP_4)/(TS) \qquad 10\text{-}11$$

设$P_1=20$，$P_2=10$，$P_3=6$，$P_4=15$，$S=600$万元，$B=1600$万元，$T=2$年，则分别计算只利用自有资金和自有资金加银行贷款两种情况的资金使用效果列于表10-5中。

由表10-5可知，当自有资金不变时，利用银行贷款可以显著提高承包合同金额和年平均利润率。从银行贷款可以采用存款抵押、资产抵押或短期透支等方式。

表10-5 利用自有资金与自有资金加银行贷款资金使用效果比较

自有资金	自有资金+银行贷款
合同金额$C=100\times600/(20-10)=6000$万元	$C=100\times(600+1600)/(20-10)=22\,000$万元
预期利润$P=6000\times6/100=360$万元	$P=22\,000\times6/100-1600\times2\times15/100=840$万元
年平均利率$P_A=100\times360/(2\times600)=30\%$	$P_A=100\times840/(2\times600)=70\%$

复习思考题

1. 简述施工项目各项资源的内容。
2. 如何对劳动力进行经济激励？经济激励计划的设计原则是什么？
3. 我国施工项目建筑材料的供应方式及其含义是什么？建筑材料的分类方式有哪几种？
4. 简述建筑材料ABC分类法原理。试将它与质量管理工具排列图法进行比较。
5. 简述建筑材料的供应过程。
6. 影响材料库存成本的因素有哪些？
7. 如何确定重复使用材料的库存？
8. 什么是限额领料？如何进行限额领料管理？
9. 施工项目中施工机械设备如何获取？
10. 某建筑装饰工程施工所需的材料数量及单价如表10-6所示。试用ABC分类法确定

主要材料、次要材料和一般材料。

表10-6 建筑装饰工程材料数量及单价表

材料名称	单位	消耗量	单价/元	合价/元
52.5水泥	kg	2000	0.3	600
中砂	kg	4000	0.05	200
大芯板	张	20	60	1200
墙砖	块	800	3	2400
地砖	块	500	3	1500
木地板	m^2	80	320	25 600
顶棚石膏板	m^2	30	120	360
实木门	樘	7	1 000	7000
人造石材	m^2	10	800	8000
暖气片	m	20	100	2000
整体厨房	套	1	10 000	10 000
热水器	套	2	1 600	3200
洁具	件	6		5000
整体浴室	套	1	1 800	1800
暖气管	m	100	7	700
灯具	件	20	250	5000
开关、插座等	个	40	50	2000
合计				79 800

11. 某施工项目工期为一年,按施工定额分别需钢材和水泥1000t和5000t。在施工平面图设计构成中提出两种方案:第一种方案是钢材库面积200m^2,可存放钢材300t;水泥库面积500m^2,可存放水泥1000t。第二种方案是钢材库面积300m^2,可存放钢材450t;水泥库面积400m^2,可存放水泥800t。假设钢材每吨年保管费用为5元,催货费用为400元/次;水泥每吨年保管费为5元,催货费用为405元/次。该项目采用哪种方案费用最省?

12. 在本章例题中,若业主开工前支付10%合同价的预付款给承包商,并从第一个月开始从每月工程款中扣除20%的预付款,扣完为止。其他条件与例题相同。试从承包商的角度,计算现金投入及收入金额,作累计支出和累计收入曲线。若承包商的资金缺口需筹集资金,计算应付利息并与例题进行比较,哪一种情况资金缺口小,为什么?实际工程中如何减少资金缺口?

13. 建筑企业技术管理基础工作及基本制度分别有哪些?

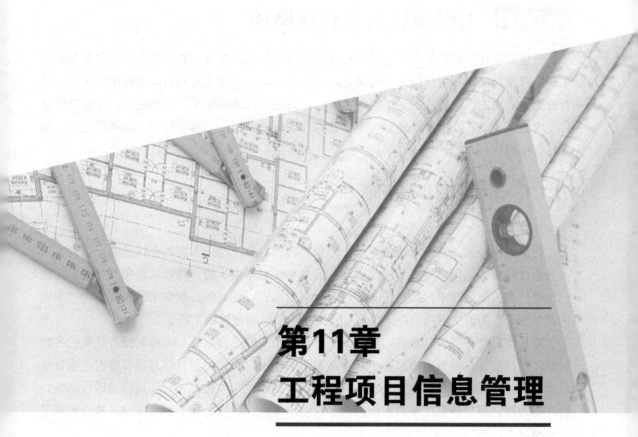

第11章
工程项目信息管理

11.1 工程项目信息管理概述

信息是进行管理的基础,也是实行有效控制的基础。有效的管理要求全面收集与企业生产经营及其组织环境状况有关的信息,并进行正确处理和及时利用。项目经理人是项目管理的焦点人物,只有他们对下属、客户、厂商进行有效的管理,加强交流,才能保证项目完成的高效率、高质量。建立一个有效的管理信息系统,了解项目的全面操作进程,是信息管理的核心。

11.1.1 工程项目信息管理

1. 信息

信息,指音讯、消息,通信系统传输和处理的对象,泛指人类社会传播的一切内容。人类通过获得、识别自然界和社会的不同信息来区别不同事物,得以认识和改造世界。在一切通信和控制系统中,信息是一种普遍联系的形式。1948年,数学家香农在题为"通讯的数学理论"的论文中指出:"信息是用来消除随机不定性的东西。"

项目信息是指报告、数据、计划、安排、技术文件、会议等与项目实施有联系的各种信息。项目信息在项目实施过程中有非常重要的作用,收集的项目信息是否准确,项目信息能否及时传递给项目利害关系者,将决定项目的成败。因此,要对项目信息进行系统、科学的管理。项目信息在项目组织内部和该组织与外部环境之间不断地流动,从而构成了"信息流"。

2. 信息管理

信息管理是人类为了有效地开发和利用信息资源,以现代信息技术为手段,对信息资源进行计划、组织、领导和控制的社会活动,简言之,信息管理就是人对信息资源和信息活动的管理。信息管理是指在整个管理过程中,人们收集、加工、输入、输出信息的总称。信息管理的过程包括信息收集、信息传输、信息加工和信息储存。

项目经理部承担着项目信息管理的任务,它是整个项目的信息中心,负责收集项目实施情况的信息,进行各种信息处理工作,并向上级、向外界提供各种信息,其信息管理的主要任务如下所述。

(1) 建立项目信息管理系统,设计项目实施和项目管理中的信息流和信息描述体系。
① 按照项目实施过程、项目组织、项目管理组织和工作过程建立项目的信息流程;
② 按照项目各方和环境组织的信息需求,确定与外界的信息沟通;
③ 制定项目信息的收集、整理、分析、反馈和传递等规章制度;
④ 将反映项目基本情况的信息系统化、具体化,并编制项目手册,对项目信息进行分类,制定编码规则与结构,确定资料的格式、内容、数据结构要求。

(2) 在项目实施过程中通过各种渠道收集信息,如现场调查问询、观察、试验以及阅读报纸、杂志和书籍等。

(3) 项目信息的加工与处理。

① 对信息进行数据处理、分析与评估,确保信息的真实、准确、完整和安全。
② 编制项目报告。
(4) 项目信息的传递,向相关方提供信息,保证信息传递渠道畅通。
(5) 信息的储存和文档管理工作。

3. 工程项目信息管理

在工程项目管理的实施过程中,需要大量与目标相关的跟踪和控制信息,且信息量大,涉及专业复杂,形式多样。目前,随着信息技术、计算机技术和通信技术的飞速发展以及工程项目规模的日益扩大,有效的信息管理将对工程项目的顺利实施起到越来越重要的作用。

工程项目的决策和实施过程,不仅是物质生产过程,同时也是信息的产生、处理、传递和应用过程。项目策划阶段、设计阶段和招投标阶段等的主要任务之一就是生产、处理、传递和应用信息,这些阶段的主要成果是工程项目信息。虽然工程项目施工阶段的主要任务是按图施工,其主要成果是完成工程项目的实体,但施工阶段的物质生产过程始终伴随着信息的产生、处理等过程。它一方面需要施工阶段之前的信息过程产生的信息,另一方面又不断地产生信息。实际上工程项目的施工阶段是物质过程和信息过程的高度融合。

工程项目信息管理是指对项目信息的收集、整理、处理、储存、传递与应用等一系列工作的总称,也就是把项目信息作为管理对象进行管理。项目信息管理的目的就是根据项目信息的特点,有计划地组织信息沟通,以保持决策者能及时、准确地获得相应的信息。

项目信息管理的主要内容有项目信息收集、项目信息加工、项目信息传递。

(1) 项目信息收集。项目信息收集是项目信息管理各环节中关键的第一步,是后续各环节得以开展的基础。全面、及时、准确地识别、筛选、收集原始数据是确保信息正确性与有效性的前提。面对复杂的信息世界,在数据收集过程中,应坚持目的性、准确性、适用性、系统性、及时性、经济性等原则,紧紧围绕信息收集的目的,以尽可能经济的方式准确、及时、系统、全面地收集适用的数据。

信息的来源主要有内部信息和外部信息两类。信息收集的方法也是多种多样,概括起来主要有网上调查法、出版资料查询法、内部资料收集法、口头询问法或书面询问法、传媒收听法、专家咨询法、现场观察法、试验法、有偿购买法、信息员采集法等。

(2) 项目信息的加工。信息的加工过程主要有鉴别真伪、分类整理、加工分析和编辑与归档保存4个步骤。

(3) 项目信息传递。信息传递也称信息传输,使信息以信息流的形式传递给信息的需求者。项目的组织机构设置是项目内部信息传递的基本渠道。

11.1.2 项目中的信息

1. 信息的种类

项目中的信息很多,一个规模稍大的项目结束后,作为信息载体的资料数量相当庞大,许多项目管理人员的日常工作就是整天与纸质和电子文件打交道。项目中的信息大致包括如下几种。

(1) 项目基本状况的信息。它主要存在于项目建议书、可行性研究报告、项目手册、各种合同、设计和计划文件中。

(2) 现场工程实施的信息，主要有实际工期、成本、质量、资源消耗情况等。它主要存在于各种报告，如日报、月报、重大事件报告、资源(设备、劳动力、材料)使用报告和质量报告中。此外还包括对问题的分析、计划和实际的情况对比以及趋势预测的信息等。

(3) 各种指令、决策方面的信息。

(4) 其他信息。外部进入项目的环境信息，如市场情况、气候、外汇波动、政治动态等。

2. 信息的基本要求

信息必须符合管理的需要，要有助于项目管理系统的运行，不能造成信息泛滥和污染。一般它必须符合如下基本要求。

(1) 适用性、专业对口。不同的项目管理职能人员、不同专业的项目参加者，在不同时间，对不同工作任务，有不同的信息要求。信息首先要专业对口，按专业的需要提供和流动。

(2) 具有准确性、可靠性，能反映实际情况。信息必须符合实际应用的需要，符合目标要求，这是开展正确、有效管理的前提。包括：各种工程文件、报表、报告要实事求是，反映客观；各种计划、指令、决策要以实际情况为基础。

不能反映实际情况的信息容易造成决策、计划、控制的失误，进而损害项目目标。

(3) 及时提供。信息应满足接受者的需要，严格按规定时间提出并分发。只有及时提供信息，才能实现及时反馈，管理者也才能及时地控制项目的实施过程。信息一旦过时，会错失决策良机，造成不应有的损失。

(4) 简单明了，便于理解。信息要让使用者易于了解情况、分析问题，所以信息的表达形式应符合人们日常接收信息的习惯，而且对于不同的人，应有不同的表达形式。例如，对于不懂专业、不懂项目管理的业主，宜采用更直观明了的表达形式，如模型、表格、图形、文字描述等。

11.1.3 项目中的信息流

1. 工程项目实施中的几种流动过程及其相互关系

在工程项目的实施过程中，主要有以下4种流动过程。

(1) 工作流。由项目工作的结构分解得到项目的所有工作，通过任务书(委托书或合同)确定这些工作的实施者，再通过项目计划具体安排他们的实施方法、实施顺序、实施时间以及实施过程中的协调。这些工作在一定时间和空间内实施，便形成项目的工作流。工作流构成项目的实施过程和管理过程，主体是工程实施人员和管理人员。

(2) 物流。工作的实施需要各种材料、设备、能源，它们由外界输入，经过处理转换成工程实体，最终得到具备使用功能的工程，则由工作流引起物流，表现为工程的物质生产过程。

(3) 资金流。资金流是指工程实施过程中价值的运动。例如，由外部投入的资金，通过采购变成库存的材料和设备，支付工资和工程款，再转变为已完工程，投入运行后作为固定资产，通过工程的运行取得收益。

(4) 信息流。工程项目的实施过程需要并不断地产生大量信息。这些信息伴随着上述几种流动过程按一定的规律产生、转换、变化和被使用，并被传送到相关部门或单位，形成项目实施过程中的信息流。项目管理者设置目标，做决策，做各种计划，组织资源供应，领导、激励、协调各项目参加者的工作，控制项目的实施过程都是依靠信息实施的。

以上四种流动过程之间相互联系、相互依赖又相互影响，共同构成项目实施和管理过程。在这四种流动过程中，信息流对项目管理有特别重要的意义，它将项目的工作流、物流、资金流，各个管理职能和项目组织，以及项目与环境结合在一起。它不仅反映而且控制、指挥着工作流、物流和资金流。例如，在项目实施过程中，各种工程文件、报告、报表反映了工程项目的实施情况，反映了工程实物进度、费用、工期状况，各种指令、计划、协调方案又控制和指挥着项目的实施。在项目实施全过程中，项目组织成员之间，以及与项目其他相关者之间都需要进行充分、准确、适时的信息沟通，及时采取相应的组织协调措施，以减少冲突，保证工程项目目标的顺利实现。因此，它是项目的神经系统。只有信息流通畅、有效率，才会有顺利的、有成效的项目实施过程。

2. 工程项目的信息交换过程

工程项目中的信息流通方式多种多样，可以从许多角度进行描述。项目中的信息流包括两个最主要的信息交换过程。

1) 项目与外界的信息交换

项目作为一个开放系统，它与外界环境有大量的信息交换，包括以下两方面。

(1) 由外界输入的信息，如物价信息、市场状况信息、周边情况信息以及上层组织(如企业、政府部门)给项目的指令、对项目的干预等，项目相关者的意见和要求等。

(2) 项目向外界输出的信息，如项目状况的报告、请示、要求等。

在现代社会，工程项目对社会的各个方面都有很大的影响，其大量信息必须对外公布，确保项目各相关方有知情权。同时项目相关者、市场(如工程承包市场、材料和设备市场等)和政府管理部门、媒体也需要了解项目信息，如项目的需求信息、项目实施状况的信息、项目结束后的各种统计信息等。

对于政府项目、公共工程项目等，更需要让社会各相关方面了解项目的信息，使项目在"阳光"下运行。

2) 项目内部的信息交换

项目内部的信息交换即项目实施过程中项目组织成员和项目管理各部门因相互沟通而产生的大量的信息流。项目内部的信息交换主要包括以下几方面。

(1) 正式的信息渠道。信息通常是在组织机构内部按组织程序流通，它属于正式的沟通，一般有以下三种信息流。

① 自上而下的信息流。通常，决策、指令、通知和计划是由上向下传递的，但这个传递过程并不是一般的翻印，而是逐渐细化、具体化，一直传递到基层成为可执行的操作指令。

② 由下而上的信息流。通常各种实际工程的情况信息，由下逐渐向上传递，这个传

递不是一般的叠合(装订)，而是经过归纳整理逐渐形成的浓缩的报告。项目经理应做好浓缩工作，以保证信息虽经浓缩但不失真。通常，信息若过于详细容易导致处理量大、重点不突出，且容易遗漏；而过度浓缩又容易产生对信息的曲解，或解释出错的问题。

在实际工程项目中，常发生以下情况：上级管理人员，如投资者、业主、项目经理，一方面哀叹信息太多，桌子上一大堆报告没有时间看；另一方面他们又不了解情况，决策时缺乏应有的、可用的信息。这是信息传递和浓缩中的通病。

③ 横向或网络状信息流。按照项目组织结构和管理工作流程设计的各职能部门之间存在大量的信息交换。例如，技术人员与成本员，成本员与计划师，财务部门与计划部门以及与合同部门等之间都存在着信息流。

在矩阵式组织中以及在现代高科技状态下，人们已越来越多地通过横向或网络状的沟通渠道获得信息。

(2) 非正式的信息渠道。如通过闲谈获得小道消息，通过非组织渠道了解情况。

11.2 项目管理信息系统

11.2.1 项目管理信息系统概述

在项目管理中，管理信息系统是将各种管理职能和管理组织相互沟通并协调一致的神经系统。项目管理信息系统是由项目的信息、信息流通和信息处理等各方面综合而成的，它包括项目过程中信息管理的组织(人员)、相关的管理规章、管理工作流程、软件、信息管理方法(如储存、沟通和处理方法)以及各种信息和信息的载体等。

项目经理作为项目的信息中心和控制中心，他需要一个强有力的项目管理信息系统的支持。建立项目管理信息系统，并使它顺利地运行，是项目经理的责任，也是他完成项目管理任务的前提。

项目管理信息系统有一般信息系统所具有的特性。它的总体模式如图11-1所示。

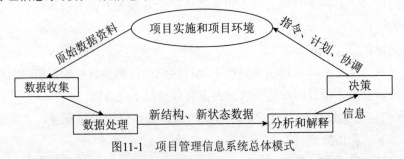

图11-1 项目管理信息系统总体模式

项目管理信息系统包括如下主要功能。

(1) 在项目进程中(包括前期策划、设计和计划过程、实施过程)，不断收集项目实施状况和环境的信息，特别是项目实施状况的原始资料和各种数据。

(2) 对数据进行整理，得到各种报告。

(3) 对数据进行分析研究并得到供决策使用的信息。

(4) 针对项目的实施状况和环境状况的信息，做出对项目实施过程进行调整的决策，发出指令或调整计划，或协调各方面的关系，以控制项目的实施过程。

11.2.2 项目管理信息系统的建立过程

项目管理信息系统必须经过专门的策划和设计，在项目实施中控制它的运行。设计项目管理信息系统应考虑项目组织及业主的需要。

管理信息系统是在项目组织模式、项目实施流程和项目管理流程的基础上建立的，它们之间互相联系，又互相影响。它的建立要明确以下几个基本问题。

1. 信息的需求特性

按照项目组织结构和相关者分析，确定项目相关者的信息和沟通需求，即通过调查确定信息系统的输出。

(1) 分析项目相关者各方，以及社会其他方面在项目实施过程的各个阶段的信息需求，并考虑如何及时地将信息提供给他们。特别应该注意要向项目上层组织和投资者提供所需要的信息和可能的信息渠道，以帮助他们做出决策、制订计划和实施控制。

(2) 项目组织的各个层次和各个职能部门的信息需求是按照他在组织系统中的职责、权力和任务设计的，即他要完成他的工作、行使他的权力需要哪些信息，当然他的职责还包括他对其他方面提供信息。

(3) 不同层次的管理者对信息的内容、精度、综合性有不同的要求。

2. 信息的收集和加工

(1) 信息的收集。在项目实施过程中，每天都要产生大量的数据，如记工单、领料单、任务单、图纸、报告、指令、信件等，必须确定记录这些原始数据的负责人；这些资料、数据的内容、结构、准确程度；获得这些原始数据、资料的渠道。由责任人对原始资料的收集、整理，以及它们的正确性和及时性负责。通常由专业班组的班组长、记工员、核算员、材料管理员、分包商、秘书等承担这个任务。

对于工作包和工程活动，需要收集如下数据或信息。

① 实际执行的数据，包括活动开始或结束的实际时间；

② 使用或投入的实际资源数量和成本等；

③ 反映质量状况的数据；

④ 有关项目范围、进度计划和预算变更的信息。

(2) 信息的加工和处理过程。原始资料面广量大，表达方式多种多样，必须经过信息加工才能符合管理需要，满足不同层次项目管理者的需求。

信息加工的概念很广，包括以下几方面。

① 一般的信息处理方法，如排序、分类、合并、插入、删除等；

② 数学处理方法，如数学计算、数值分析、数理统计等；

③ 逻辑判断方法，包括评价原始资料的置信度、来源的可靠性、数值的准确性，进行项目诊断和风险分析等。

(3) 原始资料经过整理后形成不同层次的报告，必须建立规范化的项目报告体系。

3. 编制索引和存贮，建立文档系统

许多信息作为工程项目的历史资料和实施情况的证明，不仅在项目实施过程中要被经常使用，有些还要作为工程资料持续保存到项目结束，而有些则要长期保存。这就要求必须按不同的使用和储存要求，将数据和资料储存于一定的信息载体上，做到既安全可靠，又使用方便。为此，要建立项目文档系统，将所有信息分解、编目。

1) 在项目中信息的存档方式

(1) 文档组织形式有以下几种。

① 集中管理。即在项目或企业中建立信息中心，集中储存资料。

② 分散管理。由项目组织各成员以及项目经理部的各个部门保管资料。

(2) 监督要求。包括对外公开和不对外公开。

(3) 保存期。有长期保存和非长期保存。有些信息暂时有效，有些则在整个项目期有效，有些信息要长期保存，如竣工图等必须一直在工程的运行期中保存。

2) 信息载体

(1) 纸张。如各种图纸、各种说明书、合同、信件、表格等。

(2) U盘、移动硬盘等移动存储设备以及其他电子文件。

(3) 照片、微型胶片、X光片。

(4) 其他，如录像带、磁盘、磁带、光盘、云存储等。

3) 影响选用信息载体的因素

(1) 随着科学技术的发展，新的信息载体不断涌现，不同的载体有不同的介质技术和信息存取技术要求。

(2) 项目信息系统运行成本的限制。不同的信息载体需要不同的投资，运行成本也不相同。在符合管理要求的前提下，尽可能降低信息系统运行成本，是信息系统设计的目标之一。

(3) 信息系统运行速度要求。例如，气象、地震预防、国防、宇航之类的工程项目要求信息系统运行速度快，因此必须采用相应的信息载体和处理、传输手段。

(4) 特殊要求。例如，合同、备忘录、变更指令、会谈纪要等必须以书面形式，由双方或一方签署才有法律证明效力。

(5) 信息处理技术、传递技术和费用的限制。

4. 信息的使用和传递渠道

信息的传递(流通)是信息系统的最主要特征之一，即指令信息流通到需要的地方。在项目管理中，要设计好信息的传递路径，按不同的要求选择快速的、误差小的、成本低的传输方式。

1) 使用的目的

(1) 决策。如各种计划、批准文件、修改指令、执行指令等。

(2) 证明。如描述工程的质量、工期、成本实施情况的各种信息。

2) 信息的使用权限

对不同的项目组织成员和项目管理人员，应明确规定其不同的信息使用和修改权限，权限混淆容易造成混乱。通常需具体规定有某一方面(专业)的信息权限和综合(全部)信息权限，以及查询权、使用权、修改权等。

5. 信息的收集和保存

信息的收集和保存，以及在传递过程中组织责任的落实，必须由专门人员负责，并将此作为项目管理系统的一部分。

11.2.3 项目管理信息系统总体描述

项目管理信息系统是为项目的计划和控制服务的，并在项目的计划和控制过程中运行。所以，它是在项目管理组织、项目工作流程和项目管理工作流程基础上设计的，并全面反映它们之间的关系的信息流。项目管理信息系统的有效运行要求信息标准化、工作程序化和管理规范化。

项目管理信息系统可以从以下角度进行总体描述。

1. 项目管理信息系统的总体结构

项目管理信息系统的总体结构描述了项目管理信息的子系统构成。例如，某项目管理信息系统由编码子系统、合同管理子系统、资源管理子系统、财会管理子系统、成本管理子系统、工程设计管理子系统、质量管理子系统、组织管理子系统、计划管理子系统、文档管理子系统等构成，如图11-2所示。

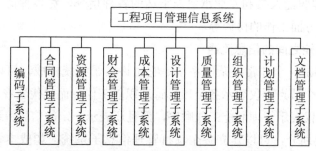

图11-2 某工程项目管理信息系统总体结构

2. 项目参加者之间的信息流通

项目的信息流就是信息在项目参加者之间的流通，与项目的组织形式密切相关。在信息系统中，每个参加者均为信息系统网络上的一个节点。他们都负责具体信息的收集(输入)、传递(输出)和信息处理工作，项目管理者要具体设计这些信息的内容、结构、传递时间和精确程序等。在项目实施过程中，不同项目参加者对信息的需求及所能提供的信息各不相同，具体如下所述。

1) 业主

(1) 业主需要的信息有如下几个。

① 项目实施情况月报，包括工程质量、成本、进度总报告；
② 项目成本和支出报表，一般按分部工程和承包商做成本和支出报表；
③ 供审批用的各种设计方案、计划、施工方案、施工图纸、建筑模型等；
④ 决策前所需要的专门信息、建议等；
⑤ 各种法律、规定、规范，以及其他与项目实施有关的资料等。

(2) 业主提供的信息有如下几个。
① 各种指令，如变更工程、修改设计、变更施工顺序、选择承(分)包商等；
② 各种审批计划、设计方案、施工方案等；
③ 向投资者或董事会提交的工程项目实施情况报告等。

2) 项目经理

(1) 项目经理通常需要的信息有如下几个。
① 各项目管理职能人员的工作情况报表、汇报、报告、工程问题请示；
② 业主的各种口头和书面的指令，各种批准文件；
③ 项目环境的各种信息；
④ 工程各承包商、供应商关于各种工程情况的报告、汇报及工程问题的请示。

(2) 项目经理通常提供的信息有如下几个。
① 向业主提交各种工程报表、报告；
② 向业主提出决策用的信息和建议；
③ 向社会其他方面提交的工程文件，这些文件通常是按法律要求必须提供的，或审批需用的；
④ 向项目管理职能人员和专业承包商下达的各种指令，对各种请示的回复，对项目计划的落实，对各方面工作的协调等。

3. 项目管理职能之间的信息流通

项目管理系统是一个非常复杂的系统。它由许多子系统构成，可以建立各个项目管理信息子系统。每个节点不仅表示各个项目管理职能工作，而且代表着一定的信息处理过程，每一个箭头不仅表示管理职能工作顺序，而且还表示一定的信息流通过程。

按照管理职能划分，可以建立各个项目管理信息子系统，如成本管理信息系统、合同管理信息系统、质量管理信息系统、材料管理信息系统等。它是为专门的职能工作服务的，用来解决专门信息的流通问题，它们共同构成项目管理系统。

例如，成本计划信息流通过程可用图11-3表示。

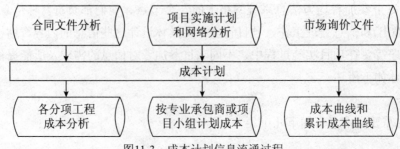

图11-3 成本计划信息流通过程

又如，图11-3中的合同文件分析工作的信息流程可用图11-4表示。

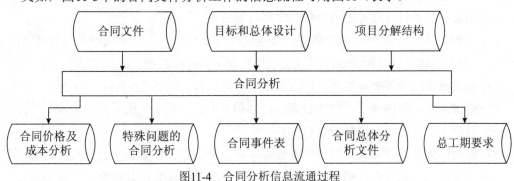

图11-4 合同分析信息流通过程

在此必须对各种信息的结构、内容、负责人、载体以及完成时间等做专门的设计和规定。

4. 项目实施过程中的信息流通

项目实施过程中的工作程序既可表示项目的工作流，又可以从一个侧面表示项目的信息流。它涵盖了在各个工作阶段的信息输入、输出和处理过程以及信息的内容、结构、要求、负责人等内容。按照项目生命期，项目管理还可以划分为可行性研究信息子系统、计划管理信息子系统、施工管理信息子系统等。

11.3 工程项目报告系统

11.3.1 工程项目报告的种类

在工程项目中，报告的形式和内容丰富多彩，它是人们沟通的主要工具。报告的种类很多，常见的有以下几种。

(1) 日常报告。日常报告用于有规律地报告信息，按控制期、里程碑事件、项目阶段提出报告，按时间可分为日报、周报、月报、年报以及主要阶段报告等。

(2) 针对项目工作结构的报告。如工作包、子项(标段)、整个工程项目报告等。

(3) 专门内容报告。它是指为项目管理决策提供专门信息的报告，如质量报告、成本报告、工期报告。

(4) 特殊情况的报告。该类报告常用于宣传项目取得的特别成果，或是对项目实施中发生的一些问题进行特别评述，如风险分析报告、总结报告、特别事件(如安全和质量事故)报告、比较报告等。

11.3.2 工程项目报告的作用

(1) 工程项目报告可作为决策的依据，通过报告可以使人们深入了解项目计划和实施状况以及目标完成程度，由此可以预测未来，使决策迅速而且准确。报告首先是为决策服务的,特别是上层决策,但报告的内容仅反映过去的情况,在时间上是滞后的。

(2) 用来评价项目以及过去的工作和阶段成果。

(3) 总结经验,分析项目中的问题,特别是在每个项目阶段结束或整个项目结束时都应出具一份内容详细的分析报告,以保证项目实施得到持续改进。

(4) 通过报告激励各个参加者,让大家了解项目成果。

(5) 提出问题,解决问题,安排后期的计划和为项目的后期工作服务。

(6) 预测未来情况,提供预警信息。

(7) 作为证据和工程资料,报告便于保存,因而能提供工程实施状况的永久记录。

(8) 公布信息,如向项目相关者、社会公布项目实施状况的信息报告。

不同的参加者需要不同的内容、频率、描述角度、详细程度的信息,因此必须确定报告的形式、结构、内容、处理方式。

11.3.3 工程项目报告的要求

为了确保项目组织间顺利地沟通,充分发挥报告的作用,报告必须符合如下要求。

(1) 与目标一致。报告的内容和描述必须与项目目标一致,主要说明目标的完成程度和围绕目标存在的问题。

(2) 符合特定的要求。这里包括各个层次的组织成员对项目信息需要了解的程度,以及各个职能人员对专业技术工作和管理工作的信息需要。

(3) 规范化、系统化。在管理信息系统中应完整地定义报告的系统结构和内容,对报告的格式、数据结构进行标准化,并在项目中要求各参加者采用统一形式的报告。

(4) 真实有效。应确保工程项目报告的真实性、有效性和完整性。

(5) 清晰明确。应确保内容完整、清晰,不模棱两可,各类人员均能正确接收,并完整理解,尽量避免造成理解和传输过程中的错误。

(6) 报告的侧重点要求。报告通常包括概况说明和重大的差异说明,以及主要活动和事件的说明,无须面面俱到。报告内容较多地考虑实际效用,如可信度、易于理解,而较少地考虑信息的完整性。

11.3.4 工程项目报告系统

在项目初期,建立项目管理系统时必须包括项目的报告系统,这就需要解决以下两个问题。

(1) 罗列项目实施过程中应有的各种报告,并系统化;

(2) 确定各种报告的形式、结构、内容、数据、信息采集和处理方式,尽量标准化。

在设计报告时,应事先向各层次的有关人员列表提问:需要什么信息?应从何处来?怎样传递?怎样标识它的内容?最终,建立如表11-1所示的报告目录表。

表11-1 报告目录表

序号	报告名称	报告时间	提供者	接收者		
				A	B	C
1						
2						
…						

在编制工程计划时，就应当考虑需要的各种报告及其性质、范围和频次，并在合同或项目手册中予以确定。此外，原始资料应一次性收集，以保证相同的信息有相同的来源。资料在归纳整理进入报告前应进行可信度检查，并引入计划值以便对比分析。

原则上，编制报告时应从最低层开始，最基础的资料来源是工程活动，包括工程活动的完成程度、工期、质量、人力消耗、材料消耗、费用等情况的记录，以及试验、验收、检查记录。上层报告应由各职能部门总结归纳，按照项目分解结构和组织结构层层归纳、浓缩，进行分析和比较，从而形成金字塔形的报告系统，如图11-5所示。

图11-5 金字塔形报告系统

这些报告是自下而上传递的，其内容不断浓缩，如图11-6所示。

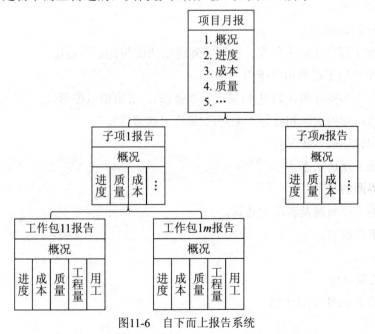

图11-6 自下而上报告系统

项目月报是最重要的项目总体情况报告，它的形式可以按要求设计，但内容比较固定，通常包括以下几个方面。

1. 项目概况

(1) 简要说明在本报告期中项目及主要活动的状况，如设计工作、批准过程、招标、施工、验收状况。

(2) 计划总工期与实际总工期的对比，一般可以在横道图上用不同颜色和图例进行比较，或采用前锋线方法。

(3) 总体趋向分析。

(4) 项目形象进度。用图示描述建筑施工和安装的进度，体现已经完成与尚未完成的可交付成果，显示已经开始与已经完成的计划活动，形成工程进展情况报告。它通常包括项目的进展情况、项目实施过程中存在的主要问题及其解决办法、计划采取的措施、项目的变更以及项目进展预期目标等。

(5) 成本状况和成本曲线，包括如下层次。

① 整个项目的成本总结分析报告。

② 各专业工程(或各标段)或各合同的成本分析。

③ 各主要部门的费用分析。

在此，应分别说明原预算成本，工程量调整的结算成本，预计最终总成本，偏差量、原因及责任，工程量完成状况，支出，等等。同时，可以采用对比分析表、柱形图、直方图和累计曲线的形式进行描述。

(6) 对导致质量问题、工程量偏差、成本偏差、工期偏差的主要原因进行说明。

(7) 说明下一报告期的关键活动。

(8) 说明下一个报告期必须完成的工作包。

(9) 工程状况照片。

2. 项目进度详细说明

(1) 按分部工程列出成本状况，绘制实际进度曲线与计划作对比。

(2) 按每个单项工程列出以下内容。

① 控制性工期实际和计划对比(最近一次修改)，采用横道图形式。

② 关键性活动的实际和计划工期对比(最近一次修改)。

③ 实际和计划成本状况对比。

④ 工程施工现场状态。

⑤ 各种界面的状态。

⑥ 目前的关键问题及解决的建议。

⑦ 特别事件说明。

⑧ 其他。

3. 预计工期计划

(1) 下阶段控制性工期计划。

(2) 下阶段关键活动范围内详细的工期计划。

(3) 以后几个月内关键工程活动表。

4. 按分部工程罗列各个施工单位情况

根据建筑工程分部工程的划分结果，分别选定地基与基础工程、主体工程、建筑装饰装修工程、屋面工程、给排水和暖通工程、电气工程以及智能建筑等分部工程的施工单位，并列出报告期内各施工单位的具体情况，如单位名称、资质等级、注册资金、主营业务等。同时，列出各分部工程施工单位的合同履约情况，并对各施工单位进行评价。

5. 项目组织状况说明

说明项目组织结构设置以及具体的人员分工，明确项目管理职责，总结本期工作，并对下月工作做出计划。

11.4 工程项目文档管理

11.4.1 文档管理的任务和基本要求

在实际工程中，许多信息在文档系统中储存，由文档系统输出。文档管理是指对作为信息载体的资料进行有序的收集、加工、分解、编目、存档，并为项目各参与者提供专用的和常用的信息的过程。文档系统是管理信息系统的基础，是管理信息系统高效率运行的前提条件。在项目中就要建立像图书馆一样的文档系统，对所有文件进行有效的管理。

1) 文档系统应满足的要求

(1) 系统性。即包括项目相关的、应进入信息系统运行的所有资料。事先要罗列各种资料并进行系统化。项目部应按照有关档案管理的规定，将项目设计、采购、施工、试运行和项目管理过程中形成的所有文件进行归档。

(2) 各个文档要有单一标志，能够互相区别，这通常是通过编码实现的。应随项目进度及时收集、整理，并按项目的统一规定进行标识。

(3) 文档管理责任的落实，即要有专门的人员或部门负责资料管理工作。

2) 文档形式

通常文件和资料是集中保存、处理和提供的。在项目实施过程中，一般有以下三种文档形式。

(1) 企业保存的关于项目的资料。这是储存在企业文档系统中的，如项目经理提交给企业的各种报告、报表，这是上层系统需要的信息。

(2) 项目集中管理的文档。这是关于全项目的文件，必须有专门的地方并由专门人员负责管理，应配备专职或兼职的文件资料管理人员。

(3) 各部门专用的文档。它指本部门专门保管的资料。

当然这些文档在内容上可能有重复，例如一份重要的合同文件可能复制三份，部门保存一份、项目组保存一份、企业保存一份。对此应注意信息的安全,做好保密工作,确保文档内容正确、实用,在文档管理过程中不失真。

3) 文档管理需要确定的要素

针对具体的项目资料要确定的要素有:谁负责资料工作?什么资料?针对什么问题?什么内容和要求?何时收集、处理?向谁提供?具体见图11-17。

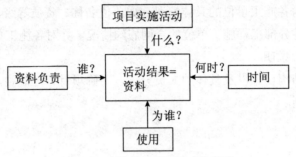

图11-7 文档管理需要确定的要素

11.4.2 项目文件资料的特点

资料是数据或信息的载体。在项目实施过程中,资料中的数据有以下两种,如图11-8所示。

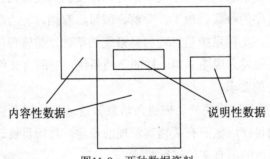

图11-8 两种数据资料

1. 内容性数据

内容性数据是资料的实质性内容,如施工图纸上的图、信件的正文等。它的内容丰富,形式多样,通常有一定的专业意义,在项目过程中可能发生变更。

2. 说明性数据

为了方便资料的编目、分解、存档、查询,必须对各种资料进行说明和解释,通过一些特征加以区别,从而形成说明性数据。该内容一般在项目过程中不改变,由文档管理者设计,如图标、各种文件说明、文件的索引目录等。

通常,文档按内容性数据的性质分类;而文档管理,如生成、编目、分解、存档等以说明性数据为基础。

3. 文档分类

在项目实施过程中,文档资料面广量大,形式多样。为了便于进行文档管理,首先应对它们进行分类。通常的分类方法如下所述。

(1) 按照重要性分类，可分为必须建立文档、值得建立文档、不必存档。

(2) 按照资料的提供者分类，可分为外部文档、内部文档。

(3) 按照登记责任分类，可分为必须登记、存档以及不必登记的文档。

(4) 按照特征分类，可分为书信、报告、图纸等。

(5) 按照产生方式分类，可分为原件、复印件。

(6) 按照内容范围分类，可分为单项资料、资料包(综合性资料)，如综合索赔报告、招标文件等。

11.4.3 文档系统的建立

项目资料的分类应考虑稳定性、兼容性、可扩展性、逻辑性和实用性。工程建设项目中常常要建立一些重要资料的文档，如合同文本及其附件、合同分析资料、信件、会谈纪要、各种原始工程文件(如工程日记，备忘录)、记工单、用料单、各种工程报表(如月报，成本报表，进度报告)、索赔文件、工程的检查验收及技术鉴定报告等。

1. 资料特征标识(编码)

1) 对项目编码体系的要求

有效的文档管理是以友好的、表达能力较强的资料特征(编码)为前提的。在项目实施前，就应专门研究，并建立该项目的文档编码体系。最简单的编码形式是采用序数，但它没有较强的表达能力，不能表示资料的特征。一般对项目编码体系有如下要求。

(1) 统一的，适用于所有资料。

(2) 能区分资料的种类和特征。

(3) 能进行无限扩展。

(4) 对人工处理和计算机处理有同样效果。

2) 资料编码的组成

通常，项目管理中的资料编码有如下几个部分。

(1) 有效范围。说明资料的有效范围和使用范围，如属某子项目、功能或要素。

(2) 资料种类。外部形态不同的资料，如图纸、书信、备忘录等；特点不同的资料，如技术的、商务的、行政的资料等。

(3) 内容和对象。资料的内容和对象是编码的重点。对一般项目，可用项目工作分解结构作为资料的内容和对象。但有时它并不适用，因为项目工作结构分解是按功能、要素和活动进行的，与资料说明的对象常常不一致，这时就要专门设计文档结构。

(4) 日期或序号。相同有效范围、相同种类、相同对象的资料可通过日期或序号来表达，如对书信可用日期(序号)来标识。

以上这几个部分对于不同规模的工程的要求不一样。例如，对于一个小工程或一个单位工程而言，有效范围可以省略。

在这里必须对每部分的编码进行设计和定义。例如，某工程用11位编码作为资料代码，如图11-9所示。

```
B G        B G S       L T 2      0 1 5
范围        种类         对象        序号
办公楼      设计变更     楼梯间      第15号变更
```

图11-9　某个工程资料编码结构

2. 索引系统

为了方便使用资料，必须建立资料的索引系统，它类似于图书馆的书刊索引。

项目相关资料的索引一般可采用表格形式。在项目实施前，它就应被专门设计。表中的栏目应能反映资料的各种特征信息。不同类别的资料可以采用不同的索引表，如果需要查询或调用某种资料，即可根据索引寻找。

例如，信件索引包括信件编码、来(回)信人、来(回)信日期、主要内容、文档号、备注等栏目。在此要考虑来信和回信之间的对应关系，收到来信或回信后即可在索引表上登记，并将信件存入相应的文档中。

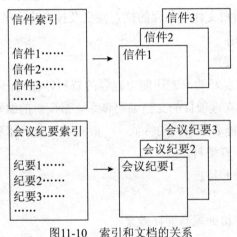

图11-10　索引和文档的关系

11.5　项目管理中的软信息

11.5.1　软信息的概念

前文所述的在项目系统中运行的信息一般都是可定量化的、可量度的信息，如工期、成本、质量、人员投入、材料消耗、工程完成程度等，它们可以用数据表示，也可以写入报告中，通过报告和数据人们即可获得信息，了解情况。

但另有许多信息是很难用上述信息形式表达和通过正规的信息渠道沟通的，主要有反映项目参加者的心理行为、项目组织状况的信息。常见的有以下几种。

(1) 参加者的心理动机、期望，管理者的工作作风、爱好、习惯、对项目工作的兴趣、责任心。

(2) 各个工作人员的积极性，特别是项目组织成员之间的冷漠甚至分裂状态。

(3) 项目的软环境状况。

(4) 项目的组织程度及组织效率。

(5) 项目组织与环境，项目小组与其他参加者，项目小组内部的关系融洽程度，如友好或紧张、软抵抗。

(6) 项目经理领导的有效性。

(7) 业主或上层领导对项目的态度、信心和重视程度。

(8) 项目小组精神，如敬业程度、互相信任程度。

(9) 组织约束程度(项目文化通常比较难建立，但应有一种工作精神)。

(10) 项目实施的秩序程度等。

这些情况无法或很难定量化，甚至很难用具体的语言表达，但它同样作为信息反映着项目的情况。

许多项目经理对软信息不重视，认为不能定量化，不精确。1989年，在国际项目管理学术会议上，有653位国际项目管理专家参与调查，其中94%的专家认为在项目管理中很需要那些不能在信息系统中储存和处理的软信息。

11.5.2 软信息的作用

软信息在管理决策和控制中起着很大的作用，这是管理系统的特点。它能更快、更直接地反映深层次的、根本性的问题。它也有表达能力，主要是对项目组织、项目参加者行为状况的反映，能够预见项目的危机，可以说它对项目未来的影响比硬信息更大。

如果工程项目实施中出现问题，例如工程质量不好、工期延长、工作效率低下等，则软信息对于分析现存的问题是很有帮助的。它能够直接揭示问题的实质、根本原因，而通常的硬信息只能说明现象。

在项目管理的决策支持系统和专家系统中，必须考虑软信息的作用和影响，通过项目的整体信息体系来研究、评价项目问题，做出决策，否则这些系统是不科学的，也是不适用的。

软信息还可以更好地帮助项目管理者研究和把握项目组织，从而形成对项目组织的激励。在趋向分析中应全面考虑硬信息和软信息，对其描述必须与目标系统一致，符合特定的要求。

11.5.3 软信息的特点

(1) 软信息尚不能在报告中反映或完全正确地反映(尽管现在人们强调在报告中应包括软信息)，缺少表达方式和正常的沟通渠道。所以只有管理人员亲临现场，参与实际操作和小组会议时才能发现并收集到。

(2) 因为软信息无法准确地描述和传递，所以它的状况只能由项目参加者领会，仁者见仁，智者见智，不确定性很大，这会导致决策的不确定性。

(3) 由于软信息很难表达，不能传递，很难进入信息系统沟通，所以它的使用是局部的。真正有决策权的上层管理者(如业主、投资者)由于不具备使用条件(不参与实际操作)，所以无法获得和使用软信息，因而容易造成决策失误。

(4) 软信息目前主要通过非正式沟通来影响人们的行为。例如，人们对项目经理的专制作风有意见和不满情绪，互相诉说，以软抵抗来对待项目经理的指令、安排。

(5) 软信息必须通过人们的模糊判断以及思考来做信息处理，常规的信息处理方式是不适用的。

11.5.4 软信息的获取

目前，在正规的报告中比较少地涉及软信息，且它不能通过正常的信息流过程取得，而且即使获得也很难说是准确的、全面的。它的获取方式通常有如下几个。

(1) 观察。通过观察现场以及人们的举止、行为、态度，分析他们的动机，分析组织状况。

(2) 正规地询问，征求意见。

(3) 闲谈、非正式沟通。

(4) 要求下层提交的报告中必须包括软信息内容并定义说明范围。这样上层管理者才能获得软信息，同时让各级管理人员有软信息的概念并重视它。

11.5.5 目前要解决的问题

项目管理中的软信息对决策有很大的影响。但目前人们对它的研究还远远不够，有许多问题尚未解决，具体如下所述。

(1) 在项目管理中，软信息的范围和结构如何，即有哪些软信息因素，它们之间有什么联系。明确这些问题，可以进一步将它们结构化，建立项目软信息系统结构。

(2) 软信息如何表达、评价和沟通。

(3) 软信息的影响和作用机理。

(4) 如何使用软信息，特别要注意在决策支持系统和专家系统中软信息的处理方法和规则，以及如何量化软信息，如何将软信息由非正式沟通转变为正式沟通等。

11.6 计算机在工程项目管理中的应用

在实际工程中，大量信息由计算机文档系统进行处理、分析和输出。计算机的广泛应用是项目管理现代化的重要标志之一。目前，计算机已被大型承包企业、工程项目管理公司、工程项目咨询公司等广泛用于项目管理的可行性研究、计划、实施控制等各阶段，应用于成本管理、合同管理、进度控制、风险管理、信息管理等各领域。可以说计算机已成为日常项目管理工作不可或缺的重要工具。

11.6.1 项目管理软件分类

项目管理可应用的软件非常多，国际市场上已经商品化的就达几百个，此外还有大量研究者和实际应用者自行开发的软件。目前，项目管理软件主要分为下述几类。

1. 以网络技术为核心的项目管理软件包

基于网络技术的项目管理软件包是工程项目管理中开发和应用最早的软件，是对项目进行计划和控制的最重要的软件。此类软件使用时间长，技术相对成熟，应用较为广泛。常见的此类软件有Primavera公司的P3和P6、Gores技术公司的Artemis、ABT公司的WorkBench、Welcom公司的OpenPlan、微软Project以及我国的梦龙、清华斯维尔项目管理软件等。此类软件通常具有工期计划和控制、成本计划和控制、资源计划和控制等功能，以及多项目管理、统计分析已完成项目、与其他系统间通信等功能。

2. 特殊功能软件

特殊功能软件针对项目管理的差异性要求，为项目管理者提供某些专业方面的功能，以满足某些特殊需求。该类软件多自行开发、研制和应用。例如，合同管理软件、风险分析软件、项目评估软件、文档管理软件、成本核算软件、其他库存管理软件、质量管理软件等都属此类。

3. 工作岗位软件

工作岗位软件主要用于辅助日常管理工作，作为日常工作和信息处理的工具，可有效提高管理者的工作效率和工作质量。具体包括文本处理软件、表格处理软件、绘图软件、数据库软件等。

4. 其他软件

其他软件包括项目管理软件相关的培训软件、模拟决策系统、计算机通信软件等。

11.6.2 常用项目管理软件

1. CA-Super Project软件

CA-Super Project软件能支持任务多达160 000个的大型项目。许多评论人员因为它在大型项目及小型项目两方面的优异表现而予以高度评价。它能创建及合并多个项目文件，为网络工作者提供多层密码入口，进行计划审评法(PERT)的概率分析。同时，这一程序包含一个资源平衡算法，在必要时可以保证重要工作的优先性，但软件的用户界面的友好性相对较差。

2. Microsoft Project软件

目前，Microsoft Project软件已经占领了项目管理软件包市场的大量份额。Microsoft

Project的主要优点是它与微软其他产品(Access、Excel、PowerPoint、Word)很相似，用户使用软件菜单栏和工具栏相对容易。另外，用户可以在应用文件之间轻易地来回移动信息资料，提供日常用语、提示卡及大量帮助范例，大大简化了程序的应用，交互式日程系统、电子邮件及分配设备的功能很强大。现在，还包含应用文件的视像，便于高级用户设计接口或自动处理重复性工作。它的缺点是用户不容易查看关键路径的处理，并且不如其他一些软件包能处理多个项目及子项目。

3. Project Scheduler软件

Project Scheduler软件具备传统项目管理软件的所有特征，图形界面设计完好，报表功能强大，制图方面也是如此。比如甘特图，能用各种颜色把关键任务、正或负的时差、已完成的任务及正在进行的任务区别开来。任务之间建立图式连接很方便，任务工时的修改也很容易。资源的优先设置及资源的平衡算法非常实用。对多个项目及大型项目的操作处理比较简单，与外部数据库的连接也很好。该软件美中不足的是联机帮助和文件编制及电子邮件功能有限。

4. Sure Trak Project Manager软件

这是一个高度视觉导向的程序，具有优异的放缩、压缩及拖放功能。它的基本结构，比如柱形、图表、色彩和数据结构便于调整，定制模板也容易创建。它的工作分析结构功能优异，便于使用。重复活动处理简便，活动网络图可以分区段储藏在磁盘里，并可装入其他程序。联机帮助及文件编制是它的不足之处。

5. TimeLine软件

TimeLine软件对于初学者来说使用略微有些困难，但它是有经验的项目经理的首选。它的报表功能及与SQL数据库的连接功能都很突出。日程表、电子邮件的功能、排序和筛选能力及多项目处理都是精心设计的。另外，它还有一个叫做Co-Pilot的功能，这是一个很有用的推出式帮助设施，用户界面很好，极易操作。然而，许多评论人员认为TimeLine软件最适于大型项目及多任务项目，不如其他软件包便于初学者使用。

6. High-End Project Management Software软件

如果上文讨论的基于个人电脑的软件包不能管理大型或企业规模型的项目，人们就会想到这个软件包。这些系统软件包括Lucas Management Systems的Artemis，Welcome Software Technology的OpenPlan，Primavera的Project Planner及PSDI的Project。这些软件能在一个分布式数据环境下共享资料，便于处理多任务项目，连接其他商业信息系统，比如会计、采购，而且通常对进度计划及资源配置有非常完善的算法。

7. Time Phaser Gloal Work Scheduler软件

Time Phaser Gloal Work Scheduler软件包括4个密切相关的应用工具，这些工具具有易用、反映实时状态与进度安排及成本控制等能力。①Enterprise To-Do-List是一个企业范围内的工作进度安排工具，它的设计目的是用来安排一个公司内的所有工作进度，而不仅仅针对大规模的工作。②Management Data View是一个企业范围的管理信息系统，该系统可以提供丰富的统计数据和在不同详细程度上向所有授权管理员提供关于所有工作情况的详细报告。③Application Integrator是一个无缝链接工具。该工具在一个组织内部支持Time Phaser Gloal Work Scheduler与其他应用软件间的数据集成。④Platform Navigator是一个"平台无关性导航"工具。该工具可以使Time Phaser Gloal Work Scheduler在主要计算机平台上,如IM主框架机,AS/400,PC/LAN(DOS,OS/2,Windows与Windows NT),RS/600,UNIX,DEC/VAX,DG/MULL,Wang/V5,S/36与Macintosh,操作起来具有相同的观感。

8. Project/2SeriesX(P/X)软件

Project/2SeriesX(P/X)项目管理软件具有功能强、支持客户/服务器系统、面向企业级公司与联邦应用设计等特点。P/X的柔性使其适应不同规模的项目。P/X主要特性有:图形化用户界面、集成化进度安排与成本估算功能、可扩展的报告与图形功能、全局数据操纵、系统集成与客户化能力。利用P/X,文件可以跨平台共享,并可以存入ORACLE数据库中。

9. All Tech Project Simulator

All Tech Project Simulator是一个基于Lotus123的应用模板。通过仿真,确定即将进行的一个项目的总耗时的概率分布,并给出本项目关键路径上的每个活动(最多25个活动)的最短、最可能和最长时间。它不是一个进度规划程序,相反它可以利用提供关键路径数的进度计划程序输出。本软件涉及三类工作文件:Simulation文件、TREPEAT文件和TGANG文件。Simulation文件是主文件,用于输入本项目关键路径上的每个活动(最多25个活动)的最短、最可能和最长时间。每个活动的时间单位是不固定的,可以是小时、日和周。Simulation输出的是即将开始的整个项目的最短、平均和最长时间,以及与平均值的标准差,并可以给出一个概率分布图。TREPEAT提供仿真一项活动失效/重启的概率情况的功能。TGANG假定试验活动可以最短时间最大可能性完成。TGANG提供并行运行能力,可以同时支持4个实例运行,其结果表示平均时间和最大可压缩时间是多少。

10. Primavera Project Planner

Primavera Project Planner简称P3,是集进度计划安排、资源分配与均衡、成本控制与展示图等功能于一体的项目管理软件。P3是一个真正的多功能软件,用户可以在单用户模式下使用P3,也可以注册到局域网中加入P3工作组。P3允许用户在任意层次上进行汇总,在一个实例中用户可以在活动、资源和WBS角度之间任意切换。用户利用P3可以组织管理:自己的项目与主项目及子项目的关系;24类可供选择、排序和过滤活动代码以及多达16组便于详细组织与跟踪项目的用户数据项;详细网络图(Fragnets);条形图;纯逻辑图;用户希望的任意顺序的活动数据列;资源代码;WBS码与颜色码。

P3具有相当数量的标准报表,允许用户对每一个报表通过简单的击键与菜单选择进行裁剪。P3可与合同控制软件Expedition、性能监测软件Parade以及所有Sure Trak Project Scheduler全面集成。

11. Micro Man

Micro Man是POC-IT Management System公司的产品。Micro Man是一个专门为信息服

务组织设计的具有项目与人员管理功能的集成化系统。在项目管理上它包括进度计划安排和项目跟踪；在人员管理上它包括监测资源的使用情况和人员计划；还可为信息系统的全局管理提供领导信息。

Micro Man处理的项目数和资源数没有限制而且存在公用的项目与资源数据库。进度安排工具可以考虑资源的可用性、事件的依赖关系、合作与资源日历以及其他项目(多项目进度安排)等内容。

该系统包含一个集成的时间报表功能，可以随时产生人员时间表或者在线输入时间以便对项目进展情况进行跟踪；系统包含65个多标准的报表与一个客户报表书写器；系统可以在单用户和网络多用户状态下运行，并且具有完善的安全机制。

12. MARKⅢ Management System

MARKⅢ Management System是Program Control公司的产品。MARKⅢ是一个用户界面友好、非常容易理解的项目管理系统。从个人计算机到先进的主框架机，它可以在不同的计算机系统上运行。项目管理数据可以保存在MARKⅢ基本数据库中，或任何其他可操作的电子表格和数据库系统中。本系统基于关键路径依赖关键技术，可以处理多个项目，项目内或项目间的任务交互作用是不受限制的。MARKⅢ的最直观的输出是高分辨率的甘特条形图、网络图、资源累积曲线和直方图，可选择多种格式，以便输入其他软件包。所有项目相关的计算(计划、外推、估计等)都以表格形式来显示，这些表格可以由用户自定义成不同的报表形式。图形输出与HPGL以及其他各种数字化电子绘图系统相兼容。MARKⅢ的数据库可以在主系统之间进行变换而无须变换请求。

13. 梦龙智能项目管理系统

1) 软件功能

(1) 自带汉字功能。

(2) 方便、灵活的文本编辑功能。

(3) 简洁、快速的图形编辑功能。

(4) 屏幕多窗口功能。可将整体图形和操作的局部图形分别显示在两个同时被激活的窗口内，且图形可在窗口中漫游；图形上可打开文本窗口以便查阅和输入数据。

(5) 优化功能。既可按总工期固定不变、资源均衡进行优化，也可按资源有限、工期最短进行优化。

(6) 统计功能。

(7) 子网功能。进入子网时，当前网的有关数据带入子网；退出子网时，子网的有关数据带回当前网；可把独立网络图并入当前网使其成为它的一个子网，反之亦可。

(8) 图形输出功能。

(9) 数据转换功能。

(10) 其他功能。标题栏功能，以表格形式编辑打印网络图的标题栏内容；倒排功能，根据完工时间自动计算开工时间；具有自动产生工作代号和节点代号的功能；可检索、查询符合某种条件的任务和资源，以供统计、计算、打印之用。

2) 友好的人机界面

(1) 采用弹出直拉式菜单，使操作快速、直观。

(2) 在屏幕下方会有汉字提示，以便用户操作。

(3) 很少使用功能键、组合键。

(4) 屏幕顶端提示整个计划的有关时间参数和其他信息。

(5) 可采用鼠标操作，使操作更为直观和快捷。

11.6.3 项目管理软件选择

选购项目管理软件时，可参考以下方面，并结合组织和项目自身特点进行选择。

1. 容量

关于容量，主要考虑系统能否处理预计进行的项目数量、需要的资源数以及同时管理的项目数量。

2. 文件编制和联机帮助功能

各个项目管理软件包的文件编制和联机帮助功能质量各不相同，差别较大。主要考虑用户手册的可读性，用户手册里概念的逻辑表达，手册和联机帮助的详细程度，举例说明的数量、质量，对高级性能的说明水平。

3. 操作简易性

主要考虑系统的"观看"和"感觉"效果、菜单结构、可用的快捷键、彩色显示、每次显示的信息容量、数据输入的简易性、现存数据修改的简易性、报表绘制的简易性、打印输出的质量、屏幕显示的一致性，以及熟悉系统操作的难易程度。

4. 可利用的功能

一定要考虑系统是否具备项目组织所需要的各种功能。例如，程序是否包含工作分析结构以及甘特图和网络图；资源平衡或均衡算法怎么样；系统能否排序和筛选信息、监控预算、生成定制的日程表，并协助进行跟踪和控制；能否检验出资源配置不当并有助于解决。

5. 与其他系统的兼容能力

在当今的数字化社会里，大量的电子系统日趋统一。如果在你的工作环境里，数据储存在各个地方，比如数据库、电子数据表里，这时就要特别注意项目管理软件的兼容统一能力。

6. 安装要求

这里主要考虑运行项目管理软件对计算机硬件和软件的要求。例如，存储器、硬盘空间容量、处理速度和能力、图形显示类型、打印设置以及操作系统等。

7. 报表功能

目前，各种项目管理软件系统的主要不同之处是它们提供的报表种类和数量。有些系统仅有基本的计划、进度计划和成本报表，而有一些则有非常广泛的设置，可针对各项任务、资源、实际成本、承付款项、工作进程以及其他一些内容提供报表。另外，有些系统更便于定制化。

8. 安全性能

有些项目管理软件有相对更好的安全性。如果安全问题很重要，那么就要特别注意系统对项目管理软件、每个项目文件及每个文件数据资料的限制方式。

9. 经销商的支持

要特别注意，经销商或零售商是否提供技术支持，还需考虑支持的费用和经销商的信誉。

复习思考题

1. 简述信息流的作用。
2. 试起草一个索赔文件的索引文件结构。
3. 简述工程项目中软信息的范围，以及上层领导获得软信息的途径。
4. 简述项目报告的主要内容。
5. 项目信息的基本要求是什么？

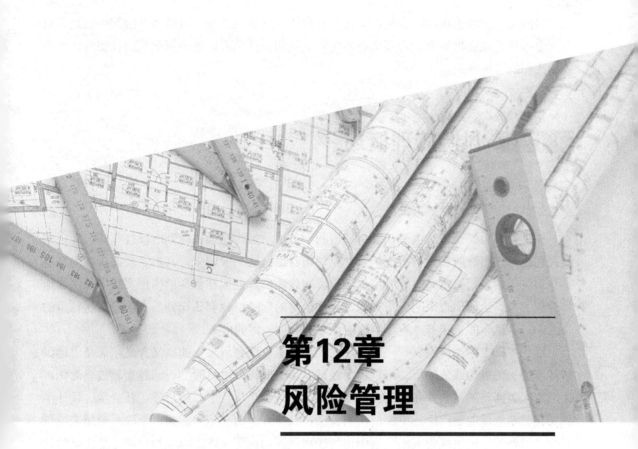

第12章
风险管理

风险是一种涵盖物质、金钱、文化和社会的多维复杂现象。风险事件的发生远远不只是对金融资产或实物资产、人或生态系统的直接物质性损害，还会影响一个社会的运作模式和人们的思维方式。

12.1 风险管理概述

12.1.1 风险的定义

关于"风险"一词的由来，最为普遍的一种说法是，在远古时期，以打鱼捕捞为生的渔民们，每次出海前都要祈祷，祈求神灵保佑自己能够平安归来，其中主要的祈祷内容就是让神灵保佑自己在出海时能够风平浪静、满载而归。他们在长期的捕捞实践中，深深地体会到"风"给他们带来的无法预测、无法确定的危险，他们认识到，在出海捕捞打鱼的生活中，"风"即意味着"险"，这便是"风险"一词的由来。

现代意义上的"风险"一词，已经大大超越了"遇到危险"的狭义含义，而是"遇到破坏或损失的机会或危险"。可以说，经过多年的演绎，"风险"一词越来越被概念化，并随着人类活动的复杂性和深刻性而逐步深化，被赋予从哲学、经济学、社会学、统计学到文化艺术领域的更广泛、更深层次的含义，且与人类的决策和行为后果联系得越来越紧密，"风险"一词也成为人们生活中出现频率很高的词汇。ISO9000:2015中更是将风险管理引入标准，而不再使用预防措施。

风险是指在某一特定环境下，在某一特定时间段内，某种损失发生的可能性。风险是由风险因素、风险事故和风险损失等要素组成的。换句话说，风险是指在某一个特定的时间段里，人们所期望达到的目标与实际出现的结果之间产生的距离。也有人将风险定义为"个人和群体在未来遇到伤害的可能性以及对这种可能性的判断与认知"。

风险的定义又有广义和狭义之分。广义的定义强调风险表现为不确定性，狭义的定义则强调风险表现为损失的不确定性。若风险表现为不确定性，说明风险产生的结果可能带来损失、获利或是无损失也无获利，属广义风险，金融风险属于此类；当风险表现为损失的不确定性，说明风险只能表现出损失，没有从风险中获利的可能性，属于狭义风险。

项目风险是指可能导致项目损失的不确定性，美国项目管理大师马克思·怀德曼将其定义为某一事件的发生给项目目标带来不利影响的可能性。

12.1.2 风险的基本属性

人们重视风险与风险管理，起因于风险的属性。风险的基本属性包括自然属性、社会属性和经济属性。

1. 自然属性

风险是由客观存在的自然现象所引起的,大自然是人类生存、繁衍生息的基础。自然界通过地震、洪水、雷电、暴风雨、滑坡、泥石流、海啸等运动形式给人类的生命安全和经济生活造成损失,对人类构成风险。自然界的运动是有规律的,人们可以发现、认识和利用这些规律,降低风险事故发生的概率,降低损失的程度。

2. 社会属性

在不同的社会环境下,风险的内容不同。风险是在一定的社会环境下产生的,这是风险的社会属性。风险事故的发生与一定的社会制度、技术条件、经济条件和生产力等都有一定的关系。例如,战争、冲突、瘟疫、经济危机、恐怖袭击、车祸等是受社会发展规律影响和支配的。

3. 经济属性

风险的经济属性强调风险发生后所产生的经济后果,即风险与经济的相关联性。只有当灾害事故对人身安全和经济利益造成损失时,才体现出风险的经济属性,也才因此称为风险。否则,不定义为风险。例如,股市风险、信用风险、企业的生产经营风险等,都可能造成相关的经济损失。

12.1.3 风险的特征

风险具有以下7个主要特征。

1. **风险存在的客观性**

风险是客观存在的,是不以人的意志为转移的。人们只能在一定的范围内改变风险形成和发展的条件,降低风险事故发生的概率,降低损失程度,而不能彻底消除风险。

2. **风险的损失性**

风险发生后必然会给人们造成某种损失,但人们却无法准确预知风险的发生。人们只能在充分认识和了解风险的基础上降低风险发生的几率,减少风险所造成的损失,损失是风险的必然结果。

3. **风险损失发生的不确定性**

风险是客观的、普遍的,但就某一具体风险损失而言其发生是不确定的,是一种随机现象。例如,洪灾的发生是客观存在的风险事故,但是就某一次具体洪灾的发生而言是不确定的,也无法预知,需要人们加强防范和提高防范意识。

4. **风险存在的普遍性**

风险在人们的生产生活中普遍存在,并时刻威胁着人类的生命和财产安全,如地震灾害、洪水、火灾、意外事故的发生等。随着人类社会的不断前进和发展,人类将面临更多新的风险,风险事故造成的损失也可能越来越大。

5. **风险的社会性**

没有人和人类社会,就谈不上风险。风险与人类社会的利益密切相关,时刻关系着人类的生存与发展，具有社会性。随着风险的发生，人们在日常经济和生活中都将遭受经济上的损失或身体上的伤害，企业将面临生产经营和财务上的损失。

6. 风险发生的可测性

单一风险的发生虽然具有不确定性，但对总体风险而言，风险事故的发生是可测的，即运用概率论和大数法则是可以对总体风险事故的发生进行统计分析的，以研究风险的规律性。

7. 风险的可变性

世间万物都处于运动、变化之中，风险也是如此。风险的变化，有量的增减，有质的改变，还有旧风险的消失和新风险的产生。风险因素的变化主要是由科技进步、经济体制与结构的转变、政治与社会结构的改变等方面的变化引起的。

12.1.4 风险的构成要素

1. 风险因素

风险因素是风险事故发生的潜在原因，是造成损失的内在或间接原因。根据性质的不同，风险因素可分为物质风险因素、道德风险因素和心理风险因素三种类型。

(1) 物质风险因素。物质风险因素是指有形的，并能直接影响事物物理功能的因素，例如，财产所在的地域、建筑物结构和用途等。南方地区发生洪灾的可能性要比北方地区大；木质结构房屋发生火灾的风险要比混凝土结构房屋大；从事运营的机动车发生交通事故的可能性要比非运营机动车大。

(2) 道德风险因素。道德风险是指人们的故意行为或者不作为导致的风险，在保险业界最为常见。例如，为了获取全额的保险金赔偿，被保险人在火灾发生时故意不施救；为获取巨额的保险金，故意使被保险的儿童处于危险状态等。

(3) 心理风险因素。心理风险因素是指由于心理的原因引起行为上的疏忽和过失，从而成为引起风险的原因。例如，乱扔烟头容易引起火灾、酒后驾驶容易引起交通事故等。

2. 风险事故

风险事故是造成损失的直接的或外在的原因，是损失的媒介物，即风险只有通过风险事故的发生才能导致损失。就某一事件来说，如果它是造成损失的直接原因，那么它就是风险事故；而在其他条件下，如果它是造成损失的间接原因，它便成为风险因素。例如，在冰雹灾害中，由于冰雹造成路面湿滑，发生交通事故造成人员伤亡，此时冰雹属风险因素；但如果冰雹直接击伤行人，则属于风险事故。

3. 损失

在风险管理中，损失是指非故意的、非预期的、非计划的经济价值的减少。通常我们将损失分为两种形态，即直接损失和间接损失。

风险是由风险因素、风险事故和损失三者构成的统一体。风险因素是指引起或增加风险事故发生的机会或扩大损失程度的条件，是风险事故发生的潜在原因；风险事故是造成生命财产损失的偶发事件，是造成损失的直接的或外在的原因，是损失的媒介。

12.1.5 风险的分类

风险有多种分类方法,常用的有以下几种。

1. 按照风险的性质划分

(1) 纯粹风险。纯粹风险是指只有损失而无获利机会的风险,例如企业资产的损失、贬值,企业因未履行某项义务而引发法律责任形成的损失,人身安全出现损害,都属于纯粹风险。

(2) 投机风险。投机风险是指可能产生收益或者会造成损失的风险。这种风险所导致的结果有三种情况:获得收益;没有损失;遭受损失。也就是说,它既存在可能获利的机会,又有受损的可能性。例如,在证券市场或者外汇市场进行投资活动时所面对的收益的不确定性,就是投机风险。投机风险的发生常常与个人投资(或者说投机)决策的选择密切相关,同时也与社会经济环境的变化紧密相连。

在相同条件下,纯粹风险一般可能重复出现,因而人们可以更成功地预测其发生的概率,从而相对更容易采取防范措施;而投机风险重复出现的概率相对较小,因而预测其发生的概率的准确性相对较差。

2. 按照产生风险的环境划分

(1) 静态风险。静态风险是指在社会政治经济环境正常的情况下,由于自然力量的非常变动或人类行为的错误导致损失发生的风险。例如,水灾、旱灾、地震、瘟疫、雷电等自然原因发生的风险;火灾、爆炸、员工伤害、破产等由于某些人疏忽大意或故意行为而发生的风险;放火、破坏、欺诈等由于某些人不道德、违法违纪行为造成的风险。静态风险是导致企业成败安危的主要风险,风险管理的重心应是对静态风险的管理。

(2) 动态风险。动态风险是指以社会经济结构变动为直接原因的风险,主要是社会经济、政治以及技术、组织机构发生变动而产生的风险。例如,通货膨胀、汇率风险、罢工、暴动、消费者偏好改变、国家政策变动等均属于动态风险。动态风险大致分为管理上的风险、政治上的风险、创新的风险三类。

3. 按照风险发生的原因划分

(1) 自然风险。它是指自然因素和物力现象所造成的风险。

(2) 社会风险。它是指个人或团体在社会上的行为导致的风险。

(3) 经济风险。它是指在经济活动过程中,因市场因素影响或者管理经营不善导致经济损失的风险。

4. 按照风险致损的对象划分

(1) 财产风险。财产风险是指造成实物财产的贬值、损毁或者灭失的风险。财产风险除了会导致财产的直接损失之外,还可能引起与财产相关利益的间接损失。日本一家设在天津生产硬盘的新工厂,投产不足两个月,由于仓库内的照明电线发生短路引起火灾,造成仓库的材料、测试设备直接燃毁。浓烟的散布严重影响生产线的半成品,而且生产线周围的成品也遭受救火用水的损坏。生产线上的机器设备必须进行维修才能恢复生产。财产损失数量虽少,但损失金额还是超过了300万美元,另外还造成工厂停产一个月。

(2) 人身风险。人身风险是指在日常生活以及经济活动过程中，人的生命或身体遭受各种形式的损害，造成人的经济生产能力降低或丧失的风险，包括死亡、残疾、疾病、生育、年老等损失形态。

(3) 责任风险。责任风险是指因个人或团体的疏忽或过失行为，造成他人的财产损失或人身伤亡，按照法律、契约应负法律责任或契约责任的风险。例如，对由于产品设计或制造上的缺陷所致消费者的财产或人身伤害，产品的设计者、制造者、销售者依法要承担经济赔偿责任。

12.2 项目风险管理

实施项目风险管理是为了最好地达到项目的目标，识别、分配、应对项目生命周期内风险的科学与艺术，是一种综合性的管理活动。美国项目管理协会(PMI)在项目管理知识体系(PMBOK2000)中指出，项目风险管理的内容包括项目风险管理计划、风险识别、定性风险分析、定量风险分析、风险应对计划和风险监督与控制。

12.2.1 项目风险管理内涵

1. 全过程管理

项目风险管理既不是在项目实施前对于影响项目的不确定因素的简单罗列与事先判断，以及建立在此基础上的硬性的、条条框框的项目风险管理对策；也不是在项目进行过程中，当实际的项目风险发生时的危机管理以及应变对策；更不是纯粹的项目风险发生后的补救方案设计与事后经验总结，而是对于项目风险全过程的管理。项目风险的全过程管理，要求项目风险管理者能够审时度势、高瞻远瞩，通过有效的风险识别，实现对项目风险的预警预控；要求项目管理者能够临危不乱、坦然面对，通过有效的风险管理工具或风险处理方法，对于项目运行过程中产生的风险进行分散、分摊或分割；要求项目风险管理者能够在项目风险发生后，采取有效的应对措施并能够总结经验教训，对项目风险管理工作进行改进。

2. 全员管理

项目风险的全员管理并不仅仅是对于项目运行全部参与方或参与人员的管理，而是要求所有的人员均能够参与项目风险的管理。项目风险管理绝对不是项目风险管理职能部门的事情。项目管理风险不仅包括对政治、经济、社会、文化、制度等外部环境中的不确定性因素的管理，还包括项目自身在其计划、组织、协调等过程中所产生的不确定性因素的管理。

3. 全要素集成管理

项目风险管理主要涉及项目工期、造价及质量三方面的问题，因此，项目风险管理过程就是在可能的条件下追求项目工期最短、造价最低、质量最优的多目标决策过程，不能仅满足于单一目标的实现。项目的工期、造价与质量是三个直接关联和相互作用的相关要素。项目工期的提前或滞后将直接影响造价的高低，项目质量的优劣与项目工程造价的高低直接相关，项目的工期与质量的波动同样受造价因素的影响。由此不难得出，项目风险管理是对工期、造价以及质量的全要素集成管理。

总体而言，成功的项目风险管理既是一门艺术又是一门科学。它的重要性主要体现在如下两个方面：一方面，项目风险管理有助于确定项目范围以及最优项目。项目风险管理可对可供选择的项目集合所具有的风险特征进行综合评价，如对于项目风险特征的聚类分析，使得项目组织者可在不同的临界值范围内选择项目群体；对于项目风险收入的有效性进行评价，使得项目组织者可以有意识地去选择项目投入产出效率较高的项目，等等。项目风险管理从风险的周期性、规律性、预控性等多个角度，对于项目风险的识别机制、分散机制、分摊机制、转移机制等进行全面的分析，从而在项目选择范围内选择最优项目。另一方面，项目风险管理有助于改进已选项目的效益与效率。项目风险管理是一个动态反复、适时修正、持续改进的过程，因此当风险伴随着项目的推进而出现时，项目风险管理能够不断跟踪风险影响项目运行的轨迹，并通过有效的程序或手段进行纠偏。比如，通过风险识别策略对于风险征兆或信号进行有效识别，可防患于未然；发挥风险分散机制，对于多个风险项目进行协调控制，可充分利用项目间的协同效应；运用风险分摊策略，在项目的合作各方之间，通过资源共享、要素互补等方式有效分摊风险；运用风险转移机制，在必要的时候通过转让、出售等方式退出项目运作以转移风险。此外，项目的风险与收益在一定程度上具有正相关性，但项目风险同样与项目可能遭受的损失或可能增加的成本相对应。项目风险管理在改进已选项目的同时，还能降低成本损失或不确定性，相当于提高了项目运行的效率与效益。

12.2.2 工程项目风险管理的特点

1. 风险的客观性与必然性

在工程项目建设中，无论是自然界的风暴、地震、滑坡灾害，还是与人们活动紧密相关的施工技术、施工方案不当造成的风险损失，都是不以人们意志为转移的客观现实。它们的存在与发生，就总体而言是一种必然现象。因自然界的物体运动以及人类社会的运动规律都是客观存在的，表明项目风险的发生也是客观必然的。

2. 工程项目风险的多样性

在一个工程项目中有许多种类的风险存在，如政治风险、经济风险、法律风险、自然风险、合同风险、合作者风险等。这些风险之间存在复杂的内在联系。

3. 工程项目风险存在于整个项目生命期

例如，在项目的目标设计中，可能存在构思的错误、重要边界条件的遗漏、目标优化的错误；在可行性研究中，可能有方案的失误、调查不完全、市场分析错误；在设计中，存在专业不协调、地质不确定、图纸和规范错误；在施工中，可能存在物价上涨、实施方案不完备、资金缺乏、气候条件变化；在投产运行中，可能存在市场发生变化、产品不受欢迎、运行达不到设计能力、操作失误等。

4. 工程项目风险影响的全局性

风险影响常常不是局部的、作用于某一段时间或某一个方面，而是全局性的。例如，反常的气候条件造成工程的停滞，则会影响整个工程项目的后期计划，影响后期所有参与者的工作。它不仅会造成工期延长，而且会造成费用的增加，造成对工程质量的危害。

12.2.3 项目风险管理程序

项目风险管理的内容和程序目前尚未有统一的规定。美国项目管理协会出版的《项目管理知识体系指南》(第5版)中，将项目风险管理分为6个过程。

(1) 规划风险管理。这是指制定项目风险管理活动的总纲领，定义如何实施风险管理活动的过程。

(2) 识别风险。这是指判断哪些风险可能影响项目并记录其特征的过程。

(3) 实施定性风险分析。定性分析是使用文字的形式或叙述性的分类等级来描述可能影响的程度以及影响发生的几率，对风险进行优先排序，从而为后续分析或行动提供基础的过程。

(4) 实施定量风险分析。定量风险分析旨在计算出实际精确数据用以描述灾害事件的影响程度与发生几率。所使用的数据可以是过去的记录、国内外相关经验、产业应用经验、相关参考文献、市场研究或工程上的模型试验研究等。

(5) 规划风险应对。这是指针对项目目标，制定提高机会、降低威胁的方案和措施的过程。

(6) 控制风险。控制风险是在整个项目中实施风险应对计划，跟踪已识别风险、监督残余风险、识别新风险，以及评估风险过程有效性的过程。

12.3 项目风险识别

风险识别是风险管理的基础。项目风险识别是指项目承担单位在收集资料和调查研究的基础上，运用各种方法对尚未发生的潜在风险以及客观存在的各种风险进行全面识别和系统归类，将这些风险因素逐一列出，做项目风险分解结构(Risk Breakdown Structure，RBS)，以作为全面风险管理的对象。

在不同的阶段，由于项目的目标设计、技术设计和计划以及环境调查的深度不同，人们对风险的认识是一个由浅入深，逐步细化的过程。

12.3.1 项目风险识别的目的

1. 识别风险来源，辅助风险管理目标设定

存在于项目内部及外部环境的不确定性因素是纷繁复杂的，需要利用科学的方法进行分析。没有风险识别的过程，无法解决项目不确定的复杂性，风险管理就是盲目的、不切

实际的。通过风险识别，可以识别出可能对项目进展有影响的风险因素及其性质以及产生的条件，并据此衡量风险的大小，作为制订风险应对计划的依据。

2. 识别风险特征，提供最适当的风险管理对策

风险识别是一项反复的过程，随着项目生命期的渐进，又会产生新的风险。风险反复发生的频率以及参与的各项目过程也会因项目而异，必须立足项目特性开展风险识别工作，风险识别直接影响风险管理的决策质量，进而影响整个风险管理的最终结果。在项目前期阶段，风险识别最为重要，因为此时决策者对项目的了解和认知往往还很缺乏，决策的依据是建立在不够精确的预测和分析评估的基础上，同时决策者的知识水平及价值观也容易导致决策结果的极大不确定，而这些因素都必然会使项目今后的开展和项目目标的实现受较大的影响，因此，该阶段的风险识别对项目的未来发展至关重要。

3. 尽早识别风险因素，加强风险防范

在项目进程中，任何一种风险因素在识别阶段被忽略或未被识别，都可能导致整个风险管理的失败，从而造成不可估量的经济损失。越早识别风险，应对风险所需要的费用也会越低。随着项目生命期的推进，本该早期识别而未被识别的风险将产生更高的费用，甚至导致整个项目的终止。

12.3.2 项目风险识别的内容

在风险因素识别过程中，通常首先罗列对整个工程建设有影响的风险因素，然后识别出对管理者自身有重大影响的风险。识别过程要从多角度、多方面罗列风险因素，以形成对项目系统风险的全方位把握。风险因素应由总体到细节、由宏观到微观，层层分解。

1. 环境风险

在进行项目风险识别时，应首先分析项目各环境要素可能存在的不确定性和变化，它们往往是其他风险的根源。最常见的风险因素如下所述。

(1) 政治风险。例如，政局的不稳定性，发生战争、动乱和政变的可能性，国家的对外关系，政府信用和廉洁程度，政策及其稳定性，经济的开放程度或排外性以及国有化的可能性，国内的民族矛盾，保护主义倾向等。

(2) 法律风险。例如，法律不健全，有法不依、执法不严，相关法律内容变化，法律对项目的干预，可能对相关法律未能全面、正确理解，工程中可能有触犯法律的行为等。

(3) 经济风险。例如，国家经济政策的变化，产业结构的调整，银根紧缩，项目的产品市场需求变化，工程承包市场、材料供应市场、劳动力市场的变动，工资的提高，物价上涨，通货膨胀速度加快，原材料进口限制，金融危机以及外汇汇率的变化等。

(4) 自然条件风险。例如，地震，风暴，特殊的未预测到的地质灾害(如泥石流、暗河、溶洞、流沙等)，极端雨雪，冰冻天气，恶劣的现场条件，周边存在对项目的干扰源，工程建设可能造成对自然环境的破坏，不良的运输条件可能造成的供应中断。

(5) 社会风险。包括宗教信仰的影响和冲击，社会禁忌，劳动者的文化素质，社会风气，恐怖活动等。

2. 工程技术风险

现代工程技术新颖，进步更新迅速，结构体系复杂，专业系统之间界面协调处理困难，通常存在如下两方面的风险。

(1) 工程的生产工艺和流程出现问题，新技术不稳定，对将来的生产和运营产生影响。

(2) 施工工艺在选择和应用过程中也可能出现问题。

3. 项目实施活动的风险

项目实施活动的风险是指工程项目实施过程中可能遇到的各种障碍、异常情况，如工期拖延，技术问题，质量问题，人工、材料、机械和费用消耗的增加等。该项风险分析应以工作分解结构(WBS)为研究对象，对各层次的项目单元进行细致认真的研究分析。

4. 项目行为主体产生的风险

对于项目的行为主体产生的风险，是从项目组织角度进行分析的。

(1) 业主和投资者。例如，业主的支付能力差，企业的经营状况恶化，资信不好，企业倒闭，撤走资金，改变投资方向，改变项目目标；业主违约、苛求、刁难、随意变更但又不赔偿，错误的行为和指令，非程序地干预工程；业主不能完成合同责任，不及时供应由其负责的设备、材料，不及时交付场地，不及时支付工程款。

(2) 承包商或分包商。例如，承包商的技术能力和管理能力不足，没有适合的技术专家和项目经理，不能积极履行合同；因管理和技术方面的失误，造成工程中断；缺乏有效的措施保证工程进度、安全和质量等相关要求；财务状况恶化，无力采购和支付工资，企业处于破产境地；错误理解业主意图和招标文件，实施方案错误，报价失误，计划失效；设计单位设计错误、工程技术系统之间不协调、设计文件不齐全，不能及时交付图纸，或无能力完成设计工作。

(3) 项目管理者。项目管理者包括项目经理、各专业工程师、监理工程师等。例如，因其管理能力、组织能力、工作积极性、职业道德以及公正性等导致的问题；由于管理风格、文化偏见，可能导致其不正确地执行合同，在工程中要求苛刻等。

(4) 其他方面。例如，中介人的资信、可靠性差，政府机关工作人员、城市公共供应部门的干预、苛求和个人需求，以及项目周边或涉及的居民或单位的干扰、抗议或苛刻的要求等。

5. 项目管理过程的风险

项目管理过程的风险通常是风险责任分析的依据，主要有以下几方面。

(1) 高层战略决策风险。例如，指导方针、战略思想失误而造成在项目选择和目标设计中，选择错误方案、错误的投标报价决策。

(2) 环境调查和预测的风险。

(3) 工程规划或技术设计风险。

(4) 计划风险。包括对目标(任务书、招标文件)理解错误，合同中有不严密、错误、二义性、过于苛刻的、单方面约束性的、不完备的条款，以及实施方案、报价(预算)和施工组织措施等方面的错误。

(5) 实施控制中的风险。例如，合同风险，供应风险，新技术、新工艺带来的风险，由于分包层次太多造成计划执行和调整控制的困难、工程管理失误等。

(6) 运营管理风险。例如，准备不足，工程无法正常运营，运营操作失误，销售渠道不畅等。

6. 项目目标风险

项目目标风险是上述风险共同作用的结果，主要包括以下几方面。

(1) 工期风险。即工期延误，未按计划投入使用。

(2) 费用风险。包括财务风险、成本超支、投资追加、报价风险、项目收益减少、投资回收期延长、回报率降低等。

(3) 质量风险。包括材料、工艺、工程不能通过验收，试生产不合格，经过评价工程质量未达标准等。

(4) 生产能力风险。即项目建成后达不到设计生产能力。

(5) 市场风险。包括工程建成后产品未达到预期的市场份额，销售不足；销路不畅，缺乏竞争力。

(6) 信誉风险。即对企业形象、职业责任、企业信誉的损害。

(7) 其他。例如，造成人身伤亡、安全、健康事故以及工程或设备的损坏；有可能被起诉或承担相应法律或合同的处罚；对环境和对项目的可持续发展的不良影响和损害。

列出风险因素后，可以采用系统分析方法对其进行归纳整理，形成相应的风险分解结构表(RBS)，作为后续风险评价和落实风险责任的依据。在项目风险因素中，有些风险是根源型的，有些风险是结果型的。环境风险是根源型的，它会引发其他所有风险；行为主体风险会引起管理过程风险、技术风险和实施过程风险；技术系统问题会引起实施过程风险。上述各种风险的最终表现是目标风险，即对项目目标的影响。

风险因素间通常是紧密联系的，在实施分析中应注意考虑不同风险间的交互作用。例如，经济形势的恶化不但会造成物价上涨，而且可能会引起业主支付能力的变化；通货膨胀引起物价上涨，则不仅会增加后期的采购、人工工资及各种费用支出，而且会影响整个后期的工程费用；设计图纸提供不及时，不仅会造成工期拖延，而且会造成费用增加(如人工和设备闲置、管理费开支)，可能使项目在原来可以避开的冬雨期施工，造成更大程度的工期拖延和费用增加。

在完成项目风险因素识别后，应识别项目风险可能引起的后果，并确定项目的主要风险因素。因为只有识别出各项目风险的主要影响因素，才能更好地把握项目风险的发展变化规律，才有可能对项目风险进行应对和控制。所以在项目风险识别中，要全面分析各项目风险的主要影响因素及其对项目风险的影响方式、影响方向、影响力度等。

12.3.3 项目风险识别的特点

1. 广泛性

(1) 参与人员的广泛性。参与风险识别的关键人员是指项目经理、项目团队成员、项目及风险管理的相关领域专家、项目的最终用户、项目产品的顾客、其他项目经理、利害关系者，等等。除上述人员外，还应鼓励所有项目人员广泛参与风险识别，因为每个项目组织成员的工作性质不同，所面临的风险也有所不同，他们都有自己独特的项目经历和项目风险管理经验，可以为识别项目的风险提供更多的途径。

(2) 风险识别涉及广泛的知识领域。为了最大可能地辨识所有项目风险，不仅仅是参与风险识别的人员具有广泛性，由于项目性质的不同，风险识别将涉及财务、技术、管理等多个不同的知识领域。与此同时，项目风险信息分析技术和风险识别方法也会涉及不同知识领域。

2. 全生命周期性

项目风险存在于项目生命期的各个阶段中，不同阶段会出现影响程度不同的风险。一方面，项目生命期中的风险都属于风险识别的范围，风险识别不是一次性活动，不仅包括项目初期对整体的风险识别，也包括在项目规划、实施及交付等各个阶段连续不断的风险识别。另一方面，随着项目进度、条件、环境、范围等的不断变化，新的风险又会产生，从而又需要开展新一轮的风险识别。总之，风险识别必然贯穿于项目生命期的全过程。

3. 信息依赖性

风险识别的基础工作之一是收集有关的项目信息，然后识别不确定性因素及其对项目产生的影响。信息的全面性、及时性、准确性和动态性决定了项目风险识别工作的质量，进而影响识别结果的可靠性和精确性，因此项目风险识别具有信息依赖性。

4. 项目风险识别的原则

风险识别在整个风险管理过程中都占有重要位置，只有正确认识风险，才能正确分析风险，进而才能合理应对和控制风险带来的影响。然而项目风险在大多数情况下是潜在的，随着项目生命期的发展，新风险可能随时出现。因此，在项目风险识别过程中，最重要的就是不能遗漏风险因素，特别是对项目整体目标有重大影响的因素。为了更好地进行风险识别，在风险识别过程中应遵循如下原则。

(1) 由粗及细，由细及粗。由粗及细是指对风险因素进行全面分析，并通过多种途径对项目风险进行分解，逐渐细化，以获得对项目风险的广泛认识，从而得到项目初始的风险清单。由细及粗是指以项目初始风险清单为基础，在众多风险中，确定那些对建设项目目标实现有较大影响的风险因素，作为主要风险，详细识别其风险来源、风险特征和风险影响等。

(2) 多种识别方法的选择与综合运用。大多数项目可能同时遇到各种不同性质的风险，因此采用单一的识别方法是不可取的，必须综合运用多种方法，取长补短，多方面识别项目的风险。当然，对于特定活动或者事件，需要根据实际情况采用有效的识别方法。例如，对于混凝土浇筑等质量问题，采用因果分析法就比采用德尔菲法、头脑风暴法等更恰当。

(3) 风险因素排除需谨慎。不要轻易否定或排除某些风险，要通过认真的分析进行确认或排除。必要时，可进行实验论证，对于不能排除但又不能肯定予以确认的风险按确认考虑。

(4) 全员参与动态识别原则。风险识别涉及面广，项目风险管理人员应尽量向项目相关人员广泛征求意见，进行归纳整理，确保对项目风险的全面认识。同时，风险伴随项目全生命周期，不同阶段会面对不同的风险，必须会同项目参与人员制订连续的风险识别计划，满足风险动态识别的需要。

(5) 经济原则。经济原则是指依据项目风险影响的大小来确定投入风险识别的资源和精力的多少。对项目整体目标有重大影响的风险，需要花较多的精力、用多种方法进行识别，以期最大限度地掌握风险情况；但对于影响项目整体目标较小的风险因素，则没有必要花费大量时间和精力进行识别。因为风险识别的费用如果超过风险带来的损失就丧失了风险管理的意义。

(6) 资料积累原则。项目各阶段风险识别成果的整理是未来开展风险管理的重要基础，风险识别记录是非常重要的风险管理资料之一，对日后的风险管理以及类似项目的风险识别可提供巨大的帮助。风险识别工作开展前应准备好将要用到的记录表格，当风险识别工作完成后，将所获取的相关资料整理留存。

12.3.4 项目风险识别的过程

风险识别过程是寻找风险、描述风险和确认风险的活动过程。项目风险识别过程一般可以分为以下5个步骤。

1. 确定目标

项目风险识别的目标就是要识别风险，这个目标是明确的。然而依据项目性质的不同、项目合同类型的差别，项目风险管理的目标会有一些差异。依据项目管理规划，项目发起人项目组、设计项目组、监理项目组、施工项目组、承包商项目组要分别确定本项目组工作项目风险管理的目标、范围和重点。

2. 明确最重要的参与者

根据项目组风险管理的重点和范围，确定参与项目风险识别的人员。项目风险识别需要项目组集体共同参与，因此项目经理不仅要了解项目的工程信息，还要了解项目涉及的人员信息，明确最重要的参与者。这些参与者应具有经营及技术方面的知识，了解项目的目标及面临的风险，应具备沟通技巧和团队合作精神，及时沟通和分享信息，这对项目风险识别是非常重要的。

3. 收集资料

在进行项目风险识别时，应该收集的资料大致有如下几类。

1) 项目产品或服务的说明书

项目产品或服务的性质具有多种不确定性，在某种程度上决定了项目可能遇到什么样的风险。例如，项目产品投入市场的不确定性，项目产品市场需求的不确定性。因此，识别项目的风险可以从识别产品或服务的不确定性入手，而项目产品或服务的说明书则可以为我们提供大量风险识别所需的信息。通常情况下，应用较新技术的产品或服务可能遇到的风险比应用成熟技术的产品或服务要大。项目产品或服务的说明书可以从项目章程、项目合同中得到，也可以参考用户的需求建议书。

2) 项目的前提、假设和制约因素

可通过审查项目其他方面的管理计划来得到项目所有的前提、假设和制约因素。

(1) 项目范围管理计划。审查项目成本、进度目标是否定得过高等。

(2) 人力资源与沟通管理计划。审查人员安排计划，确定哪些人对项目的顺利完成有重大影响。

(3) 项目资源需求计划。确定除了人力资源外，项目所需的其他资源，比如特种设备或设施的获取、维护、操作等对项目的顺利完成是否可能造成影响。

(4) 项目采购与合同管理计划。审查项目合同采取的计价形式，不同计价形式的合同对项目组承担的风险有很大影响。在通常情况下，成本加酬金类合同对业主不利，然而如果项目所在地的人工费、材料价格预期会下降，则成本加酬金类合同也可能对业主有利。

3) 与本项目类似的案例

借鉴过去类似项目的经验和教训是识别项目风险的重要手段。一般的项目公司会积累和保存所有项目的档案，包括项目的原始记录等。通常可以通过如下渠道来获得经验和教训。

(1) 查看项目档案。可能包括经过整理的经验教训，其中说明了问题及解决办法，或者可以从项目利害关系者或组织中其他人的经验中获得。

(2) 阅读公开出版的资料。在许多应用领域都可以利用商用数据库、学术研究结果、基准测试和其他公开出版的研究成果。

(3) 采访项目参与者。向曾经参与项目的有关各方调查、征集有关资料。

4. 估计项目风险形势

估计项目风险形势就是要明确项目的目标、战略、战术以及实现项目目标的手段和资源，以确定项目及其环境的变数。项目风险估计还要明确项目的前提和假设。通过估计项目风险形势可以找出项目规划时未被意识到的前提和假设。明确了项目的前提和假设可以减少许多不必要的风险分析工作。

通过估计项目风险形势，可以判断和确定项目目标是否明确，是否具有可测性，是否具有现实性，有多大的不确定性；可以分析保证项目目标实现的战略方针、战略步骤和战略方法；可以根据项目资源状况分析实现战略目标的战术方案存在多大的不确定性，彻底弄清项目有多少可以动用的资源。这对于实施战术，进而实现战略意图和项目目标是非常重要的。

5. 识别潜在的项目风险

为了便于进行风险分析、量化、评价和管理，还应该对识别出来的风险进行分组或分类。分组或分类有多种角度，一般可以按项目阶段划分，也可以按管理者划分。建设项目的风险可以分为项目建议书、项目可行性研究、项目融资、项目设计、项目采购、项目施工及运营7组。建设项目施工阶段的风险则可按管理者分为业主风险和承包商风险两类。

每一组和每一类风险都可以按需进一步细分。项目管理是一个不断改进和不断完善的过程，因此任何一个阶段的工作结果都要包括对前面工作进行改进的建议和要求，项目风险识别工作的结果当然也应该包括对风险识别过程中发现的项目管理其他方面的问题进行完善和改进的建议和要求。

12.3.5 项目风险识别的方法

从理论上讲，任何有助于发现风险信息的方法都可以作为风险识别的工具，风险识别有很多种工具和方法，其中最常用的有以下几种。

1. 文件审核

文件审核是从项目整体和详尽范围两个方面对项目计划与假设、文件及其他资料进行结构性的审核，从而对潜在的风险进行识别。

2. 头脑风暴法(Brain Storming)

此法也称集体思考法，是以专家的创造性思维来索取未来信息的一种直观预测和识别方法。此法由美国人奥斯本于1939年首创，从20世纪50年代起就得到了广泛应用。头脑风暴法一般在一个专家小组内进行，以"宏观智能结构"为基础，通过专家会议，发挥专家的创造性思维来获取未来信息。这就要求主持专家会议的人在会议开始时的发言中能激起专家们的思维"灵感"，促使专家们感到急需回答会议提出的问题，通过专家之间的信息交流和相互启发，从而诱发专家们产生"思维共振"，以达到互相补充的效果并产生"组合效应"，获取更多的未来信息，使预测和识别的结果更准确。我国在20世纪70年代末开始引入头脑风暴法，并得到广泛的重视和应用。

3. 德尔菲法(Delphi Method)

该方法是20世纪50年代初美国兰德公司(Rand Corporation)在研究美国受苏联核袭击风险时提出的，并在世界上快速地盛行。它是依靠专家的直观能力对风险进行识别的方法，现在此法的应用已遍及经济、社会、工程技术等各领域。用德尔菲法进行项目风险识别的过程：由项目风险小组选定项目相关领域的专家，并与这些适当数量的专家建立直接的函询联系，通过函询收集专家意见，然后加以综合整理，再匿名反馈给各位专家，再次征询意见。这样反复经过四至五轮，逐步使专家的意见趋向一致，作为最后识别的根据。这种方法有助于减少数据方面的偏见，并能避免因个人因素对结果产生不良影响。我国在20世纪70年代引入此法，已在许多项目管理活动中进行了应用，并取得了比较令人满意的结果。

4. 情景分析法(Scenarios Analysis)

该方法是由美国SIIELL公司于1972年提出的。它能根据发展趋势的多样性，通过对系统内外相关问题的系统分析，设计出多种可能的前景，然后用类似于撰写电影剧本的手法，对系统发展态势做出自始至终的情景和画面的描述。当一个项目持续的时间较长时，往往要考虑各种技术、经济和社会因素的影响，可用情景分析法来预测和识别其关键风险因素及其影响程度。情景分析法对以下情况是特别有用的：提醒决策者注意某种措施或政策可能引起的风险或危机性的后果；建议需要进行监视的风险范围；研究某些关键性因素对未来过程的影响；提醒人们注意某种技术的发展会给人们带来哪些风险。情景分析法是一种适用于对可变因素较多的项目进行风险预测和识别的系统技术，它在假定关键影响因素有可能发生的基础上，构造出多重情景，提出多种未来的可能结果，以便采取适当措施防患于未然。情景分析法自20世纪70年代中期以来在国外得到了广泛应用，并产生了目标展开法、空隙添补法、未来分析法等具体应用方法。一些大型跨国公司在对一些大项目进行风险预测和识别时都陆续采用了情景分析法。因其操作过程比较复杂，目前此法在我国的具体应用还不多见。

5. SWOT分析法

SWOT分析法又称为态势分析法或优劣势分析法，是一种广为应用的战略选择方法，用来确定企业自身的竞争优势(Strength)、竞争劣势(Weakness)、机会(Opportunity)和威胁(Threat)，从而将公司的战略与公司内部资源、外部环境有机地结合起来。SWOT分析法用于项目风险识别时，就是对项目本身的优劣势和项目外部环境的机会与威胁进行综合分析，对项目做出系统的评价，最终实现识别项目风险的目的。

6. 核对表法

应用该法时，一般根据项目环境、产品或技术资料、团队成员的技能或缺陷等风险要素，把经历过的风险事件及来源列成一张核对表。核对表的内容可包括：以前项目成功或失败的原因；项目范围、成本、质量、进度、采购与合同、人力资源与沟通等情况；项目产品或服务说明书；项目管理成员技能；项目可用资源等。项目经理对照核对表，对本项目的潜在风险进行联想相对来说简单易行。这种方法揭示风险的绝对量也许要比别的方法少一些，但是这种方法可以识别其他方法不能发现的某些风险。

7. 流程图法

应用流程图法时，首先要建立一个工程项目的总流程图与各分流程图，它们要展示项目实施的全部活动。流程图可用网络图来表示，也可用WBS来表示。它能统一描述项目工作步骤，显示项目的重点环节，能将实际的流程与想象中的状况进行比较，便于检查工作进展情况。这是一种非常有用的结构化方法，它可以帮助分析和了解项目风险所处的具体环节及各环节之间存在的风险。运用这种方法获得的项目风险识别结果，可以为项目实施中的风险控制提供依据。

8. 现场视察法

在风险识别阶段，风险经理对现场进行勘察非常重要。特别是工程项目，风险经理应直接观察现场的各种设施及各种操作，以便能够更多、更细致地识别项目的潜在损失。

9. 财务报表法

通过分析资产负债表、营业报表，以及财务记录，项目风险经理就能识别本企业或项目当前的所有财产、责任和人身损失风险。将这些报表和财务预测、经费预算联系起来，风险经理就能发现未来的风险。这是因为，项目或企业的经营活动必然会涉及货币或项目本身，这些都是风险管理最主要的考虑对象。

◎【案例】联通公司进军南非3G市场风险识别

1. 行业风险

三大巨头已占领南非3G市场，主要竞争者相继进入南非3G市场。

现象：南非电信市场领导者Vodacom(沃达康，为沃达丰子公司)是当地主要的WCDMA运营商，也是南非第一家部署3G或UMTS网络的运营商，占据了南非3G市场的半壁江山。2009年一季度WCDMA用户数为280万，市场份额上升为59.4%，连续三季度新增用户数第一，排名第二的MTN用户年增长率达到14.9%，比去年同期上升0.1%。截至一季度末其总用户数为1743万，其中WCDMA用户约为191万。排名第三的CellC是用户增幅最快的企业，年增长率达到28.4%，截至一季度末其总用户数为628万，市场份额从去年同期的11.6%上升为12.9%。而印度塔塔电信公司也已经进入南非市场，以56%的股份控股南非固定电话运营商Neotel。日本和韩国等也虎视眈眈，加大了投资力度。

可能性：70%。

根据：沃达丰公司通过收购使其在Vodacom的持股比例达到50%，为沃达丰公司在非洲的发展扫清道路，后又增加股份至65%，成功地将Vodacom变为其子公司。作为世界上最大的移动通信网络公司之一，沃达丰在全球27个国家均有投资，在另外14个国家则与当地的移动电话营办商合作，联营移动电话网络，有丰富的跨国经营经验、充足的资本及卓越的战略决策能力。Vodacom公司在南非起步早，根基深厚，社会背景深厚，供应链、资金链稳定，且已建立了泛非洲的移动通信网络，业务覆盖面广。MTN是南非跨国电信集团，是非洲最重要的移动网络，网络效益和用户满意度在非洲均排第一，通过赞助大型赛事(如世界杯)与其他通信运营商(如印度IMIMobile)展开战略合作，迅速扩展了业务。早在2008年，印度最大的移动运营商Bharti曾计划拿下这家在约翰内斯堡上市公司的控股权，失败后仍积极寻求合作。而联通的全球战略计划才刚刚起步，经验严重不足，品牌影响力薄弱，在国内也因多次战略失误而远远落后于移动和电信，运营能力偏弱。

现有竞争者的强大使其难以撼动现有三大巨头的垄断地位，投资南非起步晚，相较于其他新竞争者失了先机。

进军非洲从进军南非开始，在起步阶段3G网络覆盖面必然有限，不仅一些跨国业务可能难以开展，且可能出现信号不稳定等情况，导致服务质量较差，从而严重影响市场拓展。

2. 经营风险

经济危机对南非经济的影响较大，需考虑汇率波动因素的影响。

现象：经济危机的阴霾正在散去，可南非国内的经济情况依然难见起色。近期的欧洲经济动荡以及希腊的债务危机使得其主要贸易伙伴纷纷采取了财政紧缩政策，大量减少了对南非金属原料及其次生产品的采购量，导致南非的两大支柱产业——金属开采业和加工业遭受重创，经济增长减速，就业率下降，南非货币兰特对美元汇率持续大幅贬值，上月更大跌1.6%，创下过去一年来的新低点，通货膨胀加剧，今年6月份达到了过去15个月来的新高点。

可能性：50%。

依据：汇率波动使得外汇风险大大增强，联通在南非的债权债务在以南非币兰特计价时，可能由于汇率变动引起价值贬值而蒙受损失或丧失预期收益，资产缩水。在2002—2005年，兰特曾经是世界上兑美元升值最快的货币，2005年后兰特又随着经济增长放慢而走软，此情况持续至今。通货膨胀将使联通在编制合并财务报表时面临外币折算和消除通货膨胀影响两个相互联系、互为交叉的难题。

南非经济疲软，将给联通带来融资上的困难，从而增加资金链断裂导致企业经营失败的风险。

3. 政治、社会风险

南非失业率高，治安不稳定，文化差异大，语言沟通存在障碍。

现象：影响南非社会安定的最大敌人仍是贫穷、犯罪和种族歧视，南非国内除了发展程度最高的几个区域外，其他地区发展程度非常有限，形成南非国内严重的贫富悬殊问题。另外，南非国内的不同人种的收入悬殊造成黑人有排外倾向，罪案率与贪污问题严重，附近国家难民持续涌入，艾滋病患病率升高，不仅令经济发展受限制，也使外商投资踌躇不已。

可能性：20%。

依据：南非曾长期实行种族隔离制度，这个制度依照法律上对人种的分类，将各族群在地理上强制分离，特别是占多数的黑人。种族歧视在南非至今仍未消除。枪支暴力犯罪活动猖獗是南非社会的一大顽症。据估计南非居民拥有非法枪支总数为300万支。自1994年以来，南非大约有25万人死于枪杀。南非死于各种暴力的人数是世界平均值的8倍。在这种情况下，社会治安极其堪忧。

资料来源：中国联通3G业务进军南非市场风险管理分析. 百度文库. http://wenku.baidu.com/

12.4 项目风险评估

风险评估就是在掌握充足资料的基础之上，采用合适的方法对已识别风险进行系统的分析和研究，评估风险发生的可能性(概率)、造成损失的范围和严重水平(强度)，为接下来选择适当的风险处理方法提供依据。根据实际需要的不同，可以对风险进行定性分析和定量分析。定性分析一般是根据风险度(重要水平)或风险大小(概率×强度)等目标对风险因素进行优先级排序，为进一步分析或处理风险提供参考；定量分析则是将体现风险特征的指标量化，加深对风险因素的认识，有助于风险管理者采取更具针对性的对策和措施。

12.4.1 项目风险评估的内容

风险评价是对风险的规律性进行研究和量化分析的过程。由于每一个风险都有自身的规律和特点、影响范围和影响量,可以通过分析将其统一为对成本目标和工期目标的影响,按货币单位和时间单位来计量。因此,应对罗列的每个风险做如下分析和评价。

1. 风险存在和发生的时间分析

许多风险有明显的阶段性,有的风险直接与具体的工程活动(工作包)相联系,所以应分析风险可能在项目的哪个阶段、哪个环节上发生。这对风险的预警有很大的作用。

2. 风险的影响和损失分析

风险的影响是个非常复杂的问题,有的风险影响面较小,有的风险影响面很大,甚至可能导致整个工程的中断或报废。例如,某个工程活动受到干扰而拖延,则可能影响它后面的许多活动。建筑工程中的基础工程施工如果发生延误,则会对所有后续工程的开展产生影响。

因为风险对目标的干扰常常首先表现在对工程实施过程的干扰上,所以对风险的影响分析一般首先考虑没有发生该风险的项目实施状况,如工期、费用、收益等。然后,将风险加入这种状态,看有什么变化,如实施过程、劳动效率、消耗的变化。最后,分析以上两者的差异,即为风险的影响。这实质上是对项目进行一次新的计划、新的估价,但风险仅是一种可能,所以通常又不必十分精确地进行估价和计划。

3. 风险发生的可能性分析

分析风险发生的可能性即分析研究风险发生的规律性,通常可用概率表示。既然被视为风险,则它必然在必然发生事件和不可能发生事件之间。它的发生有一定的规律性,但也有不确定性。人们可以通过后文所提及的各种方法预测风险发生的概率。

4. 风险级别的确定

虽然风险因素众多,涉及各个方面,但人们不能对所有的风险都予以同样的重视。否则,将大大增加管理费用,而且过于谨小慎微,反而会干扰正常的决策过程。

(1) 风险位能的概念。通常对一个具体的风险,若它发生,则损失为 R_H,发生的可能性为 E_W,则风险的期望值为:$R_W = R_H \times E_W$。例如,一种自然环境风险如果发生,则损失达20万元,而发生的可能性为0.1,则损失的期望值 $R_W = 20 \times 0.1 = 2$ 万元。

(2) ABC分类法。按照风险位能的不同,可将项目风险进行分类。

A类:高位能的,即损失期望很大的风险。通常发生的可能性很大,而且一旦发生,损失也很大。

B类:中位能的,即损失期望值一般的风险。通常发生的可能性不大,损失也不大,或发生可能性很大但损失极小,或损失比较大但发生可能性极小。

C类:低位能的,损失期望极小的风险,即发生的可能性极小,即使发生损失也很小的风险。

因此,在风险管理中,A类是重点,B类要顾及,C类可以不考虑。当然有时不采用

ABC分类法，而是按照级别形式划分，如Ⅰ级、Ⅱ级、Ⅲ级等，其意义是相同的。

5. 风险的起因和可控制性分析

(1) 任何风险都有发生的动因。实质上在前文的分类中，有的就是从产生根源上进行分类的，如环境的变化、人为的失误等。对风险起因的研究是为风险预测、对策研究(即解决根源问题)和责任分析服务的。

(2) 风险的可控性是指人们对风险影响干预的可能性。有的风险是业主、项目经理或承包商可以控制的，例如，承包商对招标文件理解的风险，实施方案的安全性和效率风险，报价的正确性风险等；而有的风险是不可控制的，如物价风险、反常的气候风险等。

12.4.2 项目风险评估的方法

风险评价通常是凭经验、靠预测进行的，但也可以借助一些基本的分析方法。风险分析方法通常分为两大类，即定性风险分析方法和定量风险分析技术。

1. 德尔菲(Delphi)法

该方法是收集专家们对风险的意见和看法的一种有效方法，在风险识别的基础之上，请专家对风险因素的发生概率和影响水平进行评价，再综合整体风险水平进行评价。该方法不仅可以用于风险因素的罗列，而且可以应用于对风险影响和发生可能性的分析。一般可以采用以下两种方式。

1) 提问表的形式

专家以匿名方式参与此项活动，主持人用问卷征询专家对项目有关重要风险的见解。问卷的答案交回并汇总后，随即在专家之中传阅，请他们进一步发表意见。此项过程进行若干轮之后，就可以获得关于主要项目风险的一致看法。

2) 专家会议法

(1) 召集有实践经验和代表性的专家组成风险管理专家小组，通常4~8人，讨论项目风险问题。

(2) 项目经理应让专家尽可能多地了解项目目标、项目结构、所处环境及工程状况，详细地调查并提供信息，尽可能带领专家进行实地考察，并对项目的实施、措施的构想进行说明，使大家对项目形成共识，否则容易增加风险分析结果的离散程度。

(3) 项目经理有目标地与专家合作，一起定义风险因素及结构以及可能的成本范围，作为讨论的基础和引导。专家对风险进行讨论，可从风险产生的原因、风险对实施过程及具体工程活动的影响等方面逐渐深入。

(4) 风险评价。各个专家针对风险的影响程度和发生的可能性，给出评价意见，并逐渐达成一致。为了获得真正的专家意见，可以采用匿名的形式发表意见，也可以采用辩论方法分析。

(5) 统计整理专家意见，汇总评价结果。对各个专家意见按统计方法进行信息处理，得到整个风险影响值R_H出现的可能性E_W，进而获得各个风险期望值R_W。总风险期望值R_V

为各单个风险期望值R_W之和：

$$R_V = \sum R_W = \sum R_H E_W \qquad 12\text{-}1$$

该方法简单易行，可以在采用德尔菲法进行风险识别时同时进行，优点是节约成本和时间，缺点是主观性强，依赖于专家的能力水平和责任心。

2. 蒙特卡洛模拟法

蒙特卡洛模拟法(Monte Carlo Method)，又称统计试验法或随机模拟法，由于其依赖的概率统计理论与赌博原理类同，因此以欧洲著名赌城摩纳哥首都Monte Carlo命名。它的原理是将风险评价指标和各个风险变量综合在一个数学模拟模型内，每个风险变量用一个概率分布来描述，然后利用计算机产生随机数(或伪随机数)，并根据随机数在各个风险变量的概率分布中取值，算出目标变量值，继而得出目标变量的期望值、方差、概率分布等指标，据此绘制累计概率图，供决策者参考。

风险变量的确定，一般采用前述的风险识别方法，如果风险因素较多，可以先进行敏感性分析，选择敏感的风险因素作为风险变量。风险变量的概率分布描述是进行模拟分析的基础，常用的有正态分布、β分布、三角分布、梯形分布、阶梯分布等。销售量、售价、产品成本等变量多采用正态分布；工期、投资等变量多采用三角分布描述。对于有历史数据的风险变量可根据数据进行统计分析，估计其概率分布；对于没有历史数据的风险变量，可以采用专家调查法确定变量的概率分布。

该方法的优点是可使用计算机模拟项目的天然过程，比历史模拟方法成本低、效率高，结果相对精确；可以处理多个因素非线性、大幅波动的不确定性，并把这种不确定性的影响以概率分布的形式表示出来，克服了敏感性分析的局限性。不足之处是依赖于特定的随机过程和选择的历史数据，不能反映风险因素之间的相互关系，需要有可靠的模型，否则易导致错误。

3. 计划评审技术(PERT)

该方法用网络图来体现项目中各项活动的进度和相互之间的关系，确定关键路径，计算总工期及概率，再综合考虑资源因素，得到最佳的项目计划方案。PERT主要用于对项目的进度管理，评价进度和费用方面的风险。它适用于评价缺乏历史经验资料的科研或产品研发项目风险以及与进度相关的项目风险。由于该方法的应用条件是假设项目每项活动的时间服从正态分布或β分布，总工期和关键路径都具有随机性，但是随着关键路径的确定，这一假设就失去意义，因此具有一定的缺陷。

4. 敏感性分析法

敏感性分析法是指在假定其他风险因素不变的情况下，评估某一个(或几个)特定的风险因素变化对项目目标变量的影响程度，确定它的变动幅度和临界值，计算出敏感系数，据此对风险因素进行敏感性排序，供决策者参考。这种方法应用广泛，常用于项目的可行性研究阶段，有助于发现重要的风险因素，具体又可分为单因素敏感性分析和多因素敏感性分析。它的缺点在于只能体现风险因素的强度而不能反映发生概率，也不能反映众多风险因素同时变化时对项目的综合影响。

5. 决策树法

决策树法是指利用图解的形式，将风险因素层层分解，绘制成树状图，逐项计算其概率和期望值，进行风险评估和方案的比较和选择。一棵简单的决策树包括决策节点、状态节点和结果节点，决策节点与状态节点之间为方案分支，状态节点引出的分支为状态分支，决策节点上标注最终方案的收益期望值，方案分支标注方案名称，状态节点标注某个行动方案收益期望值，状态分支标注状态名称和概率，结果节点标注收益值。一般会求出目标变量在所有风险因素所有概率组合下的期望值，再画出概率分布图，因此计算量与风险因素和变化的数量成指数关系，并且需要有足够的有效数据作支撑。这种方法层次清晰，不同节点面临的风险及概率一目了然，不易遗漏，能够适应多阶段情形下的风险分析，但用于大型复杂项目时工作量较大，也不适合用于缺乏类似客观数据的项目。

例如，对某种产品进行市场预测，在10年中销路好的概率为0.7，销路不好的概率为0.3。相关工厂有两个建设方案。方案A：新建大厂需投入5000万元，如果销路好每年可获得利润1500万元；销路不好，每年亏损20万元。方案B：新建小厂需投入2000万元，如果销路好每年可获得600万元的利润；销路不好，每年可获得300万元的利润。则可做决策树如图12-1所示。

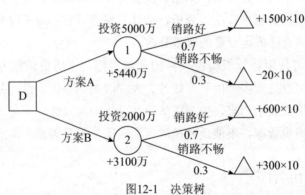

图12-1 决策树

A方案的收益期望为：E_a=1500×10×0.7+(-20)×10×0.3-5000=5440万元

B方案的收益期望为：E_b=600×10×0.7+300×10×0.3-2000=3100万元

由于A方案的收益期望比B方案高，所以选择A方案是有利的。

6. 影响图法

影响图是指由风险结点集合和反映风险关系的有向弧集合构成的无环有向图，它是在决策树基础之上发展起来的图形描述工具，包含对风险变量相关性的描述，既可以表示变量之间的概率依赖关系，又可用于计算，能够有效地把决策问题转化成模型，是决策问题定性描述和定量分析的有效工具。它的优点是概率估计、备选方案、决策者偏好等资料完整；图形直观、概念明确；计算规模随着风险因素个数的增加呈线性增长；缺点是需要获取大量的概率和效用值，对于复杂问题建模困难。

7. 模糊综合评价法

模糊综合评价法是一种基于模糊数学的综合评标方法。根据模糊数学的隶属度理论把定性评价转化为定量评价，即用模糊数学对受到多种因素制约的事物或对象做出一个总体的评价。它具有结果清晰、系统性强的特点，能较好地解决模糊的、难以量化的问题，适用于解决各种非确定性问题。风险也具有模糊性，主要表现为风险的强度或大小很难明确地界定。模糊综合评价法将项目风险大小用模糊子集来表达，利用隶属度及模糊推理的概念对风险因素进行排序，以改善的模糊综合评价法为基础，采用层次分析法(AHP)构建风险递阶层次结构，进而采用专家调查法确定各层次内的风险因素指标权重，逐级进行模糊运算，直至总目标层，最终获得项目各个层级以及整体的风险评估结果。

8. 风险矩阵法

该方法又称风险值法，是通过定性分析和定量分析综合考虑风险影响和风险概率两方面因素，评估风险因素对项目产生的影响的方法。应用该法时，首先将风险事件发生的概率和影响程度分级评分；然后分别作为矩阵的行和列形成风险矩阵，将风险概率和风险后果估计值相乘即可得到风险值；最后按照风险事件在矩阵中的位置做出评估(见图12-2)。该方法的优点是简洁明了，易于掌握，适用范围广；缺点是确定风险可能性及后果严重程度严重依赖经验，主观因素影响较大。

严重程度L等级 \ 可能性P等级	1.不可能发生	2.几乎不发生	3.很少发生	4.偶尔发生	5.可能发生	6.经常发生
1(无影响)	IV	IV	IV	IV	IV	III
2(轻微的)	IV	IV	III	III	III	II
3(较小的)	IV	III	III	II	II	II
4(较大的)	IV	III	II	II	II	I
5(重大的)	IV	III	II	II	I	I
6(特大的)	III	II	II	I	I	I

图12-2 风险矩阵

I类属于高风险等级，属于不可以接受的等级；而IV类属于低风险等级，在安全风险可接受范围内。在风险管理中，I类是重点，II类要顾及，III类可以不考虑。

此外，还有人工神经网络技术(ANN)、SWOT分析和灰色评价方法等评估手段，可视情况选用。

12.4.3 风险因素相关性评价

在项目实施过程中通常存在多种风险因素，并且有些风险之间存在着相关性，即一种风险出现后，另一种风险发生的可能性增加。例如，自然条件发生变化有可能导致承包商的技术能力不能满足实际需要；金融危机会导致业主支付能力不足等。

相关的风险因素，具有交互作用，可以用概率来表示各种风险发生的关联性。设某项目中可能会遇到i个风险($i=1, 2\cdots$)，P_i表示各种风险发生的概率($0 \leqslant P_i \leqslant 1$)，$R_i$表示第$i$个风险一旦发生会给承包商造成的损失值。具体的评价步骤如下所述。

(1) 确定各种风险之间的相关概率P_{ab}。设P_{ab}表示一旦风险a发生后，由此导致风险b发生的概率($0 \leqslant P_{ab} \leqslant 1$)。$P_{ab}=0$，表示风险a、b之间无必然联系；当$P_{ab}=1$，表示风险a出现，必然会引起风险b发生。根据各种风险之间的关系，就可以找出各风险因素之间的P_{ab}(见表12-1)。

表12-1　各风险因素发生概率P_{ab}

风险	1(环境)	2(社会)	…	…	i	…
1(环境)	P_1	1	P_{12}	…	…	P_{1i}	…
2(社会)	P_2	P_{21}	1	…	…	P_{2i}	…
…				…			
i	P_i	P_{i1}	P_{i2}	…	…	1	

(2) 计算各风险发生的条件概率$P(b|a)$。已知风险a发生概率为P_a，引起风险b的相关概率为P_{ab}，则在a发生的情况下，b发生的条件概率$P(b|a)=P_a P_{ab}$(见表12-2)。

表12-2　风险发生概率及风险条件概率表

风险	1	2	3	…	i	…
1	P_1	$P(2|1)$	$P(3|1)$	…	$P(i|1)$	…
2	$P(1|2)$	P_2	$P(3|2)$	…	$P(i|2)$	…
…				…		
i	$P(1|i)$	$P(2|i)$	$P(3|i)$	…	P_i	

(3) 计算各风险的损失情况R_i。

$$R_i = 风险i发生后的工程成本 - 工程正常成本 \qquad 12\text{-}2$$

(4) 计算各风险期望损失值W_i。

$$W = \begin{bmatrix} P_1 & P(2|1) & P(3|1) & \cdots & P(i|1) & \cdots \\ P(1|2) & P_2 & P(3|2) & \cdots & P(i|2) & \cdots \\ \cdots & \cdots & \cdots & \cdots & \cdots & \cdots \\ P(1|i) & P(2|i) & \cdots & \cdots & P_i & \cdots \end{bmatrix} \times \begin{bmatrix} R_1 \\ R_2 \\ \cdots \\ R_i \end{bmatrix} = \begin{bmatrix} W_1 \\ W_2 \\ \cdots \\ W_i \\ \cdots \end{bmatrix} \qquad 12\text{-}3$$

$$W_i = \sum P(j|i) R_j \qquad 12\text{-}4$$

(5) 将期望损失从大到小进行排列，并计算出各期望值在总期望损失值中所占的百分率。

(6) 计算累计百分率并分类。期望损失值累计百分率在80%以下所对应的风险为A类风险，显然它们是主要风险；累计百分率在80%～90%的那些风险为B类风险，是次要风险；累计百分率在90%～100%的那些因素为C类风险，是一般风险。

12.4.4　风险状态图分析

某些风险有不同的状态、程度。例如，某项目实施过程中发生通货膨胀的概率可能为0、3%、6%、9%、12%、15%共6种状态，由工程估价分析得到相应的风险损失为0、20

万元、30万元、45万元、60万元、90万元。现请4位专家进行风险咨询，预估的各种状态发生的概率(见表12-3)。

表12-3　某项目通货膨胀风险分析表

专家	风险状态：通货膨胀/%						合计
	0	3	6	9	12	15	
	风险损失/万元						
	0	20	30	45	60	90	
1	20	20	35	15	10	0	100
2	0	0	55	20	15	10	100
3	10	10	40	20	15	5	100
4	10	10	30	25	20	5	100
平均	10	10	40	20	15	5	100

对4位专家的估计，可以采用取平均值的方法作为咨询结果(如果专家较多，可以去掉最高值和最低值，再平均)，则可以得到通货膨胀风险的影响分析表(见表12-4)。

表12-4　通货膨胀影响分析表

通货膨胀率/%	发生概率	损失预计/万元	概率累计
0	0.1	0	1.0
3	0.1	20	0.90
6	0.4	30	0.80
9	0.2	45	0.40
12	0.15	60	0.20
15	0.05	90	0.05

将导致通货膨胀的各种状态的发生概率进行累计，则可绘制通货膨胀风险状态图(见图12-4)。

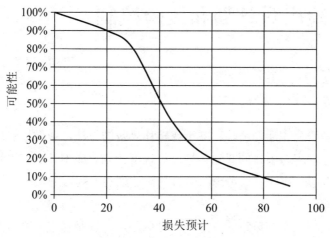

图12-4　通货膨胀风险状态图

从图12-4中可见通货膨胀率损失大致的风险状况。例如，当损失预计达45万元，通货膨胀率达9%的可能性是40%。一个项目中不同种类的风险，可以在该图上叠加求和。一般认为在图12-4中概率在0.1～0.9范围内，风险发生的可能性较大。

因此，通过风险状态曲线可反映风险的特性和规律，如风险发生的可能性及损失的大小、风险的波动范围等。

12.4.5 风险分析说明表

风险分析结果必须用文字、图表的形式表示，作为风险管理的文档保存。这个结果不仅可作为风险分析的成果，还可作为人们实施风险管理的基本依据。表的内容可以按照分析的对象进行编制，如以项目单元(工作包)作为对象的风险分析表(见表12-5)，这是对工作包的风险研究，可以作为对工作包进行说明的补充分析文件。

表12-5 工作包风险分析说明表

工作包号	风险名称	风险的影响范围	原因	损失		可能性	损失期望	预防措施	评价等级(A、B、C)
				工期	费用				

同时，也可以按风险分解结构进行分析研究(见表12-6)。它是按照风险类别和风险因素形象而有条理地说明已经识别的项目风险的层次结构，是工程项目的风险分解结构(RBS)。

表12-6 风险结构风险分析说明表

风险编号	风险名称	风险的影响范围	原因	损失		可能性	损失期望	预防措施	评价等级(A、B、C)
				工期	费用				

此外，应在各项任务单(工作包说明)、决策文件、研究文件、项目报告等文件中对风险予以说明。

12.5 风险应对计划和风险控制

12.5.1 风险应对概述

1. 风险应对计划

风险应对计划是研究和选择消除、减小或转移风险的方法，或做接受风险的决定，它是项目计划的一部分，应与项目的其他计划，如进度计划、成本计划、组织计划和实施方案等结合起来通盘考虑，在此必须考虑风险对其他计划的不利影响。

2. 风险应对策略

风险应对策略是项目实施策略的一部分，对风险，特别是对重大的风险，在选择风险应对措施前必须进行专门的策略研究，通常可采取如下策略。

(1) 风险规避。风险规避是指通过改变项目计划以排除风险；或者保护项目目标，使其不受影响；或对受到风险威胁的一些目标放松要求。例如，对风险大的项目不参加投标，放弃项目机会；延长工期或缩小工程范围。但在回避风险的同时可能会失去一些机会。

(2) 风险减轻。通过采用技术、管理、组织手段，减轻风险的可能影响。例如，采用成熟的工艺、进行多次测试、选用比较稳定可靠的承包商。提前采取措施降低风险发生的概率或者减少其对项目所造成的影响，比在风险发生后进行补救更为有效。

(3) 风险自担。即不采取任何行动，也不改变项目管理计划，准备自己承担风险产生的损失。

(4) 风险转移。即通过合同和保险等方法将风险可能产生的后果连同应承担的责任转移给第三方。

(5) 风险共担。即由合作者(如联营方、分包商)各方共同承担风险。

12.5.2 风险的分配

一个工程项目所面临的风险有一定的范围和规律性，这些风险必须在项目参加者(如投资者、业主、项目经理、各承包商、供应商等)之间进行分配。对于已被确认的、有重要影响的风险，应制定专人负责风险管理制度，并赋予相应的职责、权限和资源。

风险分配通常在任务书、责任证书、合同以及招标文件等中进行定义。只有合理地分配风险，才能促使各方通力合作，促使项目取得高效益。

1. 正确的风险分配的作用

(1) 可以最大限度地发挥各方面控制风险的积极性。每个参加者都必须承担一定的风险责任，这样才有对此进行管理和控制的积极性和创造性。任何一方若不承担风险，则其管理的积极性和创造性不高，项目就不可能得到优化。

(2) 合理的风险分配有助于对项目进行准确的、主动的计划和控制，减少工程中的不确定性。

(3) 业主可以得到一个合理的报价，减少承包商报价中的不可预见风险费。

对项目风险的分配，业主起主导作用，因为业主作为买方，负责起草招标文件、合同条件，确定合同类型，制定管理规则。但业主不能随心所欲，不能不顾主客观条件把风险全部推给承包商，而对自己免责。

2. 风险分配的基本原则

1) 从工程整体效益的角度出发，最大限度地发挥各方的积极性

项目参与者如果不承担任何风险管理的任务与责任，就会缺乏风险控制的积极性。例如，对承包商采用成本加酬金合同，因承包商无风险责任，承包商就会千方百计提高成本以争取工程利润，从而最终损害工程的整体效益。

但是，让承包商承担全部风险责任也是不可行的，因为他会提高报价中的不可预见风险费。如果风险不发生，业主多支付了费用；如果风险发生，这笔不可预见风险费又不足以弥补承包商的损失，承包商得不到合理利润或者亏本，则他履约的积极性会降低，甚至会想方设法地偷工减料、降低成本、拖延工期，并想方设法索赔，损害工程整体效益。而业主因不承担任何风险，便可随意决策、随便干预，对项目进行战略控制的动力不足，即

使风险发生了也不会积极地提供帮助，则同样会损害项目整体效益。

从工程的整体效益的角度进行风险分配的准则如下所述。

(1) 谁能有效地防止和控制风险，或通过一些风险管理措施(如保险、分包)将风险转移给其他方或能对风险进行有效处理，就由谁承担相应的风险责任。

(2) 风险承担者控制相关风险是经济的、有效的、方便的、可行的，只有通过他的努力才能降低风险的影响。

(3) 通过风险分配，强化项目参与者责任，能更好地进行计划和组织，发挥双方管理和技术革新改造的积极性等。

2) 体现公平合理、责权利平衡

(1) 风险责任和权利应是平衡的。风险的承担是一项责任，即承担风险控制责任以及风险产生的损失责任。但风险承担者应有控制和处理风险的权利。例如，银行为项目提供贷款，由政府作担保，则银行风险很小，它只能取得利息；但如果银行参与BOT项目的融资，它便承担很大的项目风险，则它有权利参加运营管理及重大决策，并获取相应的利润。再如，承包商承担实施施工方案的风险，则他就有权选用更为经济、合理和安全的施工方案。

同样，享有一项权利，就应该承担相应的风险责任。例如，业主起草招标文件，就应对它的正确性负责；业主指定分包商，则应承担相应的风险；若采用成本加酬金合同，业主承担全部风险，则他就有权选择施工方案，干预施工过程；若采用固定总价合同，承包商承担全部风险，则承包商就应有相应的权利，业主不应过多地干预施工过程。

(2) 风险与机会对等。风险承担者应享受在风险控制中获得的收益和机会收益。例如，承包商承担物价上涨的风险，则物价下跌带来的收益也应归承包商所有；若承担工期风险，拖延工期时要支付误期违约金，则工期提前就应奖励。

(3) 承担的可能性和合理性。应赋予承担者对风险进行预测、计划和控制的条件和可能性，为其提供迅速采取控制风险措施的时间、信息等条件，否则对他来说风险管理就成了投机行为。例如，要承包商承担招标文件的理解、环境调查、方案拟定和实施以及报价的风险，就必须给他合理的做标时间，业主应向其提供现场调查的机会，提供详细且正确的招标文件，特别是设计文件和合同条件，并及时地回答承包商在做标过程中发现的问题。

3) 符合工程项目惯例，符合通常的处理方法

一方面，惯例一般比较公平合理，能较好地反映双方的要求；另一方面，合同双方对惯例都很熟悉，工程更容易顺利实施。如果明显地违反国际(或国内)惯例，则常常显示出一种不公平，甚至会出现危险。

12.5.3 风险应对措施

工程参与者对自己承担的风险(明确规定的和隐含的)应有思想准备和相应对策，应制订计划，充分利用自己的技术、管理、组织优势和过去的经验制定措施并贯彻实施。当

然，不同的人员对风险有不同的态度和不同的对策。常见的风险对策有如下几个。

1. 回避风险大的项目，选择风险小或适中的项目

放弃明显导致亏损的，或风险超过自己的承受能力、成功把握不大的项目。例如，不参与投标、不参与合资。甚至有时在工程进行到一半时，预测到后期风险很大，必然有更大的亏损，则采取中断项目的措施。

2. 技术措施

技术措施包括方案、工艺和设备的选择。例如，选择有弹性的、抵抗风险能力强的技术方案，一般不采用新的、未经过工程检验的、不成熟的施工方案；对地理、地质情况进行详细勘察或鉴定，预先进行技术试验、模拟，准备多套备选方案，采用各种保护措施和安全保障措施。

3. 管理和组织措施

对风险很大的项目加强计划工作，选派最得力的技术和管理人员，特别是项目经理；广泛收集信息，进行风险计划和控制，将风险责任落实到各个组织成员，促使大家树立风险意识；在资金、材料、设备和人力方面对风险大的工程予以更多的支持，在同期项目中提高其优先级别，并在实施过程中进行严密控制。

4. 保险

对于一些无法排除的风险，如常见的工作损坏、第三方责任、人身伤亡和机械设备的损坏等，可以通过购买保险的办法解决。当风险发生时，由保险公司承担(赔偿)损失或部分损失，前提条件是必须支付一笔保险金。需注意，对于任何一种保险均要明确其保险范围、赔偿条件、理赔程序和赔偿额度等。

5. 要求合作方提供担保

这一措施主要针对合作伙伴的资信风险。例如，由银行出具投标保函、预付款保函、履约保函，在BOT项目中由政府提供保证条件。

6. 风险准备金

风险准备金是从财务的角度为风险所做的准备，在计划(或合同报价)中额外增加一笔费用。例如，在投标报价中，承包商经常根据工程技术、业主的资信、自然环境、合同等方面风险的大小以及发生的概率，在报价中加上一笔不可预见风险费。

一般来说，风险越大，则风险准备金越高。从理论上说，准备金的数量应与风险期望损失值相等，即为风险发生所带来的损失与发生的可能性(概率)的乘积。

但是，风险准备金存在如下基本矛盾。

(1) 在工程项目过程中，经济、自然、政治等方面的风险的发生是不可预见的。许多风险突如其来，难以把握其规律性，有时预计仅5%可能性的风险发生了，而预计95%可能性的风险却未发生。

(2) 风险若未发生，风险准备金会造成一种浪费。例如，合同风险很大，承包商报出了一笔数额较大的不可预见风险费，结果风险未发生，则业主损失了一笔费用。有时，项目风险准备金会在无风险的情况下被用掉。

(3) 如果风险发生，这一笔风险金又不足以弥补损失，因为它是仅按一定的概率计算的，所以仍然会带来许多问题。

(4) 准备金的数量是一个管理决策问题，除了要考虑理论值的高低外，还应考虑项目边界条件和项目状态。例如，对承包商来说，决定报价中的不可预见风险费，要考虑竞争者的数量、中标的可能性以及项目对企业经营的影响等因素。

如果风险准备金很高，会降低报价竞争力，使中标的可能性变小，即增大了不中标的风险。

7. 采取合作方式共同承担风险

任何项目不可能完全由一个企业或部门独立承担，需与其他企业或部门合作。

1) 有合作就有风险的分担

不同的合作方式，风险不同，各方的责权利关系也不一样。例如，借贷、租赁业务、分包、承包、联营承包和BOT项目，它们有不同的合作紧密程度，有不同的风险分担方式，进而有不同的利益分享方式。

2) 寻找抗风险能力强的、可靠的、信誉好的合作伙伴

双方合作越紧密，则要求合作者越可靠。例如，合资者为政府、资信好的大型公司、金融集团等，则双方合作后，项目的抗风险能力会大大增强。

3) 通过合同分配风险

在许多情况下，通过合同排除(推卸)风险是最重要的手段，合同规定了各责任人分担风险的责任。例如，承包商要减少风险，则在工程承包合同中要明确规定以下内容。

(1) 业主的风险责任，即哪些情况应由业主负责。

(2) 承包商的索赔权利，即要求调整工期和价格的权利。

(3) 工程付款方式、付款期，以及对业主不付款的处置权利。

(4) 对业主违约行为的处理权利。

(5) 承包商权利的保护性条款。

(6) 采用符合惯例的、通用的合同条件。

(7) 注意仲裁地点和适用法律的选择。

(8) 采取其他形式。

例如，在现代工程项目中采用多领域、多地域、多项目的投资以分散风险。因为理论和实践都证明：在项目投资中，当多个项目的风险之间不相关时，其总风险最小，所以抗风险能力最强。这是目前许多国际投资公司的经营手段，通过参股、合资、合作，既拓展了投资面，扩大了经营范围，提高了资本效用，能够进行不能独自承担风险的项目，同时又能使其他许多企业共同承担风险，进而降低了总经营风险。

应对风险的措施应包括在项目计划中，对于特别重大的风险应提出专门的分析报告。对于选用的风险对策措施，应考虑是否可能产生新的风险，因为任何措施都可能带来新的问题。

12.5.4 工程实施中的风险控制

风险监测与控制贯穿于项目的全过程及工程全寿命期中，体现在项目的进度控制、成本控制和合同控制等过程中。

1. 对已经识别的风险进行监控和预警

这是项目控制的主要内容之一。在项目中不断地收集和分析各种信息，捕捉风险前奏信号，判断项目的预定条件是否仍然成立，了解项目的原有状态是否已经改变，并进行趋势分析。同时，在工程实施过程中定期召开风险分析会议。

通常借助以下方法可以发现风险发生的征兆和警示。

(1) 天气预测警报。
(2) 股票信息，各种市场行情，价格动态。
(3) 地质条件信息。
(4) 政治形势和外交动态。
(5) 各投资者企业状况报告。

在工程实施中，通过对工期和进度的跟踪、对成本的跟踪分析、对合同的监督以及提出各种质量监控报告、现场情况报告等手段，可及时了解工程现场的风险。工程的实施状况报告应包括风险状况报告，以鼓励人们预测、确定未来的风险。

2. 执行风险计划，控制风险

风险一旦发生就应积极地采取措施，执行风险应对计划，及时控制风险的影响，降低损失，防止风险的蔓延，保证工程的顺利实施，具体包括以下几方面。

(1) 控制工程施工，保证完成预定目标，防止工程中断和成本超支。
(2) 迅速恢复生产，按原计划执行。
(3) 尽可能修改计划、修改设计，按照工程中出现的新状态进行调整。
(4) 争取获得风险赔偿，如向业主、保险单位、风险责任者提出索赔等。

由于风险是不确定的，预先分析、应对计划往往不适用，因此在工程实施中能否成功应对风险，主要取决于管理者的应变能力、经验、所掌握的工程和环境状况的信息量、对专业问题的理解程度以及随机处理问题的能力。

3. 加强管理，应对新风险

在工程实施中还会出现新的风险，常见的有如下几种。

(1) 出现了风险分析表中未曾预料到的新的风险。
(2) 由于风险发生，实施某些应对措施时而产生新的风险，如工程变更会引发新风险或导致已识别的风险发生变化。
(3) 已发生的风险的影响与预期不同，出现了比预期更为严重的后果。
(4) 在采取风险应对措施之后仍然存在风险，或存在"后遗症"，需监视残余风险。

4. 对于大型复杂的工程项目，在风险监控过程中要经常对风险进行再评估

对于这些问题的处理，要求人们灵活机动，即兴发挥，及时并妥善采取措施，实施风险应对计划并持续评价其风险管理的有效性。

课外阅读

案例1——战略风险：摩托罗拉

摩托罗拉在中国的市场占有率由1995年的60%以上跌至2007年的12%。十几年前，摩托罗拉还一直是引领尖端技术和卓越典范的代表，拥有"全球最受尊敬的公司"之一的尊崇地位。它一度前无古人地每隔10年便开创一个工业领域，甚至曾在10年内开创两个领域。摩托罗拉成立80年来，发明过车载收音机、彩电显像管、全晶体管彩色电视机、半导体微处理器、对讲机、寻呼机、蜂窝电话(大哥大)以及"六西格玛"质量管理体系认证，先后开创了汽车电子、晶体管彩电、集群通信、半导体、移动通信、手机等多个产业，并长时间在各个领域中保持绝对优势。

但是这样一家有着显赫历史的企业，在2003年手机的品牌竞争力排在第一位，却在2004年被诺基亚超过排在第二位，而到了2005年，又被三星超过，落至第三位。

2008年5月，市场调研厂商IDC和战略分析公司Strategy Analytics表示，摩托罗拉可能在2008年底之前失去北美市场占有率第一的位置。摩托罗拉的当年季报也显示，2008年第一季度全球手机销量下降39%，手机部门亏损4.18亿美元，与上年同期相比亏损额增加了80%。

为了夺得对世界移动通信市场的主动权，并实现在世界任何地方使用无线手机通信的目标，以摩托罗拉为首的一些美国公司在政府的帮助下，于1987年提出新一代卫星移动通信星座系统——铱星。

铱星系统技术上的先进性在目前的卫星通信系统中处于领先地位。铱星系统卫星之间可通过星际链路直接传送信息，这使得铱星系统用户可以不依赖地面网而直接通信，但这也恰恰造成了系统风险大、成本过高、维护成本相对于地面也高出许多的弊端。整个卫星系统的维护费一年就达几亿美元之巨。

谁也不能否认铱星的高科技含量，但用66颗高技术卫星编织起来的世纪末科技童话在商用之初却将自己定位在了"贵族科技"。铱星手机价格每部高达3000美元，加上高昂的通话费用，它开业的前两个季度，在全球只发展了1万用户，这使得铱星公司前两个季度的亏损即达10亿美元。尽管铱星手机后来降低了收费，但仍未能扭转颓势。

原因1：营销战略失误

(1) 迷失了产品开发方向，不考虑手机的细分发展。3年时间仅依赖V3一个机型。没有人会否认V3作为一款经典手机的地位，正是依靠V3，摩托罗拉2005年全年利润提高了102%，手机发货量增长40%，摩托罗拉品牌也重焕生机。尽管V3让摩托罗拉重新复苏，更让摩托罗拉看到了夺回市场老大的希望。然而，摩托罗拉过分陶醉于V3带来的市场成功。赛迪顾问研究显示，2005年以前是明星机型的天下，一款明星手机平均可以畅销2~3年；而过了2005年，手机市场已成了细分市场的天下，手机行业已经朝着智能化、专业拍照、娱乐等方向极度细分，而摩托罗拉似乎对此视而不见。在中国市场，2007年摩托罗拉仅仅推出13款新机型，而其竞争对手三星推出了54款新机型，诺基亚也有37款。

(2) 价格跳水快，自毁品牌形象。在新品跟不上的情况下，降价成了摩托罗拉提高销量不得不采取的手段。许多摩托罗拉的忠实用户把摩托罗拉的手机称为"(价格)跳水冠军"。以V3所针对的消费群体为例，从刚上市时的6000多元的高端时尚人士群跌至4000多元的白领消费群，再到2000多元的普通时尚消费群，直到停产前的1200多元。短期的大幅降价让不少高端用户无法接受，同时也对V3的定位产生了质疑，后果就是对摩托罗拉品牌彻底失去信任。

(3) 推广没有突出卖点的产品。手机消费者在手机厂商的培育和自发发展下，需求变化日益飘忽不定。消费者对手机的要求已经不仅仅局限在外观方面，苛刻的消费者更多地开始关注手机的配置、功能特色等内在技术因素。以技术见长的摩托罗拉本不应在技术方面让消费者失望，但现实还是让消费者失望了。从手机零售卖场中罗列的一目了然的参数中可知，摩托罗拉的像素、屏幕分辨率、内存几乎都落后于诺基亚等竞争对手的同类机型。

自从推出V3之后，摩托罗拉发布的绝大部分新品手机无论是U系还是L系，甚至是K系就再也抹不去V3的影子，尤其是其金属激光蚀刻键盘设计。V3的键盘设计的确是经典，但再经典的东西被反反复复无数次拿出来用，也会引起消费者的视觉疲劳，甚至产生抵触情绪，尤其是对于那些换机用户。

原因2：组织结构不能支持战略的发展需要

摩托罗拉是一个很重视产品规划的公司，此前摩托罗拉每开发一款新产品，通常先提前数月预测消费趋势。但在快速升级换代的手机行业中，制造商们试图提前数月预测消费者需求是非常困难的。再加上摩托罗拉是一家技术主导型的公司，工程师文化非常浓厚，这种公司通常以自我为中心，唯"技术论"，从而导致摩托罗拉虽然有市场部门专门负责收集消费者需求的信息，但在技术导向型的企业文化里，消费者的需求很难被研发部门真正倾听，研发部门更愿意花费大量精力在那些复杂系统的开发上，从而导致研发与市场需求的脱节。

另外，摩托罗拉内部产品规划战略上的不统一、不稳定，还使得上游的元器件采购成本一直居高不下。摩托罗拉每一个型号都有一个全新的平台，平台之间大多不通用，这就带来生产、采购、规划上的难度。对于全球顶级通信设备商而言，同时运营好系统设备和手机终端两块业务，似乎是一项"不可能完成的任务"。

摩托罗拉资深副总裁吉尔莫曾说："摩托罗拉内部有一种亟待改变的'孤岛传统'，外界环境的变化如此迅捷，用户的需求越来越苛刻，现在你需要成为整个反应系统的一个环节。"

原因3：滥用福利

当外部环境使得摩托罗拉进入战略收缩期、盈利空间不再时，高福利的企业传统便有些不合时宜。据了解,美国摩托罗拉公司在每年的薪资福利调整前,都会对市场价格因素及相关的、有代表性的企业的薪资福利状况进行比较调查,以便使公司在制定薪资福利政策时,与其他企业相比能保持优势和竞争力。在中国,摩托罗拉为员工提供免费午餐、班车,并成为向员工提供住房的外资企业之一。

案例2——财务风险:合俊集团

创办于1996年的合俊集团,是国内规模较为大型的OEM型玩具生产商。在世界五大玩具品牌中,合俊集团已是其中三个品牌——美泰、孩子宝以及Spin master的制造商,并于2006年9月成功在我国香港联交所上市,到2007年,销售额就超过9.5亿港元。然而进入2008年之后,合俊的境况急剧恶化。在2008年10月,受全球金融危机的影响,合俊集团成为中国企业实体受金融危机影响出现倒闭的第一案。目前,合俊已经关闭了其在广东的生产厂,涉及员工超过7000人。

但金融危机只是合俊集团倒闭的催化剂。全球金融危机爆发后,整个玩具行业的上下游供应链进入恶性循环,再加上2008年生产成本的持续上涨,塑料成本上升20%、最低工资上调12%及人民币升值7%等大环境的影响,导致合俊集团的资金链断裂。表面上看起来,合俊集团是被金融风暴吹倒的,但是只要关注一下最近两年合俊集团的发展动态就会发现,金融危机只是压倒合俊集团的最后一根稻草。

原因1:研发投入不足,未创立自有品牌

合俊集团本身的商业模式存在着巨大的风险。作为一个贴牌生产企业,合俊并没有自己的专利技术,因此在生产中也没有重视生产研发的投入,主要靠的是欧美的订单。美国的次贷危机发展成金融危机后,首先受到影响的肯定是这些靠出口美国市场过活的贴牌企业。

具有讽刺意味的是,同在东莞,规模也和合俊一样是6000人左右的玩具企业,龙昌公司却在这场风暴中走得很从容,甚至他们的销售订单已经排到了2009年。比较一下两家玩具企业的商业模式就能发现,龙昌公司拥有自主品牌,他们在市场中拼的是品质和科技,并且拥有专利300多项,研发投入每年达3000多万元,有300多人的科研队伍。而且龙昌主要走高端路线,比如生产能表演包括太极拳的200多套动作的机器人,生产包含3个专利、能进行二次组合的电子狗等,销售市场也并不依赖国外,而是集中在国内。而在2008年11月2日中央电视台新闻联播记者采访倒闭后的合俊集团时,在现场拍到的产品是商品的赠品玩具、滑旱冰及骑自行车的护膝用品、利润只有几元钱的电子狗等一些小商品。

原因2:盲目多元化造成"失血"严重

早在2007年6月,合俊集团已经认识到过分依赖加工出口的危险。2007年9月,合俊计划进入矿业,以约3亿元的价格收购了福建天成矿业48.96%的股权。天成矿业的主要业务是在中国开采贵金属及矿产资源,拥有福建省大安银矿。据合俊集团旗下东莞樟木头合俊樟洋厂一位核心部门的负责人表示，2008年二三月份，合俊集团付给天成矿业2.69亿元的现金，直接导致厂里资金链出现问题。据公开资料显示，合俊集团2007年10月底曾公告，以3.09亿港元总价收购福建省大安银矿勘探权。公司将以2.69亿港元向独立人士唐学劲收购China Mining Corporation 45.51%的权益，并将认购China Mining Corporation本金额4000万港元的可换股债券，兑换后持股量将增至48.96%。首批4000万港元在协议时已经给付。然而令合俊集团始料未及的是，这家银矿一直都没有拿到开采许可证，无法给公司带来收益，而中国矿业也没有按约定将3.09亿的资金返还给合俊公司(上述公告表明，双方约定2008年4月拿不到开采证，则将返还收购资金给合俊)。

对于天成矿业的巨额投入，合俊根本未能收回成本，跨行业的资本运作反而令其陷入资金崩溃的泥沼。

随着合俊集团资金越来越紧张，为缓解压力，合俊卖掉了清远的工厂和一块地皮，并且定向增发2500万港元。可是，"2500万顶多维持两个月的工资开销"。

为了维持公司的日常运营，合俊开始向银行贷款，但不幸的是银行贷款的途径似乎也走不通了。公开资料显示，合俊集团的贷款银行全部集中在我国香港，分别是星展、恒生、香港上海汇丰、瑞穗实业、南洋商业、渣打和法国巴黎银行香港分行7家，内地没有银行贷款。合俊集团2007年年报显示，其一年内银行借款额为2.39亿港元。"这其中有一亿七八千万是以公司财产作抵押的，剩下的数千万主要是老板在香港的熟人提供担保。"相关负责人透露。但合俊集团2008年上半年并没能拿到新贷款。

可以说，收购矿业孤注一掷的"豪赌"，赌资本应该是合俊玩具用于"过冬"的"粮食"。没有了这笔巨额资金，合俊最终没能挨过制造业刚刚遭遇的冬天。

原因3：管理失控导致成本上升

(1) 对自然灾害的风险评估、应对不足。2008年6月，合俊集团在樟木头的厂房遭受水灾，存货因而遭受损失。水灾导致物料报废及业务中断，集团耗费近一个月时间方恢复正常生产。此次水灾亦严重影响该集团原材料供应的稳定性及现金流量规划，从而影响集团的营运效率。因水灾造成的存货受损约达6750万港元。

(2) 内部管理失控导致成本上升。合俊集团旗下已倒闭的俊领玩具厂的一位员工称，管理混乱才是合俊倒闭的真正原因，而美国的金融危机只是让这一天提前到来。据该员工反映，其所在部门只是一个普通的生产部门，却设有一个香港经理，一个大陆经理，一个主任，一个经理助理，一个高级工程师，一个工程师，一个组长，还有就是三个工人，一共十人。该部门是一个五金部门，但合俊主要是生产塑胶、毛绒、充气玩具的。于是上述员工这样描述他们的工作："我们三个工人扫扫地、擦擦机器，完了就吹牛睡觉，组长就玩手机，我们睡觉他也帮忙站岗，主任就天天在办公室上网或者到处泡妞。两个工程师陪着经理天天出差，有时一个星期看不到人，经理助理就负责收发邮件和安排经理出差车，香港经理干什么我们就不知道了。其他部门除了比我们部门人多以外，其他情况差不多，都是当官的人很多，管事的没有。工人做事是十个人做的事没有十五个人他们不干，一天能干完的事拖也要拖到明天。"

除此之外，合俊集团的物料管理也很松散，公司物品经常被盗，原料当废品卖。而且生产上也没有质量监控，返工甚至报废的情况经常发生。"一批货不返个几次工是出不了货的，有一批货来回返了不下十次。厂里的QC除了吃饭睡觉拿工资就没有看到他们干过什么。"上述员工说。

(3) 对自身的负债能力预计过高，导致债务风险增大。截至2008年6月底，合俊集团总资产达8.35亿元，总负债达5.32亿元，其中流动负债达5.3亿元，净负债比率为71.8%。

资料来源：风险管理五大失败案例. 百度文库. http://wenku.baidu.com/

复习思考题

1. 全面风险管理包括哪些内容？
2. 风险分配应遵循哪些基本原则？
3. 通常可以从哪几个角度进行风险分析？
4. 针对常见的风险因素有哪些对策措施？

参考文献

[1] 保罗·哈里斯. 项目规划和控制 Oracle Primavera P6 应用. 北京：中国建筑工业出版社，2013

[2] 陈新元. 工程项目管理：FIDIC 施工合同条件与应用案例. 北京：中国水利水电出版社，2009

[3] 崔东红. 建设工程招投标与合同管理实务. 北京：北京大学出版社，2009

[4] 成虎，陈群. 工程项目管理. 北京：中国建筑工业出版社，2009

[5] 陈文晖. 项目管理的理论与实践. 北京：机械工业出版社，2008

[6] 丛培经. 工程项目管理. 北京：中国建筑工业出版社，2012

[7] 丁士昭. 工程项目管理. 北京：中国建筑工业出版社，2014

[8] 丁荣贵. 项目组织与人力资源管理. 北京：电子工业出版社，2009

[9] 胡文发. 项目采购管理. 上海：同济大学出版社，2007

[10] [美]格雷戈里·T. 豪根. 项目计划与进度管理. 北京：机械工业出版社，2005

[11] 顾慰慈. 工程项目质量管理. 北京：机械工业出版社，2009

[12] 何成旗. 工程项目成本控制. 北京：中国建筑工业出版社，2013

[13] 何伯森. 国际工程合同与合同管理. 北京：中国建筑工业出版社，2010

[14] 李金海. 项目质量管理. 天津：南开大学出版社，2006

[15] 李伯鸣，卫明. 工程项目管理信息化. 北京：中国建筑工业出版社，2013

[16] 刘萍. 项目成本管理. 哈尔滨：哈尔滨工业大学出版社，2011

[17] 刘平. 保险学原理与应用. 北京：清华大学出版社，2009

[18] 刘俊颖，李志永. 国际工程风险管理. 北京：中国建筑工业出版社，2013

[19] 刘尔烈. 项目采购与合同管理. 天津：天津大学出版社，2010

[20] 梁世连. 工程项目管理. 北京：中国建筑工业出版社，2010

[21] 马旭晨. 项目管理工具箱. 北京：机械工业出版社，2009

[22] 吕玉辉. 建设工程项目管理. 武汉：华中科技大学出版社，2011

[23] 陆惠民. 工程项目管理. 南京：东南大学出版社，2010

[24] 乌云娜. 项目采购与合同管理. 2 版. 北京：电子工业出版社，2010

[25] 潘炳玉. 建设工程项目管理. 北京：化学工业出版社，2009

[26] 肖凯成. 建筑工程项目管理. 北京：北京理工大学出版社，2012

[27] 王祖和. 现代项目质量管理. 北京：中国电力出版社，2014

[28] 王瑞文. 海外石油钻探项目HSE管理能力评价体系研究. 武汉：中国地质大学出版社，2013

[29] 王雪青. 国际工程项目管理. 北京：中国建筑工业出版社，2000

[30] 戚安邦. 项目成本管理. 北京：中国电力出版社，2014

[31] 臧秀平. 建设工程项目管理. 北京：中国建筑工业出版社，2011

[32] 孙慧. 项目成本管理. 北京：机械工业出版社，2010

[33] 许谨良. 风险管理. 北京：中国金融出版社，2006

[34] 谢亚伟. 工程项目风险管理与保险. 北京：清华大学出版社，2009

[35] 仲景冰，王红兵. 工程项目管理. 北京：北京大学出版社，2012

[36] 郑建国. 项目采购管理. 北京：机械工业出版社，2007

[37] 张军辉. 工程项目质量管理. 北京：中国建筑工业出版社，2014

[38] 张欣莉. 项目风险管理. 北京：机械工业出版社，2008

[39] 詹姆斯·R. 埃文斯，威廉·M. 林赛. 质量管理与质量控制. 北京：中国人民大学出版社，2010

[40] 曾赛星. 项目管理. 北京：北京师范大学出版社，2007

[41] 朱红章. 国际工程项目管理. 武汉：武汉大学出版社，2010

[42] 中国对外承包工程商会. 国际工程总承包项目管理导则. 北京：中国建筑工业出版社，2013